UTB 8277

Eine Arbeitsgemeinschaft der Verlage

Böhlau Verlag · Köln · Weimar · Wien
Verlag Barbara Budrich · Opladen · Farmington Hills
facultas.wuv · Wien
Wilhelm Fink · München
A. Francke Verlag · Tübingen und Basel
Haupt Verlag · Bern · Stuttgart · Wien
Julius Klinkhardt Verlagsbuchhandlung · Bad Heilbrunn
Lucius & Lucius Verlagsgesellschaft · Stuttgart
Mohr Siebeck · Tübingen
Nomos Verlagsgesellschaft · Baden-Baden
Orell Füssli Verlag · Zürich
Ernst Reinhardt Verlag · München · Basel
Ferdinand Schöningh · Paderborn · München · Wien · Zürich
Eugen Ulmer Verlag · Stuttgart
UVK Verlagsgesellschaft · Konstanz
Vandenhoeck & Ruprecht · Göttingen · Oakville
vdf Hochschulverlag AG an der ETH · Zürich

Hiltrud von Spiegel

Methodisches Handeln
in der Sozialen Arbeit

Grundlagen und Arbeitshilfen für die Praxis

Mit 4 Tabellen und 25 Arbeitshilfen

4. Auflage

Ernst Reinhardt Verlag München Basel

Prof. Dr. *Hiltrud von Spiegel*, lehrte an der FH Münster, Fachbereich Sozialwesen; Schwerpunkte: Theorien der Sozialen Arbeit, methodisches Handeln in der Sozialen Arbeit (incl. Qualitätsentwicklung und Selbstevaluation)

Auf der Homepage des Ernst Reinhardt Verlages und der UTB GmbH finden Sie bei der Darstellung dieses Titels alle 25 Arbeitshilfen aus dem Buch als nicht ausgefüllte Kopiervorlagen im DIN A4-Format zum Herunterladen: www.reinhardt-verlag.de, www.utb.de

Bibliografische Information der Deutschen Bibliothek

Die Deutsche Bibliothek verzeichnet diese Publikation in der Deutschen Nationalbibliografie; detaillierte bibliografische Daten sind im Internet über <http://dnb.ddb.de> abrufbar.
  UTB-ISBN 978-3-8252-8277-6
  ISBN 978-3-497-02202-1
  4. Auflage

© 2011 by Ernst Reinhardt, GmbH & Co KG, Verlag, München

Einbandgestaltung: Atelier Reichert, Stuttgart
Titelbild: Image Direct, Maintal-Dörnigheim
Satz: Fotosatz Reinhard Amann, Aichstetten
Printed in Germany
ISBN 978-3-8252-8277-6 (UTB-Bestellnummer)

Ernst Reinhardt Verlag, Kemnatenstr. 46, D-80639 München
Net: www.reinhardt-verlag.de Mail: info@reinhardt-verlag.de

Inhalt

Vorwort 9

Hinweise zur Benutzung dieses Lehrbuches 16

I Grundlagen methodischen Handelns

1 Das Handlungsfeld der Sozialen Arbeit 19

1.1 Zur Diskussion um Funktion und Gegenstand der
Sozialen Arbeit 19
1.1.1 Historische Herausbildung des Handlungsfeldes 19
1.1.2 Theoretische Annäherungen an den Gegenstand
Sozialer Arbeit 23
1.1.3 Inklusionsvermittlung, Exklusionsvermeidung,
Exklusionsverwaltung 24
1.1.4 Soziale Arbeit als Bearbeitung sozialer Probleme 26
1.1.5 Lebensweltorientierte Soziale Arbeit 29
1.1.6 Soziale Arbeit als Dienstleistung 31
1.1.7 Zusammenfassung 34

1.2 Charakteristika der beruflichen Handlungsstruktur 36
1.2.1 Doppeltes Mandat 37
1.2.2 Wirklichkeitskonstruktion und Handlungsregulation 38
1.2.3 Technologiedefizit 42
1.2.4 Koproduktion und dialogische Verständigung 43
1.2.5 Zusammenfassung 46

2 Soziale Arbeit als wissenschaftlich fundierte Praxis 48

2.1 Soziale Arbeit als Profession 48
2.1.1 Zum Ertrag der neueren Professionalisierungsdebatte 48
2.1.2 Profession und Disziplin 53
2.1.3 Zum Verhältnis von Wissenschaft und Praxis 54
2.1.4 Zusammenfassung 57

2.2   Wissensbestände für methodisches Handeln 59
2.2.1   Wissenschaftliche Vorgehensweise 59
2.2.2   Beobachtungs- und Beschreibungswissen 62
2.2.3   Erklärungs- und Begründungswissen 65
2.2.4   Wertwissen 67
2.2.5   Handlungs- und Interventionswissen 72
2.2.6   Zusammenfassung 77

3   Handlungskompetenzen für die Soziale Arbeit 80
3.1   Individuelle und institutionelle Voraussetzungen für den Beruf . 80
3.1.1   Persönlichkeitsmerkmale und professionelle
        Handlungskompetenz 80
3.1.2   Paradoxien und „Kunstfehler" als Fehlerquellen beruflichen
        Handelns 85
3.1.3   Institutionelle Stützung der individualisierten Professionalität . 90
3.1.4   Zusammenfassung 93

3.2   Ein Orientierungsrahmen für professionelle
        Handlungskompetenz 94
3.2.1   Der Orientierungsrahmen und seine Dimensionen 95
3.2.2   Kompetenzen in der Dimension des Könnens 98
3.2.3   Kompetenzen in der Dimension des Wissens 104
3.2.4   Kompetenzen in der Dimension der beruflichen Haltung 109
3.2.5   Zusammenfassung 112

4   Methodisches Handeln in der Sozialen Arbeit 115
4.1   Methodisches Handeln: Definition und Werkzeugkasten 115
4.1.1   Methodisches Handeln in Einschätzungen von Praktikern 116
4.1.2   Methodisches Handeln als eklektisches und collagenhaftes
        Handeln 117
4.1.3   Ein Werkzeugkasten für methodisches Handeln 119
4.1.4   Konstruktionsprinzipien der Arbeitshilfen 122
4.1.5   Zusammenfassung 124

4.2   Handlungsbereiche methodischen Handelns 125
4.2.1   Analyse der Rahmenbedingungen 126
4.2.2   Situations- oder Problemanalyse 131
4.2.3   Zielentwicklung 134
4.2.4   Planung 139
4.2.5   Evaluation 143
4.2.6   Zusammenfassung 146

II   Der Werkzeugkasten für methodisches Handeln

5   Arbeitshilfen für die Gestaltung von Situationen 151

5.1   Einführung: situatives Handeln 152
5.2   Analyse institutioneller Arbeitsaufträge 154
5.3   Situationsanalyse 162
5.4   Aushandlung von Konsenszielen 165
5.5   Entwurf von Schlüsselsituationen 167
5.6   Checkliste zur Planung von Interventionen 171
5.7   Evaluation der eigenen Interventionen 175

6   Arbeitshilfen für die Hilfeplanung 179

6.1   Einführung: Hilfeplanung 180
6.2   Auftrags- und Kontextanalyse 183
6.3   Problemanalyse 184
6.4   Aushandlung von Konsenszielen 188
6.5   Checkliste für die Formulierung operabler Ziele 191
6.6   Operationalisierung von Hilfezielen 196
6.7   Indikatoren als Messgrößen für Zielerreichung 199

7   Arbeitshilfen für die Konzeptionsentwicklung 202

7.1   Einführung: Konzeptionsentwicklung 203
7.2   Analyse der Ausgangssituation 205
7.3   Erwartungssammlung 207
7.4   Bildung konzeptioneller Ziele 209
7.5   Operationalisierung konzeptioneller Ziele 213
7.6   Von der Operationalisierung zur Konzeption 216

8   Arbeitshilfen für die Selbstevaluation 220

8.1   Einführung: Selbstevaluation 220
8.2   Erarbeitung der Fragestellung 222
8.3   Gewinnung von Indikatoren 226
8.4   Vorbereitung der Untersuchung 227
8.5   Konstruktion des Erhebungsbogens 230
8.6   Auswertung und Präsentation der Daten 240

Praktisch

III Anhang

Glossar 249

Literatur 261

Sachregister 268

Vorwort

Das berufliche Handeln in der Sozialen Arbeit wird verwirklicht durch den reflexiven Einsatz der eigenen „Person als Werkzeug". Methodisch zu handeln bedeutet, die spezifischen Aufgaben und Probleme der Sozialen Arbeit strukturiert und kontextbezogen, kriteriengeleitet und eklektisch, zielorientiert und offen zu bearbeiten. Hierbei sollte man sich an Charakteristika des beruflichen Handlungsfeldes sowie am wissenschaftlichen Vorgehen orientieren. Der Begriff beschreibt eine besondere Art und Weise der Analyse, der Planung und der Auswertung des beruflichen Handelns, die sich vom Alltagshandeln unterscheidet. Professionelle müssen ihre Situations- und Problemanalysen, die Entwicklung von Zielen und die Planung ihrer Interventionen verständigungsorientiert, multiperspektivisch und revidierbar gestalten. Es wird von ihnen erwartet, dass sie ihre Handlungen transparent und intersubjektiv überprüfbar halten, und dass sie diese berufsethisch rechtfertigen, unter Zuhilfenahme wissenschaftlicher und erfahrungsbezogener Wissensbestände begründen und hinsichtlich ihrer Wirksamkeit bilanzieren können.

Diese Definition des methodischen Handelns spiegelt den Stand der wissenschaftlichen Diskussion dieses Themas. Die Herausforderung besteht darin, die kompakte Anforderungsliste zu operationalisieren: Was bedeutet es konkret, im beruflichen Alltag eklektisch und strukturiert zu arbeiten? Wie genau kann man sich ein verständigungsorientiertes, multiperspektivisches und revidierbares Vorgehen vorstellen? Was sind Charakteristika der beruflichen Handlungsstruktur und warum sollte man sich an ihnen orientieren? Auf welche Weise könnte es realisiert werden, dass Fachkräfte die Anforderungen nicht nur in ihr berufliches Selbstverständnis übernehmen, sondern diese auch im Alltag praktizieren? Welche Vorschläge liegen hierzu schon vor?

Mit der Verwissenschaftlichung der Ausbildung für die Soziale Arbeit in den 70er Jahren wurden Fragen des methodischen Handelns für fast 20 Jahre von der Tagesordnung genommen. Die Diskussion war dominiert von Auseinandersetzungen um die Positionierung der Sozialen Arbeit im Sozialstaat, um die Professionalisierung des Berufes und seine Verwissenschaftlichung. Erst in den 90er Jahren wandte sich die Fachwelt wieder diesem Thema zu. Es schien an der Zeit, das berufliche Alltagshandeln von Fachkräften der Sozialen Arbeit wieder in den Fokus zu nehmen. Seitdem wurden erfreulich viele und differenzierte Vorschläge zum methodischen Handeln veröffentlicht. Man kann sich heute mittels dickleibiger Handbücher in grundlegende Frage- und Problemstellungen der Sozialen Arbeit einarbeiten, zum Beispiel mithilfe des von Werner Thole (2002) herausgegebenen Werkes „Grundriss Soziale Arbeit" oder des „Handbuches Sozialarbeit/Sozialpädagogik" von Hans-Uwe Otto und Hans Thiersch (2005). Es existieren eindrucksvolle Handlungstheorien, die im Rahmen eines (systemischen) Paradigmas differenzierte methodische Vorgehensweisen entfalten (Silvia Staub-Bernasconi 1998). Man findet auflagenstarke Übersichten, die Grundfragen des methodischen Handelns mit der Darstellung klassischer und aktueller „Methoden der Sozialen Arbeit" verbinden (Michael Galuske 2000; klassisch: Karlheinz Geißler und Marianne Hege 1988/1991) und differenzierte, einführende Bücher in das methodische Handeln, wie beispielsweise die „Grundlagen des Methodischen Handelns in der Sozialen Arbeit" (Franz Stimmer 2000) oder das schon ältere Werk „Didaktik/Methodik der Sozialpädagogik" von Johannes Schilling (2008). Wozu nun ein weiteres Buch?

Anfang der 90er Jahre öffneten Maja Heiner, Marianne Meinhold, Hiltrud von Spiegel und Silvia Staub-Bernasconi ihr methodisches „Nähkästchen" (Heiner et al. 1994/1998) und stellten die vorläufigen Ergebnisse ihrer Seminararbeit mit Studierenden an Fachhochschulen und Universitäten vor. Es waren erste Ansätze, so genannte Basics des methodischen Handelns in Arbeitshilfen auszuformulieren, die helfen können, das sperrige Thema lehrbar zu machen und darüber hinaus praktische Hilfestellungen für das methodische Alltagshandeln vermitteln. Die Autorinnen wagten sich in die „Niederungen des Alltags" hinab und verzichteten in dieser Veröffentlichung auch weitgehend auf eine theoretische Grundlegung ihrer methodischen Handreichungen. Alle genannten Autorinnen arbeiten weiterhin mit unterschiedlichen Schwerpunkten an diesem Themenspektrum. Mit diesem vorliegenden Werk lege ich meine Zwischenbilanz nach 10 weiteren Jahren in Lehre und Fortbildung zum Thema „methodisches Handeln" vor. Es dokumentiert den Stand der Anstrengungen, die damals im Grundriss entworfenen Arbeitshilfen systematisch zu „brauchbaren Werkzeugen" des methodischen Handelns weiter zu entwickeln. Die Arbeitshilfen sind in einem hierfür konstruierten „Werkzeugkasten" zusammengestellt, der den thematischen Rahmen vorgibt (Werkzeuge für das methodische *Handeln*, nicht aber etwa *Methoden* der Beratung). Sie sollten überdies – gemäß den Anforderungen der beruflichen Praxis – flexibel einsetzbar, einfach zu handhaben und theoretisch fundiert sein.

Der Aufbau des Buches

Dieses Buch besteht aus zwei großen Teilen. Im Grundlagenteil werden Voraussetzungen und Bedingungen beschrieben, die das methodische Handeln konstituieren. Der Werkzeugkasten besteht aus vier Reihen von Arbeitshilfen für verschiedene Typen des methodischen Handelns.

Das erste Kapitel thematisiert *Strukturelemente des Handlungsfeldes*, auf die sich das methodische Handeln bezieht. Diese konstituieren den Kontext innerhalb dessen sich die Soziale Arbeit vollzieht. Im ersten Teilkapitel werden vorwiegend *gesellschaftliche* Faktoren skizziert wie Aspekte der historischen Herausbildung des Handlungsfeldes der Sozialen Arbeit und deren Position im Kanon der sozialstaatlichen Aufgaben. Diese gesellschaftliche Funktion wird von Mitgliedern der Disziplin und der Profession vielfach analysiert, bewertet und in Theorien der Sozialen Arbeit behandelt. Sie spiegelt sich in der Suche nach dem spezifischen Gegenstand, auf den sich Disziplin und Profession beziehen können und der zur Ausbildung einer beruflichen Identität der Berufsangehörigen beitragen kann. Im zweiten Teilkapitel werden das Handlungsfeld genauer betrachtet und die *Besonderheiten* der Sozialen Arbeit charakterisiert, die sich als gesellschaftlich organisierte, institutionalisierte Hilfe zwischen den beiden Polen der sozialstaatlichen Auftragserfüllung und der Bearbeitung individueller Problemlagen bewegt. Sie kann nicht auf Technologien zurückgreifen und ist daher im höchsten Maße auf eine dialogische Verständigung und eine Koproduktion mit ihren Adressaten angewiesen. Im vorliegenden Buch werden diese Besonderheiten als „Charakteristika der beruflichen Handlungsstruktur" bezeichnet, auf die das methodische Handeln abgestimmt sein muss.

Im zweiten Kapitel werden *wissenschaftliche Grundlagen* des Berufes und entsprechende Anforderungen an den Beruf betrachtet. Es ist genauer zu bestimmen, auf welche Wissensbestände sich die Soziale Arbeit stützen kann und wie ein fruchtbares Verhältnis von Wissenschaft und Praxis denkbar ist. Diese Themenkomplexe bilden die Grundlage für ein „reflexives" Professionalitätsverständnis. Im ersten Teilkapitel gehe ich der Frage nach, weshalb die Soziale Arbeit bis heute nicht als *Profession* anerkannt ist und skizziere die Resultate der so genannten Professionalisierungsdebatte. Das zweite Teilkapitel enthält neben einer Beschreibung der *wissenschaftlichen Vorgehensweise* eine Auffächerung der verschiedenen *Wissensbestände*, auf die sich methodisches Handeln beziehen kann (Beobachtungs- und Beschreibungswissen, Begründungs- und Erklärungswissen, Wertwissen sowie Handlungs- und Interventionswissen).

Das dritte Kapitel ist der *professionellen Persönlichkeit* im engeren Sinne gewidmet. In diesem Kapitel werden die bisherigen Ausführungen zu den Bedingungen des Handlungsfeldes, zur Professionalisierung und zur Funktion der Wissensbestände in Überlegungen zur beruflichen „Könnerschaft" zusammengeführt. Dies geschieht im ersten Teilkapitel eher „historisch"; hier werden verschiedene Etappen der Bestimmung des „Anforderungsprofils" an Fachkräfte dargelegt und der Kompetenzbegriff sowie Ansätze einer Fehlerdiskussion konkretisiert. Hierbei wird das über die Jahre aufgebaute Profil einer „*individualisierten* Professionalität" diskutiert sowie der Vorschlag eingebracht, das professionelle Handeln durch *institutionell* gesicherte Verfahren zu stützen. Das zweite Teilkapitel ist der *Kompetenzdiskussion* im engeren Sinne gewidmet und eröffnet einen Orientierungsrahmen für die Beschreibung von Kompetenzen für die Soziale Arbeit, die dann im Einzelnen dargestellt werden.

Im Hinblick auf die Themenkreise „Handlungsfeld", „Wissenschaft" und

„Persönlichkeit" ist schließlich im vierten Kapitel zu begründen, wie man sich *methodisches Handeln* vorstellen kann, das auf die jeweils herausgearbeiteten *Essentials* bezogen ist. Im ersten Teilkapitel wird professionelle Handlungskompetenz als problem- bzw. aufgaben- und kontextbezogenes „berufliches Können" definiert, das von wissenschaftlichen und normativen Wissensbeständen profitiert und zentrale wissenschaftliche Arbeitsregeln beherzigt. Aus Handlungsbereichen und Handlungsebenen wird ein Orientierungsrahmen konstruiert, der als *„Werkzeugkasten"* bezeichnet wird und „Fächer" für Arbeitshilfen enthält. Im zweiten Teilkapitel werden *wiederkehrende Arbeitsschritte* in den Handlungsbereichen des methodischen Handelns beschrieben, die auf jeder Handlungsebene vergleichbar sind. Diese bilden die Basis für die Checkfragen der Arbeitshilfen, die in den Kapiteln 5 bis 8 als „Werkzeuge" vorgestellt werden.

Im zweiten Teil des Buches wird der *Werkzeugkasten* für das methodische Handeln geöffnet. In diesem Teil werden aufeinander aufbauende Arbeitshilfen vorgestellt, die helfen können, methodische Handlungssituationen zu gestalten. Ein methodischer Handlungsprozess besteht zwar aus drei „Schritten" (Planung, situatives Handeln, Auswertung), allerdings können nur zwei Schritte reflexiv bearbeitet werden: die *Planung* und die *Auswertung*. Das situative Handeln unterliegt Bedingungen, die nicht in ihrer Gesamtheit vorhersehbar sind und einer eigenen Dynamik unterliegen. Die Arbeitshilfen sind hinsichtlich dieser beiden Vorgänge konzipiert; im Wechsel wird eine abgelaufene Handlungssituation auswertend und planend bearbeitet. Hierfür werden die Kriterien bzw. Kategorien eingesetzt, die sich aus den Ausführungen im ersten Teil des Buches ergeben. Ich stelle insgesamt vier Reihen von Arbeitshilfen vor, die weitgehend ähnlich aufgebaut sind.

Das fünfte Kapitel enthält eine Arbeitshilfenreihe zur *Gestaltung von Situationen*, die sich eher für den Einsatz in traditionellen Arbeitsfeldern der „Sozialpädagogik" eignet. Dabei wird Bezug genommen auf Arbeitsbereiche, die einen konzeptionell strukturierten Rahmen eröffnen, in dem Adressatinnen teilweise oder ganz ihren Alltag leben und innerhalb dessen Entwicklungsprozesse möglich und gefördert werden (sollen). Das berufliche Handeln ist in diesen Arbeitsbereichen darauf gerichtet, das Gesamtangebot zu strukturieren und den institutionellen Alltag durch die methodische Gestaltung von Situationen *und* spezielle Förderangebote zu organisieren.

Die zweite Reihe der Arbeitshilfen im sechsten Kapitel ist auf die so genannte Fallarbeit bezogen, die sich im *Typus der Hilfeplanung* realisiert und eher das traditionelle Arbeitsfeld der „Sozialarbeit" repräsentiert. Diese konzentriert sich auf die Begleitung und Unterstützung einer oder weniger Personen (zumeist im familiären Kontext) mit einem besonderen „Hilfebedarf". Die Arbeitshilfen sind so konzipiert, dass es möglich wird, diesen Hilfebedarf gemeinsam mit den Adressatinnen herauszuarbeiten und eine erste Zielformulierung vorzunehmen, die erlaubt, eine angemessene Hilfeform zu konstruieren, die die Grundlage für die weitere Zusammenarbeit mit kooperierenden Einrichtungen bildet.

Das siebte Kapitel enthält ein Set von Arbeitshilfen für die Entwicklung einer *Konzeption*. Diese Arbeit fällt gewöhnlich auf der Managementebene an, da sie die gesamte Einrichtung oder eine Organisationseinheit im Blick hat. Sie wird in stationären, teilstationären und auch offenen Einrichtungen benötigt, die lebensweltlich organisiert sind (z. B. Wohngruppen, Tagesstätten und offene Kinder- und Jugendarbeit). Eine Konzeption bietet Koordinaten für den fachlich strukturierten Rahmen und die *Ziele* der Alltagsorganisation in diesen Einrichtungen, deren Arrangements oft stärker „wirken" als manche geplante Intervention.

Die Arbeitshilfen des achten Kapitels liegen sozusagen diametral zu den drei vorangehenden Kapiteln. Sie leiten ihre Anwenderinnen Schritt für Schritt an, ein Projekt der *Selbstevaluation* durchzuführen. Viele der dort gezeigten Arbeitsschritte sind aus den Arbeitshilfen zum methodischen Handeln schon bekannt und werden hier für Zwecke der Evaluation auf andere Weise kombiniert.

Der Aufbau des Buches ist am Prinzip des Werkzeugkastens orientiert. Je nach Lerntyp („theoretisch" oder „praktisch") beginnt man „am Anfang" oder „am Ende" des Buches. Man kann sich zuerst die „Theorie" erarbeiten und dann sehen, wo sich diese in den Arbeitshilfen wieder findet – dies hilft, den Hintergrund der Checkfragen einzuordnen und die anschließenden Reflexionen und Interpretationen fundierter zu betreiben. Man kann aber auch „pragmatisch" – nach der Lektüre des einführenden vierten Kapitels – *eine* Reihe von Arbeitshilfen erproben, wobei sich Fragen auftun, die zu den ersten Kapiteln führen. Möglicherweise interessiert die Auflistung der Kompetenzen für die Soziale Arbeit nicht jeden gleichermaßen (sie ist keine unabdingbare Basis für den Einsatz der Arbeitshilfen) und vielleicht ist für einige die „historische" Dimension (Professionalisierungsdebatte) nicht so interessant. Andere möchten lediglich wissen, wie eine Selbstevaluation oder eine Konzeptionsentwicklung Schritt für Schritt durchzuführen ist, um eine Leitlinie für das methodische Handeln zu gewinnen.

Bei der Lektüre des gesamten Buches finden sich im einen oder anderen Kapitel Passagen, die bekannt anmuten, dies nahm ich jedoch wegen der Kombinationsmöglichkeiten in Kauf. Eine verbindende Funktion übernimmt das ausführliche Glossar. Wenn nur Teile des Buches benutzt werden, kann man sich über die Definitionen der Begriffe, die scheinbar selbstverständlich im Text auftauchen, aber doch Anlass zu Fragen geben können, im Glossar informieren. Hierzu laden die Pfeile vor den → Glossarbegriffen ein. Nicht jedesmal, wenn ein Glossarbegriff im laufenden Text vorkommt, ist er mit einem Pfeil versehen, jedoch an zentralen Stellen. Viele bedeutsame Diskussionsthemen konnten im Rahmen dieses Buches nur kurz gestreift oder benannt werden. Daher erscheint zu diesen Themen zumindest *ein* Literaturtipp, der als Wegweiser dienen und zur Vertiefung animieren soll. Die Auswahl dieser Titel erfolgte zum einen nach *Aktualität*, zum anderen aber auch nach *Zugänglichkeit* von Literatur.

Das Buch richtet sich in erster Linie an *Studierende* der Sozialen Arbeit.

Da die Arbeitshilfen überwiegend in Fortbildungszusammenhängen entstanden sind, sollte es auch für *Praktikerinnen* interessant sein. Es fasst Ergebnisse der Fachdiskussion in Disziplin und Profession derart zusammen,
dass sie in Lehr- und Fortbildungszusammenhängen vermittelbar sind. Ich
habe mich bemüht, komplexe Diskussionszusammenhänge so einfach wie
möglich darzustellen, ohne diese zu simplifizieren.

Zum Umgang mit dem leidigen, aber wichtigen Thema der geschlechtsspe-
zifisch eingefärbten deutschen Sprache ist anzumerken, dass weibliche und
männliche Formen nach dem Zufallsprinzip verwendet wurden. Dies ist eine
Notlösung zur Vermeidung des unästhetischen „I". Einem ähnlichen Umstand verdankt sich auch der Begriff „Fachkräfte". Er vermeidet nicht nur
eine unästhetische Schreibweise, sondern auch die Schwierigkeit, die sich daraus ergibt, dass man die Bezeichnung „Soziale Arbeit" nicht in eine griffige
Berufsbezeichnung verwandeln kann: Die „Sozialarbeiterin" wird unabweis-
bar mit der Tradition der „Sozialarbeit" und eben nicht mit der „Sozialpädagogik" in Beziehung gesetzt. Die Profession tut sich auch mit der Bezeichnung ihrer „Klientel" schwer. Eine Auswahl unter den gängigen Begriffen –
von Klienten über Kundinnen bis zu Nutzern sozialer Dienstleistung – fällt
schwer. Im Rahmen des vorliegenden Buches wird der Begriff „Adressatinnen" verwendet, ohne dass damit eine inhaltliche Botschaft verbunden ist.
Alle weiteren Begriffe werden ausführlich im Glossar definiert.

Eine letzte Anmerkung bezieht sich auf die Wahl der Praxisbeispiele. Sie
beziehen sich weitgehend auf Kontexte der Kinder- und Jugendhilfe (hier
wurden die meisten Arbeitshilfen auch erprobt). Es ist aber ohne Schwierigkeiten möglich, sie für das methodische Handeln in anderen Arbeitsfeldern
einzusetzen.

Danksagung

Das Buch ist das Ergebnis vielfältiger praktischer Erfahrungen: Die Arbeitshilfen wurden in der Lehre und in verschiedenen Projekten der Fortbildung
von Fachkräften der Sozialen Arbeit immer wieder eingesetzt, kritisiert und
weiterentwickelt. Ich danke hiermit Studierenden und Praktikerinnen aus
verschiedenen Arbeitsfeldern der Jugendhilfe für ihre Bereitschaft, sie aus-
zuprobieren und für deren kritisch-konstruktive Rückmeldungen. Der Zeitpunkt des Erscheinens hängt mit dem Abschluss des durch das Bundesministerium für Bildung und Forschung (BMBF) geförderten Verbundprojektes
„Online-casa" zusammen. Lehrende von elf Fachbereichen für Sozialwesen
experimentierten mit internetgestützer Lehre und entwickelten Online-
Module für die Soziale Arbeit. Sie arbeiten daran, neue Medien in die Lehre
an Fachhochschulen einzuführen und dadurch einen Beitrag zur verbesser-
ten Nutzung der Informationstechnologien zu leisten. Es wurden hoch-
schuldidaktisch und multimedial aufbereitete Lehreinheiten entwickelt und
eingeführt, die über das Internet vermittelt und von Studierenden interaktiv
genutzt werden können (www.online-casa.de). In diesem Zusammenhang
wurde an der Fachhochschule Münster auch ein Online-Modul „methodi-

sches Handeln" entwickelt und erprobt, in dessen Rahmen diese Texte entstanden sind.

Das vorliegende Buch ist zugleich Ergebnis vielfältiger Dialoge über das methodische Handeln. Ohne Maja Heiner, Marianne Meinhold, Silvia Staub-Bernasconi und C. Wolfgang Müller wäre diese Konzeption des methodischen Handelns nicht entstanden. Ich profitierte ebenfalls von den produktiven Diskussionsrunden der „Methoden-AG" der DGfE, die immer wieder kritische und weiterführende Ideen und Einsichten hervorbringen. Ein herzliches Dankeschön geht auch an die Mitglieder des OWL-Salons, die ein kritisches Forum für sozial- und professionspolitische *und* methodische Fragen bilden; allen voran danke ich Benedikt Sturzenhecker, der mit seinen kritischen Einwänden zur Qualifizierung des Manuskriptes beigetragen hat.

Hinweise zur Benutzung dieses Lehrbuches

In diesem Lehrbuch werden wichtige theoretische und praktische Grundlagen für methodisches Handeln in der Sozialen Arbeit dargestellt. Zur leichteren Orientierung sind in der Randspalte Stichwörter und Piktogramme benutzt worden, die folgende Bedeutung haben:

 Definitionen wichtiger Fachbegriffe

 Beispiele

 Literaturhinweise, weiterführende Lektüre

 Resümee

Außerdem finden Sie im Text wiederholt Pfeile in Verbindung mit ausgewählten Fachbegriffen. Diese Begriffe werden im Glossar ausführlicher erläutert.

I Grundlagen
methodischen Handelns

1 Das Handlungsfeld der Sozialen Arbeit

Das Spektrum der Berufe, in denen „mit Menschen" gearbeitet wird, ist groß. Die Berufe unterscheiden sich durch ihren Fokus und ihre besonderen beruflichen Strategien. Diese orientieren sich an den historisch gewachsenen Aufgabenfeldern, ihren gesellschaftlich definierten Funktionen und den diesen zugrunde liegenden gesetzlichen Grundlagen sowie nach den von Profession und Disziplin selbst definierten Gegenständen der Berufe. Aus den genannten Faktoren *und* aus der Tatsache, dass „mit Menschen" gearbeitet wird, ergeben sich so genannte Charakteristika der beruflichen Handlungsstruktur. Berufliches Handeln muss sich an diesen Besonderheiten ausrichten, um nicht zum Selbstzweck zu werden. In diesem Kapitel werden wesentliche Strukturelemente des Handlungsfeldes der Sozialen Arbeit beschrieben, die den Kontext für das methodische Handeln bilden.

1.1 Zur Diskussion um Funktion und Gegenstand der Sozialen Arbeit

Die Darlegungen werden von folgenden Fragen geleitet: Wie kann man genauer fassen, was diesen Beruf ausmacht? Worauf richtet sich das berufliche Bemühen? Was soll bewirkt werden? Was steht im Zentrum der beruflichen Arbeit? Welches Selbstverständnis können Fachkräfte der Sozialen Arbeit aus diesem Wissen gewinnen?

Das vorliegende Teilkapitel enthält einige Bemerkungen zur historischen Herausbildung des heterogenen Handlungsfeldes und beschäftigt sich anschließend mit der Bedeutung und den spezifischen Schwierigkeiten einer Gegenstandsbestimmung. Hierbei werden vier gegenwärtig einflussreiche Theorien Sozialer Arbeit skizziert, die ihre Funktions- oder Gegenstandbestimmungen innerhalb unterschiedlicher Bezugsrahmen entfalten und zur Klärung des Selbstverständnisses der Sozialen Arbeit beitragen.

1.1.1 Historische Herausbildung des Handlungsfeldes

Wie haben sich die beiden tradierten Berufsrichtungen „Sozialarbeit" und „Sozialpädagogik" entwickelt und was unterscheidet sie? Warum wird zunehmend der Begriff „Soziale Arbeit" benutzt? Bezeichnet er ein neues Berufsverständnis? Ersetzt er die beiden Traditionen? Was ist damit gewonnen? Zu Beginn der Ausführungen werden die „Wurzeln" der beiden Traditionen, ihre Annäherung und ihre Verschmelzung skizziert und die Soziale Arbeit als Teilfunktion des Sozialstaates verortet.

Herausbildung staatlicher Institutionen

Institutionen und methodische Vorgehensweisen der Sozialarbeit und der Sozialpädagogik haben sich im Zusammenhang mit der modernen Gesellschaft herausgebildet (Thiersch 1996b). Mit der Entwicklung neuer Produktionsformen entstanden neue Formen des gesellschaftlichen Zusammenlebens und neue soziale Ungleichheiten. Parallel, und immer auch in Reaktion auf diese Entwicklungen, entzündeten sich Proteste (z. B. die Arbeiterbewegung), die gewachsene Herrschafts- und Produktionsverhältnisse bedrohten und die Angst vor sozialen Unruhen schürten.

Um die individuellen (z. B. mangelnde Ausbildung, Verelendung, Deklassierung) und auch die gesellschaftlichen Folgen (soziale Unruhen) für die arbeitenden Menschen abzufedern – und nicht zuletzt, um den wachsenden Ansprüchen der Industrie an die Qualifikation der Arbeitskräfte gerecht zu werden – wurden dem Staat als „Vermittlungsinstanz" zwischen Wirtschaft und Gesellschaft immer mehr Aufgaben übertragen. Folgende Tendenzen lassen sich im Laufe des 19. Jahrhunderts verzeichnen:

- Der Staat definierte sich als Sozialstaat mit dem Anspruch, den Bürgern Gleichheit, Freiheit und Solidarität zu ermöglichen und differenzierte zu diesem Zweck weitere Handlungsstrukturen aus.
- Die Gesellschaft akzeptierte zunehmend bestehende Probleme als gesellschaftlich zu bearbeitende Aufgaben und entwickelte rechtliche, institutionelle und professionelle Konzepte für deren Bewältigung.
- Die sozialstaatliche Bearbeitung der Probleme und Aufgaben wurde schrittweise rechtlich festgeschrieben und von gesicherten Institutionen und wissenschaftlich fundierten Berufen wahrgenommen.

Zeitlich versetzt bildeten sich folgende Institutionen heraus:

- Der Staat organisierte und finanzierte das schulische Ausbildungssystem, um den differenzierten Anforderungen des Arbeitsmarktes gerecht zu werden.
- Im Hinblick auf vorhersehbare Grundrisiken in verschiedenen Lebenslagen (Krankheit, Unfall, Altersversorgung, Arbeitslosigkeit, Verelendung und Pflegebedürftigkeit) etablierten sich die Sozialversicherungen, die auf der Basis einer individuell erworbenen Anspruchsberechtigung agieren.
- Hinzu kam die Sozialhilfe im engeren Sinne als *materielle* Unterstützung derjenigen, die von diesen Versicherungssystemen nicht erfasst werden.
- Unvorhersehbare und unversicherbare Risiken der Lebensführung wurden und werden zunehmend durch *personenbezogene* Hilfen der Sozialarbeit und der Sozialpädagogik bearbeitet.

Annäherung unterschiedlicher Traditionen

Sozialarbeit und Sozialpädagogik blicken auf unterschiedliche Traditionslinien zurück: Ausgangspunkt der *Sozialarbeit* war die massenweise materielle Verelendung der Arbeiter im Zusammenhang mit der Industrialisierung. Armut galt zunächst als ein gesellschaftlicher Status, der auf Unterstützung angewiesen war und von den Armen Demut und Abhängigkeit forderte. Im Kontext sozialer Bewegungen veränderte sich dieser Status zögerlich und immer auch mit Einschränkungen zugunsten eines Anspruches auf Hilfe durch die Gesellschaft. Sozialarbeit etablierte sich nach Thiersch (1996b) als

- Hilfe zur Selbsthilfe angesichts materieller Verelendung;
- Unterstützung und Beratung bei psychosozialen Problemen und der Alltagsgestaltung;
- Förderung und Stabilisierung in menschenwürdigen Verhältnissen, als „Kunst, zu leben" (Alice Salomon).

Die *Sozialpädagogik* entstand im mittelalterlich-frühneuzeitlichen Waisenwesen in Form von Konzepten der Armenerziehung. Thiersch (1996b) kennzeichnet die Sozialpädagogik als gesellschaftliche Reaktion auf die Entwicklungstatsache, dass also Menschen in ihrem Heranwachsen unterstützt werden müssen. Daraus ergibt sich ein Anspruch des Menschen auf Erziehung und Bildung, insbesondere in belasteten Lebensverhältnissen. Sozialpädagogik entwickelte sich innerhalb der Erziehung als Unterstützung der Bewältigung von Anpassungs- und Normalitätserwartungen der Moderne und als Hilfe und Unterstützung des Individuums zur Entfaltung seiner Bildungs- und Entwicklungschancen.

Verbindung der Traditionen Die eigenständigen Traditionen der Sozialarbeit und Sozialpädagogik näherten sich einander und verbanden sich in den 60er Jahren (Thiersch 1996b). Der Begriff „Soziale Arbeit" bestätigt das Ergebnis dieser Entwicklung, denn

- Sozialarbeit als Arbeit mit materiell Verelendeten befasst sich zwangsläufig mit Problemen der Entwicklung von Handlungs- und Bewältigungskompetenzen der Betroffenen, wie sie auch in der Erziehung und Bildung diskutiert werden und
- Sozialpädagogik schaut zunehmend auf die gesellschaftlichen Bedingungen, die für Erziehung und Bildung vorausgesetzt werden müssen sowie auf allgemeine Fragen der Hilfe, Unterstützung, Beratung und Förderung.

zusätzliche Aufgaben für die Soziale Arbeit Die unter diesen Aspekten gewachsene Soziale Arbeit gewann weitere Bedeutung durch die zunehmende Vergesellschaftung von Lebensbereichen sowie den Trend zur Individualisierung der Lebensführung und zur Pluralisierung der Lebenslagen (Beck 1986). Diese Entwicklungen bargen und bergen neue Chancen, aber auch neue Belastungen für die Menschen. Die Aufgaben der Lebensbewältigung wurden und werden anspruchsvoller, schwieriger und riskanter: Neben den herkömmlichen Aufgaben der Sozialarbeit (im Kontext von Armut, Verelendung und Ausgrenzung) und der Sozialpädagogik (als Erziehung und Bildung in belasteten Verhältnissen) gibt es zusätzlich Angebote der Unterstützung und Beratung in den alltäglichen Schwierigkeiten der Lebensgestaltung und -bewältigung. Seit den 70er Jahren expandierten die Arbeitsfelder der Sozialen Arbeit und differenzierten sich weiter aus (Übersicht in Mühlum 1996).

Soziale Arbeit ist heute ein „notwendiger und selbstverständlicher Bestandteil der modernen sozialen Infrastruktur" (Thiersch 1996b, 11). Sie agiert als Teil der Sozialpolitik im Zusammenhang mit den oben genannten Hilfe- und Unterstützungssystemen, die auf unterschiedliche Weise zur Bewältigung heutiger Lebensprobleme beitragen. Ihre spezifischen Zwecke und Aufgaben werden im jeweils gegebenen politischen und finanziellen Rahmen ausgehandelt: Beispielsweise hatte in der Nachkriegszeit (ausgehende 40er sowie 50er Jahre) die wirtschaftliche Hilfe absoluten Vorrang, während in Zeiten des „Wirtschaftswunders" (60er und 70er Jahre) die Bedeutung der Beratung und Unterstützung bei psychosozialen Problemen und bei der Gestaltung des Alltages stieg. In den 80er Jahren waren es zunächst von Ausgliederung bedrohte Einzelne und spezielle Gruppen, auf die sich Integrations- und Partizipationsbemühungen richteten. Seit Mitte der 90er Jahre sind wieder ganze Bevölkerungsgruppen *strukturell* benachteiligt, womit erneut die Hilfe in wirtschaftlich prekären Lebensverhältnissen in den Vordergrund rückt. Die gesellschaftlichen Aufträge und in ihrer Folge auch die Berufspraxis verändern sich demzufolge fortwährend mit der sozialen Wirklichkeit und ihren gesellschaftlichen Rahmenbedingungen, sodass sich die Soziale Arbeit auch insgesamt immer wieder neu positionieren muss (s. hierzu die aktuelle Debatte um den „aktivierenden Sozialstaat" in Dahme/Otto 2003).

Soziale Arbeit als institutionalisierte Hilfe

Soziale Arbeit ist heute gesellschaftlich organisierte Hilfe, also Hilfe, die – anders als im Alltagsleben – nicht auf Gegenseitigkeit beruht, sondern berufsmäßig durch hierfür ausgebildete Fachkräfte erbracht wird. Die Grundlage des Helfens ist in der Regel ein „Problem", also etwas, das von der „Normalität" abweicht. Mit Offe (1987, 175) lässt sich die Soziale Arbeit als „Gewährleistung gesellschaftlicher Normalzustände" beschreiben, wobei einerseits die Besonderheit und die Individualität der Adressatinnen zu wahren, zu respektieren und zu bestätigen ist und andererseits allgemeine Regeln sowie Ordnungs- und Wertvorstellungen zum Maßstab genommen werden müssen. In ihrer gesetzlichen und institutionellen Verfasstheit ist die Hilfe in ihrer Form und ihrer Bandbreite vorstrukturiert. Dies bedeutet, dass die Adressaten ihre Anliegen und Probleme entlang der Zuständigkeitskategorien beschreiben müssen, die durch die jeweilige Organisation vorgegeben sind (Gildemeister 1993), sonst können sie keine Unterstützung erwarten. Die öffentlichen und freien Träger der Sozialen Arbeit bieten teilweise verschiedene und teilweise vergleichbare Leistungen an. Ihre Arbeitsteilung orientiert sich nicht systematisch an den zu bearbeitenden Problemen. Sie basiert vielmehr auf dem Subsidiaritätsprinzip, einem historisch gewachsenen Prinzip der Verteilung der Aufgaben auf die Trägerinstitutionen, das einen weltanschaulich organisierten Pluralismus bei der Aufgabenerfüllung gewährleisten soll (Merchel 2003).

Kunstreich, T. (1997, 1998): Grundkurs Soziale Arbeit. Sieben Blicke auf Geschichte und Gegenwart Sozialer Arbeit

Dahme, H.-J./Otto, H.-U. (2003) (Hrsg.): Soziale Arbeit für den aktivierenden Sozialstaat

1.1.2 Theoretische Annäherungen an den Gegenstand Sozialer Arbeit

Was ist trotz wechselnder Aufgabenzuschreibungen für die Soziale Arbeit und über alle Arbeitsfelder hinweg deren unveränderliche Substanz? Was ist somit das Spezifische und Unverwechselbare dieses Berufes, das sich in allen beruflichen Tätigkeiten wieder findet?

Dieser Abschnitt thematisiert den Nutzen und die Notwendigkeit einer Gegenstandsbestimmung und geht auf die Schwierigkeiten ein, eine solche für die Soziale Arbeit zu finden.

Als **Gegenstand** bezeichnet man das Erkenntnisobjekt einer wissenschaftlichen Disziplin, auf das sich alle theoretischen und praktischen Bemühungen richten. Die Gegenstandsbestimmungen etablierter wissenschaftlicher Disziplinen haben den Charakter einer Formel, sie sind gewissermaßen inhaltsleer. Als Gegenstand der Soziologie gilt beispielsweise „das Soziale" und als Gegenstand der Erziehungswissenschaft die „Bildsamkeit des Menschen". Eine solche Formel erfüllt zwei Funktionen: Sie markiert das spezifische Erkenntnisobjekt der Wissenschaft in Abgrenzung zu anderen Wissenschaften, und sie verpflichtet die Mitglieder der wissenschaftlichen Disziplin auf den Erkenntnisgegenstand. Die Grenzen des Gegenstandes sind in allen Disziplinen fließend und unscharf, es sollte jedoch deutlich werden, was im Zentrum steht und was in die Peripherie gehört (Sahle 1997; Klüsche 1999).

Die Bestimmung des Gegenstandes der Sozialen Arbeit gestaltet sich schwierig, schon allein aufgrund des unscharfen Berufsprofiles (s. Kap. 2.1). Überdies gibt es keine Einigkeit darüber, welche der wissenschaftlichen Bezugsdisziplinen als Leitwissenschaft der Sozialen Arbeit gelten kann. In Abgrenzung zur eher universitären *Sozialpädagogik*, als deren Leitwissenschaft die Erziehungswissenschaft betrachtet wird, arbeiten Wissenschaftlerinnen, die sich in der „Deutschen Gesellschaft für Sozialarbeit" (DGSA) zusammengeschlossen haben, an der Etablierung einer eigenständigen → Sozialarbeitswissenschaft. Es ist umstritten, ob es eine solche Disziplin geben sollte. Gründe für den Streit liegen in den beiden Entwicklungssträngen der Sozialen Arbeit mit jeweils eigenen Theorietraditionen und professionellen Identitäten, die sich nicht ohne weiteres verschmelzen lassen. Auch der Begriff Soziale Arbeit sperrt sich gegen eine Umwandlung in einen sprachlich stimmigen akademischen Grad (Klüsche 1999). Hinzu kommen verschiedenste hochschulspezifische und berufsständische Interessen, die hier nicht ausgeführt werden sollen (Puhl 1996; Merten et al. 1996; Kap. 2.1.2).

Streit um die Leitwissenschaft

Vorschläge für Gegenstandsbestimmungen gehen aus Theorien Sozialer Arbeit hervor. Sie bilden auch die inhaltlichen und normativen Positionen ihrer Protagonisten ab, die zumeist keine ungeteilte Zustimmung finden. Daher schlagen manche Autoren vor, sich auf formale Bestimmungen der *Funktion* Sozialer Arbeit zu beschränken. Formale, also inhaltsleere Be-

Gegenstands- oder Funktionsbestimmung?

stimmungen, verzichten auf inhaltliche und normative Vorstellungen, was die Basis für eine Einigung verbreitern könnte (Merten 1996). Eine Analyse der Funktion, also der beabsichtigten *Zwecke* der Sozialen Arbeit für eine Gesellschaft könnte es ermöglichen, sich als Individuum oder auch als Profession berufspolitisch zu dieser Funktion zu *positionieren* und daraus ein berufliches Selbstverständnis zu entwickeln.

In der Geschichte der → Disziplin der Sozialen Arbeit wurden vielfältige Theorien der Sozialen Arbeit entwickelt, die die Frage nach dem Gegenstand bzw. der Funktion (eine korrekte Unterscheidung findet man in der vorliegenden Literatur nicht) der Sozialen Arbeit tendenziell unterschiedlich beantworten. Ein Überblick über klassische Theorien findet sich in Thole et al. (1998); zu aktuellen Theorien s. Füssenhäuser/Thiersch (2005) sowie Thole (2002b). Diskussionen über die gesellschaftliche Funktion der Sozialen Arbeit prägten in den 70er Jahren das berufspolitische Selbstverständnis einer ganzen Generation von Fachkräften der Sozialen Arbeit. Sie kritisierte die herausgearbeiteten Anpassungs- und Normalisierungsfunktionen und engagierte sich „parteilich" für die Interessen der Adressatinnen Sozialer Arbeit. Als herausragend und weiterführend für diese Diskussion gelten Barabas et al. (1975, 1977), die die spezifische Funktion von Sozialarbeit im Gesamtzusammenhang staatlicher Sozialpolitik als „vergesellschaftete Sozialisationsarbeit" präzisierten (die überarbeitete und kommentierte Fassung dieser Theorie in Blanke/Sachße 1998).

Im Folgenden werden exemplarisch Vorschläge für Funktions- oder Gegenstandsbestimmungen aus vier einflussreichen Theorien vorgestellt, die wesentliche Aspekte der Sozialen Arbeit thematisieren und jeweils die Diskussion bereichern sowie sich gegenseitig befruchten. In den folgenden Kapiteln wird häufig auf Aspekte dieser (und anderer) Theorien Bezug genommen.

1.1.3 Inklusionsvermittlung, Exklusionsvermeidung, Exklusionsverwaltung *Handlungstheorie (aus system. Perspektive)*

Soziale Arbeit als „organisierte Hilfe" Der hier vorgestellte Ansatz von Bommes und Scherr (1996) bezieht sich – wie eine Reihe anderer Autoren (etwa Baecker 1994 oder Hillebrand 2002) auch – auf eine neuere gesellschaftstheoretische Bestimmung der *Funktion* Sozialer Arbeit. Bommes und Scherr gehen von der weitgehend unstrittigen Übereinkunft aus, dass man Soziale Arbeit als „organisierte Hilfe" bezeichnen kann. Wer „hilfebedürftig" ist, bestimmen nicht Einzelne (Fachkräfte oder Adressatinnen), dies ist vielmehr die Entscheidung „definitionsmächtiger Instanzen des politischen Systems", beispielsweise der Arbeitsmarkt-, Jugend- und Sozialpolitik oder auch der Organisationen der Sozialen Arbeit selbst. *Was* jeweils bearbeitet wird, ist demzufolge ein Produkt gesellschaftlicher Aushandlungen, an denen die Fachkräfte zwar auch, aber nicht maßgeblich beteiligt sind. Bommes und Scherr (1996, 96f) fassen diesen Sachverhalt in folgende Worte:

Definition von „Hilfebedürftigen"

> „Hier werden individuelle Hilfsansprüche definiert und von illegitimen Ansprüchen unterschieden; hier wird ‚Normalität' in Abgrenzung von sozialen Problemlagen etabliert, in denen die ‚mangelnde Ausstattung' sozialer Gruppen mit Geld und Erziehung von ‚normalen' Lebensbedingungen abgegrenzt wird. ... Erst in sozialen Auseinandersetzungen ... wird festgelegt, was jeweils als hilfsbedürftiges oder gelingendes Leben, normales oder abweichendes Verhalten gilt."

Bommes und Scherr setzen diese „soziale Konstruktion sozialer Hilfsbedürftigkeit" in Bezug zu Luhmanns Theorie sozialer Systeme und speziell seiner Analyse von Exklusions- und Inklusionsmodi in modernen, funktional differenzierten Gesellschaften (Luhmann 1995). Sie interpretieren diese Theorie „als Radikalisierung (und Bereinigung) des Marx'schen Grundgedankens..., dass der gesellschaftliche Zusammenhang sich gegenüber den Individuen verselbstständigt hat..." (Bommes/Scherr 1996, 99). Die Gesellschaft organisiert sich nicht entlang der physischen, psychischen und sozialen Bedürfnisse der Menschen, sondern an den „Erfordernissen der Wertvermehrung". Eine so organisierte Gesellschaft bezieht die Menschen nicht als ganze mit der Gesamtheit ihrer Bedürfnisse ein, sondern sie besteht vielmehr aus vielen großen und kleinen Funktionssystemen (Arbeit, Familie, Schule, Gruppe), wobei jedes System besondere Zugangsbedingungen und auch Möglichkeiten des Ausschlusses entwickelt hat. Es gibt in der Gesellschaft keinen sozialen Ort (auch nicht die Familie), der die sozialen Möglichkeiten des einzelnen Menschen umfassend definiert. Jeder Mensch befindet sich zunächst außerhalb *aller* Funktionssysteme (auch jenem der Familie) und muss daran arbeiten, Zugang zu den Funktionssystemen zu erlangen, denen er angehören möchte oder soll. Er orientiert sich an den Zugangsbedingungen (Regeln) des Systems oder weicht von ihnen ab. Erst wenn er in ein System einbezogen ist, *ist* er oder sie Arbeitnehmerin, Konsument, Patientin, Schüler, Studentin usw.

Die neuere Systemtheorie versteht Sozialisation als *Selbstsozialisation*. Man kann die Menschen nicht als „Produkte" ihrer Umwelt begreifen, sondern Sozialisation gilt als ein kommunikativer Prozess, in dem die Menschen ständig selbst entscheiden (müssen), ob sie „Konformität oder Abweichung, Anpassung und Widerstand" zeigen (Luhmann 1995, zit. in Bommes/Scherr 1996, 103). Probleme entstehen nicht nur aus dem Scheitern der Menschen an Anforderungen der kapitalistischen Ökonomie, sondern auch aus der Selbstexklusion (also dem wie auch immer begründeten, selbst verursachten Ausschluss aus dem rechtlichen System, der organisierten Erziehung, der Familie oder etwa der Politik).

Der Wohlfahrtsstaat bearbeitet Exklusionsrisiken (des Arbeitsmarktes, des Erziehungs-, Rechts-, Politik- und Gesundheitssystems sowie der Familiensysteme) durch generalisierte Sicherungspotenziale (Sozialversicherungssystem). Die Soziale Arbeit übernimmt demgegenüber eine Auffang- und Zweitsicherung für die Fälle (Menschen), die aus diesen Sicherungssystemen herausfallen (s. Kap. 1.1.1). Die Hilfe der Sozialen Arbeit ist individuell, also auf

Marginalien:
Exklusions- und Inklusionsmodi in modernen, funktional differenzierten Gesellschaften

Selbstsozialisation ≠ Produkt der Umwelt (handschriftliche Notiz)

Funktionsbestimmung

die spezifischen *Fälle* zugeschnitten. Sie setzt ein, wenn generalisierte, versicherbare Absicherungen nicht greifen oder einsetzende Exklusionsdynamiken (Ausgrenzungsprozesse) nicht aufzuhalten sind. Als Funktion der Sozialen Arbeit kann also einerseits die stellvertretende *Inklusionsvermittlung* und *Exklusionsvermeidung* und andererseits die *Exklusionsverwaltung* gelten (Bommes/Scherr 1996). Bommes und Scherr (1996, 95) fassen dies wie folgt zusammen:

> „Wir begreifen Soziale Arbeit ... als eine Form des verberuflichten Handelns in Organisationen, das auf spezifische und identifizierbare Probleme gesellschaftlicher Reproduktion in modernen, funktional differenzierten Gesellschaften bezogen ist. Soziale Arbeit lässt sich als eine reflexive Praxis begreifen, der in wohlfahrtsstaatlich verfassten Gesellschaften die Aufgabe der Bearbeitung der durch die ausdifferenzierten Funktionssysteme und durch die wohlfahrtsstaatlichen Absicherungen gegen generalisierte Exklusionsrisiken (wie z. B. Arbeitslosigkeit, Alter, Invalidität, Krankheit) liegen gelassenen Exklusions- bzw. Inklusionsprobleme zufällt."

Die Soziale Arbeit selbst ist für sie aber (noch) kein eigenständiges, ausdifferenziertes Funktionssystem „Soziale Hilfe", wie es Baecker (1994) vorschlägt.

Die Autoren sind der Auffassung, dass es mit dieser Funktionsbestimmung auf einem sehr abstrakten Niveau möglich sei, zu bestimmen, was Soziale Arbeit ist, ohne dass dieses eine Bewertung impliziere. Sie ist dem Anspruch nach „wertfrei". Jeder muss oder kann selbst hierzu eine persönliche bzw. berufsethisch begründete Position beziehen, aus der er ableiten kann, mit welcher beruflichen Haltung und Zielsetzung er diese Funktion in den verschiedenen Arbeitsfeldern ausübt.

Bommes, M./Scherr, A. (1996): Soziale Arbeit als Hilfe zur Exklusionsvermeidung, Inklusionsvermittlung, und/oder Exklusionsverwaltung

1.1.4 Soziale Arbeit als Bearbeitung sozialer Probleme *(als Menschenrechtsprofession*

Theorie ist problemorientiert

Was ist ein soz. Problem?

Der Ansatz von Staub-Bernasconi steht für eine Gegenstandsbestimmung, die die Tradition der *Sozialarbeit* aufgreift bzw. weiterführt und – mit Variationen – national (vom Vorstand der Deutschen Gesellschaft für Sozialarbeit) und international (von der International Federation of Social Workers [IFSW] 2000) gestützt wird.

Bezugspunkt systemisches Paradigma

Subjekt
Gesellschaft } *2 Paradigmen*

Staub-Bernasconi benutzt die Kategorie „Soziale Probleme" als Ausgangspunkt für eine „transdisziplinäre human- und sozialwissenschaftliche Theorieentwicklung" und versucht, dieses theoretische Wissen als Begründung für das Veränderungs- und Professionswissen Sozialer Arbeit fruchtbar zu machen. Sie entfaltet ihre Gegenstandsbestimmung in Abgrenzung zu zwei gängigen Paradigmen, dem „individuum- oder subjektzentrierten Paradigma mit dem Primat individueller Einheiten, individueller Probleme und individueller Selbstentfaltung, wobei das Gesellschaftsbild unterkomplex bleibt…" und dem „soziozentrierten Paradigma mit dem Primat sozialer und kultureller (Teil)Ganzheiten, gesellschaftlicher, systemfunktionaler Probleme und Problemlösungen, wodurch das Menschenbild unterkomplex bleibt…" (Staub-Bernasconi 2002, 246). Ihr Bezugspunkt ist das systemische Paradigma und ihre Definition sozialer Probleme integriert beide Sichtweisen, also „sowohl Probleme von Individuen als auch Probleme im Zusammenhang mit einer Sozialstruktur und Kultur" (Staub-Bernasconi 2002, 250).

Im Zentrum ihrer Theorie steht unter anderem die Unterscheidung von Bedürfnissen und Wünschen. Biologische, psychische und soziale Bedürfnisse sind allen Menschen gemeinsam, also universell, wobei die Formen und Mittel ihrer Befriedigung an den jeweiligen kulturellen und sozialen Kontext gebunden sind. Bedürfnisse *müssen* befriedigt werden, unabhängig von (sozial) politischen Konjunkturen. Wünsche können dagegen begrenzt oder unbegrenzt, legitim und illegitim sein. Sie sind legitim, wenn sie zur Gesundheit und zum psychischen Wohlbefinden des einzelnen Menschen beitragen und die Bedürfniserfüllung anderer Menschen nicht beeinträchtigen. Wenn Menschen aber ihre Wünsche auf Kosten der Bedürfnisbefriedigung anderer realisieren oder die ökologischen Systeme als Voraussetzung des Überlebens von Menschen, Tieren und Pflanzen gefährden oder gar zerstören, sind diese Wünsche illegitim.

Bedürfnisse und Wünsche

Soziale Probleme umfassen nach der Definition von Staub-Bernasconi oftmals unvermeidbare ethisch-moralische Dilemmata, weil

Soziale Probleme als ethisch-moralische Dilemmata

- wir in einer Gesellschaft leben, in welcher mit der unterschiedlichen Verteilung von Ressourcen und entsprechenden Knappheiten umgegangen werden muss;
- die individuellen Wünsche grenzenlos sein können und mithin deren Erfüllung die Befriedigung der Bedürfnisse und der Wünsche anderer Menschen beeinträchtigen können;
- wir aber gleichzeitig die anderen für unser Überleben, die Befriedigung unserer Bedürfnisse und Wünsche brauchen;
- wir anderen Leid zufügen oder ihnen helfen, sie ausschließen oder mit ihnen kooperieren können;
- wir schließlich innerhalb bestimmter Grenzen frei sind, das zu wählen, was wir als richtig oder falsch erachten und hierfür behindernde oder begrenzende Regeln bzw. Normen durchsetzen können.

Nach Staub-Bernasconi sind soziale Probleme in Sprache, Bildern und Konzepten erfasstes, unter Umständen über lange Zeit hinweg stummes Leiden als Konsequenz

- nicht erfüllter Grundbedürfnisse und legitimer Wünsche und damit unzureichender Ausstattung von Menschen bei gleichzeitiger überdurchschnittlicher Ausstattung anderer Menschen und Gruppen;
- asymmetrischen Gebens und Nehmens und damit von Austauschbeziehungen, die nicht auf Gegenseitigkeit beruhen;

▨ behindernder Machtverhältnisse, und

▨ ethisch-moralischer Dilemmata und Asymmetrien im Hinblick auf die Ausbalancierung von Pflichten und Rechten gegenüber sich selbst und anderen Mitgliedern der Gesellschaft. (Glossar in Heiner et al. 1998, 324)

transdisziplinäre Erklärungen und systemische Ethik

Zur Erklärung Sozialer Probleme zieht Staub-Bernasconi *alle* Grundlagendisziplinen und Kulturtheorien heran, da diese auch als Folge von Natur-, Umweltverschmutzungs- und Hungerkatastrophen, von Krankheiten und körperlichen oder geistigen Behinderungen verstanden werden müssen und nicht nur von psychischen oder sozialen Strukturen und Prozessen. Sie sucht daher nach „transdisziplinären" Erklärungen, die die mikro- und die makrosoziale Ebene verknüpfen (Staub-Bernasconi 2002, 251). Hinsichtlich der moralischen Beurteilung Sozialer Probleme konstruiert sie als Prämisse einer „systemischen Ethik", dass sich individuelle Werte (Freiheit oder Autonomie) und soziale Werte (Zusammenhalt, gesellschaftliche Stabilität und Ordnung, Solidarität und Loyalität) gegenseitig bedingen. Daher bezieht sie sich „auf Normen, die eine sachgerechte Kombination von Selbst- und Fremdbestimmung, Individual- und Sozialrechten sowie Pflichten ermöglichen" (Staub-Bernasconi 2002, 252). Sie knüpft damit auch an die UNO-Menschenrechtsdeklaration von 1948 an und postuliert die Soziale Arbeit als „Menschenrechtsprofession" (s. hierzu auch die internationale Definition der IFSW [2000]), die zwischen Fachkräften bzw. Berufsverbänden aus rund 70 Nationen über drei Jahre ausgehandelt wurde und die unverkennbar Staub-Bernasconis Handschrift trägt.

Soziale Arbeit als Menschenrechtsprofession

Gemäß dieses Postulates muss es die Aufgabe beruflicher Sozialer Arbeit sein, „Menschen zu befähigen, ihre Bedürfnisse so weit wie möglich aus eigener Kraft, d. h. dank geförderten und geforderten Lernprozessen zu befriedigen" und andererseits „darauf hinzuarbeiten, dass menschenverachtende soziale Regeln und Werte – kurz, dass behindernde Machtstrukturen in begrenzende Machtstrukturen transformiert werden – so weit sie der Sozialen Arbeit zugänglich sind" (Staub-Bernasconi 2002, 254). Die Analyse von Machtstrukturen und der Auswirkungen von Macht sind ihr ein besonderes Anliegen: Sie thematisiert und problematisiert immer wieder die beiden Begriffe „Macht" und „Hilfe" und ihre Unvereinbarkeit bzw. Kombination (Staub-Bernasconi 1998a, 1998b). Neben vielfältigen traditionellen Arbeitsweisen zählt sie auch die Einflussnahme auf Wirtschaft, Bildungssystem, (Sozial-) Politik und Rechtssystem zum professionellen Instrumentarium (Staub-Bernasconi 2002, 255). Es ist i. M. die Aufgabe einer wissenschaftsbasierten Profession wie der Sozialen Arbeit, „ihr Wissen über Soziale Probleme für öffentliche Entscheidungsträger zugänglich zu machen und sich in die (sozial)politischen Entscheidungsprozesse über mögliche Problemlösungen einzumischen" (Staub-Bernasconi 2002, 254).

Staub-Bernasconi, S. (1998a): Soziale Probleme, Soziale Berufe, Soziale Praxis

Gruber: Ethik der Soz. Arbeit (Literatur)

1.1.5 Lebensweltorientierte Soziale Arbeit

Das Konzept der Lebensweltorientierung fußt auf den Arbeiten der so genannten Tübinger Schule, einer Gruppe von Wissenschaftlern um Hans Thiersch. Es wurde im Laufe der letzten 30 Jahre entwickelt und weiter profiliert als „Antwort auf politische und fachliche Entfremdung", die nach Meinung von Thiersch et al. (2002, 165) durch die Konzentration auf eine politisch motivierte Analyse der Funktion Sozialer Arbeit in den späten 60er Jahren einsetzte und konkrete Fragen der Bewältigung von Lebensverhältnissen und auch Probleme des methodischen Handelns ausblendete. Die Autoren verstehen ihr Konzept auch als Gegenbewegung zum Trend der Spezialisierung gegen Ende der 70er Jahre, mit dem die Profession möglicherweise das ungenaue Profil der Sozialen Arbeit schärfen wollte. Die Schöpfer der „Lebensweltorientierung" kehrten zurück zum Alltag der Adressatinnen und zu methodischen Fragen und kritisierten die „Neigung zur Expertenherrschaft". Sie hielten aber fest am gesellschaftspolitischen Ziel „gerechterer Lebensverhältnisse, an Demokratisierung und Emanzipation" und an den professionstheoretisch geforderten „Chancen rechtlich gesicherter, fachlich verantwortbarer Arbeit" (Thiersch et al. 2002, 165). In den 80er Jahren differenzierten sie das Konzept mit Bezug auf Ulrich Becks Postulat der zunehmenden Individualisierung und Pluralisierung der Lebensverhältnisse und der Erosion tradierter Lebensmuster (Beck 1986) weiter aus und benutzten es im 8. Jugendbericht der Bundesregierung als zentralen Analyserahmen für die gesellschaftliche Situation Anfang der 90er Jahre (Thiersch 1992).

Kritik der politischen Funktionsbestimmung und des Spezialisierungstrends

Das soziologische Konzept Becks (1986) bezieht sich auf die Erkenntnis, dass eine Differenzierung gesellschaftlicher Schichtung weitaus vielschichtiger als über rein ökonomische Kategorien (wie z. B. dem Beruf der Eltern) bestimmt und konkretisiert werden muss. Die Strukturen der *Lebensverhältnisse* von Menschen können sehr verschieden sein, und auch die *Lebenswelten* differieren je nach der Altersgruppe, dem erworbenen Ausbildungsstandard, dem Geschlecht oder auch dem Arbeitsplatz. Die Menschen können sich nicht mehr an traditionellen identitätsstiftenden Lebensformen und Deutungsmustern orientieren. Sie müssen zwischen verschiedenen Möglichkeiten der Lebensführung wählen und sie müssen ihre Lebens-, Wohn- und Beziehungsformen in einem bisher unbekannten Ausmaß selbst gestalten und ihre gewonnenen Orientierungen im Laufe ihres Lebens mehrfach verändern. Gleichzeitig entstehen neue Formen der gesellschaftlichen Standardisierung, die hauptsächlich über den Arbeitsmarkt, den Konsum und die Massenmedien vermittelt werden. Allen Menschen wird zugemutet, sich in diesem Individualisierungsprozess zu behaupten. Sie müssen ihre Lebensräume und ihre Lebenspläne *selbst* entwerfen und strukturieren und auch selbst verantworten, was hohe Anforderungen an ihre *Identität* stellt – und sie können an dieser Aufgabe auch scheitern.

Individualisierung und Pluralisierung der Lebensverhältnisse

Die lebensweltorientierte Soziale Arbeit bezieht sich vor diesem Hintergrund auf die gegebenen Lebensverhältnisse und die alltäglichen Erfahrungen der Menschen. Professionelle Kompetenz wird eingesetzt, um diese zu

lebensweltorientierte Soziale Arbeit

reorganisieren, damit ein „gelingender Alltag" möglich wird. Man sieht „zum einen den Alltag in seiner gesellschaftlichen Bedingtheit – hier als Alltag der Ausländer, als Alltag in beengten Verhältnissen – und zum anderen die eigensinnigen Strukturen im Alltag, die praktischen Bewältigungsversuche und das Selbstverständnis der Beteiligten. Lebensweltorientierung sieht den Erfahrungsraum, die Bühne des Alltäglichen, strukturiert in den Regelungen von Zeit, Raum und Beziehungen; sie sieht vor allem die Gemengelagen von Ressourcen und Problemen im sozialen Feld" (Thiersch et al. 2002, 164).

Thiersch et al. (2002, 161f) räumen ein, dass eine grundlegende Schwierigkeit dieses Konzepts darin besteht, dass es – *weil* es auf den unmittelbaren Alltag der Adressaten, ihre Erfahrungen und ihre alltäglichen subjektiven Deutungen zielt – dazu verführt, zu meinen, man hätte damit einen direkten Zugang zur unverstellten Wirklichkeit. Zudem wird der Begriff i. M. häufig und theorielos als „Passepartout für die unterschiedlichsten und beliebigsten Arbeitskonzepte" benutzt. Sie verweisen auf die theoretische Begründung des Konzepts durch verschiedene wissenschaftliche Traditionslinien (die hier nicht ausgeführt werden können), die „Verbindung des interaktionistischen Paradigmas mit der Tradition der hermeneutisch-pragmatischen Erziehungswissenschaft, das diese aber im Kontext der kritischen Alltagstheorie reformuliert und auf heutige sozialpädagogische Fragestellungen bezieht" (Thiersch et al. 2002, 167f).

Erfahrungen in Zeit, Raum und sozialen Bezügen

Eine lebensweltorientierte Soziale Arbeit bezieht sich auf die gegenwärtigen Strukturen von Lebenswelt. Nach Thiersch et al. (2002, 171f) rekurriert sie auf die Erfahrungen der Menschen

- in der *erfahrenen Zeit* (Konzentration auf Bewältigungsaufgaben in der jeweiligen Gegenwart);
- im *erfahrenen Raum* (Eröffnung neuer Optionen im verengten Lebensraum);
- in *sozialen Bezügen* (Sicht der Kinder und Heranwachsenden im Kontext des sozialen Geflechts von Familien und Freundschaften);
- mit besonderem Respekt vor den *alltäglichen*, eher unauffälligen *Bewältigungsaufgaben* (Hilfe bei der Schaffung von Transparenz und Klarheit in den Alltagsvollzügen);
- mit dem Ziel der *Hilfe zur Selbsthilfe* (indem sich die Menschen dennoch als Subjekte ihrer Verhältnisse erfahren können) und
- mit dem Verständnis, dass *Lebensverhältnisse* immer auch *als gesellschaftliche* verstanden werden (Analyse der dahinter liegenden gesellschaftlichen Probleme).

Strukturmaximen der Lebensweltorientierung

Nach Thiersch et al. (2002, 173f) sind daraus folgende Struktur- und Handlungsmaximen abzuleiten:

- *Prävention* bezieht sich auf die „Stabilisierung und Inszenierung belastbarer und unterstützender Infrastrukturen und auf die Bildung und Stabilisierung allgemeiner Kompetenzen zur Lebensbewältigung; sie zielt auf gerechte Lebensverhältnisse und eine gute Erziehung", dieses alles rechtzeitig und vorausschauend, beispielsweise in sich abzeichnenden Krisen.

- *Alltagsnähe* meint einerseits die Präsenz von erreichbaren und niedrigschwelligen Hilfen in der Lebenswelt der Adressatinnen und andererseits eine „ganzheitliche Orientierung in den Hilfen, die den ineinander verwobenen Lebenserfahrungen und -deutungen in der Lebenswelt gerecht wird".
- *Integration* zielt auf „eine Lebenswelt ohne Ausgrenzung, Unterdrückung und Gleichgültigkeit", ohne dass diese (falsch) als „Egalisierung im Namen hegemonialer Standards" praktiziert werden sollte. Sie schließt die gegenseitige Kenntnis und die Anerkennung von Unterschiedlichkeiten auf der Basis elementarer Gleichheit ein. Letztere wird erst möglich in „Räumen des Miteinanders", die mit der Sicherung von Ressourcen und Rechten verbunden sind.
- *Partizipation* bedeutet „Vielfältigkeit von Beteiligungs- und Mitbestimmungsmöglichkeiten", die aber „Gleichheit in der Praxis" voraussetzen und immer neu „in den unvermeidlich gegebenen Unterschiedlichkeiten zwischen denen, die auf Hilfe angewiesen sind und denen die sie gewähren", organisiert werden müssen. Hierfür braucht es „Ressourcen und Artikulationsmöglichkeiten zur Verhandlung" sowie eine Institutionalisierung von Einspruchs- und Beschwerderechten.
- *Dezentralisierung bzw. Regionalisierung und Vernetzung* betonen die auch mit der Strukturmaxime „Alltagsnähe" beabsichtigte Präsenz der Hilfen vor Ort; das Prinzip muss aber auch im „Anspruch sozialer Gerechtigkeit vermittelt sein mit der Sicherung allgemeiner Lebensstandards".

Thiersch, H. (1992): Lebensweltorientierte Soziale Arbeit

1.1.6 Soziale Arbeit als Dienstleistung

Die so genannte Bielefelder Schule, eine Gruppe von Wissenschaftlern um Hans Uwe Otto, befasst sich seit Beginn der 70er Jahre unter anderem mit Fragen der Profession und der Professionalisierung. Sie führte über den 9. Jugendbericht der Bundesregierung (BMFSFJ 1994) den Ansatz Sozialer Arbeit als „Dienstleistung" ein. Dewe und Otto (2005b) fassten Ergebnisse dieser Arbeit in eine Theorie der „reflexiven Sozialpädagogik". Der im Folgenden beschriebene Vorschlag für die Gegenstandsbestimmung „Dienstleistung" ist Teil dieser Theorie.

Ausgangspunkte des Konzeptes „Soziale Arbeit als Dienstleistung" sind unter anderen ebenfalls das von Beck (1986) eingeführte Individualisierungstheorem und das Konzept der Lebensweltorientierung von Thiersch (1992). Die Autoren des 9. Jugendberichtes konstatierten in den 90er Jahren gewandelte Problemlagen und Bedürfniskonstellationen der Adressatinnen: In einer sich individualisierenden Gesellschaft kann prinzipiell jeder an den Aufgaben der Lebensbewältigung scheitern und die generellen Risiken des Lebens können unabhängig von Schichten und gesellschaftlichen Gruppen Krisen und Hilfebedarf auslösen (BMFSFJ 1994). In Anbetracht dieser Entwicklung verschiebt sich auch der Fokus der Sozialen Arbeit. Neben die traditionellen Funktionen der Problembearbeitung, der Kontrolle, der Erziehung und der Bildung treten allgemeine Hilfen zur „Lebensbewältigung" (Böhnisch/Schefold 1985). Die Autoren fordern

Perspektivenwechsel vom staatlichen Eingriff zu einer sozialen Dienstleistung

einen programmatischen „Paradigmenwechsel in der Jugendhilfe" und ein neues Verhältnis von Adressaten, Profession und Organisation. Sie betonen „die Situativität und Kontextualität" sowie „die Optionen und Aktivitäten des nachfragenden Subjekts": „Die zentrale Herausforderung liegt für die Jugendhilfe darin, ein eigenständiges fachliches Profil zu entwickeln, das dem Perspektivenwechsel von einem staatlichen bzw. para-staatlichen Eingriff hin zu einer sozialen Dienstleistung entspricht" und diese wird als „ein prinzipiell gleichgewichtiges Spannungsverhältnis von organisatorischen, professionellen und adressatenbezogenen Komponenten der Jugendhilfe als institutioneller sozialer Dienstleistung konzipiert (BMFSFJ 1994, 581; Flößer 1994).

Kritik des betriebswirtschaftlich definierten Dienstleistungsbegriffes

Der Dienstleistungsbegriff, der diesem Konzept zugrunde liegt, wird von Schaarschuch et al. (2001) näher beschrieben. Die Autoren entwickeln mit Bezug auf unterschiedliche gesellschaftstheoretische Annahmen verschiedene Varianten und Schwerpunkte des Themas, deren Darstellung hier zu weit führen würde (s. die Zusammenfassung von Schaarschuch et al. 2001). Ein Anlass war die Auseinandersetzung mit dem *Neuen Steuerungsmodell* der Kommunalen Gemeinschaftsstelle für Verwaltungsvereinfachung (KGSt), das umfassende Veränderungsprozesse in den öffentlichen Verwaltungen auslöste. Die Ziele dieses Programms entstanden überwiegend aus strategischen Interessen der kommunalen Träger: In Anbetracht knapper Kassen und steigender Anforderungen sollten Effektivität und Effizienz der Verwaltungsleistungen verbessert werden. Die öffentlichen Verwaltungen sollten in „politisch gesteuerte Dienstleistungsunternehmen" (KGSt 1993) umgewandelt und speziell auch die Soziale Arbeit sollte von einer „Inputsteuerung" auf eine „Outputsteuerung" umgestellt werden (KGSt 1994; Schaarschuch et al. 2001, 269).

Gefahr der Verstaatlichung ?

Betonung der Optionen und Aktivitäten des nachfragenden Subjekts

Kritisch angeregt vom dort propagierten Kundenbegriff und der „Nachfrage der Kundinnen" setzen die Autoren auf die „Nachfrage der Nutzer" (Schaarschuch et al. 2001, 271):

Verwirtschaftlichung der SA

> „Die qualitativ neue Herausforderung an eine Soziale Arbeit als personenbezogene soziale Dienstleistung liegt dabei in der Optimierung des Passungsverhältnisses von Angebot und Nachfrage, das in der Abkehr von schematisierten und standardisierten Verfahren der Problembearbeitung noch stärker an den individuellen Lebensweisen und Perspektiven anknüpfende Antworten verlangt und dabei die Nachfragedimension in das Zentrum stellt."

Die Autoren koppeln die Diskussion von externen betriebswirtschaftlichen Erwägungen ab und begründen ihr Konzept fachlich eigenständig mit den im 9. Jugendbericht konstatierten gewandelten Problemlagen und Bedürfniskonstellationen und einer damit erforderlichen Neuorientierung der Sozialen Arbeit.

Uno-actu-Prinzip und Koproduktion

Alle Autoren heben das gleichzeitige Zusammenwirken von „Produzenten und Konsumenten" (Adressatinnen und Fachkräften), also das „uno-actu-Prinzip" hervor (s. Kap. 1.2.4). Mit Bezug auf Badura und Gross (1976, 66ff) betonen sie, dass neben der gemeinsamen räumlichen und zeitlichen

Anwesenheit der Adressatinnen („Kundenpräsenz") auch die „Kundenprä-
ferenz" in die Konzeption von sozialen Dienstleistungen einbezogen werden
muss. Sie fokussieren die *Kooperation* von Produzenten und Konsumenten
und damit die aktive Beteiligung der Adressatinnen als Kern „klientenge-
steuerter" personenbezogener sozialer Dienstleistung. Den Adressaten
kommt somit der Status „aktiver Konsumenten" (Gartner/Riessman 1978)
bzw. „Koproduzenten" (Badura/Gross 1976) zu.

Flößer (1994) formuliert auf der Basis dieser konsumptionstheoreti-
schen Grundannahmen und mit Bezug auf Beck (1986) eine Dienstleis-
tungskonzeption, die sich nicht mehr auf die Erbringung von Leistungen
beschränkt, sondern nach der unter anderem Aushandlungsprozesse zwischen der Organisation und ihren Abnehmern institutionalisiert werden.
Die Soziale Arbeit soll sich an den „Nachfragebedingungen" orientieren
und die „Beteiligung der Nachfragenden" und auch Aushandlungsprozesse
in der Organisation sowie zwischen Sozialer Arbeit und den „Instanzen
lokaler Politik" (Flößer 1994, 151ff) etablieren. Petersen (1999, 86ff) reichert diese zentrale Position der Nutzer sozialer Dienstleistungen im Verhältnis von Angebot und Nachfrage durch die Themen „Responsivität",
„Reflexivität der Angebotsseite" und „Partizipation der Nachfrageseite"
weiter an (Petersen 1999, S. 86ff).

Schaarschuch et al. (2001, 272) rekonstruieren noch weiter gehend (und
unter Rückgriff auf das von Marx in der Kritik der politischen Ökonomie di-
alektisch gefasste Verhältnis von Produktion und Konsumption) „den Konsumenten sozialer Dienstleistungen zugleich als den Produzenten seines
eigenen Lebens…, dem die Tätigkeit des Professionellen strukturell nach-
geordnet sein muss. In Umkehrung… wird hier der Nachfrager zum Produzenten, der Professionelle zum Ko-Produzenten". Daraus folgt, dass der
Nutzer die Profession steuert und die Nachfrageseite privilegiert wird. Dies
erfordert eine Demokratisierung der Einrichtungen und Institutionen sozialer Dienstleistung, was „mit einem republikanischen Konzept der zivilen,
politischen und sozialen Bürgerrechte legitimiert" wird.

Alle Varianten des Dienstleistungskonzeptes fordern, die Organisationsstrukturen innerhalb der Sozialen Arbeit derart zu flexibilisieren, dass die
Lebenslagen, Lebensentwürfe und Bedürfnisse der Adressatinnen angemessen berücksichtigt werden können. Die Fachkräfte müssen reflexiv
spezifische Interventionen für die jeweils spezifischen Bedürfnis- und Problemlagen der Adressaten entwickeln und diese mit ihren Bedürfnissen,
ihren individuellen Problemlösungskompetenzen und Ressourcen aktiv in
die Produktion sozialer Dienstleistungen einbeziehen. Als wesentlicher
Qualitätsmaßstab gilt die Realisierung der *Teilhaberechte* der Adressaten
(Böllert 2000) bis hin zur Forderung, sich nicht nur an deren Lebenswelt zu
orientieren, sondern diese selbst zum Ausgangspunkt des professionellen
Handelns zu machen (Schaarschuch 2000).

Dewe und Otto (2002, 181) fassen zusammen, dass die „moderne Dienst-
leistungsdebatte" die Frage nach der Professionalisierung der Sozialen Arbeit intensiviert. Sie betrachten die Soziale Arbeit „als moderne Dienstleis-

**Aushandlungs-
prozesse versus
Leistungs-
erbringung**

**Privilegierung der
Nachfrageseite**

**Realisierung der
Teilhaberechte der
Adressaten**

tungsprofession im Kontext reflexiver Modernisierung" und fordern, dass die bisher erarbeiteten „organisatorischen und professionellen Standards mit den Kriterien einer sozialen Dienstleistung" verknüpft werden. Damit soll auch die institutionell organisierte Einstellung überwunden werden, die immer wieder „dazu neigt, lebensweltliche Erfahrungen der Nutzer mit professionellen (bzw. manchmal rechtlichen) Vorgaben zu subsumieren oder als gering zu schätzen". Stattdessen sollen neue, partizipative Handlungsmuster und Arbeitsformen entwickelt werden, die den Nutzern ermöglichen, ihre Bedürfnisse und Interessen zu artikulieren (Dewe/Otto 2002, 181). Die Soziale Arbeit orientiert sich demzufolge nach wie vor „zwischen den beiden Polen der sozialstaatlichen Auftragserfüllung und der Bearbeitung individueller Problemlagen in Richtung der sozialen Problembewältigung", muss dabei aber umfassende Dienstleistungsangebote planen, entwickeln, koordinieren und modernisieren (Dewe/Otto 2002, 181 mit Bezug auf Otto 1991, 183ff). Flößer und Otto (1992, 15) führen den Begriff der „kommunalen Sozialarbeitspolitik" ein, der auf das „Gesamtsystem der personenbezogenen sozialen Dienstleistungen" zielt (Flößer/Otto 1992, 15). Diese hat insofern Folgen für das Verständnis von „Professionalität" als der direkte Personenbezug um „strategisch-funktionale Kompetenzen professionellen Handelns" erweitert werden muss (Otto 1991, 188).

Kritik zur Gegenwart

Doppeltes Mandat bleibt

Dewe, B./Otto H. U. (2002): Reflexive Sozialpädagogik. Grundstrukturen eines neuen Typs dienstleistungsorientierten Professionshandelns

1.1.7 Zusammenfassung

Sozialstaatliche Funktion der Sozialen Arbeit

Die Soziale Arbeit in der heutigen Ausprägung vereinigt die beiden historisch gewachsenen Entwicklungsstränge der Sozialarbeit und der Sozialpädagogik. Zu den klassischen Aufgaben der Hilfe in materiell prekären Verhältnissen und der Unterstützung bei der Erziehung und Bildung in riskanten Lebenssituationen kommt die Unterstützung bei der Gestaltung der Alltagsaufgaben, die die Adressatinnen vorübergehend bzw. dauerhaft nicht aus eigener Kraft bewältigen können. Sie ist ein Teil des Sozialstaates und übernimmt die Auffang- oder Zweitsicherung gegenüber den generalisierten Sicherungspotenzialen. Soziale Arbeit bearbeitet somit unvorhersehbare und unversicherbare Risiken der Lebensführung mit dem Ziel der Gewährleistung gesellschaftlicher Normalzustände. Ihre Zwecke und Aufgaben variieren mit den politischen und finanziellen Rahmenbedingungen des Staates.

Gegenstand und professionelles Selbstverständnis

Eine Gegenstandsbestimmung bezieht sich auf das Erkenntnisobjekt einer wissenschaftlichen *Disziplin*, auf das sich alle theoretischen und praktischen Bemühungen richten und sie verpflichtet die Mitglieder dieser Disziplin auf den Erkenntnisgegenstand. Vertreter der Disziplin „Sozialarbeitswissenschaft" und auch der universitären „Sozialpädagogik" arbeiten seit längerem daran, zu bestimmen, was Soziale Arbeit *ist* und was diese von anderen Berufen unterscheidet. Annäherungen an den Gegenstand erfolgen über eine Analyse und Interpretation der gesellschaftlichen Funktion Sozialer Arbeit und durch die fachwissenschaftliche Diskussion über das arbeitsfeldübergreifende Gemeinsame des professionellen Bemühens. Beide Diskussionsstränge konturieren und profilieren den Beruf. Sie generieren Aufträge für die Forschung und Theoriebildung der Sozialen Arbeit und strukturieren die Inhalte des Studiums.

Theorien und Gegenstandsbestimmungen

Die dargestellten Gegenstandsbestimmungen sind jeweils in größere Theoriezusammenhänge eingebettet. Sie fokussieren unterschiedliche Themen, die jedoch alle auf ihre Art die aktuelle Fachdiskussion und das methodische Handeln fundieren, wobei der Konkretionsgrad der Konzepte variiert.

- Die Funktionsbestimmung der Sozialen Arbeit als Hilfe zur Inklusionsvermittlung, Exklusionsvermeidung und Exklusionsverwaltung (Bommes/Scherr) bezieht sich auf das Gemeinsame aller Arbeitsfelder auf einer sehr allgemeinen Ebene, so dass daraus keine Maximen für das methodische Handeln abzuleiten sind. Die Bestimmung repräsentiert in ihren theoretischen Bezügen die Systemtheorie, die mit ihren kommunikationstheoretischen Varianten die praktische Soziale Arbeit derzeit stark beeinflusst.
- Die Gegenstandsbestimmung der Bearbeitung Sozialer Probleme (Staub-Bernasconi) bezieht sich ebenfalls auf systemische Varianten. Sie wurde ausgewählt, weil hiermit der klassische „sozialarbeiterische" Ansatz beschrieben werden kann. Überdies ist Staub-Bernasconi eine Protagonistin der Sozialarbeitswissenschaft und bezieht (im Unterschied zur moralischen „Enthaltsamkeit" von Bommes/Scherr) entschieden eine berufsethische Position.
- Die lebensweltorientierte Soziale Arbeit (Thiersch) konzentriert sich auf eine erweiterte Gegenstandsbestimmung, die Unterstützung von Menschen bei der Gestaltung und Bewältigung ihres Alltages in Anbetracht pluralisierter und individualisierter Lebensverhältnisse, ohne letztlich die Problemorientierung aufzugeben (die Unterstützung der Adressatinnen setzt nur dann ein, wenn deren eigene Möglichkeiten und Ressourcen nicht greifen).
- Das Konzept der Sozialen Arbeit als Dienstleistung (Bielefelder Schule) konzentriert sich stärker auf (sozial- und kommunal)politische und institutionelle Zusammenhänge, wobei besonders der Aspekt der Koproduktion und seine Folgen für die Rolle der Nutzerinnen (als Koproduzenten) herausgearbeitet werden.

Gemeinsamkeiten der Theorien

Die dargestellten Theorien sind nicht so verschieden, wie auf den ersten Blick anzunehmen ist: Alle Theorien betonen die wechselseitige Bedingtheit von staatlichem Auftrag, institutioneller Organisation und personenbezogener Arbeit mit den Adressaten und alle fokussieren mehr oder weniger ausdrücklich eine Arbeit an Problemen (und der Stärkung der Ressourcen) mit dem Ziel der „Normalisierung", sodass sich die Konturen der Sozialen Arbeit hiermit gut umreißen lassen.

Die scheinbare „Unübersichtlichkeit" der Theorien liegt in der Eigenart der wissenschaftlichen Erkenntnisproduktion. Es wird, kann und sollte nicht die eine, allumfassende Theorie *der* Sozialen Arbeit geben; jede Theorie expliziert einen anderen Aspekt der umfänglichen Materie. Die hier aufgeführten Theorien zeigen exemplarisch, zwischen welchen Polen und in welchen Kontexten sich die Diskussion um den Gegenstand der Sozialen Arbeit und eine Sozialarbeitswissenschaft abspielt.

Soziale Arbeit findet in einem historischen und sozialpolitischen Kontext statt, der die Arbeitsaufträge in den verschiedenen Arbeitsfeldern entscheidend beeinflusst. Bezahlte, berufliche Soziale Arbeit unterliegt gesellschafts- und berufspolitischen Macht- und Aushandlungsprozessen. Die Kenntnis dieser Zusammenhänge setzt ein Gegengewicht zu der oftmals gehegten Vorstellung angehender Fachkräfte, sie könnten Art und Ausmaß ihrer „Hilfe" individuell definieren. Lediglich in der Umsetzung der Aufträge sind sie „technisch autonom" (s. Kap. 1.2.1).

professionelle Haltung

Methodisches Handeln erfordert ein professionelles Selbstverständnis. Dieses leitet implizit die Analyse und Ausgestaltung der „Arbeitsaufträge" in der beruflichen Praxis (s. Kap. 4.2.1). Für die Ausprägung einer beruflichen Identität ist es unabdingbar, sich mit Theorien Sozialer Arbeit und Aspekten der Gegenstandsdiskussion auseinander zu setzen und sich eine berufsethische und -politische Position gegenüber den Funktionszuschreibungen zu erarbeiten.

1.2 Charakteristika der beruflichen Handlungsstruktur

Im vorliegenden Teilkapitel werden verschiedene Aspekte der beruflichen Handlungsstruktur thematisiert, die jeweils auf ihre Art das methodische Handeln beeinflussen. Die Darlegungen beginnen mit einer Skizze der *gesellschaftlich-institutionellen Verfasstheit* der Sozialen Arbeit, wonach Fachkräfte zwischen den bürokratischen Anforderungen ihrer Institution und den individuellen Problem- und Lebenslagen der Adressatinnen balancieren müssen. Es folgt die Charakterisierung des Phänomens der *subjektiven Rekonstruktion der Wirklichkeit* und seiner Folgen für die (selektive) Wahrnehmung von Ereignissen und Problemen. Im Weiteren wird das *strukturelle Technologiedefizit* der Sozialen Arbeit beschrieben sowie die Besonderheit erläutert, dass bei personenbezogenen Dienstleistungen Produktion und Konsumption zusammenfallen, weshalb Fachkräfte der Sozialen Arbeit auf eine *Koproduktion* mit ihren Adressaten angewiesen sind. Diese vier Besonderheiten werden als „Charakteristika der beruflichen Handlungsstruktur" bezeichnet. Anschließend werden als Konsequenz einige Leitlinien für das methodische Handeln zusammengefasst. Diese Leitlinien tauchen in weiteren Argumentationen immer wieder auf und konstituieren die im zweiten Teil dieses Buches dargestellten Arbeitshilfen (s. Kap. 4.1.4).

1.2.1 Doppeltes Mandat

Welche Bezugspunkte hat eine berufliche Arbeit, die qua Funktion für nicht versicherbare Risiken und Herausforderungen der Alltagsgestaltung und der Alltagsbewältigung zuständig ist? Was bedeutet es für die berufliche Haltung (oder Rolle), dass Fachkräfte in den Alltag ihrer Adressatinnen „eingreifen"?

In diesem Abschnitt wird das der Sozialen Arbeit immanente so genannte doppelte Mandat der Sozialen Arbeit skizziert, also das Agieren auf einer Bandbreite von Handlungen zwischen „Hilfe" und „Kontrolle".

Der Begriff des **doppelten Mandates** wurde von Böhnisch und Lösch (1973) geprägt (nachfolgend Bezugnahme auf ein Reprint in Thole et al. 1998). Sie bezeichnen das doppelte Mandat als zentrales Strukturmerkmal der Sozialen Arbeit, nach dem die Fachkräfte angehalten sind, „ein stets gefährdetes Gleichgewicht zwischen den Rechtsansprüchen, Bedürfnissen und Interessen der Klienten einerseits und den jeweils verfolgten sozialen Kontrollinteressen seitens öffentlicher Steuerungsagenturen andererseits aufrecht zu erhalten" (Böhnisch/Lösch 1998, 368). Dieses, von vielen Fachkräften als Dilemma empfundene, „Berufsschicksal" erwächst aus dem Umstand, dass das berufliche Handeln in einen institutionell-organisatorischen Handlungsrahmen eingebunden ist und sich gleichzeitig auf die Lebenswelt der Adressaten beziehen muss. Man kann daher nicht nur fachlichen Handlungsleitlinien folgen, sondern muss auch bürokratische Verhaltensregeln berücksichtigen, was offensichtlich Identitätskonflikte auslösen kann.

Das doppelte Mandat entsteht unter anderem aus dem Umstand, dass die Soziale Arbeit eine „staatsvermittelte Profession" ist. Der Staat fungiert als Vermittlungsinstanz zwischen der Profession und ihrer Klientel, indem (gesetzlich) festgelegt wird, welchen Zielgruppen welche Leistungen und welche Ressourcen zuteil werden. Der Staat bzw. seine Instanzen behalten demzufolge die Kontrolle über die *Zwecke* der Sozialen Arbeit, während die Profession bzw. die Fachkräfte in ihrer Wahl der *Arbeitsmittel* „technisch autonom" sind (White 2000, 10). Die Autonomie hinsichtlich der Mittel erwächst aus der spezifischen Form der personenbezogenen sozialen Dienstleistungen, die man nicht programmieren kann und deren Realisierung ein hohes Maß an „Expertise" (Wissen) und „Ermessen" (z. B. „Fingerspitzengefühl") erfordern und deren bürokratische Kontrolle schwer möglich ist. Dieser Zusammenhang gerät leicht aus dem Blickfeld und man könnte zu der Annahme kommen, dass Fachkräfte auch die Zwecke ihrer Arbeit autonom gestalten könnten. Andererseits ist aber auch nicht davon auszugehen, dass die Soziale Arbeit geradlinig staatliche Imperative in der Lebenswelt ihrer Adressatinnen durchsetzt. Die Autonomie bezüglich der Wahl der Mittel birgt immer auch Spielräume, die zu nutzen sind.

(Randnotiz: staatlich kontrollierte Zwecke versus technische Autonomie)

In den 70er Jahren gab es eine umfassende Debatte darüber, diesem Phänomen durch eine Erweiterung der individuellen Handlungsspielräume gegenüber dem kontrollierenden „Amt" oder durch eine größere professio-

(Randnotiz: Handlungsspielräume)

nelle Eigenständigkeit (etwa durch ein Spezialistentum nach dem amerikanischen Vorbild des „niedergelassenen" Sozialarbeiters) auszuweichen, was schon von Böhnisch und Lösch (1973) als falsche Strategie kritisiert wurde. Sie schlugen stattdessen vor, die institutionellen Bedingungen des Handlungsfeldes und dessen strategischen Möglichkeiten in das professionelle Handlungsverständnis einzubeziehen. Fachkräfte sollen demnach ihre Aufmerksamkeit auf die politisch-sozialen Verursachungsbedingungen der Schicksale der Adressatinnen lenken, ohne sich als „Vorhut gesellschaftlichen Veränderungshandelns" zu überfordern. Böhnisch und Lösch (1998, 378) formulieren dies folgendermaßen:

> „Die konkreten, die Problematik des ‚doppelten Mandates' nicht einfach verdrängenden Handlungsperspektiven des Sozialarbeiters liegen vielmehr eher in der Begründung und Durchsetzung ihrer ‚klientenorientierten' Ansprüche *innerhalb* der Institutionen der Sozialarbeit und deren Beziehungen zur gesellschaftlichen Umwelt."

In diesem Sinne sind die verschiedenen, auch in Kapitel 1.1 dargestellten Vorschläge (z. B. zur Orientierung an den Bedürfnissen der Adressatinnen in ihrer Lebenswelt oder zur Unterstützung bzw. Privilegierung der Nutzer) zu verstehen. Die Diskussion, ob die Soziale Arbeit auch über ein politisches Mandat verfügt und sich demzufolge aktiv in die gesellschaftlichen Definitionsprozesse über Ziele und Zwecke der Sozialen Arbeit einmischen soll, wird nach wie vor kontrovers geführt (Merten 2001).

Leitlinien

Für das methodische Handeln ist Folgendes festzuhalten:

- Die doppelte Verwiesenheit auf die Institution *und* die Lebenswelt ist konstitutiv für die Soziale Arbeit und sollte in das Berufsverständnis integriert werden.
- Die Handlungsspielräume, die sich aus der „technischen Autonomie" der Fachkräfte ergeben, sollten für fachlich begründetes Handeln genutzt werden.
- Die gesellschaftlichen Definitionsprozesse von Hilfebedürftigkeit und die gesellschaftlichen Ursachen vieler Probleme der Adressatinnen dürfen nicht ausgeblendet werden.

White, V. (2000): Profession und Management. Über Zwecke, Ziele und Mittel in der Sozialen Arbeit

1.2.2 Wirklichkeitskonstruktion und Handlungsregulation

Warum kann das, was verschiedene Personen in der *gleichen* Situation als relevant oder problematisch beschreiben, so verschieden sein? Warum ändern sie je nach *Kontext* ihre Sichtweisen, Beschreibungen oder Erklärungen einer Situation oder eines Problems? Und wie regulieren sie ihre Handlungen? In diesem Abschnitt wird der erkenntnistheoretische

Hintergrund des Phänomens der subjektiven Rekonstruktion der Wirklichkeit beleuchtet, das eine – für methodisches Handeln unter Umständen problematische – Selektion der Wahrnehmung von Situationen bzw. Problemen bedingt. Hinzu kommen einige Hinweise auf Modalitäten der Handlungsregulation.

Die Beobachtung, dass Menschen auch gemeinsam erlebte Situationen sehr verschieden beschreiben, erklären und bewerten, und dass sich die Beschreibungen, Erklärungen und Bewertungen mit dem Kontext und der Zeit verändern, kann innerhalb des erkenntnistheoretischen Rahmens der systemischen Metatheorie erklärt werden (Ritscher 2002). Nach dem systemischen Paradigma ist es nicht möglich, die Wirklichkeit objektiv darzustellen, also unabhängig von der Wahrnehmung, Beschreibung oder Erklärung eines Beobachters. Ritscher (2002, 27) kommentiert diese Erkenntnis folgendermaßen:

subjektive Wirklichkeitswahrnehmung

> „Alle umgangssprachlichen und wissenschaftlichen Aussagen stehen unter diesem Axiom der Einheit von Beobachterin und Beobachtetem und der zwischen ihnen geknüpften Beziehung. Deshalb geben sie kein objektiv gesichertes Wissen über die Wirklichkeit wieder, sondern Beschreibungen und Erklärungen der Wirklichkeit im Lichte der von der Beobachterin verwendeten *Theorien* sowie der im Beobachtungssystem relevanten und deshalb von der Beobachterin gewählten *Themen*. (…) Im Gegensatz zu Erkenntnistheorien, welche das Primat und die Unabhängigkeit der äußeren Realität betonen, stellt die ‚Kybernetik zweiter Ordnung' … die Verbindung, Gleichzeitigkeit und Gleichwertigkeit von beschreibender Person und beschriebener Wirklichkeit heraus."

Menschen nehmen demzufolge die Wirklichkeit nach einem individuellen Modell und auf der Folie ihres erfahrungsbedingten und theoretischen Vorverständnisses wahr: Sie *rekonstruieren* Beziehungen *und* auch so genannte harte Fakten im Lichte *ihres* Modells dieser Wirklichkeit. Dieses Vorverständnis beeinflusst die Suche nach Informationen zur Erklärung der Phänomene und das, was man als bedeutsamen Sachverhalt oder als Problem erfasst. Der Mensch nimmt also vorzugsweise das wahr, was sich mit seinen bisherigen Erfahrungen und Einschätzungen (den bisherigen „Deutungsmustern") deckt und holt nicht systematisch Informationen über andere mögliche Zusammenhänge ein. Er verknüpft das einmal Wahrgenommene zu Kausalketten und überträgt es auf vergleichbare Phänomene, auch wenn sich die Kontexte dieser Phänomene unterscheiden. Deutungsmuster bilden sich von selbst heraus: Die selektive Wahrnehmung dient der Reduktion der Komplexität des Handlungsfeldes und erhält den Individuen somit ihre subjektive Handlungsfähigkeit. In der beruflichen Sozialen Arbeit kann sie hingegen kontraproduktiv sein, weil sie dazu führen kann, die eigene Wahrnehmung für absolut zu halten und die Perspektiven und Deutungsmuster der Adressaten zu ignorieren.

selektive Wahrnehmung

Gefahr!

Funktion der Emotion für das menschliche Handeln

Die Wahrnehmung und Konstruktion von Wirklichkeit ist nun aber kein rein *kognitiver* Prozess. Vor allem für das weitere Handeln, das aus der Wirklichkeitswahrnehmung und -bewertung resultiert, übernehmen die *Emotionen* eine tragende Rolle. Der Erklärung dieses Phänomens dienen neuere Ergebnisse der Emotionsforschung (im Kontext des funktionalistischen sowie des kontextualistischen bzw. kokonstruktivistischen Paradigmas), die Holodynski und Friedlmeier (1999, 8) zusammenfassend referieren:

> Menschen werden als Wesen betrachtet, die verschiedene Motive haben, die sie im Kontakt mit ihrer Umwelt befriedigen möchten. **Emotionen** dienen dazu, die Befriedigung der individuellen Motive und Anliegen sicherzustellen und zu überwachen. Es sind *erlebte Handlungsbereitschaften*, die darauf zielen, die Person-Umwelt-Beziehung derart zu verändern, dass sie der aktuellen Motivlage entspricht. Sie haben somit – je nach der empfundenen Bedeutung des Ereignisses für die Motivbefriedigung – eine mehr oder weniger starke, aber immer aktive Wirkung auf die nachfolgenden eigenen Handlungen oder die Handlungen anderer.

emotionale Handlungsregulation

Man kann sich die emotionale Handlungsregulation eines Menschen als Kette aufeinander folgender Aktionen vorstellen: Ausgangspunkt ist ein Anlass (ein Umweltreiz in Form eines Ereignisses, einer Person oder eines Gegenstandes) der zunächst wahrgenommen und dann daraufhin *bewertet* wird, ob er der Befriedigung der Motive förderlich oder abträglich ist. Wenn die Ereignisse eine Motivrelevanz für das Individuum besitzen, löst dieser, dem Handeln vorauslaufende Bewertungsprozess eine Emotion und damit eine Handlungsbereitschaft aus. Die erlebte Handlungsbereitschaft führt zur Auswahl von geeigneten *Bewältigungshandlungen* (*coping*), mit denen man die Motivbefriedigung unter den gegebenen Kontextbedingungen sicherstellen will. Es sind zielgerichtete Handlungen, die die Menschen im Laufe ihrer individuellen Entwicklung gelernt haben, und die sie willkürlich wählen und flexibel kombinieren können. Sie können die Bewältigungshandlungen auf den *Kontext* richten, um diesen in einer motivdienlichen Weise zu verändern (problembezogenes Coping). Sie können aber auch die *eigene Emotion* in den Blick nehmen, um die Bewertungsprozesse zu modifizieren (emotionsbezogenes Coping). Die Emotionsregulation verläuft interdependent: Das Individuum ist daher seinen Emotionen nicht „ausgeliefert", es kann selbst aktiv Einfluss auf deren Wirkung nehmen. Dies ermöglicht ihm, strategische Handlungen (im Hinblick auf ein Ziel) auch dann auszuführen, wenn sie seiner gegenwärtigen Motivlage nicht entsprechen (Holodynski/Friedlmeier 1999).

Bedeutung des kulturellen und sozialen Kontextes

Die Emotionsregulation ist allerdings kein intrapsychischer Akt; Emotionen werden in der zwischenmenschlichen Interaktion gemeinsam und nach kulturell geprägten Regeln konstruiert. Der kulturelle „Erfahrungsspeicher", der durch Lernen „vererbt" wird, enthält auch ein System von Normen, Werthaltungen, Einstellungen und Verhaltensweisen, die das Miteinander der Menschen regeln. Zu diesen kulturellen Bedeutungssystemen gehören Erfahrungen bezüglich der Bedeutsamkeit und Wirksamkeit einzelner Emotionsformen, -funktionen und Bewältigungshandlungen (intrapsychisch und zwischenmenschlich) sowie Regeln hinsichtlich ihrer kontextspezifischen Angemessenheit. Diese finden sich beispielsweise in alltagspsychologischen Weisheiten, moralischen Imperativen, religiösen bzw. spirituellen Praktiken sowie in Alltagstheorien. Es sind Rekonstruktionen der emotional gelebten Praxis, die sprachlich kodiert sind. Mit ihrer Hilfe kann sich das Individuum reflexiv mit der eigenen Emotionalität auseinandersetzen, Anlässe, Wirkmechanismen und Konsequenzen erkennen und dadurch bewusst in die eigene emotionale Handlungsregulation eingreifen (Holodynski/Friedlmeier 1999). Der kulturelle Kontext ist dementsprechend mehr als eine Bedingung, an die sich Emotionsfunktionen und -formen anpassen, sondern transportiert auch Vorstellungen über angemessene Emotionen und Mittel ihrer Regulation, die jedes Kind im Laufe seiner Sozialisation in sein persönliches Bedeutungssystem integrieren muss.

Diese Erkenntnisse betreffen nicht nur Wirklichkeitskonstruktionen und Handlungsregulationen der Adressatinnen, sondern auch jene der Fachkräfte und Wissenschaftler. Folgende Leitlinien sind festzuhalten: **Leitlinien**

- Fachkräfte müssen wissen und berücksichtigen, dass sie ein Problem, eine Situation oder eine Beziehung nicht einseitig beobachten, beschreiben und erklären können. Es gibt ebenso viele Sichtweisen, Beschreibungen und Erklärungen wie Beteiligte, und diese können sich auch ändern, ohne subjektiv „falsch" zu sein.
- Die Sichtweisen (Konstruktionen) aller Beteiligten sollten grundsätzlich als *gleichwertig* betrachtet werden, auch wenn sich diese von den eigenen unterscheiden.
- Fachkräfte müssen *ihre* Erkenntnisinteressen, *ihre* Modelle der Wirklichkeit und *ihre* Deutungsmuster *transparent* machen.
- Handlungen müssen als Ergebnis eines vorauslaufenden Bewertungsprozesses interpretiert werden, der sich am Kriterium der Motivbefriedigung orientiert. Fachkräfte sollten also die den Prozessen zugrunde liegenden Motive ergründen.
- Emotionsanlässe, ihre Ausdrucksformen und ihre Bewältigungshandlungen können nur unter Einbeziehung des kulturellen Bedeutungskontextes angemessen interpretiert werden.

Ritscher, W. (2002): Systemische Modelle für die Soziale Arbeit. Ein integratives Lehrbuch für Theorie und Praxis.
Holodynski, M./Friedlmeier, W. (1999): Emotionale Entwicklung und Perspektiven ihrer Erforschung

1.2.3 Technologiedefizit

Weshalb ist es nicht möglich, ein Problem (durchaus in Übereinstimmung mit den Beteiligten) genau zu beschreiben, es ursächlich zu erklären und auf der Grundlage der Ursachenerklärung eine beschreibbare und wiederholbare Methode zu entwickeln, die bei diesem und allen anderen ähnlichen Problemen zur Lösung führt?

In diesem Abschnitt wird der Technologiebegriff erklärt und die Unmöglichkeit begründet, Technologien für die Bearbeitung sozialer Situationen und Probleme zu entwickeln. Um der Besonderheit des Arbeitens mit Menschen in komplexen sozialen Zusammenhängen gerecht zu werden, wird der Vorschlag unterbreitet, das methodische Handeln als *Konstruktion* hypothetisch entworfener *Wirkungszusammenhänge* auszulegen.

Technologien sind Entwürfe von so genannten *Ziel-Mittel-Zusammenhängen*. Sie werden auf der Grundlage von erklärenden Theorien konstruiert, die den Anspruch erheben, *kausale* Beziehungen zwischen verschiedenen Ereignissen zu erfassen. Theorien, die Erklärungen für Ursache-Wirkungs-Zusammenhänge bieten, können nach dieser Vorstellung auch dazu benutzt werden, künftige Ereignisse oder Entwicklungen *vorherzusagen*. Damit gewinnt man – wie etwa bei der Herstellung von Autos – Möglichkeiten, zu planen, Prozesse kontrolliert auszulösen und in ihrer Entwicklung zu steuern und zu kontrollieren. Zu diesem Zweck werden Erkenntnisse über kausale Ursache-Wirkungs-Beziehungen in finale (zielgerichtete) Ziel-Mittel-Entwürfe überführt.

Seitdem die berufliche Soziale Arbeit existiert, hat man versucht, eine wissenschaftliche Basis für diesen Beruf zu schaffen. Eine Reihe von Überlegungen bezog sich darauf, wissenschaftlich abgesicherte Technologien für die Soziale Arbeit zu entwickeln (z. B. Beugen 1972; Rothman et al. 1979; Staub-Bernasconi 1986). Die Grundidee war, dass die Bedingungen sozialer Prozesse ebenso gesetzmäßig erklärbar sein müssten wie naturwissenschaftliche Phänomene. Darauf folgte die Überlegung, dass man das Erklärbare auch in soziale Technologien umwandeln könne. In Anbetracht der systemtheoretisch begründeten Einsicht, dass komplexe soziale Zusammenhänge durch subjektive Konstruktions- und Rekonstruktionsprozesse konstituiert werden, sind solche Vorhaben kritisch zu beurteilen.

strukturelles Technologiedefizit

Ein Zusammenhang zwischen Ursache und Wirkung sowie zwischen methodischer Vorgehensweise und Ziel, der stabil und eindeutig ist (im Sinne von „Methode X bewirkt Ereignis Z"), lässt sich in der Sozialen Arbeit nicht herstellen. Auch Ursachenerklärungen sind Konstrukte, und die vermeintliche Kenntnis einer Ursache führt *nicht* im Umkehrschluss zu einer Methode zur Beseitigung dieser Ursache. Alle Komponenten einer Situation wandeln sich aufgrund der strukturellen Komplexität sozialer Prozesse und sind daher prinzipiell nicht vorhersehbar. Selbst wenn sich ein gewünschtes Ereignis (eine Wirkung) einstellt, lässt sich nicht mit Sicherheit sagen, ob sich dieses

Ereignis *aufgrund* einer Intervention oder *trotz* dieser eingestellt hat. Der Systemtheoretiker Luhmann hat zusammen mit Schorr diese Unmöglichkeit, generalisierbare Methoden mit vorhersehbarer Wirkung zu entwickeln, als *strukturelles Technologiedefizit* bezeichnet, das für alle sozialen Prozesse und somit auch für die Soziale Arbeit gilt (Luhmann/Schorr 1982).

Dennoch darf dieses strukturelle Manko nicht zum Verzicht auf Planung und methodisches Handeln führen, denn *jeder* Handlungsentwurf – ob im Alltag oder im Beruf – enthält explizit oder implizit *Zielvisionen* und auch erfahrungsgeleitete Vorstellungen (Hypothesen) darüber, auf welchen *Wegen* diesen angestrebten Zuständen näher zu kommen ist; hier unterscheiden sich Fachkräfte nicht von ihren Adressaten. Das Planungsproblem lässt sich durch eine bewusste Nutzung dieses Vorganges lösen, indem man *hypothetisch* die Situation, die Aufgabe oder das Problem und seine (konstruierte) Erklärung, den gewünschten Zustand (ein Ziel) sowie vermutlich dazu passende Interventionen und ihre abzusehenden Folgen in einen so genannten → *Wirkungszusammenhang* stellt. Hypothetisch entworfene Wirkungszusammenhänge sollen – im Gegensatz zum technologischen Denken – *nicht* die Illusion erzeugen, man könne „Ergebnisse" in der Sozialen Arbeit wie industrielle Produkte planmäßig *herstellen*. Sie dienen in erster Linie dazu, die eigenen Konstruktionen transparent und der methodischen und berufsethischen Reflexion zugänglich zu machen (s. Kap. 4.2.4).

> **hypothetisch konstruierte Wirkungszusammenhänge als Planungsinstrument**

Aus dem strukturellen Technologiedefizit lassen sich folgende Leitlinien ableiten:

> **Leitlinien**

- Wirksamkeitsversprechen gegenüber Adressatinnen, Kollegen und auch der Politik im Sinne von stabilen „Wenn-dann"-Verbindungen sind unseriös, weil sie nicht eingelöst werden können.
- Methodische Planung sollte begründete und revidierbare Hypothesen über Situationen bzw. Probleme und ihre Erklärung bilden und im Hinblick auf angestrebte Ziele mögliche Interventionen konstruieren.
- Jede Planung ist ein Unikat; sie ist auf die aktuelle, individuelle Situation eines individuellen Menschen bezogen (die sich unvorhersehbar ändern kann), und sie birgt immer auch das Risiko der Ungewissheit.

Luhmann, N./Schorr, K. E. (1982): Das Technologiedefizit der Erziehung und die Pädagogik.

1.2.4 Koproduktion und dialogische Verständigung

Warum ist es nicht möglich, ohne Verständigung mit den Adressatinnen erfolgreich zu arbeiten? Im vorliegenden Abschnitt wird auf das Charakteristikum der Koproduktion Bezug genommen. Es wurde im Zusammenhang mit der Diskussion um personenbezogene soziale Dienstleistungen thematisiert, ist aber grundlegend für jegliche Form der Zusammenarbeit zwischen Fachkräften und Adressatinnen.

Ein industriell gefertigtes Produkt (z. B. Auto) ist das Ergebnis eines sorgfältig geplanten und in allen Einzelheiten festgelegten *abgelaufenen* Produktionsprozesses, und es wird nach seiner Fertigstellung *gelagert* und früher oder später *verkauft*. Im Unterschied dazu ist eine personenbezogene Dienstleistung ein Akt, in dem eine Leistung gleichzeitig produziert und konsumiert (genutzt) wird. Sie ist nicht „lagerfähig" wie das fertige Auto. Fachkräfte der Sozialen Arbeit können ihre Angebote im Gegensatz dazu nicht *vorproduzieren*, sondern müssen ihre Arbeit direkt *mit* ihren „Kunden" erbringen: Beide Seiten müssen zur gleichen Zeit in der „Produktion" zusammenarbeiten und dazu in eine mehr oder weniger persönliche, vertrauensvolle Beziehung zueinander treten. Das gewünschte Ergebnis erfordert also immer die Mitwirkung der Adressatinnen, mehr noch: Es ist ein gemeinsames „Produkt", das Ergebnis einer *Koproduktion* (Ortmann 1996, 63).

Unangemessenheit des Kundenbegriffs

Im Unterschied zu personenbezogenen Dienstleistungen, die auf dem Markt angeboten werden, sind Adressatinnen der Sozialen Arbeit keine „Kunden", denn sie kaufen die angebotenen Dienstleistungen nicht, „weil erstens für viele ‚Produkte' der kommunalen Sozialverwaltung kein Markt existiert und weil zweitens Sozialpolitik – als Politik eben – das Angebot der als notwendig erachteten Leistung normativ bestimmt ..." (Ortmann 1996, 65). Für viele Angebote der Sozialen Arbeit würden sich auch keine Käufer finden, weil sie im gesetzlichen Auftrag (wie z. B. die Sicherstellung des Kindeswohls nach SGB VIII) und mitunter auch gegen den erklärten Willen von Adressatinnen (Eltern oder Kindern) erfolgen. Die personenbezogenen sozialen Dienstleistungen in der Sozialen Arbeit werden also im Unterschied zum „Markt" nicht von denen finanziert, die sie in Anspruch nehmen.

Aushandlungsprinzip

Für alle – freiwillig wie unfreiwillig zustande gekommenen – Prozesse gilt dennoch, dass gewünschte Ergebnisse nicht durch einseitige → Interventionen der Fachkräfte erzielt werden. Sie entstehen im Vorgang der Koproduktion, im Zusammenhang einer Beziehung von Fachkraft und Adressatin. Fachkräfte „assistieren" gewissermaßen bei der Produktion der sozialen Dienstleistung und tragen damit *einen* (ihren) Teil zum Gelingen eines Prozesses bei (Kunstreich 1998). Für den anderen Teil der Koproduktion zeichnen die Adressaten verantwortlich, ohne dass die Fachkräfte die Verantwortung dafür in Gänze abgeben könnten. Daraus folgt, dass Fachkräfte sich um ein Einvernehmen mit ihren Adressaten bemühen und dem „Arbeitsprinzip Partizipation" (Kunstreich 1998, 298ff) sowie dem Prinzip des *Aushandelns* eine hohe Priorität einräumen müssen. Auch in so genannten Zwangskontexten müssen sie schnellstmöglich auf eine tragfähige Arbeitsbeziehung hinarbeiten. Wenn es ihnen nicht gelingt, sich auf eine Definition der Situation bzw. des Problems und der Änderungsperspektive zu verständigen, bleiben Erfolge aus.

dialogische Verständigung

Bezüglich der Art und Weise, *wie* diese Koproduktion gestaltet werden sollte, darüber gibt es unterschiedliche Auffassungen. Kunstreich et al. kritisieren beispielsweise das Konzept der *Aushandlung*, wenn es nur dazu führen soll, den Adressatinnen mehr Beteiligungschancen am *Deutungsprozess* und damit an einer situativ erzielten Definition einzuräumen. Nach ihrer Auffassung geht es immer um den Dialog und weiter gehend um *Handlungen*, also um Verständigung, „denn Verständigung wird dort erforderlich, wo das Verstehen aufhört, wo zwei gleichberechtigte Weisen des ‚Verstanden-Habens' einander verständnislos gegenüberstehen und nicht zu einer gemeinsamen Handlung verbunden werden können" (Kunstreich et al. 2004, 7). Das Anliegen des dialogischen Ansatzes ist, sich mit den gleichwertigen, aber unterschiedlichen Beteiligten auf ein „gemeinsames Drittes" zu verständigen und somit eine verhandelte Grundlage zu gewinnen, auf der der nächste Arbeitsschritt aufbaut. Die Rolle der Professionellen beschränkt sich hierbei auf eine von den Adressatinnen erfahrene und bewertete „nützliche Assistenz" (Kunstreich 2004, 9). Das erfordert berufliche Haltungen, die tendenziell die Nachfrage und den Gebrauchswert der Angebote für die „Nutzerinnen" (s. Kap. 1.1.6) und das Arbeitsprinzip Partizipation (Kunstreich 1998) in den Mittelpunkt stellt.

Dies wirft die schwierige Frage auf, für welchen Teil der beruflichen Arbeit Fachkräfte die Verantwortung tragen. *Ob* die Angebote überhaupt angenommen werden, in welcher *Form* die Adressaten diese für sich nutzen und was dabei herauskommt, ist kaum vorhersehbar. Fachkräfte müssen jedoch wissen, für welchen Teil des gemeinsamen Vorhabens sie *zuständig* und verantwortlich sind. Es wäre *unverantwortlich*, Adressatinnen im wörtlichen Sinne als Kundinnen zu definieren, die – wie diese – Angebote annehmen oder ablehnen und gegebenenfalls auch die Folgen ihrer Ablehnung tragen. Denn Adressatinnen sind häufig (zumindest vorübergehend) gerade nicht in der Lage, ihre Belange selbstverantwortlich zu gestalten. Deshalb müssen Fachkräfte in jedem Fall entscheiden, wie viel Verantwortung sie für welche Bereiche übernehmen müssen. **Koproduktion und Verantwortung**

Die Ansätze der personenbezogenen sozialen Dienstleistung (Bielefelder Schule) und der dialogischen Verständigung (Kunstreich et al.) ergänzen sich gut, obwohl sie theoretisch unterschiedlich konzipiert sind. Aus *beiden* Theorien sind folgende Leitlinien festzuhalten: **Leitlinien**

- Ohne dialogische Verständigung bzw. Koproduktion bleiben noch so sorgfältig geplante Interventionen wirkungslos.
- Fachkräfte müssen über den Willen zur Partizipation und zur dialogischen Verständigung sowie die Fähigkeit des Verhandelns verfügen.
- Fachkräfte sind für die Qualität ihres Parts im Verständigungs- und Koproduktionsprozess verantwortlich.
- Sie müssen die (mitunter begrenzte) Verantwortungsfähigkeit ihrer Adressatinnen beurteilen und deren Strategien und Deutungsmuster als andersartig, aber *gleichwertig* betrachten können.
- Sie müssen in jeder Situation darauf hinarbeiten, die dennoch vorhandene *Ungleichheit*, also Verantwortungs- und Machtgefälle der beruflichen Beziehung zu mindern.

Schaarschuch et al. (2001): Dienstleistung
Kunstreich et. al. (2004): Dialog statt Diagnose

1.2.5 Zusammenfassung

doppeltes Mandat

Soziale Arbeit ist gesellschaftlich definierte Hilfe, die in Institutionen organisiert wird. Daraus folgt, dass die Soziale Arbeit niemals nur im „parteilichen" Sinne ihrer Adressaten agieren oder gar mit dem Kundinnenbegriff operieren kann. Fachkräfte sind auf beide Seiten – Institution und Lebenswelt – verwiesen und sollten dieses in ihr Berufsverständnis integrieren. Obwohl der Staat durch seine Institutionen Zwecke und teilweise auch Ziele der Sozialen Arbeit weitgehend festlegt, verfügen Fachkräfte der Sozialen Arbeit über eine weitreichende „technische Autonomie", die sich aus den Charakteristika der beruflichen Handlungsstruktur ergibt. Diese Autonomie gewährt Fachkräften Handlungsspielräume, die sie für die fachliche Ausgestaltung ihrer Arbeit nutzen können, ohne den gesellschaftlich-institutionellen Zusammenhang negieren zu dürfen.

subjektive Wirklichkeitskonstruktion

Was Menschen bei der Aufgabe ihrer Alltagsgestaltung und -bewältigung als gelingend oder aber als problematisch empfinden, wie sie es erklären und damit umgehen, ist das Ergebnis ihrer individuellen Deutungsmuster und ihrer Konstruktionen von Wirklichkeit. Da Wirklichkeit niemals unabhängig von der Wahrnehmung, Beschreibung oder Erklärung einer Beobachterin dargestellt werden kann, müssen alle Sichtweisen prinzipiell als gleichwertig behandelt werden. Methodisches Handeln muss die subjektiven Konstruktionen und Rekonstruktionen *aller* Beteiligten einer Situation oder eines Problems systematisch erfassen und berücksichtigen. Fachkräfte müssen die Selektivität der Wahrnehmung berücksichtigen und ihre individuellen Erkenntnisinteressen und Modelle der Wirklichkeit erkunden und offen legen.

emotionale Handlungsregulation

Handlungen sollten als Ergebnis eines vorausgehenden Bewertungsprozesses interpretiert werden, der am Kriterium der Motivbefriedigung orientiert ist. Fachkräfte sollten demzufolge die dem Handeln zugrunde liegenden Motive ergründen. Emotionsanlässe, deren Ausdrucksformen und Bewältigungshandlungen können nur unter Einbeziehung des kulturellen Bedeutungskontextes angemessen interpretiert werden.

strukturelles Technologiedefizit

Die Soziale Arbeit verfügt über ein „Technologiedefizit", das strukturell durch die Komplexität und Unvorhersehbarkeit sozialer Prozesse begründet ist. Demzufolge ist es auch nicht möglich, pädagogische Prozesse in ihrer Gesamtheit zu steuern, zu kontrollieren und Wirkungen exakt vorherzusagen. Es ist aber möglich, eher wahrscheinliche und eher unwahrscheinliche Entwicklungen zu benennen. Dies erfordert eine relativierte und revidierbare Form der pädagogischen Planung, die sich auf Hypothesenbildungen stützt. Hypothetisch konstruierte Wirkungszusammenhänge stellen eine spezifische Beziehung zwischen einem Problem und seiner Erklärung, einem Ziel sowie einer oder mehreren Interventionen und ihrer abzusehenden Folgen her. Sie dienen dazu, die eigenen Konstruktionen transparent und der methodischen und berufsethischen Reflexion und weiterer Konkretisierung zugänglich zu machen.

kein Patent-rezept!

Personenbezogene soziale Dienstleistungen erfolgen „uno actu": Sie wer-

→ Kein Wirksamkeitsversprechen

den gleichzeitig produziert und konsumiert. Fachkräfte der Sozialen Arbeit können ihre Angebote nicht vorproduzieren, sondern sie erbringen ihre Arbeit in Koproduktion mit ihren Adressatinnen. Sie dürfen ihre Interventionen nicht einseitig planen und umsetzen, sondern müssen sich in einen dialogischen Verständigungsprozess mit ihren Adressatinnen einlassen. Fachkräfte sind zuständig und verantwortlich für *ihren* Teil der Koproduktion, ohne dass sie sich ihrer Verantwortung für den Part der Adressaten entledigen können. Sie müssen über den Willen zur Partizipation und die Fähigkeit des dialogischen Aushandelns sowie eine berufliche Haltung verfügen, die tendenziell die Nachfrage und den Gebrauchswert der Angebote für die Adressatinnen (Nutzerinnen) in den Mittelpunkt stellt.

Koproduktion und dialogische Verständigung

Die Erörterungen dieses Teilkapitels bereichern in erster Linie die Kompetenzdimension der beruflichen Haltungen (s. Kap. 3.2.3). Auf Grundlage der obigen Darlegungen lässt sich festhalten, dass die Charakteristika der beruflichen Handlungsstruktur die Basis des methodischen Handelns bilden. Man muss diese konstitutiven Bedingungen kennen und umsetzen können, um zu verstehen, was es wirklich heißt, „mit Menschen" in komplexen sozialen Zusammenhängen zu arbeiten, sowohl in berufsethischer Perspektive (Akzeptanz der Gleichwertigkeit verschiedener Sichtweisen bzw. Deutungsmuster, Achtung vor der Selbstverfügung der Menschen) als auch in der pragmatischen Perspektive (Zielerreichung). Gefragt sind überdies besondere Kompetenzen aus der Dimension des „Könnens" (s. Kap. 3.2.1). Fachkräfte müssen „wissen" (verinnerlichen), dass die Soziale Arbeit über ein strukturelles Technologiedefizit verfügt, um ein reflexives und relativiertes Verständnis von methodischer Planung entwickeln zu können. Sie müssen sich von der Vorstellung lösen, es gäbe erprobte, über Arbeitsfelder und Einzelsituationen und -probleme hinweg einsetzbare „Methoden", die man als Werkzeug einsetzen kann, um vorhersagbare und messbare Ergebnisse bzw. Wirkungen zu erzielen. Sie müssen auch praktisch in der Lage sein, koproduktiv oder besser: dialogisch angelegte Prozesse zu arrangieren.

Ich bin verantwortlich meiner Profession gegenüber, nicht meiner Funktion.

2 Soziale Arbeit als wissenschaftlich fundierte Praxis

Fachkräfte für die Soziale Arbeit werden an Hochschulen ausgebildet, demzufolge fußt dieser Beruf auf wissenschaftlichen Grundlagen. Es ist schwierig, einen Beruf, dessen Gegenstand „Menschen" und deren unversicherbare Alltagsrisiken sind, dessen Zuständigkeit nicht scharf konturiert werden kann und der darüber hinaus nicht über spezifische Technologien verfügt, derart zu profilieren, dass die Berufsangehörigen daraus ein berufliches Selbstverständnis entwickeln können. Überdies ist das Verhältnis der Profession zu ihrer Disziplin (oder zu ihren → *Bezugsdisziplinen*?) zu klären und genauer zu bestimmen, auf welche Wissensbestände sich die Soziale Arbeit stützen kann und wie ein fruchtbares Verhältnis von Wissenschaft und Praxis denkbar ist. Dieses Kapitel ist der Klärung dieser Themenkomplexe gewidmet, die die Grundlage für ein „reflexives Professionalitätsverständnis" bilden.

2.1 Soziale Arbeit als Profession

Weshalb sollte man sich mit der akademisch anmutenden Frage befassen, ob die Soziale Arbeit eine Profession ist? Wodurch unterscheiden sich Profession und Disziplin und wie sind sie aufeinander bezogen? Wie kann man sich ein fruchtbares Verhältnis zwischen Wissenschaft und Praxis vorstellen?

In diesem Kapitel werden Etappen der über 30 Jahre andauernden Professionalisierungsbemühungen bis hin zum Entwurf einer „reflektierten Professionalität" referiert. Es folgen eine Beschreibung von Strukturprinzipien der Systeme „Profession" und „Disziplin" und eine Darlegung der Bestrebungen zur Etablierung einer eigenständigen Disziplin „Sozialarbeitswissenschaft". Im Anschluss werden verschiedene Ideen zur Gestaltung des Verhältnisses von Wissenschaft und Praxis skizziert, die sich von der technologieorientierten Vorstellung eines „Wissenstransfers" über die Annahme einer „Wissenstransformation" bis zum Vorschlag der „Relationierung", also des Sich-in-Beziehung-Setzens beider Systeme entwickelt haben.

2.1.1 Zum Ertrag der neueren Professionalisierungsdebatte

Beruf oder Profession?

Die *Verberuflichung* der Sozialen Arbeit begann, als es der „Berufsgründerin" Alice Salomon zu Beginn des letzten Jahrhunderts gelang, die erste soziale Frauenschule zu etablieren. Die Diskussion um eine *Professionalisie-*

rung dieses Berufes setzte zu Beginn der 70er Jahre ein, als die – bisher an Höheren Fachschulen erfolgte – Berufsausbildung in die Hochschullandschaft überführt wurde (zur Entwicklung der Diskussion über Professionalisierung s. Kühn 2006). Es entstand die Frage, ob Soziale Arbeit lediglich als *Beruf* oder aber als *Profession* zu verstehen sei.

In der ersten Etappe des Professionalisierungsdiskurses (bis Mitte der 80er Jahre) versuchte man, diese Frage durch einen Bezug auf die angloamerikanischen (strukturfunktionalistischen) Professionskriterien zu beantworten. Eine Profession ist nach diesem Verständnis zuständig für Inhalte, die im Laufe der historischen Entwicklung aus dem Alltagsleben herausgelöst und mithilfe von Zuständigkeitsregeln wiederum mit diesem verbunden wurden. Professionen sind mit einer gesellschaftlich ausgehandelten „Lizenz" für die verantwortliche Bearbeitung dieser Inhalte ausgestattet (Schütze 1992, 140). Sie verfügen über einen systematisierten, wissenschaftlichen Wissensbestand, eine berufliche Ethik, „anerkannte" Methoden sowie eine spezifische Fachsprache. Diese Kennzeichen legitimieren ihre Kompetenz (im Sinne von Zuständigkeit und Können), vermitteln berufliche Identität und sichern berufliche Domänen. Angehörige von Professionen arbeiten auf der Grundlage eines gesellschaftlichen *Mandates* und weitestgehend autonom (freiberuflich) gegenüber ihren Adressaten wie auch gegenüber Institutionen. Die fachlichen Standards ihrer Arbeit überwacht eine Instanz der Selbstkontrolle (in der Regel ein Berufsverband).

Kriterien einer Profession

Im Zentrum der Professionalisierungsdebatte stand das Bestreben, den Beruf der Sozialen Arbeit mithilfe der oben genannten berufssoziologischen Kriterien in den Status einer Profession zu befördern. Es ging darum, ein Berufsprofil auszubilden, eine berufliche Identität zu gewinnen, die gesellschaftliche Bedeutung der Sozialen Arbeit ins Bewusstsein zu heben und – standespolitisch gesehen – den Expertenstatus abzusichern, um auf diese Weise berufliche Domänen für die Absolventinnen der neuen Ausbildungsgänge zu sichern.

Das Unterfangen stieß von Anfang an auf Schwierigkeiten, denn die Soziale Arbeit erfüllt kaum eines dieser berufssoziologischen Kriterien; die folgenden Gründe sind dafür ausschlaggebend:

Umsetzungsprobleme

- ▪ Es gibt in Deutschland kaum *Domänen* für spezielle soziale Berufe. Sozialarbeiter, Sozialpädagoginnen, Erzieherinnen, Diplompädagogen mit und ohne Zusatzausbildung arbeiten nebeneinander, vielfach auch zusammen mit engagierten Ehrenamtlichen (Laien) in einer fast unüberschaubaren Anzahl von Arbeitsfeldern mit jeweils speziellen Profilen. Die oben genannten Berufe scheinen innerhalb dieser Arbeitsfelder für dieselbe Sache *zuständig* zu sein, gewissermaßen „für alles" (Dewe/Wohlfahrt 1989), was eine spezifische Beschreibung von Kernfunktionen (Domänen) für spezifische Arbeitsfelder unmöglich macht.
- ▪ Es ist schwierig, Kompetenzansprüche hinsichtlich eines Berufes durchzusetzen, der den Alltag und die Lebenswelt der Adressaten fokussiert, weil allgemein die Einsicht fehlt, dass man dafür besondere Fähigkeiten und Methoden und somit „Expertinnen" braucht (Gildemeister 1996).

▪ Die Soziale Arbeit bezieht sich auf Wissensbestände aus dem gesamten Spektrum der Human- und Sozialwissenschaften, sodass ein *systematisierter* Wissensbestand und damit ein kollektiv gehaltener Wissensfundus, der eine kollektive Identität begründen könnte, kaum denkbar ist. Es ist überdies nicht möglich, die Wissensbasis der verschiedenen Berufe „des Sozialen" voneinander zu unterscheiden.

▪ Eine *freiberufliche* Tätigkeit (Autonomie), die ungeteilt auf die Anliegen der Adressatinnen bezogen ist, bildet in der Sozialen Arbeit die Ausnahme; da sie überwiegend im Auftrag des Staates und seiner Institutionen erfolgt. Fachkräfte der Sozialen Arbeit unterliegen daher einem so genannten *doppelten Mandat* (s. Kap. 1.2.1).

▪ Nach einem langen Prozess von Fusionen der vielen verschiedenen Berufsverbände gibt es zwar seit Anfang der 90er Jahre nur noch den Deutschen Berufsverband für Soziale Arbeit (DBSH). Der Organisationsgrad der Fachkräfte ist allerdings gering und die vorhandenen Ansätze der *Selbstkontrolle* zur Sicherung der fachlichen Standards (Berufsbild, Berufsordnung und neuerlich auch ein Berufsregister; Jost 2003) finden keine umfassende Akzeptanz.

Soziale Arbeit als Semi-Profession?

Bewertet man also die Entwicklung des Berufs anhand der oben genannten berufssoziologischen Kriterien, lautet der Befund, dass die Soziale Arbeit wohl nicht als Profession, sondern allenfalls als Noch-Nicht-Profession oder als *Semi-Profession* zu bezeichnen ist, der es an einer sozial eindeutigen Durchsetzungsfähigkeit mangelt. Andererseits beziehen sich die gesellschaftlichen Anforderungen an die Soziale Arbeit – ähnlich wie bei den Angehörigen der klassischen Professionen (Ärzte, Juristinnen oder Pfarrer) – auf sensible, verletzbare Bereiche menschlichen (Privat-) Lebens, was für die Adressatinnen, denen diese Berufe nützen sollen, besondere Risiken und Verletzungsgefahren einschließt. „Schlechte Arbeit" kann gravierende Folgen für diese haben, beispielsweise hinsichtlich des familiären Zusammenlebens, der schulischen, beruflichen und gesundheitlichen Entwicklung oder etwa der Durchsetzung sozialer (Teilhabe-) Rechte. Daher ist erklärungsbedürftig, weshalb sich die hohen Professionalisierungsansprüche bisher kaum in gesicherten Standards und Privilegien materialisiert haben (Müller 2002).

Viele der oben aufgezählten Mängel sind geradezu konstitutiv für die Soziale Arbeit: Beispielsweise verdankt sich dieser Beruf dem Umstand, dass Notlagen von Menschen als *gesellschaftliches* Problem erkannt und nicht mehr individuell (durch freiwillige „Liebestätigkeit"), sondern durch Einrichtungen und abgesichert durch einen Rechtsanspruch bearbeitet werden (Müller 2002). Professionelle Soziale Arbeit als gesellschaftlich organisierte Hilfe ist demzufolge ohne den Bezug auf Institutionen nicht möglich, womit auch der doppelte Bezug auf den lebensweltlichen Kontext der Adressaten *und* den administrativen Handlungskontext für die Soziale Arbeit konstitutiv ist. Das verlangt von den Fachkräften immer wieder schwierige und anspruchsvolle Balanceakte. Sie müssen als loyale Mitarbeiter einer Verwaltung glaubwürdig sein und zugleich als engagierte und kompetente Partnerinnen von den Adressaten ernst genommen werden, wobei die Glaubwürdigkeit der einen Seite von jener der anderen abhängt (Müller 2002). Zudem ist in einer lebensweltorientierten Sozialen Arbeit das fehlende institutionelle Setting (wie die Arztpraxis, der Gerichtssaal oder die therapeutische Praxis) kein Mangel, sondern Programm. Eine „Expertisierung" würde somit allgemeine menschliche Kompetenzbereiche monopolisieren und abschotten, was die eigentlichen Inhaber dieser Kompetenzen, nämlich die Adressaten zu Laien degradieren würde. Das Arbeitsfeld zeichnet sich durch den Umgang mit dem Faktor „Ungewissheit" aus, denn wenn die Betroffenen selbst in der Lage wären, ihren Alltag mit den ihnen zur Verfügung stehenden Mitteln zu bewältigen, wäre professionelles Handeln überflüssig.

In einem kritischen Fazit zu 30 Jahren Professionalisierungsdebatte schreiben Dewe und Otto (2005a), dass die überwiegend standespolitisch inspirierte Orientierung am amerikanischen, strukturfunktionalistischen Modell der Professionalisierung ein Irrweg war, weil sie wenig zur Klärung des Professionsbegriffs und zum Verständnis der Strukturprobleme des sozialpädagogischen Handelns beitrug und sich die daraus abgeleiteten Kriterien zur Bestimmung einer Profession teilweise auch als kontraproduktiv für die Soziale Arbeit erweisen. **alternative Professionalitätsentwürfe**

Diese Sachlage legte es nahe, die Rahmenbedingungen des Berufsfeldes ernst zu nehmen und in Richtung einer „alternativen Professionalität" (Olk 1986) weiter zu entwickeln. Schütze (1992) propagierte beispielsweise das Modell einer „bescheidenen" Profession ohne monopolisierbares Wissen, aber mit der Aufgabe schwieriger Balancen, die hohes Können erfordert. Ein Ausgangspunkt war die Analyse der Handlungslogiken der Sozialen Arbeit, um daraus eine eigenständige wissenschaftliche Grundlage zu entwickeln (Gildemeister 1996). Die „Binnenstrukturen und die Logik des sozialpädagogischen Handelns im Spannungsfeld von allgemeiner Wissensapplikation und Fallverstehen" bilden nach Dewe und Otto (2005a, 1400) somit die Wissensbasis einer spezifisch sozialpädagogischen Kompetenz.

Als zentrale Kategorie im Kontext der Debatte um das Theorie-Praxis-Problem gilt den Autoren der Bielefelder Schule der Begriff der „reflexiven Professionalität": Sie benennen als zentrales Strukturprinzip professionalisierten Handelns den Umgang mit Personen und Symbolen. Dewe und Otto (2005a, 1407f) meinen damit ein **reflexive Professionalität**

> „personenbezogenes, kommunikativem Handeln verpflichtetes stellvertretendes Agieren auf der Basis und unter Anwendung eines relativ abstrakten, Laien nicht zugänglichen Sonderwissensbestandes sowie einer praktisch erworbenen hermeneutischen Fähigkeit der Rekonstruktion von Problemen defizitären Handlungssinns. (...) Prägnant lässt sich dieses Strukturprinzip auch als Einheit von ‚Wissensbasis' und ‚Fallverstehen' kennzeichnen. Hier wird das professionelle Handeln zudem als ‚stellvertretendes' Handeln bezeichnet, weil nahezu sämtliche Dienstleistungen ... sich faktisch auf Probleme beziehen, die ursprünglicher- bzw. normalerweise in primären Lebensbereichen bearbeitet und ‚gelöst' bzw. bewältigt werden."

stellvertretendes, relationales Handeln

Dewe und Otto (2005a, 1416f) konstatieren eine Differenz zwischen dem „Anspruch professionellen Wissens auf rationale Problemlösungen im sozialen Dienstleistungsbereich und dem faktischen, in die situativen Aushandlungsprozesse zwischen Professionellen und ihrer Klientel eingelassenen Arbeitswissen". Überdies stellen sie fest, dass diese Differenz zwischen den generalisierten Problemlösungsangeboten der helfenden Berufe und den lebenspraktischen Perspektiven der Betroffenen systematisch unüberbrückbar sei.

„Reflexiv gewordene Professionelle" begreifen sich als „relational Handelnde", die sowohl zu ihren Adressatinnen also auch zu ihren Entscheidungsträgern in Relation stehen und dadurch die Position eines Dritten einnehmen. Sie orientieren sich nicht am Vorbild von Spezialisten (die sich darüber definieren, bestimmte, begrenzte Problemlösungen besser als andere zu beherrschen), sondern daran, dass man sie konsultieren kann, ohne dass sie unmittelbare Verwendungs- bzw. Nützlichkeitsgarantien angeben müssen. Als Orientierung wird die Förderung von (sozial) politischen Partizipationsmöglichkeiten mit der Perspektive der Gewinnung eines höheren Maßes an Autonomie und Eigengestaltung in der Lebenspraxis bezeichnet (Dewe/Otto 2005a).

dialogischer Ansatz als Alternative zum stellvertretenden Handeln

Ein alternatives Professionalitätsmodell entwerfen Kunstreich et al. (2003). Sie kritisieren das Modell des stellvertretenden Handelns und setzen ein mäeutisches (hervorbringendes), verhandlungsorientiertes Modell mit dem Dreischritt des dialogischen Verstehens, der dialogischen Verständigung und des dialogischen Verhandelns dagegen. Das dialogische Prinzip betrachtet die Wissensdomänen des Professionellen und des Laien als verschiedenartig, aber gleichwertig, wie folgender Kommentar von Kunstreich et al. (2003, 5) zum Ausdruck bringt:

> „Dialogische Verständigung basiert auf einem Interesse, in dem der Andere und das professionelle Selbst zugleich eingebunden sind. Sie ist als Dialog auf beide angewiesen, wie etymologisch im Wort Interesse zum Ausdruck kommt: auf Interesse im Sinne von wichtig sein und auf Interesse im Sinne des Zusammenseins zweier handlungsfähiger und sprachfähiger Subjekte im Diskurs."

Das Anliegen des dialogischen Ansatzes ist, sich mit den gleichwertigen, aber verschiedenartigen Beteiligten auf ein „gemeinsames Drittes", eine gemeinsam verantwortete Grenzüberschreitung zu verständigen, eine verhandelte Grundlage, auf der der nächste Arbeitsschritt aufbaut. Die Rolle der Professionellen beschränkt sich hierbei auf eine von den Adressatinnen erfahrene und bewertete „nützliche Assistenz" (Kunstreich et al. 2003, 9).

   Müller, B. (2002): Professionalisierung

2.1.2 Profession und Disziplin

Was unterscheidet die Systeme „Disziplin" und „Profession"? Sollte es nicht eine eigenständige Disziplin geben, die sich ausdrücklich auf „Soziale Arbeit" bezieht und die deren spezifische Probleme und theoretische Fragestellungen angemessener fundieren kann als die vielen Bezugsdisziplinen?

In diesem Abschnitt werden die Begriffe „Profession" und „Disziplin" definiert sowie ihr Verhältnis zueinander erörtert. Es folgt eine kurze Beschreibung der umstrittenen Bestrebungen, eine eigenständige Sozialarbeitswissenschaft zu etablieren.

Ungeachtet der offenbar wenig geeigneten berufssoziologischen Professionskriterien wird die Soziale Arbeit in der Fachdiskussion als faktisch existente („bescheidene") *Profession* (Schütze 1992) behandelt. In Umrissen zeichnet sich gleichfalls eine *Disziplin* ab, wenn auch Kontroversen darüber herrschen, wo diese einzuordnen wäre. Beide Systeme – Disziplin und Profession – lassen sich funktional bestimmen. Sie repräsentieren unterschiedliche Ausschnitte gesellschaftlichen Handelns, die in gewisser Weise auf dem Dualismus von Praxis und Theorie aufbauen, der wiederum dem des Handelns und Erkennens nachgebildet ist:

konstitutive Differenz von Profession und Disziplin

- Der *Disziplinbegriff* umfasst das gesamte Feld der Wissenschaft, in dem sich die Forschungs- und Theoriebildungsprozesse abspielen. Disziplin bezeichnet einerseits das in lehrbare Form gebrachte *Wissen* (Theorien), andererseits ein *Sozialsystem*, eine Kommunikationsgemeinschaft von Wissenschaftlerinnen, die auf die gemeinsame Problemstellung (den Gegenstand) verpflichtet sind, die die Disziplin konstituiert (s. Kap. 1.1.2). Die Funktion einer Disziplin bezieht sich hauptsächlich auf die innersystemische Kommunikation der Wissenschaftler über ihre Forschungs- und Theoriebildungsprozesse. Als Referenzpunkt der Disziplin gelten die Kriterien „Wahrheit" und „Richtigkeit"; ihre Angehörigen definieren sich über die Herstellung und Bereitstellung von Wissen.
- Der *Professionsbegriff* beschreibt das Praxissystem, die berufliche Wirklichkeit, die fachlichen Ansprüche des Berufes und die darauf bezogenen Leistungsangebote. Die Profession ist also nicht in erster Linie ein Wissenssystem, sondern ein *Handlungssystem*; ihr Verhältnis zum Wissen definiert sich als Anwendung von Wissen unter Handlungszwang. Die Funktion einer Profession bezieht sich auf die Kommunikation der Fachkräfte und Wissenschaftlerinnen bezüglich der System-Umwelt-Differenz; ihr Referenzkriterium ist die „Wirksamkeit" (Merten 1996, 76f mit Bezug auf Stichweh 1984); ihre Angehörigen definieren sich über das Handeln im Kontakt mit den Adressaten und den institutionellen und gesellschaftlichen Strukturen.

Beide Systeme sind in ihren Strukturprinzipien verschieden, stehen jedoch in keinem hierarchischen Verhältnis zueinander. Aus ihrer konstitutiven Differenz ergeben sich entscheidende Fragen und Antworten für das Verhältnis von Wissenschaft und Praxis im methodischen Handeln, worauf im Abschnitt 2.1.3 näher eingegangen wird.

**Sozialarbeits-
wissenschaft als
eigenständige
Disziplin?**

Traditionell wurde die Sozial*pädagogik* als spezielle Disziplin der Erziehungswissenschaft betrachtet (Röhrs 1968) und so wird sie von überwiegend universitären Wissenschaftlern – mit mehr oder weniger sozialwissenschaftlicher Ausprägung und durchaus in pragmatischer Perspektive – noch
gegenwärtig eingeordnet. Als Ort des „sozialpädagogischen" Diskurses
lässt sich die Deutsche Gesellschaft für Erziehungswissenschaft (DGfE) ausmachen (Thole 2002, 34). Eine andere Gruppe von Wissenschaftlerinnen, die
vielfach an Fachhochschulen lehren, arbeitet seit längerem daran, eine eigenständige Sozial*arbeits*wissenschaft zu etablieren (programmatisch: Mühlum
1996; kritisch: Merten 1996). Diese Debatte findet hauptsächlich im Zusammenhang der in der Deutschen Gesellschaft für Sozialarbeit (DGSA) ge-
führten Diskussionen statt.

Der Streit um die Berechtigung oder Notwendigkeit einer eigenständigen wissenschaftlichen Disziplin wurde zum Teil recht polemisch ausgetragen (z. B. in Puhl 1996 und Merten et al. 1996). Inzwischen ebbt der disziplinäre Streit wieder ab und weicht einer gewissen Koexistenz. Diese Situation scheint der *Theorieproduktion* keinen Abbruch zu tun. Andererseits
ist diese Diskussion nicht allein für die akademische Ebene von Belang,
sondern es geht hierbei auch um handfeste professionspolitische Absichten. Befürworterinnen einer Sozialarbeitswissenschaft fordern daher, die
Soziale Arbeit als Profession *und* als Wissenschaft zu entwickeln, weil eine
eigenständige Disziplin und eine wissenschaftliche Ausbildung als Voraussetzungen der wissenschaftlichen und professionellen Anerkennung
gelten. Diese wiederum hätte Auswirkungen auf die tarifliche Eingrup-
pierung und die Domänenbildung, und sie könnte den Angehörigen der
Fachhochschulen möglicherweise helfen, ihre institutionellen Bedingungen zu verbessern – vom Stellenwert der Forschung bis zur Erlangung des
Promotionsrechtes. Jenseits dieser professionspolitischen Dominanzen
muss ohnehin die Frage der disziplinären Identität weiter bearbeitet werden.

Merten et al. (1996): Sozialarbeitswissenschaft – Kontroversen und Perspek-
tiven
Puhl, R. (1996): Sozialarbeitswissenschaft. Neue Chancen für theoriegeleitete
Soziale Arbeit

2.1.3 Zum Verhältnis von Wissenschaft und Praxis

**Wissenschaft als
„Steinbruch" für
die Praxis**

Seit den 70er Jahren gibt es Bestrebungen, die Praxis der Sozialen Arbeit auf
eine wissenschaftliche Grundlage zu stellen. Ein Ausgangspunkt war die politisch und wissenschaftlich begründete Kritik der klassischen Methoden
der Sozialen Arbeit (Einzelhilfe, Gruppenarbeit und Gemeinwesenarbeit),
die in der Praxis sehr verbreitet waren. Das methodische Handeln nach dieser Methodenlehre bezog sich im Wesentlichen auf zwei Komponenten: eine
grobe Strukturierung des so genannten Hilfsprozesses durch verschiedene

Phasen oder Handlungsschritte sowie eine intensive Begleitung der Fachkräfte durch ausbildungs- und berufsbegleitende Supervision. Das Verhältnis der Fachkräfte zur Wissenschaft lässt sich so beschreiben, dass sie Theorien und Technologien auf „brauchbare" Anteile durchsuchten und diese – anscheinend beliebig – mit Blick auf ihre „Fälle" verwendeten.

Eine Soziale Arbeit, die im Begriff war, sich zu einer Profession zu entwickeln, konnte sich nicht mit einem Modell zufrieden geben, in dem der Beitrag der Wissenschaft auf die Funktion des Hilfsmittels und des technologischen Werkzeuges begrenzt wurde. Es wurde kritisiert, dass Fachkräfte wissenschaftliche Theorien und Forschungsergebnisse als „Steinbruch" für ihre Zwecke nutzten.

Stattdessen sollte ein technologisch inspirierter „Wissenstransfer", also **Wissenstransfer** eine direkte Übertragung des in den Hochschulen produzierten Wissens in die Praxis stattfinden. In der ersten Phase der „Verwissenschaftlichung" der Praxis arbeitete man an Handlungstheorien, mit denen sich die praktische Arbeit anleiten ließ. Otto (1971) forderte, dass das praktische Handeln aus dem wissenschaftlich erzeugten Wissen *abgeleitet* werden solle, um auf diese Weise die Praxis schrittweise auf die rationale Ebene der Wissenschaft anzuheben. Praktikerinnen zeigten gegenüber diesem Vorhaben beträchtlichen Widerstand. Dieses wurde zunächst als „Transportproblem" diagnostiziert und mit verschiedenen Strategien bearbeitet, beispielsweise durch den Entwurf verfeinerter Transferkonzepte, die Identifizierung innovationshemmender Organisationsstrukturen und auch durch die Arbeit an „Aufnahmewiderständen" der Praktiker (Dewe et al. 1992, 72). Es zeigte sich aber, dass wegen der unterschiedlichen Logiken der beiden Systeme und der Charakteristika der beruflichen Handlungsstruktur (s. Kap. 1.2) Transferversuche zum Scheitern verurteilt sind.

Als Konsequenz daraus bot sich eine neue Konzeption des Verhältnisses **Wissens-** von Wissenschaft und Praxis an: Das Wissen sollte nun nicht mehr direkt in **transformation** die Praxis *transferiert* (übertragen), sondern auf seinem Weg in die Praxis *transformiert* (umgewandelt) werden (Olk/Otto 1989). Grundlage dieser Überlegung war die Erkenntnis, dass die Fachkräfte wählen, welche „Wissensangebote" sie annehmen und verwenden und welche nicht. Sie ziehen beispielsweise bei der Deutung und Erklärung verschiedenster Phänomene auch verschiedene Theorien heran und prüfen, ob und was diese zur Interpretation derselben beitragen können. Daher wurden die *Transformationsleistungen* der Praktiker und die *Transformationsmodalitäten* in der Praxis in den Blick genommen. Zudem wurde die Strukturdifferenz der beiden Systeme (Disziplin und Profession) thematisiert. Wissenschaft wird damit als *eine* Komponente professionellen Handelns neben anderen eingestuft. Sie kann nicht richtungweisend in die berufliche Praxis eingreifen, sondern hilft, Ereignisse zu verstehen, Entscheidungen vorzubereiten oder nachträglich zu begründen. Die Fachkräfte handeln in ihrer Praxis autonom und sind dabei nicht abhängig von Wissenschaft (Olk/Otto 1989).

Es entstand das Modell der „neuen Fachlichkeit" mit der Forderung einer „Rückbeziehung von ‚Expertenwissen' auf alltagsweltliche Deutungs- und

Handlungsmuster" (Dewe/Ferchhoff 1986, 153). Professionelle Arbeit wird als Gleichzeitigkeit von Theorieverstehen als Allgemeinem *und* Fallverstehen als Besonderem konzipiert. Beide Komponenten stehen in logischem Widerspruch zueinander und sind nicht dauerhaft miteinander in Einklang zu bringen, sondern nur situativ. Aus diesem Grunde besteht das praktische Handeln nicht aus der *Befolgung* wissenschaftlicher Regeln, sondern in deren *Ausnutzung*. An anderer Stelle betonen Dewe et al. (1987, 35),

> „dass es für sozialpädagogisches professionelles Handeln möglicherweise Regeln der Erfahrung und Klugheit gibt, aber keine unmittelbar handlungsanleitende wissenschaftliche Theorie. Somit bleibt professionelles Handeln ein Stück weit ‚Kunst', die sich sehr wohl auf Wissen stützt, aber nicht selbst direkt methodisieren, also nach dem Muster wissenschaftlicher Arbeit ordnen lässt"

Hier wird der Anspruch aufgegeben, richtungweisend in die berufliche Praxis einzugreifen; es kann lediglich darum gehen, die „subjektiven Theorien" und das „handlungsleitende Wissen" der Praktiker mit wissenschaftlichem Wissen anzureichern. Nach Ansicht dieser Autoren blieb aber auch dieses Konzept noch wissenschaftszentriert, denn den Fachkräften wurde unterstellt, dass sie ihre Handlungen auf Grundlage ihrer zuvor erfolgten *Entscheidungen* vollziehen, die wiederum Ergebnis einer gewissen Planungskette sind (s. dazu die Theorie der emotionalen Handlungsregulation, Kap. 1.2.2).

Relationierung, Resonanz und Reflexion
Auch diese Position wurde wieder fragwürdig, weil Studien gezeigt hatten, was auch empirisch zu beobachten ist, dass nämlich Praktikerinnen mit dem im Studium erworbenen Wissen selektiv umgehen: Sie greifen wissenschaftliches Wissen zumeist nur dann auf, wenn es Routinen bestätigt, verändern es unmerklich (funktionieren es um), damit es mit ihrer etablierten Praxis vereinbar bleibt oder spalten es ab, um sich vom Veränderungsdruck zu befreien. Nur als *vierte Variante* neben den drei bisher beschriebenen Formen des Umgangs mit neuem Wissen ist eine „produktive Auseinandersetzung" denkbar, „in der wissenschaftliches Wissen substantiell aufgegriffen wird" (Engelhard 1982, 91 zit. in Dewe et al. 1992, 76). Kade (1989, 59) formulierte dies nach einer Analyse des professionellen Handlungswissens noch radikaler: Nach ihrer Auffassung gibt es keinen direkten Weg vom wissenschaftlichen zum Handlungswissen und der Umgang mit diesen Angeboten folgt „jeweils spezifischen, situativ-pragmatischen Regeln…, wobei im Adaptionsprozess wissenschaftliches Wissen erst durch den Handelnden selbst aktiv in praktische Problemlösungsweisen und -situationen eingeführt wird".

Damit lag es nahe, sich in der Anordnung des Verhältnisses von Wissenschaft und Praxis komplett von einem wie auch immer differenzierten „Sender-Empfänger-Modell" zu verabschieden. Inspiriert von den Konzepten des Konstruktivismus und der neueren Systemtheorie (s. Kap. 1.2.2) proklamierten die Bielefelder Autoren eine eigenständige „dritte" Wissensform, die nicht die *Vermittlung* von Theorie und Praxis beabsichtigt, sondern die *Begegnung* zweier verschiedener Betrachtungsweisen, die „kontrastiert und relationiert" bzw. „übereinander geschoben" oder wechselseitig „etikettiert" werden (Dewe et al. 1992, 78). Das bedeutet, dass diejenigen, die die „Transformation" leisten, nicht mehr auf der Wissenschaftsseite, sondern auf der „Verwenderseite" zu suchen sind. Die Praktikerinnen stellen die Ähnlichkeitsrelationen zwischen Wissenschafts- und Praxiswissen her, nicht die Wissenschaftlerinnen. Zwei verschiedene Handlungssysteme setzen sich zueinander in Beziehung und tauschen sich relativ risikolos aus. Dewe et al. (1992, 79 mit Bezug auf Luhmann 1987) kommentieren dieses folgendermaßen:

> „Die wissenschaftliche Perspektive, die darauf zielt, die Regel zu formulieren, unter der eine Handlung gestanden hat, und die praktische Perspektive, in der der Regel gefolgt wurde, ergänzen sich in dieser Anordnung *nicht*, sondern bleiben nebeneinander stehen. (. . .) In der konstruktivistischen Perspektive kann Wissenschaft weder neues, gegenstandbezogenes Wissen in die Praxis einführen, noch bedient sich die Praxis selektiv aus der Wissenschaft. Allenfalls kommt es zu wechselseitiger Resonanz. Wissenschaftliches Wissen und Handlungswissen stehen im Verhältnis der Komplementarität."

Eine Konsequenz für das methodische Handeln ist das Modell der „professionellen Fallanalyse" in Form der → stellvertretenden Deutung. Diese ist im Unterschied zum intuitiv-emphatischen Fallverstehen in sozialwissenschaftlichen Methoden fundiert und bezieht sich auf hermeneutische Verfahren des Sinnverstehens. Fachkräfte sind nach diesem Verständnis Wissenschaftlerinnen und Praktiker zugleich, denn die sozialwissenschaftlich inspirierte Felderkundung, Fallanalyse und -reflexion sowie konkretes pädagogisches Handeln sind genuine und gleichberechtigte Bestandteile ihrer Berufspraxis (Dewe et al. 1996; Haupert 1996).

professionelle Fallanalyse

Dewe et. al. (1992): Das „Professionswissen" von Pädagogen. Ein wissenstheoretischer Rekonstruktionsversuch

2.1.4 Zusammenfassung

Die über drei Jahrzehnte andauernden Professionalisierungsbemühungen konzentrierten sich darauf, die gleiche gesellschaftliche Anerkennung zu erlangen wie die klassischen Professionen. Die Analyse der Handlungslogiken der Sozialen Arbeit ermöglichte eine „Emanzipation" von diesem Bestreben, sodass man sich darauf konzentrieren konnte, eine eigenständige wissenschaftliche Grundlage und ein angemessenes Professionalitätsverständnis für den Beruf zu entwickeln.

Ertrag der Professionalisierungsdebatte

Disziplin bezeichnet einerseits ein Wissenssystem (Produktion von Theorien) und andererseits das Sozialsystem der Kommunikationsgemeinschaft von Wissenschaftlerinnen, die dem Gegenstand der Disziplin verpflichtet sind. Referenzpunkte sind die Kriterien „Wahrheit" und „Richtigkeit" sowie *Begründungszwang*. Profession beschreibt das Handlungssystem des Berufes und seine fachlichen Ansprüche. Ihre Referenzkriterien sind „Wirksamkeit" und *Handlungszwang*. Aus der konstitutiven Differenz der

Profession und Disziplin

Strukturprinzipien der beiden Systeme ergeben sich entscheidende Fragen und Antworten für das Verhältnis von Wissenschaft und Praxis.

Sozialarbeitswissenschaft

Der Streit um Sinn und Funktion einer eigenständigen Sozialarbeitswissenschaft wird auf der disziplinären Ebene ausgetragen und hat Auswirkungen auf die Anerkennung der Profession. Andererseits verweist er auf weiterhin offene Fragen der disziplinären Identität.

Verhältnis von Wissenschaft und Praxis

Die anscheinende Beliebigkeit, mit der sich Praktikerinnen im anwachsenden Reservoir des wissenschaftlichen Wissens bedienten (oder auch nicht), veranlasste Wissenschaftler dazu, verschiedene Modelle einer Qualifizierung der Praxis durch Wissenschaft zu konzipieren: „Transfer" als direkte Anleitung der Praxis durch Wissenschaft; „Transformation" als Ausnutzung der Wissenschaft zur Anreicherung der Praxis sowie „Relationierung" als Begegnung zweier Wissenstypen, deren Deutungen kontrastieren und dadurch eine Weiterentwicklung ermöglichen.

reflexive Professionalität

Professionelles Wissen teilt mit dem praktischen Handlungswissen den permanenten Entscheidungsdruck und das Kriterium der Angemessenheit, mit dem systematischen Wissenschaftswissen hat es den gesteigerten Begründungszwang und das Kriterium der Wahrheit gemein. Eine reflexive Professionalität als eigenständiges drittes System bildet den Bezugspunkt für die Kontrastierung und Relationierung der beiden Wissenstypen, ohne eine zu präferieren. Sie konstituiert eine Handlungsstruktur, die ermöglicht, die Handlungsprobleme der Alltagspraxis aus der Distanz stellvertretend für die alltagspraktisch Handelnden wissenschaftlich reflektiert zu deuten und zu bearbeiten.

Diese Resultate der zunächst akademisch anmutenden Diskussionen wirken unmittelbar auf das berufliche Selbstverständnis von Fachkräften, da es einen Unterschied macht, ob man sich selbst nur als „Halb-Professioneller" fühlt, den niemand so richtig ernst nimmt oder als eine Person, die eine besondere, reflexive Professionalität entwickelt, die „passgenau" auf die Besonderheiten des Handlungsfeldes abgestimmt und daher hoch professionell ist.

Fachkräfte müssen eine realistische Einschätzung des Verhältnisses von Wissenschaft und Praxis entwickeln. Die Kenntnis der konstitutiven Differenz von Disziplin und Profession schützt Praktiker vor naiven Erwartungen bezüglich der Funktion und der Ergebnisse der Theorieproduktion (z. B. der direktiven „Brauchbarkeit", etwa in Form einer Anleitung für die Praxis). Den Disput um die Sozialarbeitswissenschaft sollte man zumindest kennen, um einordnen zu können, welche Fragen bisher nicht befriedigend gelöst wurden und welche disziplinpolitischen Absichten die Diskussion mit prägen.

Für den praktischen Umgang mit wissenschaftlichem Wissen ist es darüber hinaus von entscheidender Bedeutung, welche Vorstellung man darüber entwickelt, wie Theorien in die Köpfe der Fachkräfte gelangen und welche Wirkungen sie haben können. Eine „Transfer-Mentalität" fördert eher hierarchisches Denken, während eine „Relationierung" den Gedanken der Koproduktion und der dialogischen Verständigung fokussiert – sowohl zwischen Wissenschaft und Praxis als auch zwischen Fachkräften und Adressatinnen. Es ist anzunehmen, dass alle drei Modelle parallel und unreflektiert im Bewusstsein der Beteiligten beider Systeme präsent sind, was zu unrealistischen Ansprüchen und unberechtigten Vorwürfen führen kann.

2.2 Wissensbestände für methodisches Handeln

Was versteht man unter dem Begriff des wissenschaftlich erzeugten Wissens? Welches Wissen braucht man für methodisches Handeln?

In diesem Teilkapitel werden der Prozess und die Regeln der Produktion wissenschaftlicher Theorien beschrieben und der mögliche Nutzen von Theorien für die praktische Arbeit aufgezeigt. Anschließend erfolgt eine Differenzierung der vier Kategorien von Wissensbeständen nach ihrer Funktion für methodisches Handeln: Beobachtungs- und Beschreibungswissen, Begründungs- und Erklärungswissen, Wertwissen sowie Handlungs- und Interventionswissen.

2.2.1 Wissenschaftliche Vorgehensweise

Wissenschaftliches Vorgehen dient der Produktion von Aussagesystemen (Theorien), die auf begründbaren und überprüfbaren Erkenntnissen beruhen. Es konstituiert sich durch einen definierten *Untersuchungsgegenstand* (Erkenntnisobjekt), durch die Bildung von *Kategorien* (präzise definierte Begriffe, Fachsprache), die sachlogisch aufeinander bezogen sind und durch besondere *Verfahren* der Erkenntnisgewinnung (Forschungsmethoden). Wissenschaftlich gewonnenes Wissen unterscheidet sich vom Alltagswissen durch die *methodische Vorgehensweise*, die *Systematisierung von Erkenntnissen* und die Norm der *interpersonalen Überprüfbarkeit* von Aussagen bzw. Ergebnissen. Entscheidend für die Theoriebildung ist die Art und Weise, wie man zu Erkenntnissen kommt (Mühlum 1996). „Eine Theorie kann aufgefasst werden als ein System von intersubjektiv überprüfbaren, methodisch gewonnenen in einem konsistenten Zusammenhang formulierten Aussagen über einen definierten Sachbereich" (Dewe/Otto 2005b, 1968).

Der Vorgang der Gewinnung wissenschaftlichen Wissens soll mithilfe eines stark vereinfachten Beispiels (Stottern als Phänomen) veranschaulicht werden: Zunächst wird der Gegenstandsbereich definiert, indem aus der Gesamtmenge der möglichen Probleme ein Teilproblem herausgenommen und dessen Problematik beschrieben wird. Das Phänomen des Stotterns wird demzufolge benannt und problematisiert. Zur Beschreibung des Phänomens werden systematisch Daten gesammelt: Wie äußert sich „Stottern"? Was genau ist zu beobachten? Man strukturiert die Erfassung des Phänomens mit Hilfe konstruierter oder übernommener, aber immer definierter

Beobachtungskategorien, die gewährleisten, dass möglichst viele Seiten und Sichtweisen erfasst werden, beispielsweise zur *Ausstattung* eines Menschen (Sind körperliche Beeinträchtigungen zu beobachten?), zum sozialen *Austausch* (Wie verhalten sich stotternde Menschen in sozialen Situationen?), zu *Machtverhältnissen* (Was passiert in asymmetrischen Beziehungsstrukturen?), zur *Wertethematik* (Tangiert das Phänomen unterschiedliche moralische Maßstäbe?). Die hier angedeuteten → Kategorien der Wirklichkeitserfassung wurden von Staub-Bernasconi (1986) eingeführt und sie werden in Kapitel 2.2.2 vertieft.

Aus den auf diese Weise zusammengetragenen Daten werden *Zusammenhänge* formuliert, beispielsweise in der Art, dass Menschen mit einer körperlich lokalisierbaren Beeinträchtigung ihrer Sprachfunktionen in hierarchisierten und von ihnen schwer beeinflussbaren Kommunikationssituationen verstärkt stottern, während sie in eher egalitären Beziehungskonstellationen weniger stottern. Solche Zusammenhänge werden zu *Aussagesystemen* (Theorien) zusammengefügt. Bezogen auf das Beispiel könnte eine „Theorie des Stotterns" ein *organisches* Handicap (Ausstattung) beschreiben, das in verschieden strukturierten Beziehungskonstellationen unterschiedlich kompensiert wird. Würde man die Beobachtungen aus der Kategorie des sozialen *Austauschs* stärker gewichten, würde das Stottern vielleicht auch als Symptom für eine unausgewogene *Beziehungskonstellation* zwischen Menschen interpretiert.

Beide Theorien könnten durchaus nebeneinander existieren. Im Unterschied zu so genannten Alltagstheorien muss bei wissenschaftlichen Theorien der Weg des Erkenntnisgewinns (inklusive der gewählten Kategorien) mit *definierten* Methoden beschritten werden und *intersubjektiv überprüfbar* sein. Auf diese Weise ist auch für andere nachvollziehbar, auf welchen Erkenntnissen die beiden oben konstruierten „Theorien" beruhen. Diese Norm gilt für jede Form des wissenschaftlichen Vorgehens, sei sie deskriptiv (beschreibend), präskriptiv (vorschreibend) oder normativ (bewertend). Darüber hinaus enthalten theoretische Ansätze immer auch gesellschaftlich bzw. individuell gefärbte *Interpretationen*. Diese beeinflussen sowohl die gewählten Zugänge zum Gegenstand und die Forschungsmethoden (den Erkenntniszusammenhang) als auch die aus der Theorie abgeleiteten Konsequenzen und Empfehlungen (den Verwendungszusammenhang) und müssen ebenfalls offen gelegt werden.

Im Unterschied zu den kausalen Erklärungsmodellen der Naturwissenschaften suchen Sozialwissenschaftler nicht nur empirische Sachverhalte (Was ist Stottern und wie hängen die Phänomene zusammen?). Sie versuchen auch, den *Sinngehalt* sozialer Konstellationen und sozialen Handelns zu erfassen und deutend zu verstehen (Wie deuten die Betroffenen selbst das Stottern und was kommt bei ihren Kommunikationspartnerinnen an?).

Praktiker legen im Unterschied zu Wissenschaftlerinnen ihr Vorverständnis seltener offen und beziehen sich überwiegend auf ihre *Erfahrungen*. Das kann dazu führen, dass Fachkräfte ihre → subjektiven Wirklichkeitskon-

Kritik zu „Erfahrungen"

struktionen und Deutungsmuster bei der Analyse und Interpretation von Phänomenen und Handlungssituationen absolut setzen. Im Folgenden werden anhand des oben angeführten Beispiels des Stotterns mögliche Auswirkungen dieser „selektiven" Wahrnehmung aufgezeigt.

Vielfach ist die Meinung verbreitet, dass Menschen, die stottern, sehr unsicher seien und psychische Probleme hätten. Dieses Vorverständnis kann dazu führen, dass man in erster Linie Besonderheiten im Verhalten stotternder Menschen wahrnimmt und diese „addiert", von denen man annimmt, dass diese ein psychisches Problem oder zumindest eine Unsicherheit anzeigen bzw. verstärken. Man bemüht sich dann beispielsweise nicht um eine medizinische Untersuchung, mit der eine eventuelle *organische* Beeinträchtigung abgeklärt werden könnte.

Neben persönlichen Erfahrungen und Theorien wird die Wahrnehmung auch durch die eigene Problemlösungskapazität beeinflusst. Personen, die beispielsweise eine Beratungsausbildung absolviert haben, werden möglicherweise das Phänomen derart interpretieren, dass es mit dem Theoriengebäude dieses Beratungskonzeptes erklärbar und mit den erlernten Verfahren „therapierbar" ist (z. B. mit klientenzentrierten oder verhaltenstherapeutischen Techniken); Ärztinnen hingegen würden zunächst die Funktionsfähigkeit der Sprachorgane untersuchen und möglicherweise überlegen, ob eine Operation sinnvoll ist.

Das einmal Wahrgenommene wird zu Kausalketten verknüpft (s. Kap. 2.1.3). In unserem Beispiel könnte man eine beobachtete Unsicherheit als *Ursache* des Stotterns oder als *Folge* der organischen Unzulänglichkeit interpretieren. Folgende Kausalkette wäre denkbar: „Stottern wird ursächlich durch eine sehr starke Unsicherheit (und dahinter liegende psychische Probleme) hervorgerufen". Wahrnehmungen und ihre Interpretationen werden im Gedächtnis gespeichert und verallgemeinert, also in scheinbar ähnlichen Situationen benutzt: „Wenn jemand stottert, dann weiß ich, dass ich es mit einem sehr unsicheren Menschen zu tun habe." oder „Alle stotternden Menschen sind sehr unsicher." Was aber im einen Fall möglicherweise zutreffend war, kann im zweiten Fall eine andere Ursache haben.

Erfahrungen als Ergebnis selektiver Wahrnehmung

Selektionen lassen sich nicht vermeiden; sie ökonomisieren das Handeln, indem sie die Komplexität des Handlungsfeldes reduzieren. Mit jeder Situations-, Aufgaben- und Problemanalyse, mit jeder Zielentwicklung und mit jeder Intervention trifft man gleichzeitig eine Entscheidung *für* die Bearbeitung eines Teilbereiches aus einem umfassenden Kontext und *gegen* die Beachtung eines anderen Aspektes des Phänomens. Problematisch ist, sich dabei ausschließlich auf *Erfahrungen* zu berufen und diese nur zu hinterfragen, wenn man nicht weiterkommt. Erfahrungen sind immer schon Ergebnisse einer subjektiven Wahrnehmung der Wirklichkeit und die Selektionsmechanismen wiederum werden durch Erfahrungen geprägt. Daher können auch Erfahrungen und Beobachtungen von vergleichbaren Einzelfällen, die sozusagen *induktiv* zu praktischen oder Alltagstheorien zusammengeführt werden, falsch sein. Wenn man demzufolge die „persönlichen" Theorien, die man aus Erfahrungen gebildet hat, nicht systematisch überprüft oder eine Überprüfung etwa mit dem Hinweis auf eigene Erfahrungen abblockt, läuft man Gefahr, zu beobachten was man erwartet und anders lautende Annahmen als „bloße Theorie" abzuqualifizieren.

wissenschaftliche Kontrolle subjektiver Wirklichkeitswahrnehmung

Dem Charakteristikum der subjektiven Selektion bzw. Wirklichkeitswahrnehmung und -konstruktion tragen Wissenschaftlerinnen durch den Einsatz systematischer Prüf- und Dokumentationsverfahren Rechnung. Sie verhalten sich zum Beispiel im Unterschied zu Laien systematisch misstrauisch gegenüber ihren Erfahrungen und ihrem so genannten gesunden Menschenverstand (ihren Alltagstheorien). Sie erfassen ein Phänomen möglichst aus verschiedenen Perspektiven und sichern sich auf diese Weise einen differenzierteren Zugang. Da Interpretationen und Verallgemeinerungen falsch oder zumindest dem Gegenstand unangemessen sein können, machen sie sich ihr Vorverständnis und die Deutungsmuster bewusst, die sie bei der Suche nach Informationen über eine besondere Situation oder ein Problem leiten, und die sie ihren Interpretationen und Beurteilungen zugrunde legen. Die Ergebnisse dieses Klärungsprozesses halten sie schriftlich – in Form von Hypothesen – fest. Sie dokumentieren den Verlauf ihrer Forschungs- oder Entwicklungsarbeit und machen Aufzeichnungen über den Einsatz ihrer Methoden und Techniken, um den „Produktionsprozess" ihrer Ergebnisse und Theorien zumindest fachöffentlich nachvollziehbar und überprüfbar zu machen.

Regeln und Prinzipien wissenschaftlicher Vorgehensweise

Methodisches Handeln sollte daher die folgenden beispielhaft angeführten Regeln und Prinzipien der wissenschaftlichen Vorgehensweise übernehmen:

- explizite Offenlegung des erfahrungsgeleiteten *Vorverständnisses* durch Hypothesenbildung zu vermuteten Zusammenhängen
- Bewusstmachung der eigenen *Erfahrungen* und deren systematische Überprüfung
- mehrperspektivische Analyse der zu bearbeitenden Aufgaben und Probleme durch Erfassung der *Sichtweisen* und Deutungsmuster aller Beteiligten
- Dokumentation der Hypothesen, Interpretationen und Bewertungen und Interventionen als Grundlage für fachöffentliche Nachprüfbarkeit, Evaluation und gegebenenfalls Revision

Dewe, B./Otto H. U. (2005b): Wissenschaftstheorie

2.2.2 Beobachtungs- und Beschreibungswissen

Beobachtungs- und Beschreibungswissen bezeichnet Kenntnisse über die Wahrnehmung einer aktuellen Situation oder eines Problems; es ist „diagnostisches" Wissen, weil es dazu beiträgt, möglichst angemessen zu klären, „was der Fall ist" und was daraufhin wie zu tun ist.

Die Vorzüge des wissenschaftlichen Vorgehens liegen hauptsächlich darin, dass man durch Distanzierung und Objektivierung Probleme und Situationen mehrperspektivisch wahrnimmt und auf diese Weise andere Zusammenhänge sieht, als es das Alltagswissen gestattet. Bei der Überwindung der individuellen Begrenzungen der eigenen Sichtweise helfen theoretisch begründete und kriteriengeleitete konzeptionelle Raster (Kategorien). Im „Reservoir" der Wissensbestände, auf die die Soziale Arbeit zurückgreifen kann, finden sich viele solcher Raster. Ein großer Teil dieser Raster wurde in der Psychologie (für therapeutische Zwecke) entwickelt, doch auch in der Sozialen Arbeit besteht eine lange Tradition „sozialpädagogischer Diagnosen" (Uhlendorf 2002) mit einer wechselvollen Geschichte, die bis zu Richmond (1917) und Salomon (1926) zurückgeht.

Begriff und Verfahren der „Diagnose" sind in der Sozialen Arbeit höchst umstritten. Die Diagnose wird wegen ihrer ursprünglichen Nähe zur Medizin und zur Naturwissenschaft eher dem objektivistischen (technologischen) Paradigma zugerechnet und mit dem Bild der Expertin assoziiert, die besser als die Adressatin selbst weiß, wo Probleme liegen und wie diese zu beheben sind (s. dazu die Diskussion zur „Neo-Diagnostik" in Kunstreich 2003). Heiner (2005a, 253) schreibt dazu, dass diese kritische Einstellung

> „auf der Sorge um die Gefährdung von drei zentralen Anliegen Sozialer Arbeit beruht: (1) dem Bemühen, die Klientinnen als Partnerinnen zu begreifen und ihnen einen entsprechenden Einfluss auf einen partizipativ angelegten diagnostischen Prozess zu ermöglichen, damit sie ihre ganz persönliche Sicht der Probleme geltend machen können und nicht zu passiven Objekten eines expertokratischen Diagnoseverfahrens degradiert werden; (2) dem Bemühen, ein möglichst facettenreiches, ressourcen- und entwicklungsorientiertes Bild der Personen und ihrer Situation zu entwerfen und sie nicht aufgrund der aktuellen Probleme im Rahmen einer vorwiegend negativen Diagnose zu etikettieren und abzuwerten; (3) dem Bemühen, möglichst vorsichtige, betont hypothetische und vorläufige Urteile zu formulieren, um so der begrenzten Prognostizierbarkeit menschlicher Entwicklungen Rechnung zu tragen und nicht mit scheinbar gesicherten und objektiven Urteilen den Eindruck der Steuerbarkeit sozialer Prozesse und der Vorhersagbarkeit menschlichen Verhaltens durch Experten zu erwecken".

Die Autorin weist darauf hin, dass die Diagnose kein eindeutig medizinischer Begriff ist und neuere Konzepte psychosozialer Diagnostik die alten Begrenzungen überwinden und Etikettierungen vorbeugen. Heiner (2005a, 256) beschreibt Prinzipien psychosozialer Diagnostik, die partizipativ, sozialökologisch, multiperspektivisch und reflexiv orientiert sind und stellt im Überblick verschiedene Konzepte psychologischer und psychosozialer Diagnostik vor, mittels denen man erste Orientierungen gewinnen kann.

Zur Veranschaulichung einer kriterienorientierten Erfassung der Sichtweisen von Wirklichkeit wird im Folgenden beispielhaft ein konzeptionelles Raster vorgestellt, das im deutschen Sprachraum weit verbreitet ist. Es sind dies vier „Kategorien der Wirklichkeitserfassung" die Staub-Bernasconi erstmals 1986 veröffentlichte (s. auch die neuere Fassung 1998a). Die Kategorien beziehen sich auf die individuelle *Ausstattung* der Beteiligten, den *Austausch* zwischen sozial gleichrangigen Individuen, die *Machtkonstellationen* zwischen Rollenträgern auf unterschiedlichen hierarchischen Ebenen und die gesellschaftlichen *Werte* und *Normen*. In jeder Kategorie lenkt Staub-Bernasconi mit speziellen Fragen den Blick auf „Probleme" und „Ressourcen". Was jeweils als Problem oder als Ressource aufgefasst werden kann, lässt sich nur anhand von Kriterien (gesellschaftlichen Werten) entscheiden, die die Autorin den folgenden Kategorien zuordnet (Staub-Bernasconi 1986, 50ff; s. dazu auch die Kurzbeschreibung ihrer Theorie in Kap. 1.1.3):

Kategorien der Wirklichkeitserfassung

von Staub-Bernasconi

- Die „*Ausstattungs-Kategorie*" thematisiert die Fähigkeiten eines Individuums, einer Gruppe, eines Gemeinwesens oder einer Organisation. Es wird zum Beispiel nach der körperlichen Beschaffenheit, nach Erkenntniskompetenzen, Bedeutungsstrukturen, Handlungskompetenzen oder Beziehungskompetenzen sowie nach der materiellen Ausstattung und den Ressourcen der Umgebung gefragt. Wenn man die Ausstattungskategorie fokussiert, sucht man quantitative oder qualitative Defizite (Probleme) und auch Überschüsse (Ressourcen). Staub-Bernasconi leitet die Kriterien der Ausstattungskategorie von den Werten „individuelle Teilhabe", „Bewusstheit", „Sinnhaftigkeit", „Leistungsfähigkeit" und „Beziehungsfähigkeit" ab. Wenn man etwa feststellt, dass eine Person aufgrund von Handicaps in ihrer körperlichen Ausstattung nicht in der Lage ist, individuell am gesellschaftlichen Leben teilzuhaben, wird man hier ein Defizit konstatieren.
- Die „*Austausch-Kategorie*" lenkt den Blick auf die Erfassung der Beziehungen zwischen gleichrangigen sozialen Einheiten (Individuen und Gruppen). Probleme und Ressourcen dieser Kategorie werden nach Kriterien aus den Werten „Reziprozität", „Austauschgerechtigkeit" und „Begegnung" abgeleitet. Problematisch wäre eine Asymmetrie oder ein Fehlen von Gegenseitigkeit im Geben und Nehmen zwischen Menschen.
- Die „*Macht-Kategorie*" bezieht sich auf Untersuchungen des Verhältnisses zwischen unter- und übergeordneten sozialen Einheiten. Problematisch wären behindernde, asymmetrische Strukturen, beispielsweise im Verhältnis der sozialen Schichten, der Geschlechter, der Nationalitäten, aber auch in familiären Strukturen. Staub-Bernasconi assoziiert zur Machtthematik unter anderem Werte wie „soziale und kulturelle Teilhabe und Teilnahme" oder „Verteilungsgerechtigkeit". Wenn beispielsweise Frauen in ihrer Ehe oder auf gesellschaftlicher Ebene daran gehindert werden, ihre Teilhabe- und Teilnahmerechte (z. B. am öffentlichen Leben oder im Beruf) zu realisieren, wäre ein Problem zu konstatieren.
- Mithilfe der „*Normen/Werte-Kategorie*" kann man prüfen, ob ein Individuum, eine Gruppe, ein Gemeinwesen oder eine Gesellschaft bestimmte, von allen geteilte Werte und Normen akzeptiert und realisiert oder diese nicht oder sehr willkürlich anwendet. Beispiele wären etwa auf der gesellschaftlichen Ebene die UN-Kinderrechtskonvention oder die Agenda 21, die in Deutschland nur teilweise umgesetzt werden. Auch die Realisierung der Grundrechte bezogen auf ausländische bzw. arme Familien lässt zu wünschen übrig.

Die exemplarisch vorgestellten Kategorien der Wirklichkeitserfassung können als grobes Suchraster zur Erfassung einer Situation oder eines Problems aus mehreren Blickwinkeln genutzt werden. Staub-Bernasconi (1998a) verfeinert diese groben Kategorien durch vertiefende Fragen. Darüber hinaus gibt es weitere Vorschläge, beispielweise einen Erfassungsbogen für Probleme und Ressourcen (Geiser 2000) sowie Formulare für eine Aktenführung (Brack 1996), die Staub-Bernasconi's Kategorien aufgreifen. Dieses Beobachtungs- und Beschreibungssystem ist gut ausgearbeitet und kann helfen, subjektive und damit selektive Beschränkungen der Wahrnehmung zu vermeiden. Fachkräfte der Sozialen Arbeit neigen dazu, eine Situation zuerst und häufig auch ausschließlich nach den Kriterien aus der *Ausstattungskategorie* zu untersuchen. Trotz der immer wieder geäußerten fachlichen Vorbehalte wird ein „Problem" leicht individualisiert, ohne weitere kontextuelle bzw. gesellschaftliche Bezüge herzustellen. Diese Vorliebe kann zur ausschließlichen Konzentration auf „persönliche Handicaps" der Adressaten führen und zur Vernachlässigung des sozialökologischen Kontextes (Familie, soziales Netz, gesellschaftliche Zusammenhänge).

Generell ist festzuhalten, dass auch das Arbeiten mit konzeptionellen Rastern nicht gewährleistet, dass man objektive Fakten über einen Fall erhält. Alles, was beobachtet und beschrieben wird, ist immer nur „eine Sammlung von Ideen über Fakten" (Staub-Bernasconi 2003, 35), die ebenfalls unangemessen sein und daher revidiert werden können.

Suchraster zur Gewinnung von „Ideen über Fakten"

Heiner, M. (2004): Diagnostik und Diagnosen in der Sozialen Arbeit. Ein Überblick

2.2.3 Erklärungs- und Begründungswissen

Erklärungs- und Begründungswissen ist gemeint im Sinne von Interpretationen wahrgenommener Situationen und Probleme. Es wird benötigt, um hypothetisch konstruierte → Wirkungszusammenhänge zu begründen. Zunächst interpretiert man Probleme zumeist mithilfe des Alltagswissens und vor dem Hintergrund der eigenen Erfahrungen bzw. der institutionellen Routinen. Methodisches Handeln erfordert jedoch, die „persönlichen" oder „institutionellen" Interpretationen auch mit Theorien und wissenschaftlich überprüften Erkenntnissen in Beziehung zu setzen.

Wissenschaftlich gewonnene Theorien sind *generalisierende* Beschreibungen bzw. Erklärungen von Zusammenhängen, die sich auf einen definierten Gegenstand beziehen. Sie helfen, das Typische einzelner Elemente oder Probleme in einer Situation zu erklären. Es geht also um das *Allgemeine* typisierbarer und typisierter Fälle. In ihrer Abstraktheit verfehlen sie daher systematisch den Einzelfall. Statistische Aussagen treffen beispielsweise nie in Gänze auf einen spezifischen Fall zu und bilden ihn dennoch in seinen

Anwendungsbezug

zentralen Werten systematisch ab. Ihre Gültigkeit (Validität) orientiert sich nicht anhand des Kriteriums „Anwendbarkeit", sondern anhand des Kriteriums (methodisch kontrollierter) „Generalisierung" (Merten 1996, 72ff). Daher ist die Forderung des „Anwendungsbezuges" von Theorien allgemein und speziell für die Soziale Arbeit ein Irrweg. Es ist überdies nicht möglich, in einer „Rahmentheorie" festzulegen, welche Theorien für welchen Fall oder welches Standardproblem „brauchbar" sind, da sich Konstellationen individuell und kontextbezogen darstellen. Die Soziale Arbeit profitiert von der Theorieproduktion vieler → Bezugsdisziplinen. Es ist jeweils ein autonomer Akt der Fachkräfte, diese wissenschaftlichen Aussagen in Kenntnis ihres Entstehungszusammenhanges und ihrer Reichweite kontextspezifisch zu verwenden (s. Kap. 2.1).

Funktion von Theorien

Professionalität zeigt sich darin, dass Fachkräfte einen Fall oder eine Situation mit Bezug auf verschiedene (sich mitunter auch widersprechende) Theorien interpretieren und deuten können. Theorien haben also Aufklärungs- und Orientierungsfunktion: Sie können bei der Wahrnehmung, Ordnung und Erklärung der zu bearbeitenden Situationen und Probleme helfen. Fachkräfte können sich dadurch Erklärungs- und Begründungsalternativen erschließen, die ihnen ihr Alltagswissen nicht zur Verfügung stellt (s. Kap. 2.2.1). Sie beziehen sich dabei auf den Bestand systematisch generalisierten Wissens und auf die Spezifik des Einzelfalls. Der Bezug auf Theorien ist ein „Akt der Urteilskraft", der nicht theoretisch gelehrt werden kann, sondern praktisch geübt werden muss (Merten 1996, 73). Von der Kenntnis und dem sensiblen Gebrauch des Erklärungswissens hängt es ab, wie eine Fachkraft ihre Urteilskraft einsetzt und welche weiteren methodischen Konsequenzen sie aus der dialogischen Verständigung mit den Adressaten auf eine Problembeschreibung und eine Problemdeutung zieht.

Wie sich auch in den Kapiteln 5 bis 8 (bei den ausgefüllten Beispielen der Arbeitshilfen) zeigen wird, ist es kaum möglich, eine Theorie explizit auf eine Situation oder einen Fall zu beziehen, um Entscheidungen „wissenschaftsbasiert" zu treffen (s. auch Kap. 2.1.3). Dieses ist aber nicht auf fachliche Unkenntnis oder Ignoranz zurückzuführen: Mit Hinweis auf Ergebnisse der analytischen Handlungstheorie schreiben Dewe et al. (1992, 83f), dass das spontane Handeln in Situationen zumeist nicht als Ergebnis einer expliziten Entscheidung gewertet werden kann, womit auch die Idee eines empirisch identifizierbaren „handlungsleitenden" Wissens verworfen werden muss. Es scheint eher, dass man in Handlungssituationen auf „unthematisch fungierende Wissensbestände" zurückgreift, die als „Gewissheiten" oder als „abgelagerte Erfahrungen *am kognitiven Wissen vorbei* eine Handlung steuern". Wenn man jemanden fragt, was er sich bei dieser oder jener Handlung „gedacht" hat, bekommt man erfahrungsgemäß keine genauen Auskünfte oder gar explizite Hinweise auf wissenschaftliches Erklärungswissen. Das könnte damit zusammenhängen, dass Entscheidung und Handlung nicht zu trennen, sondern als ein einziger Akt zu betrachten sind oder dass jemand aufgrund seiner emotionalen Gestimmtheit auf ein bestimmtes Spektrum verfügbarer Handlungsstrategien zurückgegriffen hat (Holodynski/Friedlmeier 1999). Zu beobachten ist jedoch, dass Handelnde ihr Handeln *nachträglich* mit „Sinn" unterlegen, also mit *Begründungen*, die überwiegend vor dem Hintergrund ihrer eigenen Erfahrungen, ihres Alltagswissens, der institutionellen Routinen, aber auch ihres wissenschaftlichen Wissens erfolgen.

Wenn professionelles Wissen mit dem Praxissystem den Entscheidungs- und den *Handlungszwang* und mit dem Wissenschaftssystem den *Begründungszwang* teilt (Dewe et al. 1992), ist zu erwarten bzw. zu fordern, dass wissenschaftlich ausgebildete Fachkräfte ihre Deutungen und nachträglich auch ihr Handeln mit Bezug auf (abgespeicherte und auch neu zu erschließende) wissenschaftliche Wissensbestände begründen können. Das wiederum erfordert, dass man das eigene Wissensreservoir zumindest mit einem Grundkanon wissenschaftlich produzierten Wissens ausstattet.

Dewe et al. (1992): Das „Professionswissen" von Pädagogen. Ein wissenstheoretischer Rekonstruktionsversuch

2.2.4 Wertwissen

Soziale Arbeit als gesellschaftlich organisierte, von Adressaten erwartbare Hilfe (und Kontrolle) bezieht sich auf sensible, verletzbare Bereiche des menschlichen (Privat-) Lebens (Müller 2002). „Schlechte Arbeit" oder unverantwortliches Handeln können gravierende Folgen haben. Aus diesen Gründen werden von den Angehörigen dieses Berufes eine besonders ausgeprägte moralische Integrität und ein hohes Verantwortungsbewusstsein erwartet. Sozialberufliches Handeln ist häufig religiös oder humanistisch motiviert und ist auch in der Praxis zu einem hohen Anteil wertgeleitetes Handeln. Daher gilt dem so genannten Wertwissen in der Sozialen Arbeit besondere Aufmerksamkeit. Die Produktionsbedingungen dieses Wertwissens folgen nicht den Prinzipien der wissenschaftlichen Theorieproduktion, es besteht vielmehr aus Postulaten und kann folglich im strengen Sinne nicht wissenschaftlich sein.

[handschriftliche Notiz am Rand: professionelle/ innere Haltung der Soz. Arb.]

Werte sind ideal gedachte religiöse, philosophische und politische Vorstellungen über Menschenbilder bzw. gesellschaftliche Idealzustände. Es gibt keine universal gültigen Werte oder Wertsysteme, sondern es sind Setzungen (Postulate), denen man sich anschließt. Es gibt Wertsysteme, die gesellschaftlich weitgehend geteilt werden und daher als Grundwerte (formuliert als *Grundrechte*) in der Verfassung der Bundesrepublik Deutschland verankert sind. Andere Werte oder Wertsysteme sind eher partikular oder werden von verschiedenen gesellschaftlichen Gruppen unterschiedlich gewichtet. Jeder Mensch bildet im Laufe seiner Biografie individuelle Wertestandards (Sinnkonstruktionen) aus; diese bilden eine „persönliche Konstruktion" der gesellschaftlichen Wertangebote.

Motive der Berufswahl

Eine Reflexion der individuellen Motive der Fachkräfte sollte bereits bei der persönlichen *Berufsmotivation* beginnen, denn diese hat Auswirkungen auf die *berufliche Haltung* und somit auf Einstellungen gegenüber den Adressatinnen. Die Beobachtung, dass ein „Helfender" die „Hilfebedürftigen" in ihrer Abhängigkeit hält, um seine eigene Helferrolle zu stabilisieren oder die eigene Bedürftigkeit zu bearbeiten, gehört seit Schmidbauers Veröffentlichungen zur Persönlichkeit des „hilflosen Helfers" (1977) zum Allgemeinwissen der Sozialen Arbeit. Die klassische, altruistische Berufsmotivation der „persönlichen" Hilfe gegenüber Hilfebedürftigen könnte beispielsweise zu einer Haltung führen, sich selbst als (moralisch bzw. bildungsmäßig höher stehende) Helferin zu betrachten, die dem (armen) Hilfebedürftigen Hilfe und Unterstützung „gewährt". Sie könnte sich auch über die „Undankbarkeit" und „Beratungsresistenz" desselben ärgern, weil sie insgeheim die im Alltag gebräuchliche Vorstellung von Hilfe als „Tauschobjekt" hegt (Schneider 1999, 141) und nicht reflektiert, dass gesellschaftlich institutionalisierte Hilfe nicht in erster Linie nach dem Prinzip der Gegenseitigkeit zu beurteilen ist.

wertgeleitete Entscheidungen

Fachkräfte treffen täglich wertgeleitete Entscheidungen, die die Motive und die Sinnkonstruktionen ihrer Adressaten empfindlich tangieren oder auch konterkarieren können. Es liegt nahe, dass sie ihre persönlichen Wertestandards und das, was sie demnach für „normal" halten, als normative Folie für die Beobachtung, Beschreibung und Beurteilung der Lebensverhältnisse der Adressatinnen benutzen. Diese bilden dann Grundlagen für Entscheidungen bezüglich einer „unterstützenden Hilfe" oder eines „kontrollierenden Eingriffs". Beim Aktenstudium findet man auch gegenwärtig noch Ausdrücke wie „gesunde Familie", „behütete Jugend", „normale Entwicklung", „geregelte Lebensführung", „geordnete Verhältnisse" oder etwa „unauffälliges" oder „auffälliges Verhalten". Es wird selten erklärt, was genau damit gemeint ist und an welchen Normalitätsvorstellungen sich die Verfasserinnen solcher Dokumente orientierten.

Von Fachkräften ist allerdings zu erwarten, dass sie ein reflexives Verhältnis zu ihren Motiven und *persönlichen* Sinnkonstruktionen entwickeln. Sie sollten die Fähigkeit besitzen, diese zu den beruflichen Wertestandards, Motiven und Sinnkonstruktionen ihrer Adressatinnen in Beziehung setzen zu können. Sie sollten weiterhin ausloten können, wie viel Abweichung von „Normalität" sie selbst zeigen und wie viel Abweichung sie bei anderen Menschen tolerieren können, ohne ein Regelungsbedürfnis zu verspüren. Sie sollten gleichzeitig wissen, wo sie zum Schutz ihrer Adressaten auch kontrollierend tätig werden müssen. Da sie ständig mit Fragen der Beurteilung befasst sind, sollten sie ihre Bewertungen mit Verweis auf berufliche Werte und Normen *rechtfertigen* können, um dem Vorwurf persönlicher Willkür zu entgehen. Zum im Kapitel 2.2.3 angesprochenen *Begründungszwang* professioneller Sozialer Arbeit kommt demzufolge ein *Rechtfertigungszwang* hinzu.

Wertwissen der Profession

Die Profession kann solche schwierigen Beurteilungsfragen nicht der individuellen Moral ihrer Mitglieder überlassen. Im Laufe ihrer Geschichte wurde daher ein differenziertes „Wertwissen" entwickelt, mithilfe dessen sich Fachkräfte und der Beruf als solcher vor dem Geruch der allzu persönlich motivierten Hilfe und auch vor Vorwürfen individueller Willkür schützen können. Im Folgenden werden (ohne Anspruch auf Vollständigkeit) einige Dimensionen des Wertwissens für die Soziale Arbeit aufgezeigt, die jeweils sowohl die Institutionen als auch die Personen tangieren.

Für die Soziale Arbeit haben gesellschaftlich kodifizierte normative Orientierungen eine besondere Bedeutung. Ein gemeinsamer Fundus an *Grundwerten* ermöglicht erst soziales Miteinander. Hier ist in erster Linie das Grundgesetz der Bundesrepublik Deutschland anzuführen, das wesentliche normative Vorgaben liefert, etwa die Würde des Menschen, die freie Entfaltung und Freiheit der Person, die rechtliche Gleichheit, die Integrität der Familie oder etwa soziale Gerechtigkeit und Solidarität. Diese Vorgaben sind als *verfassungsdurchwirkende* Prinzipien verankert, sie bilden folglich die normative Grundlage für alle anderen Gesetze. Aufgrund dessen findet sich dieser Wertekanon in Form von Ableitungen auch in den *gesetzlichen Grundlagen* der Sozialen Arbeit wieder.

Grundwerte

Ein Beispiel ist das Kinder- und Jugendhilfegesetz (SGB VIII), das darüber hinaus eine Vielzahl *fachlicher* Leitlinien enthält, die auf den Strukturmaximen der Theorie der Lebensweltorientierung (Thiersch et al. 2002) basieren. In diesem Gesetz findet sich ansatzweise eine Übersetzung von normativen Vorgaben (z. B. der Partizipation) in spezielle Verfahrensvorschriften (etwa zur Durchführung des Hilfeplanverfahrens gem. §36 SGB VIII), die in diesem Falle durch *Institutionen* gesichert werden sollen.

Jede Theorie Sozialer Arbeit enthält auch normative Postulate, da die Bestimmung dessen, was die Soziale Arbeit ist (oder sein soll) seit jeher mit Bezug auf Menschenbilder und ideale Vorstellungen des gesellschaftlichen Zusammenlebens vorgenommen wird. Würde man alle diese Postulate in eine Gesamtschau bringen, hätte man einen Satz von Leitlinien für die konzeptionelle Arbeit in Institutionen und die berufliche Haltung von Fachkräften.

normative Postulate in Theorien Sozialer Arbeit

Als Beispiel soll an dieser Stelle Staub-Bernasconi (1998b) angeführt werden, die die Soziale Arbeit als „Menschenrechtsprofession" postuliert. Sie unterscheidet hierbei das *Recht* auf Befriedigung der *Grundbedürfnisse* und der Erfüllung legitimer *Wünsche* und grenzt diese ab von illegitimen Wünschen, deren Befriedigung auf Kosten der Bedürfnisbefriedigung anderer Menschen erfolgt. Staub-Bernasconi fordert, dass Fachkräfte ihre strukturell gegebene Macht einsetzen, um die Menschen dabei zu unterstützen, ihre Bedürfnisse und legitimen Wünsche zu realisieren. Sie sollen gleichzeitig die gesellschaftlichen Machtstrukturen (Behinderungsmacht), die die Menschen an dieser Realisierung hindern, *bekämpfen.* Dagegen sollten sie die illegitime Befriedigung von Wünschen Einzelner und gesellschaftlicher Gruppen *begrenzen* (Begrenzungsmacht). Der Bezug auf postulierte „Rechte" und ethisch-fachliche Leitlinien dient Institutionen und Fachkräften dazu, Leitbilder, Konzeptionen, Arbeitsprinzipien und Handlungsleitlinien zu entwickeln, die als berufliche Haltungen auch in das methodische Handeln eingehen können.

ethische Konzepte

Soziale Arbeit kann und sollte sich auch auf allgemein diskutierte ethische Positionen beziehen. Als Beispiel wird an dieser Stelle auf die für die Soziale Arbeit bedeutsamen Werke von Honneth (1997) zum Anerkennungstheorem verwiesen: Er schlägt vor, das *Prinzip der Anerkennung* als Grundstein einer Ethik zu nehmen, da man die moralische Qualität sozialer Verhältnisse nicht nur an der fairen oder gerechten Verteilung materieller Güter bemessen kann, sondern auch an Auffassungen darüber, wie und als was sich die Subjekte wechselseitig *anerkennen*. Er geht dabei von einer frühen Theorie Hegels aus, der die Idee entwickelte, dass das Selbstbewusstsein des Menschen von der Erfahrung sozialer Anerkennung abhängig ist. Eine weitere Grundlage seiner Theorie ergibt sich aus der Intersubjektivität der menschlichen Lebensform, weil sich die Identität dem Aufbau einer praktischen Selbstbeziehung verdankt, die von Anfang an auf Mithilfe und Bejahung vonseiten anderer Menschen angewiesen ist .

Als Ausgangspunkt für eine Konzeption der Moral beschreibt Honneth mit Bezug auf philosophische Ansätze einer Theorie der Person und auf psychologische Beiträge zur frühkindlichen Entwicklung drei *Stufen des individuellen Selbstverhältnisses* (Bewusstsein, die eigenen physischen Bedürfnisse und Wünsche als artikulationsfähigen Teil der eigenen Person zu begreifen; Bewusstsein, ein moralisch zurechungsfähiges Subjekt zu sein; Bewusstsein, gute oder wertvolle Fähigkeiten zu besitzen). Im Weiteren nähert er sich seiner Konzeption der Moral über eine phänomenologische *Analyse moralischer Verletzungen*, die von den Betroffenen als *vorenthaltene* oder *verweigerte* Anerkennung gewertet wird (Zerstörung des Vertrauens in den Wert, den die eigene Bedürftigkeit in den Augen aller anderen genießt; Beschädigung oder Zerstörung der Selbstachtung; Beschädigung des Gefühls, innerhalb einer konkreten Gemeinschaft von sozialer Bedeutung zu sein).

Honneth zieht aus dieser anthropologischen Prämisse die Konsequenz eines positiven Begriffs der Moral. Diese hat den Zweck, die Menschen vor den genannten moralischen Verletzungen zu schützen. Das geschieht durch verschiedene *Formen der Anerkennung*, die wieder auf die verschiedenen Stufen des individuellen Selbstverhältnisses bezogen sind und nun in positiver Hinsicht den verschiedenen Typen der Verletzung korrespondieren (Anerkennung als ein Individuum, dessen Bedürfnisse und Wünsche für eine andere Person von einzigartigem Wert sind; Anerkennung als eine Person, der dieselbe moralische Zurechnungsfähigkeit wie allen anderen Menschen zukommt; Anerkennung als eine Person, deren Fähigkeiten von konstitutivem Wert für eine konkrete Gemeinschaft sind). Diese drei Anerkennungsformen bilden zusammen den moralischen Standpunkt, dessen Einnahme die Bedingungen der persönlichen Integrität von Individuen sicherstellt. Er leitet daraus konkrete Handlungsaufforderungen ab, die die Subjekte – je nach Beschaffenheit der intersubjektiven Beziehungen – zu verschiedenen Leistungen verpflichten. Es sind dies die *bedingungslose Zuwendung* in der Primärbeziehung (Fürsorge bzw. Liebe), die *universelle Gleichbehandlung* (moralischer Respekt) sowie die *besondere Wertschätzung* als reziproke Pflicht zur solidarischen Anteilnahme (Solidarität bzw. Loyalität) im Rahmen konkreter Gemeinschaften.

Ein weiteres Beispiel für berufliche Wertestandards bilden Sammlungen berufsethisch begründeter *Verhaltensleitlinien*, denen Angehörige einer Profession verpflichtet sind und über deren Einhaltung eine Standesorganisation wacht (s. hierzu die Sammlung von „Ethik-Codes" für die Soziale Arbeit in Schneider 1999). Halten sich Mitglieder nicht an die Standards, werden sie von den Standesvertretern aus der Organisation ausgeschlossen und teilweise auch mit Sanktionen belegt. Als Beispiel wird zumeist der ärztliche („hippokratische") Eid genannt.

Für die Soziale Arbeit hat der Deutsche Berufsverband Soziale Arbeit (DBSH) *berufsethische Prinzipien* entwickelt (Schneider 1999, 217), die auf einer sehr allgemeinen Ebene ein moralisch „richtiges" Verhalten der Berufsvertreter im Allgemeinen und gegenüber Adressatinnen, Vorgesetzten und Kolleginnen beschreiben. Mitglieder des Berufsverbandes können sich in ein so genanntes Berufsregister eintragen und damit unter anderem dokumentieren, dass sie diese Standards respektieren. Im Vergleich zu den USA ist allerdings festzuhalten, dass solche Prinzipien bisher in der Bundesrepublik noch keine allgemeine Anerkennung gefunden haben. Aussagekräftiger als das moralische Regelwerk des DBSH sind die ausführlichen *Leitsätze* zum Thema *Menschenrechte und soziale Arbeit* der International Federation of Social Workers (IFSW) (in Schneider 1999, 167). Hier werden allgemeine Themen (Armut, Diskriminierung des Geschlechts, Rassismus, Religion, Umwelt und Entwicklung) und „verwundbare Gruppen" (z. B. Kinder, Frauen oder behinderte Personen) benannt. Beide Kategorien werden analytisch aufgeschlüsselt und es folgen darauf bezogene Interventionen. Zum Schluss werden in Form von Fragen „einige Dilemmas, mit welchen Sozialarbeiter/innen konfrontiert werden" benannt und mit Reflexionsfragen versehen (Schneider 1999, 196).

berufliche Ethiken

Die Profession hat das Wertethema in den vergangenen 35 Jahren kontrovers behandelt (Münchmeier 1996). Die ethische Reflexion in der Sozialen Arbeit muss berücksichtigen, dass diese eben nicht nur Hilfe, sondern immer auch Kontrolle oder gar Zwang ist. Eine alleinige, „parteiliche" Orientierung an den Bedürfnissen und Rechten der Adressaten kann daher keine alleinige Leitlinie für moralisch zu rechtfertigendes Handeln sein.

Hinzu kommt die Besonderheit der Sozialen Arbeit, „dass nicht nur ihre Ziele moralisch legitimiert sein müssen und die Folgen und Nebenfolgen bedacht sein müssen, sondern dass ihre Objekte selbst moralfähige Subjekte sind und die Mittel in moralisch strukturierten Interaktionen bestehen" (Schneider 1999, 163). Die Profession sollte anstelle moralischer Postulate ein Ethikverständnis entwickeln, das „kommunikativ" und „diskursiv" ist und somit im Dialog mit den Adressatinnen realisiert wird. In einer durch Pluralisierung und Individualisierung geprägten Gesellschaft (Beck 1996) sind ethische Probleme prinzipiell als offene Fragen zu verstehen, die man

kommunikatives bzw. diskursives Ethikverständnis

nicht durch Rückgriff auf vermeintliche Wahrheiten beantworten kann. Sie sollten als eigene kritische Lernaufgaben aufgefasst werden, die die kritische Selbstreflexion in Gang halten (Münchmeier 1996, 186).

Neuere Berufsethiken beschränken sich folglich auf die Konkretisierung von negativen und positiven Pflichten für ein bestimmtes Tätigkeitsfeld. Sie stellen argumentative Hilfen für die Art und Weise eines Umgangs mit Wert- und Normkonflikten zur Verfügung, indem sie etwa die Legitimation der Interessen von Beteiligten und Betroffenen prüfen und Verfahren vorschlagen, die eine diskursive Lösung ermöglichen (Schneider 1999, 162). In diesem Zusammenhang sei auf die Arbeit von Kuhrau (2004) verwiesen; sie bearbeitet ethische Konflikte auf der Basis von Interviews mit Praktikern über moralische Dilemmata in ihrem Arbeitsalltag und setzt diese zu den großen ethischen Konzepten der Philosophiegeschichte in Beziehung.

 Schneider, J. (1999): Gut und Böse – Falsch und Richtig. Zu Ethik und Moral der sozialen Berufe

2.2.5 Handlungs- und Interventionswissen

Das Handlungs- und Interventionswissen der Sozialen Arbeit umfasst ein wachsendes Angebot an „Methoden", „Techniken" oder etwa „Fertigkeiten". Dieser Wissenstypus wird – wie das Wertwissen – *nicht* durch die wissenschaftliche Vorgehensweise produziert. Es sind Planungs-, Handlungs- oder Auswertungshilfen, die sich empirisch bewährt haben, und die im Nachhinein (mit oder ohne expliziten Bezug auf wissenschaftliche Theorien) hypothetisch zu einem konzeptionellen Wirkungszusammenhang zusammengefügt wurden. Zumeist sind sie auf einen gedachten Handlungs- oder Prozessverlauf innerhalb eines bestimmten Kontextes ausgerichtet und sind in dieser Konstruktion auch kohärent.

Das Handlungs- und Interventionswissen besteht folglich aus einem Repertoire von Handlungsvorschlägen unterschiedlicher Reichweite für definierte Zwecke in einem definierten Kontext, die von ihren „Erfinderinnen" oder deren Beobachtern zum Zweck der Weitergabe an Dritte in eine vermittelbare (lehrbare) Form gebracht wurden. Unter diesem Aspekt sind es kommunizierbare Ideen über Bündel von Handlungsweisen, die jedoch – ähnlich wie Theorien – ebenfalls nicht das praktische Handeln in Gänze anleiten können. Jede einzelne Methode oder Technik, sei sie noch so gut beschrieben, muss der spezifischen Handlungssituation angepasst und dabei auch variiert werden (s. Kap. 1.2.3).

In Anbetracht der Begriffsvielfalt und der gleichzeitigen Bedeutung des Methodenbegriffs für das methodische Handeln sind weitere definitorische Bemühungen erforderlich:

Methode als Sozialtechnik

Der im Alltag gängige Methodenbegriff stammt aus der Schulpädagogik. Vor allem die Schulpädagogen unterschieden die *Didaktik*, die sich mit Zielen und

Inhalten dessen befasst, was vermittelt werden soll, und die *Methodik*, die sich auf den „Weg zum Ziel" im engeren Sinne konzentriert. In diesem Verständnis wird die Methode mit einer *Technik* (einem Werkzeug) gleichgesetzt, das unabhängig vom Zweck eine bestimmte, gleich bleibende Funktion erfüllt. Beispielsweise *schneidet* ein Messer unabhängig davon, was man schneiden möchte und wie dieser Akt bewertet wird (Brot schneiden oder Menschen verletzen). Dieses enge, technologisch orientierte Methodenverständnis ist problematisch. Zwar „wirkt" die (lerntheoretisch begründete) Technik der „Verstärkung" eines bestimmten Verhaltens, dennoch ist es in moralischer Hinsicht nicht gleichgültig, für welche *Ziele* man diese Technik einsetzt (ob man z. B. ein sozial erwünschtes oder ein unerwünschtes Verhalten verstärkt). Infolgedessen ist die Wirkung von Methoden im situativen Kontext und unter Zuhilfenahme moralischer Kategorien zu betrachten (Galuske 2000).

Die klassischen amerikanischen Methoden (Einzelhilfe, Soziale Gruppenarbeit und Gemeinwesenarbeit), die die Soziale Arbeit von Ende der 40er Jahre bis zu Beginn der 70er Jahre dominierten, sind wesentlich umfassender konzipiert. Im amerikanischen *social work* umfasst eine „Methode" vier Elemente: Die Methode wird mit gesellschaftlichen Werten begründet (1) und es werden Inhalte benannt, die vermittelt werden sollen (2). Hinzu kommen leitende Grundsätze (3) und in diesem Kontext werden schließlich geeignete Arbeitsweisen (4) vorgeschlagen (Tuggener 1971). **umfassender Methodenbegriff**

Die beiden Auffassungen: „Methode als Sozialtechnik" und „Methode als Teil eines Wirkungszusammenhanges" existieren nebeneinander. Da sich der „enge" Methodenbegriff weitgehend mit dem Alltagsverständnis deckt, sind Verkürzungen und Verwirrungen abzusehen. Die begriffliche Klärung im vorliegenden Werk folgt daher dem Vorschlag von Geißler und Hege, die schon in den 80er Jahren den „weiten" Methodenbegriff durch den Begriff des „Konzeptes" ersetzten. Sie bezeichnen damit *Handlungsmodelle*, in denen „die Ziele, die Inhalte, die Methoden und die Techniken in einen sinnhaften Zusammenhang gebracht sind. Dieser Sinn stellt sich im Ausweis der → Begründung und Rechtfertigung dar" (Geißler/Hege 1991, 23). *Methoden* sind nach dieser Definition konstitutive Teilaspekte von Konzepten, und *Techniken* sind Einzelelemente von Methoden (Geißler/Hege 1991, 24ff). Aufgrund der begrifflichen Unklarheiten wird in diesem Buch weitgehend auf die Verwendung des Wortes „Methode" verzichtet und zwischen „Konzepten" und „Interventionen" differenziert: **Konzeptbegriff**

Übertragen auf das hier eingeführte Begriffsinventar sind **Konzepte** Entwürfe von Handlungsplänen (Wirkungszusammenhängen), die hypothetischen Charakter haben. Sie kombinieren Beobachtungs- und Beschreibungswissen („Was ist der Fall?") mit wissenschaftlich gewonnenem Erklärungs- und Begründungswissen („Warum ist es so?"), Wertwissen („Woran orientieren wir uns?", „Wo wollen wir hin?") sowie Handlungs- und Interventionswissen („Wie kommen wir dorthin?"). Der überwiegende Teil der in der Fachliteratur veröffentlichten Konzepte beruht auf einer empirischen Basis, weil er in der Praxis (z. B. in Modellvorhaben) erprobt und dann verallgemeinert wurde; andere Konzepte bleiben auf der Ebene der gedanklichen Entwürfe.

Konzepte bilden das Reservoir für die Konstruktion von **Interventionen**. Dieser Begriff wird für alle Aktivitäten des methodischen Handelns (ausgewiesene Methoden, Rituale, Arrangements) herangezogen, die man *strategisch* – im Hinblick auf ein Ziel – einsetzt und die zu unterscheiden sind von (eher reaktiven) → Handlungen. Interventionen umschließen zumeist ein ganzes Bündel von Verhaltensweisen, welches man individuell, situativ und gleichzeitig zielgerichtet „zusammenbindet" (inklusive der Variation von Mimik, Gestik und Tonfall). Interventionen sind individuelle und autonome Konstruktionen, die durchaus auf veröffentliche „Konzepte" (Handlungs- und Interventionswissen) zurückgreifen, aber aufgrund eigener Erfahrungen und im Hinblick auf Handlungskontexte und jeweilige Situationsdynamik jeweils verschiedenartig zusammengesetzt werden.

Die Kombination der Wissensbestände wird am Beispiel des Konzeptes der parteilichen Arbeit mit Mädchen und Frauen (Hartwig/Weber 2000) demonstriert, ohne dessen Kontext und Reichweite genauer auszuleuchten (ausführlich in Spiegel 2000a). Dieses Konzept wurde ausgewählt, weil es neben einer „individuellen" Sichtweise systematisch den Blick auf gesellschaftliche Zusammenhänge lenkt. Aus Platzgründen beschränken sich die folgenden Ausführungen auf die Auflistung der Wissensbestände, die in diesem Konzept kombiniert werden.

Beobachtungs- und Beschreibungswissen

Das Konzept geht von folgenden (im Einzelnen begründeten) *Vorverständnissen* aus, die in der praktischen Arbeit auch die Konstruktion kategorialer Raster zur Erfassung der Wirklichkeit leiten können:

- Die gesellschaftliche Macht ist bezüglich der Geschlechter ungleich verteilt.
- Neben Kapital, Bildung und Herkunft gilt das Geschlecht als zentrale Kategorie, aber nicht als alleiniges Differenzierungsmerkmal.
- Fachfrauen sind selbst (wenn auch anders) Betroffene.
- Die Welt wird konsequent aus dem Blickwinkel von Frauen analysiert.
- Die Lebenswirklichkeit von Frauen und ihre subjektiven Erwartungen stehen im Mittelpunkt.
- Probleme werden nicht (nur) als individuelles Schicksal, sondern als Folge gesellschaftlichen Unterdrückungsverhaltens verstanden.
- „Anormales" Verhalten wird nicht als Abweichung von normativen Vorgaben gedeutet, sondern als Strategie der Gegenwehr und adäquate Reaktion auf gesellschaftliche Unterdrückung.
- Parteiliche Arbeit mit Mädchen und Frauen geschieht in einem Spannungsbogen von Pädagogik und Politik.
- Fachlichkeit enthält und praktiziert immer politische Anteile.

Erklärungs- und Begründungswissen

Hartwig und Weber (2000) beziehen sich zur Erklärung des Ansatzes und zur Begründung der Analyse- und Planungsschritte auf folgende (hier nur grob kategorisierte) Wissensbestände:

- Analyse und Verständnis der gegebenen gesellschaftlichen Strukturen und Machtverhältnisse (Bezug auf Ergebnisse der feministischen Sozialforschung und Gesellschaftsanalyse)
- Kenntnis des Ausmaßes und der Auswirkungen struktureller Macht auf die Alltagswirklichkeit von Frauen
- Kenntnis *weiblicher* Lebensumstände, Lebenslagen und Lebensentwürfe
- Kenntnis von Einflussfaktoren der Entstehung, Art und Häufigkeit des Gewalterlebens

Das Konzept orientiert sich an verschiedenen Werten, die hier als Rechte umformuliert wurden:

Wertwissen

- Recht der Frauen und Mädchen auf körperliche Selbstbestimmung und sexuelle Befreiung
- Recht der Frauen und Mädchen auf Schutz und Hilfe
- Recht der Frauen und Mädchen auf Gleichheit und Differenz

Aus den Rechten werden Ziele abgeleitet, die konsequent auf zwei Ebenen (der gesellschaftspolitischen und der individuellen) verfolgt werden. Ziele für die gesellschaftspolitische Arbeit sind:

- Abbau der Frauen diskriminierenden Geschlechterhierarchie
- Verbesserung der gesellschaftlichen Teilhabe
- Chancengleichheit
- Herstellung von Macht und Einfluss für Frauen und Mädchen
- Veränderung der strukturellen Bedingungen für das Leben von Frauen (z. B. in einem Stadtteil)

Ziele für die Arbeit mit Frauen und Mädchen:

- Selbstbestimmung und Autonomie der einzelnen Frauen und Mädchen
- Erweiterung ihrer Selbsthilfepotenziale (anstatt „Klientifizierung")
- Stärkung der Position der sich als benachteiligt empfindenden Frauen und Mädchen
- Förderung und Unterstützung der Selbstwahrnehmung und des Widerstandspotenzials von Frauen und Mädchen

Für das praktische Handeln lassen sich verschiedene Konsequenzen ableiten, die sich einerseits in konzeptionell begründeten beruflichen Haltungen und → Arbeitsprinzipien fassen lassen und andererseits bestimmte methodische Arrangements nahe legen.

Handlungs- und Interventionswissen

berufliche Haltungen
- Fachfrauen verstehen sich als Anwältinnen und Interessenvertreterinnen.
- Sie mischen sich im Sinne der Mädchen und Frauen offensiv in die Sozialpolitik ein.
- Sie vertreten eine solidarische und unterstützende Grundhaltung.
- Sie stehen an der Seite der betroffenen Mädchen und Frauen (nicht über ihnen).

- Sie bleiben sich des eigenen Standortes bewusst (durch Auseinandersetzung mit der eigenen individuellen Lage als Frau und das Erkennen von Gemeinsamem und Trennendem).
- Sie wissen, dass Haltungen und Ziele von betroffenen (z. B. Schutz suchenden) und professionellen Frauen nicht automatisch identisch, sondern oftmals unterschiedlich sind.

Arbeitsprinzipien
- auf der Seite der Frau bzw. des Mädchens stehen
- jeder Einzelnen Wertschätzung vermitteln
- ihr glauben und sie ernst nehmen
- an Stärken ansetzen
- Maßnahmen gemeinsam planen
- von Schuldzuweisungen entlasten
- Verantwortlichkeiten benennen
- geltende normative Maßstäbe problematisieren
- neben individuellen immer auch gesellschaftliche Bezüge herstellen
- widersprüchliche Verhaltensweisen akzeptieren
- Entscheidungen als das derzeit für die Betroffene Mögliche akzeptieren

methodische Arrangements und Vorgehensweisen
- Schaffen bzw. Anbieten von Freiräumen zur Entdeckung und Entfaltung eigener Positionen und Handlungsstrategien (ausgehend von eigenen Erfahrungen und ohne Einflussnahme durch Männer)
- differenziertes, fallverstehendes Vorgehen in Bezug auf spezifische Situationen, ohne deren gesellschaftliche Bedingtheit zu vernachlässigen
- gemeinsam Widersprüche aufdecken und thematisieren, ohne zu versprechen, diese aufzulösen
- Wünsche, Bedingungen und Erfahrungen zum Ausgangspunkt nehmen

Fachkräfte können sich demzufolge bei ihren aktuellen konkreten Aufgabenstellungen an Konzepten orientieren. Allerdings ergeht es ihnen dabei ähnlich wie mit wissenschaftlichen Theorien, denn es ist kaum möglich, eine spezielle Situation oder ein Problem unter Einbeziehung eines einzigen Konzeptes zu bearbeiten, das überdies kommunalpolitische, sozialräumliche, institutionelle und situative Kontexte nicht berücksichtigt. Aus diesem Grunde müssen Konzepte für die Anwendung in spezifischen Situationen im Hinblick auf die jeweiligen Rahmenbedingungen konkretisiert und teilweise auch kreativ modifiziert werden: die kontextübergreifenden Konzepte müssen in → Konzeptionen und → Interventionen übersetzt werden (s. ausführlich Kap. 7).

Konzeptkategorien   Das Handlungs- und Interventionswissen der Sozialen Arbeit ist ebenso vielfältig wie das anderer Wissensbestände. Die Konzepte stammen unter anderem aus Kontexten der Psychologie, Therapie, Medizin, Pädagogik, Sozialpsychologie und der Betriebswirtschaft. Alle haben dazu beigetragen, den Blick auf das Handlungsfeld zu erweitern, vorausgesetzt, sie wurden für die Soziale Arbeit umgearbeitet (s. Übersicht in Galuske/Müller 2002, 504). Vier Kategorien von Konzepten sind zu unterscheiden:

Zielorientierte Konzepte nehmen ein gesellschaftlich für wichtig gehaltenes Ziel (etwa „Chancengleichheit" oder „interkulturelle Verständigung") zum Ausgangspunkt der konzeptionellen Überlegungen. Sie gehen von einer Analyse gesellschaftlicher und sozialer Situationen aus und zielen auf deren Veränderung ab. Sie entstehen häufig aus gesellschaftlich oder politisch für notwendig gehaltenen Anlässen (z. B. Gewaltprävention gegen rechtsradikale Tendenzen oder Bildungsinitiative als Folge der PISA-Studie) und die methodischen Arrangements werden aus den übergeordneten Zielen abgeleitet.

Zielgruppenorientierte Konzepte fokussieren eine Gruppe von Menschen mit besonderen Merkmalen, die man quer durch alle Arbeitsbereiche der Sozialen Arbeit fördern möchte oder deren Verhalten besonders beeinflusst werden soll (z. B. Ausländer, Behinderte, alte Menschen, Sozialhilfeempfänger oder Jugendliche ohne Berufsausbildung).

Sozialräumlich orientierte Konzepte verschieben den Blick von der Arbeit an Problemen und Defiziten einzelner Menschen auf das Arrangement von Umweltbedingungen und die „politische" Einmischung der Fachkräfte in kommunale Planungsprozesse. Hier geht es um die Sicherung einer sozialen Infrastruktur, die die Voraussetzung dafür bieten soll, dass die Menschen ihre zunehmend schwierigen Aufgaben der Lebensgestaltung ohne weitere Unterstützung durch gesellschaftliche Institutionen bewältigen (zu Konzepten der drei bisher genannten Kategorien s. Spiegel 1997b).

„Methodenkonzepte" nennt Galuske (2000) diejenigen Konzepte, die eine bestimmte methodische Vorgehensweise in den Mittelpunkt stellen. In diese Kategorie gehören neben den klassischen Methoden der Sozialen Arbeit (Einzelhilfe bzw. Casemanagement, Soziale Gruppenarbeit, Gemeinwesenarbeit) auch klientenzentrierte, systemische bzw. lösungsorientierte Beratungskonzepte, die Mediation oder das Video-Home-Training.

Die Mehrzahl dieser Konzepte wird in der Fachliteratur publiziert und man kann sich deren methodisches Instrumentarium im Studium oder in den vielfältigen Weiterbildungsangeboten für die Soziale Arbeit aneignen und zertifizieren lassen. Das methodische Handeln in Situationen greift auf das derart erworbene Handlungs- und Interventionswissen zurück und kombiniert und variiert situativ, zielgerichtet und collagenhaft Teilstücke der verschiedenen Wissensbestände (s. Kap. 4.1).

Galuske, M. (2000): Methoden der Sozialen Arbeit. Eine Einführung

2.2.6 Zusammmenfassung

Eine Theorie ist ein System von intersubjektiv überprüfbaren, methodisch gewonnenen, in einem konsistenten Zusammenhang formulierten Aussagen über einen definierten Sachbereich (Dewe/Otto 2005b). Entscheidend für die Theoriebildung ist die Art und Weise, wie man zu Erkenntnissen kommt. Wissenschaftler kontrollieren ihre subjektive (und selektive) Wahrnehmung durch besondere, systematische Vorgehensweisen. Fachkräfte sollten diese Regeln übernehmen.

wissenschaftliche Vorgehensweise

Funktion der Wissensbestände

Reflexive Professionalität teilt mit der Wissenschaft den gesteigerten *Begründungszwang*, daher ist zu erwarten, dass wissenschaftlich ausgebildete Fachkräfte ihre Deutungen und *nachträglich* auch ihr Handeln mit Bezug auf wissenschaftliche Wissensbestände begründen und reflektieren können. Sie müssen über einen gewissen Fundus wissenschaftlich produzierten Wissens verfügen, auch wenn das Konstrukt des „handlungsleitenden" Wissens zu verwerfen ist.

Beobachtungs- und Beschreibungswissen

Fachkräfte brauchen theoretisch begründete und kriteriengeleitete kategoriale Raster zur mehrperspektivischen Erfassung von Wirklichkeit, die den Charakteristika der beruflichen Handlungsstruktur angemessen sind. Diese helfen bei der Überwindung der jeweils individuellen Begrenzungen der subjektiven (selektiven) Wahrnehmung. Exemplarisch wurden die „Kategorien der Wirklichkeitserfassung" von Staub-Bernasconi (1986) vorgestellt. Es besteht jedoch auch die Möglichkeit, selbst begründete Kategorien zu entwickeln, die auf den Einzelfall im jeweiligen lebensweltlichen und institutionellen Kontext zugeschnitten sind.

Begründungs- und Erklärungswissen

Theorien haben Aufklärungs- und Orientierungsfunktion. Sie helfen den Fachkräften bei der Wahrnehmung, Einschätzung, Erklärung und Begründung einer Situation oder eines Problems. Theorien können nicht das praktische Handeln anleiten, sie können jedoch ablaufende Prozesse kontrastieren, indem durch Austausch der jeweiligen Beobachtungen und Deutungen wechselseitige Resonanzen erzeugt werden. Fachkräfte (und Adressatinnen) *verstehen* eine Situation oder ein Problem im Lichte einer Theorie jeweils verschiedenartig und neu, was sie wiederum zu veränderten Einsichten und Interventionen führen kann.

Wertwissen

Wertwissen bezieht seine Postulate aus religiösen, philosophisch-ethischen und politischen Werthorizonten sowie aus Vorstellungen über menschliche Bedürfnisse, die durch Werte und moralisches Verhalten geschützt werden müssen. Eine (berufliche) Ethik ist ein System von Handlungsaufforderungen (Sollensaussagen) und -normierungen (Wert- und Zielaussagen), das es den Menschen ermöglichen soll, ihre Praxis an übergreifenden Sinn- und Wertzusammenhängen auszurichten bzw. die gegebenen Handlungsalternativen nach Kriterien wie „gut" und „böse", „angemessen" und „unangemessen" oder „verantwortbar" und „unverantwortbar" zu beurteilen (Münchmeier 1996). Soziale Arbeit beinhaltet immer wertgeleitetes Handeln, und ihre Mittel bestehen in moralisch strukturierten Interaktionen. Da Adressaten selbst zur Moral fähige Subjekte sind, ist anstelle moralischer Postulate ein Ethikverständnis angebracht, das „kommunikativ" und „diskursiv" mit diesen realisiert wird.

Handlungs- und Interventionswissen

Fachkräfte sollten ein klares Verständnis vom Methodenbegriff haben und über einen gewissen Grundkanon von Handlungs- und Interventionswissen verfügen. In der Fachliteratur finden sich unter anderem zielorientierte, zielgruppenorientierte, sozialräumliche Konzepte sowie Methodenkonzepte, die man fall- und kontextbezogen variieren und in hypothetisch konstruierte Wirkungszusammenhänge integrieren kann. Das Konzeptwissen fließt in die Konstruktion von Interventionen ein, die auf dynamische Situationen in spezifischen Kontexten abgestimmt werden müssen.

Im Laufe des Studiums der Sozialen Arbeit werden die Studierenden mit einflussreichen Theorien der verschiedensten Bezugsdisziplinen der Sozialen Arbeit bekannt und vertraut gemacht, können jedoch hierdurch allein methodisches Handeln nicht „erlernen". Es ist nicht zu erwarten, dass sie diese Theorien exakt und systematisch abspeichern. Im Vordergrund steht vielmehr, die grundsätzliche Perspektive, die Untersuchungs- und Argumentationsweise des wissenschaftlichen Vorgehens und den Gehalt einzelner Theorien verstanden zu haben. Sie sollten Arbeits- und Suchstrategien entwickelt haben, um zu wissen, in *welchem* Fundus sie suchen und *wie* sie an welche Detailinformationen gelangen können. Darüber hinaus sollten sie in der Lage sein, Theorien mit einer Aufgabe oder einem Problem zu „relationieren" und den Nutzen dessen erfahren haben.

Studierenden erscheint die Systematik der Studieninhalte oft nicht nachvollziehbar. Besonders zu Beginn des Studiums erschließt sich ihnen kaum, wofür sie dieses Wissen gebrauchen können. Es ist aber nicht möglich, ein allgemeines Curriculum nach dem Motto „geordnetes, verbindliches Wissen für die Soziale Arbeit" zu verfassen. Studierende als künftige Fachkräfte können allerdings exemplarisch lernen, sich Theorien anzueignen und für (praktische) Fragestellungen aussagerelevante wissenschaftliche Informationen und Positionen zu finden.

3 Handlungskompetenzen für die Soziale Arbeit

Im vorliegenden Kapitel werden die Ausführungen der beiden ersten Kapitel zu den Bedingungen des Handlungsfeldes, zur Professionalisierung und zur Funktion der Wissensbestände für methodisches Handeln in Überlegungen zur beruflichen „Könnerschaft" zusammengeführt. Das berufliche Handeln wird zwischen „Kunst" und „Können" verortet und es wird ein Orientierungsrahmen für Kompetenzen vorgestellt.

3.1 Individuelle und institutionelle Voraussetzungen für den Beruf

Ist die Soziale Arbeit ein Eignungsberuf? Welche Anforderungen werden gegenüber Fachkräften der Sozialen Arbeit formuliert? Kann man sich nicht auf langjährig erprobte Handlungsabläufe in den Einrichtungen und Sozialen Diensten verlassen, die helfen, den beruflichen Alltag zu gestalten?

In diesem Teilkapitel werden verschiedene Etappen der Bestimmung des „Anforderungsprofils" von Fachkräften dargelegt und der Kompetenzbegriff konkretisiert. Es folgen einige Vorschläge aus der Fachdiskussion um eine sozialpädagogische Handlungskompetenz und eine Kompetenzbeschreibung, die mit „Person als Werkzeug" bezeichnet wird. Im Weiteren werden Aspekte zur „Fehlerdiskussion" aufgezeigt, die Anlass geben, das zuvor aufgebaute Anforderungsprofil und dessen immanente Tendenzen einer „individualisierten Professionalität" zu problematisieren. Da diese zur subjektiven Überforderung der Fachkräfte führen kann, wird ansatzweise die Stützung der individuellen Anforderungen durch institutionell gesicherte Verfahren diskutiert.

3.1.1 Persönlichkeitsmerkmale und professionelle Handlungskompetenz

Eignung vor Ausbildung?

Ein Blick in eines der für die Soziale Arbeit relevanten Gesetze zeigt, dass man mit „Persönlichkeit" *und* „Erfahrung" offenbar immer noch hauptberuflich arbeiten kann. Der so genannte Fachkräfteparagraph (§ 72 Abs. 1 SGB VIII) führt drei Bestandteile an, über die das hauptberufliche Personal verfügen soll: eine aufgabenentsprechende persönliche Eignung *und* eine aufgabenentsprechende Ausbildung *oder* aufgabenentsprechende besondere Erfahrungen in der Sozialen Arbeit. Die Ausbildung kann demzufolge durch besondere Erfahrungen ersetzt werden und in der Reihenfolge der Aufzählung wird der persönlichen Eignung Vorrang vor der fachlichen Ausbildung eingeräumt. Dies wirft die Frage auf, was diese „persönliche Eignung" ausmacht und in welchem Ausmaß sie beeinflussbar ist.

Schon Alice Salomon (1923) betrachtete zu Beginn des letzten Jahrhunderts die Soziale Arbeit als Beruf, für den sich Frauen mit ihren weiblichen Eigenschaften besonders eigneten. Sie wollte Frauen im Rahmen der Sozialen Arbeit die Möglichkeit eröffnen, ihre bisher im privaten Raum verkümmernde „Mütterlichkeit ... in die Öffentlichkeit eines sozialen Berufes einzubringen, zu pflegen und zu kultivieren" (Müller 1988). Sie betrachtete den Beruf als „Eignungsberuf", dessen Voraussetzung eine sozialethische Persönlichkeitsbildung und ein Charisma seien, die wiederum die „Kunst" der Auswahl des Wissens und der Methoden steuerten (allerdings wollte Salomon in erster Linie erreichen, dass Frauen überhaupt einen Beruf erlernen und ausüben dürfen. Sie und die anderen Gründerinnen sozialer Frauenschulen engagierten sich folglich stark für eine qualifizierte Ausbildung der Fachkräfte in der deutschen Fürsorge).

Der zentrale Stellenwert der „beruflichen Persönlichkeit" änderte sich auch nach dem zweiten Weltkrieg nicht, als die klassischen Methoden der Sozialen Arbeit aus den USA in die Bundesrepublik Deutschland eingeführt wurden und die Ausbildung dominierten: „Das wesentliche Kompetenzmerkmal (ist) die von einer hohen Ethik durchdrungene Persönlichkeit des Sozialarbeiters ..., dessen technisch-instrumentelle Fertigkeiten ... eher Ausdruck seiner Persönlichkeit sind als ‚Techniken' im engeren Sinne" (Peter 1982, 27). In den Kompetenzbeschreibungen der 70er Jahre finden sich daher Forderungen nach persönlicher Reife, Integrität, Weisheit, Ganzheitsschau, Erfahrung, Motivation, Spontaneität, Identifikation, Gewissenhaftigkeit, Fingerspitzengefühl, Charakterstärke sowie eine ausgeprägte ethische Orientierung (Dewe/Ferchhoff 1986).

Stellenwert persönlicher Eigenschaften

Bis zu Beginn der 70er Jahre wurde die *Eignung* der Studienbewerberinnen für die Ausbildung in den Höheren Fachschulen in Auswahlgesprächen geprüft, und auch in der amerikanischen Ausbildung wurde eine so genannte *Ausbildungsdiagnose* durchgeführt. Zu diesem Zwecke wurde ein „Persönlichkeitsinventar" erstellt, indem man den Stand der beruflichen Fähigkeiten (und Unzulänglichkeiten) im Hinblick auf festgelegte Lernziele einschätzte. Persönlichkeitsmerkmale, intellektuelle Fähigkeiten, Kommunikationskompetenz, Ambiguitätstoleranz sowie Selbstreflexivität der Kandidatinnen wurden begutachtet, um zu entscheiden, an welchen Schwierigkeiten gearbeitet werden sollte (Austin 1970; Hester 1970).

In späteren Jahren rückte der Persönlichkeitsaspekt zugunsten einer wissenschaftlichen Qualifizierung in den Hintergrund; für die Praxis scheint er jedoch hoch aktuell zu sein, auch wenn inzwischen die gewünschten Attribute eher nüchtern als *Kompetenzen* beschrieben werden. Schellberg und Meyer (1998) notierten nach einer Umfrage bei Anstellungsträgern folgende (unvollständig wiedergegebene) Rangfolge gewünschter Kompe-

Aktualität personaler Kompetenzen

tenzen: Belastbarkeit, Einfühlungsvermögen, Selbstständigkeit, Teamarbeit, Flexibilität, Verlässlichkeit, Kommunikationsfähigkeit, Konfliktfähigkeit, Auffassungsgabe, Selbstkritik, Begeisterungsfähigkeit, Optimismus,
Führungsqualitäten und Humor. Leitende Mitarbeiter der Hamburger
Jugendhilfe wünschen sich beispielsweise eine „konturierte und integre Persönlichkeit" und bezeichnen dieses als „Schlüsselkompetenz" (Kernig et al.
2001, 216).

Kompetenz und
Schlüsselkompetenz
In neueren Veröffentlichungen findet sich der Begriff der so genannten
Schlüsselkompetenz recht häufig, auch wenn er kaum näher definiert wird.
Wir nähern uns diesem Begriff über einige handlungstheoretisch begrün-
dete Überlegungen zum *Kompetenzbegriff*: Menschen sind mit vielfachen
Ressourcen ausgestattet. Sie verfügen über Kenntnisse, Erfahrungen, prak-
tische Fertigkeiten, persönliche Fähigkeiten und Vorlieben, die sie in spezi-
fischen Handlungssituationen realisieren. Solche Situationen sind unterschiedlich kontextualisiert: Anlässe, Orte, Zeiten, Beteiligte, Ziele bzw.
Zwecke, aber auch Erwartungen und normative Anforderungen, schaffen
vielfältige und einmalige Handlungsbedingungen. Die Kompetenz eines
Menschen zeichnet sich dadurch aus, auf welche Art und Weise er seine persönlichen Ressourcen situativ *mobilisiert* bzw. mit den wechselnd bedingten
Handlungssituationen *kombiniert*. Der Kompetenzbegriff ist ein *relationaler* Begriff, denn er stellt eine Beziehung her zwischen den aus dem individuellen Gesamtbestand jeweils als erforderlich angesehenen und ausgewählten Kenntnissen (Wissen), den Fähigkeiten und Fertigkeiten (Können)
und den Motiven und Interessen (Wollen, Haltungen) sowie zusätzlich den
jeweiligen Möglichkeiten (Anforderungen und Restriktionen der Umwelt).
Kompetenz bezeichnet also die Fähigkeit zur *situationsspezifischen* Konkretisierung und Relationierung zwischen Person und Umwelt. Sie basiert auf
einer Vielzahl von Kenntnissen, Werten, Erfahrungen, Fähigkeiten und
Handlungsantrieben: „Kompetenzen werden von Wissen *fundiert*, durch
Werte *konstitutiert*, als Fähigkeiten *disponiert*, durch Erfahrungen *konsolidiert*, auf Grund von Willen *realisiert*" (Erpenbeck/Heyse 1999, 162).

Der Begriff der **Schlüsselkompetenz** bezeichnet berufs- und aufgabenunabhängige Fähigkeiten, die für qualifizierte Tätigkeiten in allen Arbeitsfeldern gebraucht
werden. Es sind Kenntnisse, Fähigkeiten und Fertigkeiten, die nicht für die Ausübung spezieller Tätigkeiten erforderlich sind. Man benötigt sie, um zu einem bestimmten Zeitpunkt in Anbetracht bestimmter Anforderungen in Alternativen zu
denken und zu handeln sowie auf unvorhersehbare Änderungen angemessen zu
reagieren.

Diese eher *allgemeinen* Kompetenzen sind u. E. für die Ausübung des Berufes der Sozialen Arbeit entscheidend, wie die folgende Aufzählung von Sozi-
alkompetenzen nach Schuler und Barthelme (1995) zeigt, die von Cordes
(1997, 80) folgendermaßen zusammengefasst wurde:

- *Neugier, Eigeninitiative und Interesse* am Lerngegenstand, an neuen Situationen und anderen Menschen
- *Kommunikationsfähigkeit* als Fähigkeit, auf andere Menschen zuzugehen in unterschiedlichen Rollen (z. B. als Kollegin, Freund, Ratsuchende oder Ratgebender)
- *Teamfähigkeit* als Fähigkeit, unterschiedliche Wissensbestände und Persönlichkeitsstile in den Gruppenprozess zu integrieren und sich im Sinne von Kooperations- und Koordinationsfähigkeit auf Arbeitsschritte und sinnvolle Arbeitsteilungen zu einigen
- *Konfliktfähigkeit* als Fähigkeit zur Empathie und Sensibilität, zum Erkennen und konstruktiven Bearbeiten von Konflikten sowie die Fähigkeit zum Verhandeln bzw. Aushandeln
- *Flexibilität* als Anpassungsfähigkeit an sich verändernde Situationen, Menschen und Aufgaben sowie Rollenflexibilität
- *Durchsetzungsfähigkeit* als Fähigkeit, mithilfe verschiedener Einflussnahmen eigene Ziele zu realisieren
- *ganzheitliches Denken* als Fähigkeit, Teilschritte einem Ganzen bzw. einem Ziel zuzuordnen

Überwiegend in den 80er Jahren gab es eine umfangreiche Diskussion um die *inhaltliche* Bestimmung dessen, was die „professionelle Handlungskompetenz" in der Sozialen Arbeit ausmacht (s. Müller et al. 1982; Keil et al. 1981). Es entstanden zahlreiche Kompetenzmodelle, die im Folgenden skizziert werden:

professionelle Handlungskompetenz

- Keil et al. (1981) legen ihrem Kompetenzmodell allgemeine menschliche Fähigkeiten zugrunde (Wahrnehmungs-, Interaktions-, Kommunikations- und Reflexionskompetenz), die sie professionell erweitern wollen (Nieke 1981).
- Knüppel und Wilhelm (1987, 108ff) erweitern diese Vorschläge zu einer „Grundlegung sozialpädagogischer Handlungskompetenz" im Studium. In der ersten Stufe (Grundstudium) geht es ihnen um die systematische Arbeit an der Herausbildung von Theorie-, Selbstreflexions- und sozialer Kompetenz, die zu einer „allgemeinen" sozialpädagogischen Handlungskompetenz integriert werden sollen. Im Hauptstudium sollen diese Kompetenzen durch die Ausbildung methodischer Kompetenz und exemplarischer Feldkompetenz zu einer „professionellen" sozialpädagogischen Handlungskompetenz verdichtet werden.
- Schilling (1982, 138ff) unterteilt seinen Entwurf der „beruflichen Kompetenz" in folgende Komponenten: *instrumentelle Kompetenz* als Fähigkeiten, Fertigkeiten und Fachwissen sowie Techniken zur Umsetzung der Pläne und Ziele und zur Reflexion darüber; *reflexive Kompetenz* als Sensitivierung (für Verhalten empfänglich sein und es analysieren und interpretieren können) und Kognitivierung (Reflexion über die gesellschaftliche Situation); *soziale Kompetenz* als Fähigkeit zu (intra- und interpersonaler) Empathie und Rollendistanz; *Handlungskompetenz* als Handeln, in dem alle vorgenannten Kompetenzen zusammenfließen. Die Handlungskompetenz bezieht sich zum einen auf den *intrapersonalen* Bereich, also die anthropogenen und soziokulturellen Voraussetzungen, die die Fachkräfte mitbringen. Sie sollten ihre Persönlichkeit mit ihren Wünschen, Bedürfnissen, Interessen, Ängsten, Erlebnissen und Lebensplanungen thematisieren, sich selbst als Person kennen und auch die Adressaten einschätzen können, die ernst genommen und nicht manipuliert

oder mit anderen verglichen sowie in ihrer Einmaligkeit akzeptiert werden wollen. Sie bezieht sich zum anderen auf den *interpersonalen Bereich*, also das berufliche Umfeld (z. B. Adressaten, Team, Träger, Nachbarschaft, Eltern oder Öffentlichkeit). Handlungskompetenz bedeutet, alle Einflüsse zu analysieren, zu interpretieren und mit ihnen umgehen bzw. leben zu können, um die eigenen Freiheiten und Grenzen zu erkennen. Die Fachkräfte sollen auch Unterschiede (bzgl. Sozialisation, Lebenswelt, Erfahrungen und Lebenslage) zwischen ihren eigenen soziokulturellen Normen und Werte und denen der Adressatinnen kennen und berücksichtigen.

■ Gildemeister (1983, 121f) führt den Begriff der „beruflichen Identität" ein. Nach diesem Entwurf agieren die Fachkräfte selbst, mit ihrer Persönlichkeit als Steuerungsinstanz, mit der sie die widersprüchlichen beruflichen Anforderungen ausbalancieren. Dazu gehört, dass sie die eigenen persönlichkeitsbedingten Fähigkeiten und ihre Wirkungen kennen und sich selbst als Handelnde in einem Spannungsfeld von widersprüchlichen Erwartungssystemen und Paradoxien als *Werkzeug* erfahren und als solches einsetzen. In diesem Modell haben Kompetenzen der Selbstwahrnehmung und Selbstreflexion zentralen Stellenwert. Die Kompetenzbestimmung von Gildemeister fand in der weiteren Diskussion hohe Akzeptanz, weil sie von der Analyse zentraler *Aufgaben* des Handlungsfeldes ausgeht und systematische Problemstellen in der Interaktion der Fachkräfte und ihrer Adressaten (so genannte berufliche Paradoxien, mit Rekurs auf Schütze 1992) ins Zentrum ihrer Überlegungen zur Ausgestaltung einer beruflichen Identität stellt. Gildemeisters Ausführungen bilden die Basis dessen, was in diesem Werk mit dem Begriff der *„Person als Werkzeug"* bezeichnet wird. Sie hat ihr Modell auf einem hohen Abstraktionsniveau entwickelt, allerdings nicht weiter beschrieben, wie sich die geforderten Fähigkeiten in methodischem Handeln niederschlagen; die Ähnlichkeit zu den oben beschriebenen Elementen einer sozialen Kompetenz ist jedoch unverkennbar.

„Person als Werkzeug"

Die Konstruktion des strategischen und reflektierten Einsatzes der eigenen beruflichen Persönlichkeit, wie sie als Grundfigur schon von den Berufsgründerinnen angelegt wurde und auch in den klassischen Methoden konzipiert wird, hat sich anscheinend als sinnvoll erwiesen.

Zusammengefasst besteht die Metapher von der „Person als Werkzeug" darin, dass Fachkräfte ihr Können, Wissen und ihre beruflichen Haltungen mit Blick auf Wissensbestände, auf ihre Erfahrungen sowie die institutionellen Bedingungen und Vorgaben fall- und kontextbezogen einsetzen. Die Fachkräfte sollen ihre persönlichkeitsbedingten Fähigkeiten wahrnehmen, reflektieren und fachlich qualifizieren. Als Ausweis von Fachlichkeit gilt, dass sie die Art und Weise des Einsatzes ihrer Person fachlich begründen und berufsethisch rechtfertigen können.

Im Hinblick auf die anfänglich aufgeworfene Frage des Verhältnisses von Eignung und Ausbildung sollten angehende Fachkräfte über einen gewissen Fundus an *persönlichen Ressourcen* verfügen (s. oben, auch wenn diese empirisch schwer zu erfassen sind). Folgende Qualifizierungsprozesse sollten im Studium und in der Weiterbildung fachspezifisch zu einer professionellen Handlungskompetenz auf- und ausgebaut werden:

■ die Betrachtung der lebensgeschichtlich erworbenen Persönlichkeitsmerkmale und (darauf aufbauend) die Aus- und Weiterbildung von Schlüsselkompetenzen und weiterer beruflich erforderlichen Kompetenzen

■ die Relationierung und Kontrastierung des erfahrungsgeleiteten Alltagswissens durch den Erwerb wissenschaftlichen Erklärungswissens

■ die Reflexion der vorberuflichen *Einstellungen* und Wertestandards und ihre
Weiterqualifizierung zu einer wertgeleiteten, durch die Profession definierten
beruflichen Haltung

Erpenbeck, J./Heyse, V. (1999): Die Kompetenzbiografie

3.1.2 Paradoxien und „Kunstfehler" als Fehlerquellen beruflichen Handelns

In der Praxis wird – unabhängig von ihrer wissenschaftlichen und professionellen Durchdringung – seit jeher beruflich gehandelt und es entstehen auch
immer schon Handlungsprobleme und Fehler. Die Frage nach dem richtigen
beruflichen Handeln kann nach den bisherigen Ausführungen zwar nur im
Einzelfall beantwortet werden, sie erfordert jedoch professionelle Standards als Korrektiv. Nach einer Beschreibung *systematischer* Fehlerquellen
(„Paradoxien") folgen einige Ausführungen zu einer aktuellen Debatte, die
unter dem Begriff „Kunstfehler" firmiert.

In der Fachliteratur über Soziale Arbeit finden sich häufig Hinweise darauf,
dass Soziale Arbeit eine „Kunst" sei. Schon Salomon (1923) verwendet diesen Begriff und die Bezeichnung „Kunstlehre des Fallverstehens" findet
sich sowohl bei Schütze (1992) als auch bei Dewe et al. (1996). Mörsberger
stellte als Gutachter in einem Strafprozess gegen eine Osnabrücker Sozialarbeiterin ebenfalls heraus, dass sozialarbeiterisches Handeln nicht an den
Ergebnissen, wohl aber an den darzulegenden „Regeln der Kunst" zu messen sei (Mörsberger/Restemeier 1997). Der Begriff der Kunstfertigkeit ist
dem ursprünglichen Wortsinne nach als Könnerschaft zu verstehen. Für
eine Könnerschaft sollte es Maßstäbe geben, die in einem professionellen
Regelsystem zusammengefasst sind. In einem Handlungsfeld, in dem berufliche Handlungen als einmalige, nicht standardisierbare bzw. reprodu-
zierbare Schöpfungsakte erscheinen, ist es schwierig, Regeln und Maßstäbe
für professionelles Handeln zu formulieren. Es scheint einfacher zu sein,
sich dieser Frage von der „Fehlerseite" her zu nähern. In Theorie und Praxis bestehen durchaus Vorstellungen darüber, was „schlechte" Arbeit ist,
auch wenn die Profession bisher keine offensive Fehlerdiskussion geführt
hat (Ausnahmen bilden z. B. Blandow 1996 und Niemeyer 1996). In jünge-
rer Zeit gibt es in Einzelfällen auch zivil- oder strafrechtliche Sanktionen
des sozialberuflichen Handelns, etwa wenn Fachkräfte in Fragen des Kindeswohls zu spät eingegriffen haben, wobei dann auch (häufiger als früher)
nicht nur formal, sondern auch inhaltlich argumentiert wird. Eine Folge
hiervon ist, dass auch unter rechtlichen Aspekten verhandelt wird, ob durch

Gibt es Regeln der professionellen Kunst?

Kunst = Könnerschaft

eine unzulängliche Berufsausübung, also eine Verletzung der Regeln der Profession, Kinder und Jugendliche bzw. Familien geschädigt wurden. Mörsberger und Restemeier (1997) bezeichnen daher Fachkräfte der Sozialen Arbeit als Personen, die „mit Risiko helfen".

Experten-Laien-Beziehung als Fehlerquelle

Schütze (1992, 135ff) schreibt, dass sich allein aus der Konstitution des beruflichen Handelns Schwierigkeiten ergeben, die zu einem fehlerhaften Verhalten der Fachkräfte führen können (s. dazu auch Kap. 1.2). Fachkräfte der Sozialen Arbeit leisten lizensierte Dienstleistungen für ihnen anbefohlene Adressaten. Diese Arbeit geschieht im Idealfall auf *freiwilliger* Basis, und wenn sie nicht freiwillig geschieht, beinhaltet das Anbefohlensein, dass Fachkräfte das *Wohl* ihrer Adressatinnen im Auge haben. Hierbei kann es zum Widerstreit zwischen verschiedenen Orientierungen kommen, sowohl zwischen dem Wohl verschiedener Beteiligter (etwa Eltern und Kindern) als auch zwischen dem Einzelwohl und dem Wohl der Allgemeinheit. Ihre Arbeit beruht auf einem prekären und ständig gefährdeten *Vertrauenskontrakt*. Die Fachkräfte sind zwar gehalten, sich am Wohl ihrer Adressaten zu orientieren und mit ihnen eine übereinstimmende Situationsinterpretation diskursiv auszuhandeln, sie nehmen aber häufig (fälschlich) an, sie allein könnten aufgrund ihres Wissens- und Machtgefälles bestimmen, worin dieses Wohl bestehe.

Bei ihrer Analyse und Bearbeitung der Probleme beziehen sich die Fachkräfte auf die verschiedenen Wissensbestände (s. Kap. 2.2) und interpretieren mit deren Hilfe die Äußerungen ihrer Adressaten unter den „Sinnwelt-Gesichtspunkten der Profession" (Schütze 1992, 135ff) anders und tiefer, als es in deren „alltagsweltlichen Existenzwelt" der Fall ist, was zu Schwierigkeiten in der Kommunikation führen kann. Sie greifen zudem auf teilweise unangenehme oder schmerzhafte Weise in die alltagsweltliche Lebenssphäre ihrer Adressaten ein und übersetzen *allgemeine* Gesichtspunkte aus der wissenschaftlich fundierten Sinnwelt der Profession in deren *singuläre* Lebenssituation. Fachkräfte setzen hierfür *besondere* Analyse- und Handlungsmethoden ein. Diese beruhen auf einer wissenschaftlichen Grundlage und sind Laien nicht ohne weiteres zugänglich. Die angeführten „Rahmenbedingungen" beruflichen Handelns verstricken Fachkräfte in unaufhebbare und unumgehbare Schwierigkeiten und Dilemmata (Verfahrensfallen), die sich aus dieser besonderen Struktur der *Experten-Laien-Beziehung* ergeben.

Paradoxien professionellen Handelns

Fachkräfte müssen diese von Schütze (1992) als „Paradoxien professionellen Handelns" bezeichneten Dilemmata ertragen, was häufig mangelhaft geschieht und den Adressaten gegenüber verschleiert wird. Teile der im Folgenden dargestellten Paradoxien wurden bereits in vorhergehenden Kapiteln behandelt; sie werden an dieser Stelle noch einmal mit aufgelistet, um sie als systematische Fehlerquellen kenntlich zu machen:

Differenz von „Theorie und Einzelfall"

Bei der Interpretation der Probleme kann man sich an einer Vielzahl von Theorien aus verschiedenen wissenschaftlichen Disziplinen orientieren. Aus der konstitutiven Differenz von „Theorie" und „Einzelfall" (s. Kap. 2.2.3) resultieren in der Praxis permanent Erkennungs- und Entscheidungsschwierigkeiten, auf welche Theorien man sich etwa beziehen soll. In Anbetracht dieser Schwierigkeiten ist es nahe liegend, dass Fachkräfte sich ihre Arbeit durch grobe Typisierungen und Etikettierungen ihrer individuellen Fälle vereinfachen. Sie ordnen ihre Adressaten mithilfe weniger, leicht zugänglicher Lebenslaufdaten bzw. äußerlicher Merkmale in erfahrungsgebundene Kategorien ein, die sie mit ihren institutionellen Routinen bearbeiten können. Dabei missachten sie konkrete Informationen, die ein genaueres differenziertes Hinsehen erforderlich machen und eine automatische Typenbildung (und eine damit verbundene Stigmatisierung) verbieten würden (Schütze 1992).

Fachkräfte „wissen" aufgrund ihrer wissenschaftlichen Ausbildung, wie sich biografische und soziale Prozesse im Prinzip entwickeln können und kennen deren allgemeine Mechanismen. Gleichzeitig gibt es in jedem einzelnen Fall so viele spezielle Bedingungen, dass es unmöglich ist, Entwicklungen vorherzusagen (s. Kap. 1.2.2). In Anbetracht der empirischen Möglichkeit negativer Entwicklungen und Resultate geplanter Handlungen fällt es im konkreten Falle schwer, (kontrafaktisch) eine positive, ressourcenorientierte Planung anzustoßen und zu begleiten, ohne gleichzeitig ein Scheitern zu befürchten. Fachkräfte neigen folglich dazu, ihre Prognosen leerformelhaft zu formulieren, also in einer Weise, dass sie für falsche Voraussagen nicht zur Rechenschaft gezogen werden können (Schütze 1992).

Prognosen auf schwankender empirischer Basis

Die eigenen Kapazitäten der Adressatinnen zur Bewältigung ihrer Aufgaben und zur Lösung ihrer Probleme sind zumeist (vorübergehend) eingeschränkt. Fachkräfte müssen folglich die Selbsthilfefähigkeiten ihrer Klientel genau einschätzen, bevor sie ihr professionelles Instrumentarium einsetzen. Bisweilen müssen sie auch abwarten, wenn die Zeit für eine Intervention noch „nicht reif" ist, etwa weil sich eine Motivation oder ein Problembewusstsein noch nicht eingestellt hat. Angesichts ihrer Tagesprobleme und Arbeitsroutinen bringen sie diese Aufmerksamkeit und Geduld nicht immer auf oder verlieren den Überblick. Somit verpassen sie geeignete Interventionszeitpunkte oder sie intervenieren (aus Angst vor nicht absehbaren negativen Folgen) zu früh oder zu massiv und kappen damit mögliche Selbsthilfekräfte (Schütze 1992).

geduldiges Zuwarten versus sofortige Intervention

Fachkräfte haben aufgrund ihres professionellen Wissens einen prinzipiell unaufhebbaren Wissensvorsprung gegenüber Laien, den sie nicht in jedem Falle weitergeben (sollten). Sie nutzen dieses Wissen, um sich selbst zu vergewissern, wie ein Fall oder ein Problem zu verstehen und was daraufhin zu tun ist. Dies geschieht im kollegialen Fachgespräch auf eine für Adressaten mitunter schockierende Weise (emotionslos und von deren Lebenswelt und Gefühlen abstrahierend). Sie arbeiten mit dieser Prozedur das Allgemeine des Falles heraus und beziehen dann die neuen Erkenntnisse wieder auf die besondere Situation (s. Kap. 4.2.2). Dabei müssen sie entscheiden, wie viel und was ihre Adressatinnen über Merkmale der Fallproblematik und mögliche negative Verläufe wissen müssen und wo dieses Wissen für sie bedrohlich und entmutigend wird. Problematisch wird dieser Prozess, wenn Fachkräfte ihren Adressaten ein für sie wichtiges Wissen vorenthalten und diese als passive Objekte der Anwendung theoretischen Wissens behandeln:

prekärer Umgang mit professionellem Mehrwissen

Diese haben auch moralisch gesehen ein Recht auf die eigene Bearbeitung ihrer Probleme und das Vertrauensverhältnis zwischen beiden würde in solchen Fällen empfindlich beeinträchtigt (Schütze 1992).

eingeschränkte Entscheidungsbasis versus kontrollierte Risiken

Häufig ist die Problemsituation so komplex und unüberschaubar, dass nicht ohne weiteres zu erkennen ist, wo und wie die Selbsthilfekräfte der Adressatin und auch die professionelle Hilfe ansetzen könnten. Fachkräfte müssen daher genau beobachten, wie sich ein Prozess entwickelt und ihre Entscheidungsbasis offen halten. Und sie müssen im Interesse der Betroffenen und ihrer Freizügigkeit auf kontrollierte Weise Risiken eingehen und bearbeiten. Zeitdruck durch eskalierende Situationen in der Lebenswelt der Adressaten und akuter Termin- und Entscheidungsdruck der Institution führen leicht dazu, dass Fachkräfte auf einer ungesicherten, vereinfachten Informationsbasis Entscheidungen treffen und routinemäßig, verfahrensgerecht und manipulativ Interventionen einleiten, obwohl ihnen ein differenziertes Instrumentarium zur Verfügung steht. Sie blenden dann Sichtweisen der Adressaten und deren Verantwortung für ihr eigenes Geschick als hinderliche Störfaktoren aus. Eine weitere Gefahr ist, die Vagheits- und Risikosituationen einseitig so zu vereinfachen, dass nur noch das „sicher Machbare" sichtbar und möglich wird und risikobehaftete Alternativen (für die die Fachkräfte im Falle des Scheiterns verantwortlich gemacht würden) als „nicht wählbar und machbar" einzustufen. Dies schränkt wiederum die Entwicklungschancen der Adressatinnen ein (Schütze 1992, 156f).

biografische Ganzheitlichkeit versus Expertenspezialisierung

Adressatinnen erleben ihren „Fall" als eine zusammenhängende Geschichte oder als „Verlaufskurve eines Erleidens, die ihnen ein aktives und intentionales Handeln nicht mehr erlaubt". Es scheint daher fachlich sinnvoll, den gesamten biografischen Zusammenhang eines Falles zu betrachten, weil dieses Vorgehen neue Verständnis- und Bearbeitungsperspektiven eröffnet. Im beruflichen Alltag wird eine biografische Vorgehensweise aus zeitlichen Gründen zumeist ausgeblendet. Eine alternative Betrachtungsweise könnte zudem den Fokus auf andere Dimensionen des Falles lenken und andere, ungewohnte, nicht routinemäßig zu bewältigende und daher arbeitsintensive Bearbeitungsweisen nach sich ziehen. Die Ausblendung der biografischen Perspektive und der Sichtweise der Adressatinnen erleichtert überdies, „Methoden" als geschlossene Systeme einzusetzen (Schütze 1992), was nach der hier vertretenen Auffassung über methodisches Handeln ein Kunstfehler wäre (s. Kap. 2.2.5).

exemplarisches Demonstrieren versus Erzeugung von Unselbstständigkeit

Fachkräfte müssen ihre oftmals mutlosen und unsicheren Adressatinnen motivieren, etwas Neues zu lernen, wobei diese möglicherweise entdecken, dass sie wider Erwarten doch in der Lage sind, ihre Geschicke neu zu ordnen. Zur Veranschaulichung müssen die Fachkräfte ihnen die Vorgänge oder Tätigkeiten exemplarisch, zeitweilig mehrfach vormachen. Dabei müssen sie einschätzen, wie häufig das notwendig ist und wann daraus entmündigende Dauerhilfe wird (was den Anspruch auf „Hilfe zur Selbsthilfe" konterkarieren würde). Fachkräfte tun dies manchmal zu lange (oder sie erledigen die Tätigkeiten dauerhaft selbst) und begründen das mit der mangelnden Lern- oder Überlebensfähigkeit ihrer Adressatinnen. Ein Fehler besteht auch darin, lediglich darüber zu *sprechen*, was diese „eigentlich" zu tun hätten, oder sie ohne Unterstützung ganz auf ihre Selbstverantwortung und ihren eigenen Weg zu verweisen (Schütze 1992).

Schütze argumentiert, dass Paradoxien in allen Professionen auftreten, weil es „unaufhebbare Unvereinbarkeiten komplexer expertenberuflicher Handlungsabläufe" sind, die in jedem Interaktionsprozess zwischen Professionellen und Laien vorkommen. Das wirft die Frage auf, wie in der praktischen Arbeit mit solchen „Fehlern" umgegangen wird.

Jordan (2001) hatte zwar bei seiner Recherche zum Thema „Kunstfehler" nicht diese Paradoxien im Blick, er stellt jedoch allgemein fest, dass es keine anerkannten Regeln des beruflichen Könnens gibt oder dass zumindest deren Beachtung nicht selbstverständlich ist. Er zählt folgende Fehlerkategorien auf (2001, 50f):

Unbestimmtheiten und Beliebigkeiten: In vielen Arbeitsfeldern ist es überwiegend den Fachkräften überlassen, *was* sie tun und *wie* sie es tun. Sie entscheiden selbst, ob und wie sie Kontakt mit ihren Adressaten aufnehmen (Hausbesuch oder „Vorladung"), ob sie die Aushandlungsprozesse dialogisch oder „im wohlverstandenen Sinne" der Betroffenen gestalten und ob und wie sie ihre Arbeit dokumentieren. → *ASD*

Fehlerkategorien

Regelverletzungen: Die meisten Einrichtungen verfügen zwar über Konzeptionen und Verfahrensrichtlinien. Häufig bleibt jedoch unklar, wie die Befolgung der Vorgaben eingefordert und kontrolliert und ob bzw. wie eine Nichtbeachtung sanktioniert wird. Zumeist werden Regelverletzungen toleriert, es gibt kaum Ansätze, ihre Einhaltung und Revision systematisch zu verfolgen. Die Auffassung *anything goes* und Gleichgültigkeit entwerten gut gemeinte Vorgaben und Orientierungen und verhindern notwendige Diskussion über Angemessenheit und Grenzen fachlicher Standards.

„Kunstfehler": Handlungen bzw. Unterlassungen, die man an *allgemeinen*, also übergreifenden professionellen Regeln, messen kann (analog zum ärztlichen Handlungsfeld). Die einzigen verbindlichen Vorgaben für die Soziale Arbeit sind derzeit *rechtliche* Vorschriften (z. B. im SGB VIII die angemessene Aufklärung der Adressaten über ihre Rechte und offensive Unterstützung bei deren Wahrnehmung, Beteiligung, Hilfeplanung oder Datenschutz). Möchte man also „Kunstfehler" suchen, das heißt Handlungen bzw. Unterlassungen, die (analog zum ärztlichen Handlungsfeld) an übergreifenden professionellen Regeln zu beurteilen wären, kann man sich gegenwärtig nur auf *Verfahrensfehler* beziehen. Im Einzelnen unterscheidet Jordan zwischen Aufklärungs- und Beratungsfehlern (Verschweigen der geistigen Behinderung eines Kindes vor einer Adoption), Beurteilungs- und Diagnosefehlern (falscher Verdacht hinsichtlich des sexuellen Missbrauchs eines Kindes), Behandlungsfehlern (zu spätes Eingreifen im Falle einer Kindesvernachlässigung) und Verfahrensfehlern (Missachtung der Vorschriften des Datenschutzes).

Jordan:
4 Formen von Fehlern

Bisher schien es – abgesehen von klassischen Gefährdungssituationen, die durch die Aufsichtspflicht und das Haftungsrecht gesichert werden – nahezu ausgeschlossen, dass sozialberufliches Handeln bzw. Unterlassen Gegenstand rechtlicher Überprüfungen und Sanktionierungen werden könnte.

Fachkräfte befanden sich in einer wenig durchschaubaren und angreifbaren Situation, und in schwierigen Fällen konnte man auch Entlastungsargumentationen wie den „Beurteilungsspielraum" oder das „Auswahlermessen" heranziehen. Das ist in Anbetracht der „technischen Autonomie" der Fachkräfte (White 2000), die auch durch die Charakteristika der beruflichen Handlungsstruktur und deren Paradoxien bedingt ist, nachvollziehbar und sinnvoll. Die Kehrseite dieser Medaille ist allerdings, dass Fachkräfte durch „falsches" Handeln und „schlechte" Arbeit großen, wenn auch nicht gleich erkennbaren Schaden bei ihren Adressatinnen anrichten können, der nicht systematisch in den Blick genommen wird.

Schütze, F. (1992): Sozialarbeit als „bescheidene" Profession

3.1.3 Institutionelle Stützung der individualisierten Professionalität

Die verschiedenen Versuche und Wege, die Soziale Arbeit zu professionalisieren, führten zu immer höheren Anforderungen an die *berufliche Persönlichkeit* der Fachkräfte. In der Kompetenzdiskussion wird den Fachkräften die Aufgabe des „richtigen" Handelns überwiegend als *individuelle Aufgabe* übertragen. Die Erwartungen an die Professionalität sind mit der Qualitätsdebatte (seit Mitte der 90er Jahre) weiter gestiegen.

individualisierte Professionalisierungstheorie

Diese Konzentration auf die individuelle Handlungskompetenz wird von Sommerfeld (1996, 40) als „individualisierte Professionalisierungstheorie" bezeichnet. Von einer Fachkraft wird erwartet, dass sie in jeder Situation das ihr zugängliche wissenschaftliche Wissen instrumentalisieren und in angemessenes, auf den *individuellen Fall* bezogenes Handeln überführen muss. Sommerfeld kritisiert die daraus resultierende „Überforderung des Subjekts", denn in aktuellen Handlungssituationen kann jeder Mensch immer nur eine begrenzte Anzahl der notwendigen gedanklichen Operationen durchführen und auch nur begrenzt zwischen alternativen Handlungen wählen. Die beschriebenen Anforderungen an professionelles Handeln erscheinen zwar allesamt plausibel, sie führen jedoch aufgrund der Unmöglichkeit ihrer Umsetzung zu einer subjektiv bedrohlichen Handlungsunsicherheit.

Umgang mit Überforderung

Vielfach fühlen sich Fachkräfte verunsichert und unzulänglich. Sie glauben insgeheim, nicht das Richtige zu tun und den professionellen Anforderungen nicht gerecht zu werden. Als Konsequenz daraus entwickeln sie unter anderem folgende Strategien zum Umgang mit ihrer Überforderung:

Rückzug auf ein Verständnis individueller „Kunstfertigkeit": Fachkräfte interpretieren ihre individuellen Kompetenzen mitunter als Kreation ihrer speziellen Eigenarten, Fähigkeiten und Erfahrungen. Sie arbeiten in dem Bewusstsein, dass die Art und Weise der *Ausübung* dieser „professionellen Kunst" so individuell sei, dass man nur sich selbst (und dem eigenen Gewissen) Rechenschaft darüber abgeben müsse. Lau und Wolff (1982) behaupteten sogar, dass das, *was* man in der Sozialen Arbeit *wie* tue, so individuell sei, dass die Fachkräfte es sogar vor sich selbst verheimlichten. Dass Soziale Arbeit als Teil des Sozialstaates gesellschaftlichen Zwecken folgt und staatlich finanziert ist, wird in dieser Sicht ausgeblendet. Mit einem solchen Verständnis kann man sich auch gegen allzu eindringliche Forderungen nach fachlich begründbaren, moralisch gerechtfertigten und intersubjektiv überprüfbaren Vorgehensweisen verwahren.

Berufliche Helferidentität: Eine andere Strategie besteht darin, sich selbst als Sachwalterin eines wohlverstandenen Interesses der Adressaten zu definieren. Solche Fachkräfte wollen „das Beste" für diese, ohne sie explizit zu fragen oder gar einzubeziehen. Sie sind unermüdlich in ihrem Aktivismus und verzeichnen dabei durchaus auch „Erfolge". Selbst wenn sie kein Helfersyndrom (Schmidbauer 1977) aufweisen, ist diese Auffassung zumindest naiv, wenn nicht gar fehlerhaft (Schütze 1992).

Sicherheit durch „Methoden": Hierin liegt auch ein Grund für das Aufgreifen ständig neuer, fachlich durchstrukturierter „Methodenkonzepte" (häufig therapeutischer Provenienz), die überwiegend in den USA entwickelt wurden. Ihre Anwendung verspricht Handlungssicherheit, Kompetenz und Erfolg (auch wenn sich herausstellt, dass sie nicht so einfach in den „schmuddeligen" Alltag zu übertragen sind bzw. durch institutionelle Vorgaben konterkariert werden).

Bezug auf institutionelle Routinen und Standards: Fachkräfte entwickeln Routinen und Standards, mit deren Hilfe sie schwierige Situationen und dramatische Fälle „normalisieren" und in einer bestimmten Reihenfolge bearbeiten können. Obwohl jeder Fall und jede Situation individuell ist, gibt es doch viele ähnliche, sich wiederholende Elemente. Vergleichbarkeit entsteht schon allein durch die Vielzahl institutionell festgelegter Einflussgrößen: Gesetze, organisatorische Vorgaben, vorhandene Ressourcen, das Interaktionsgefüge der Einrichtung, vorgeschriebene Dienstwege oder auch Prinzipien der Aktenführung legen einen Großteil der beruflichen Handlungen fest. Auch das methodische Repertoire der Fachkräfte ist individuell begrenzt und wird bestenfalls variiert. Definitions-, Interaktions- und Entscheidungsroutinen bilden sich folglich mit der Erfahrung und durch Wiederholung von selbst; sie haben vor allem arbeitsökonomische und stabilisierende Funktionen (Wolff 1984). Andererseits besteht die Gefahr, dass die notwendige Reflexivität und Individualität verloren gehen, wenn man sich allein auf diese Standards und Routinen festlegt. → *Drob Inn* ⇒ *Verbote* ⇒ *Pumpentausch / Kleiderkammer*

Die oben angeführten Möglichkeiten entlasten mehr oder weniger sinnvoll von individueller Verantwortung. Hierbei stellt sich die Frage, welche Stützung möglich ist, ohne berufliche Anforderungen zu simplifizieren und Fehlern Vorschub zu leisten. An dieser Stelle soll in Erinnerung gerufen werden, dass Soziale Arbeit *nicht* vorrangig von individuell motivierten Personen geleistet wird. Sie basiert auf gesetzlichen Regelungen und wird von *Institutionen* angeboten (s. Kap. 1.2.1). Fachkräfte arbeiten als abhängig Beschäftigte in diesen Institutionen und ihre Beziehung zu den Adressatinnen entwickelt sich in diesem institutionellen Kontext; sie ist eine Kombination von persönlicher *und* institutioneller Leistung. Sowohl Organisation als auch Person müssen daher bei der Bestimmung der Professionalität berücksichtigt werden.

institutioneller Kontext

Organisation als Interpretations- und Entscheidungssystem

Die vielfach geforderte und fachlich begründbare professionelle Arbeit braucht somit eine kollektive Unterstützung durch die Organisation, die berufliche Haltungen flankiert und stabilisiert. Professionalität sollte daher im Zusammenhang eines „organisationskulturellen Systems" gedacht werden. Klatetzki (1998, 62) beschreibt „Organisation" als ein Interpretations- und Entscheidungssystem, das „durch die Festlegung von Rollen und den Beziehungen zwischen diesen Rollen den Mitarbeiterinnen ... hilft, die Realität zu verstehen und zwischen unterschiedlichen Handlungsalternativen auszuwählen." Die Organisation produziert eine „praktische Ideologie", also emotional besetzte, von deren Angehörigen geteilte normative Vorstellungen. Diese hilft ihnen, ihrer Umwelt Sinn zu verleihen und leitet faktisch ihr Handeln. Müller (2002, 740) schreibt mit Verweis auf Klatetzki:

> „Nur eine *Wechselwirkung aus Handeln und organisatorischer Struktur* kann verhindern, dass Offenheit, Lebensweltorientierung und Partnerschaftlichkeit durch bürokratische Organisationsstrukturen blockiert wird, und dass aus Offenheit Willkür und Unverbindlichkeit, aus Lebensweltorientierung unüberprüfbare Zufälligkeit der Interventionsbereiche und aus Partnerschaftlichkeit eine Privatisierung der Interventionskriterien wird."

praktische Ideologie

Fachliche Standards und professionelles Handeln werden folglich faktisch durch die „praktische Ideologie" einer Organisation gestützt. Diese Erkenntnis scheint zumindest älteren deutschen Fachkräften nicht präsent zu sein (möglicherweise aufgrund ihres historisch bedingten „gebrochenen" Verhältnisses zu ihren Institutionen). Man findet eher die Auffassung, Fachkräfte sollten sich „parteilich" auf die Seite der Adressatinnen stellen, um deren legitime Bedürfnisse und Interessen auch *gegen* bürokratische und kontrollierende Vorgaben der eigenen Organisation durchzusetzen, oder sich doch zumindest „Handlungsspielräume" zu sichern, die sie für diese Zwecke nutzen können. Solche Einstellungen machen es schwierig, die Institution als sichernden, unterstützenden Background wahrzunehmen, dessen Verfahren und Routinen – zumindest, wenn sie fachlich gut durchdacht und strukturiert sind – durchaus und zu Recht entlastend und stützend wirken. Da Fachkräfte gleichzeitig Teilnehmer und Abhängige ihrer Institution sind, sind sie selbst auch an der Entwicklung und der Geltung der „praktischen Ideologie" ihrer Organisation beteiligt. Das sichert ihnen Chancen und auch Verpflichtungen zur Einflussnahme (s. Kap. 4.2.1).

Bezugspunkte für institutionelle Stützung

Im Folgenden werden beispielhaft einige der bereits erwähnten Bezugspunkte zusammengefasst, die helfen können, das individuelle berufliche Handeln durch institutionell abgesichertes Handeln zu stützen (s. auch Kap. 5.2):

Fachliche und verfahrensrechtliche gesetzliche Bestimmungen: Das schon mehrfach als Beispiel herangezogene Kinder- und Jugendhilfegesetz (SGB VIII) beinhaltet beispielsweise fachliche und verfahrensrechtliche Vorschriften, die explizit auf eine Verfachlichung der Sozialen Arbeit in der Jugendhilfe zielen. Die ebenfalls schon mehrfach zitierten *Strukturmaximen* des 8. Jugendberichtes der Bundesregierung (s. Kap. 1.1.5) und die Vorschriften zur Sicherung der Partizipation sowie des Wunsch- und Wahlrechts gelten als Leitlinien für professionelles Handeln, die als verbindliche Verfahrensgrundsätze institutionell etabliert werden sollten.

Konzeptionell orientierte Arbeit: → Konzeptionen integrieren gesetzliche Aufträge, fachlich entwickelte → Konzepte und institutionelle Rahmenbedingungen. Auch hieraus lassen sich Verfahrensgrundsätze, Arbeitsprinzipien und teilweise auch Interventionen ableiten, die den Angehörigen einer Institution als sichernde „Geländer" für die Gestaltung ihrer beruflichen Arbeit dienen.

Leistungsbeschreibungen: Durch → Leistungsbeschreibungen erhalten Leistungsberechtigte und Leistungsfinanzierende einen Überblick über das zu erwartende Angebot der Einrichtung bzw. Organisation. Es sind öffentliche „Versprechen" der Einrichtung, dass ihre Angehörigen die angegebenen Leistungen zuverlässig erbringen. Auch hierdurch wird der Fokus von der individuellen Handlungskompetenz der Fachkräfte auf eine transparente Angebotsstruktur der Einrichtungen und Dienste verlagert.

Beschreibung von Schlüsselprozessen: Neben der Ausarbeitung von Verfahrensgrundsätzen bietet sich die weitere Möglichkeit, wiederkehrende, wichtige Abläufe (→ Schlüsselprozesse) des beruflichen Alltags unter fachlichen und institutionellen Gesichtspunkten so weit auszuarbeiten, dass sie als weitere Orientierung für Fachkräfte dienen können (s. Kap. 5.5).

Ob und inwieweit es eine fachlich fundierte „Fehlerdebatte" geben wird, ist derzeit noch nicht geklärt. Es ist überdies nicht sinnvoll, eine *Sanktionsinstanz der Profession* – etwa ein Standesgericht – zu installieren, auch wenn der Deutsche Berufsverband Soziale Arbeit (DBSH) seit der Jahrtausendwende die Standarddebatte intensiv führt: Neuerdings kann man sich einem Verfahren unterwerfen, das die Mitglieder an die bisher festgelegten Standards bindet und sie bei einem Verstoß aus dem Berufsverband ausschließt.

3.1.4 Zusammenfassung

Das so genannte Anforderungsprofil für Fachkräfte der Sozialen Arbeit veränderte sich von blumig beschriebenen Persönlichkeitsmerkmalen zur Beschreibung von (Schlüssel-) Kompetenzen. Für die Soziale Arbeit ist eine Kompetenzbeschreibung sinnvoll, die die „Person als Werkzeug" in den Mittelpunkt stellt. Angehende Fachkräfte sollten eine gewisse „Eignung" für den Beruf mitbringen und diese in Studium und Weiterbildung fachspezifisch zu einer professionellen Handlungskompetenz auf- und ausbauen.

Persönlichkeitsmerkmale und professionelle Handlungskompetenz

Aus der Struktur der Experten-Laien-Beziehung bzw. der professionellen Bearbeitung lebensweltlicher Aufgaben und Alltagsproblemen erwachsen systematische und unausweichliche Fehlerquellen und Verfahrensfallen, die zu „schlechter" Arbeit führen können. Fachkräfte können großen Schaden

Paradoxien und „Kunstfehler" als Fehlerquellen beruflichen Handelns

in der Lebenswelt ihrer Adressatinnen anrichten. Da den Fachkräften eine so genannte technische Autonomie hinsichtlich des Einsatzes ihrer Mittel zugestanden werden muss (White 2000), wurde solchen Fehlern bisher nicht die notwendige fachliche Aufmerksamkeit gewidmet.

institutionelle Stützung individualisierter Professionalität

Der verantwortliche Umgang mit den systematischen Fehlerquellen wird häufig allein der Kompetenzfigur „Person als Werkzeug" zugewiesen. Dieses „individualisierte Professionalitätsverständnis" verstellt den Blick dafür, dass Soziale Arbeit sozialstaatlich initiierte, institutionell organisierte Arbeit und daher eine Kombination von persönlicher und institutioneller Leistung ist. Fachkräfte sollten stärker akzeptieren, dass ihre „Organisation als Interpretations- und Entscheidungssystem" und deren „praktische Ideologie" (Klatetzki 1998) ihr Handeln im besten Fall stützen und absichern kann. Institutionelle „Stützgerüste" wie Konzeptionen, Leistungsbeschreibungen, Verfahrensgrundsätze und Schlüsselprozesse sollten als solche verstanden werden und als Leitlinien für berufliches Handeln dienen.

Die so genannte professionelle Kunst wird in der Sozialen Arbeit überwiegend durch die „Person als Werkzeug" verwirklicht. Wie Studien zu so genannten institutionellen Karrieren (Niemeyer 1996) zeigen, können Adressatinnen auch in den Einrichtungen der Sozialen Arbeit körperlich und seelisch Schaden nehmen. Gleichzeitig ist es schwierig, einen „Schaden" als solchen zu identifizieren und ihn eindeutig auf das Handeln oder Unterlassen einer Fachkraft oder nur einer Einrichtung zurückzuführen. Angesichts der Besonderheiten der beruflichen Handlungsstruktur würde ein generelles professionelles Regelsystem nicht weiterhelfen. Fachkräfte tragen gerade wegen ihrer großen Handlungsspielräume eine hohe Verantwortung für ihre Adressatinnen und die Güte ihrer Arbeit. Hier kommt die Institution ins Spiel, die den Fachkräften durch hilfreiche und fachlich abgesicherte Stützgerüste wie auch durch das gesicherte Angebot einer Supervision hilft, ihre Verantwortung wahrzunehmen.

Es ist von großer Bedeutung, die Institution im Grundsatz positiv, als Interpretations- und Entscheidungssystem, wahrzunehmen und zu nutzen. Das schließt nicht aus, sondern fordert sogar, dass Angehörige ihre Institution ständig (fachlich begründet) kritisieren und engagiert daran mitarbeiten, die angebotenen Inhalte und Abläufe zu qualifizieren.

Ständige Weiterentwicklung und Reflexion der bestehenden Inhalte und Angebote !!

3.2 Ein Orientierungsrahmen für professionelle Handlungskompetenz

Kann man die Fähigkeiten, die eine Fachkraft braucht, um ihre „Person als Werkzeug" verantwortlich einzusetzen, konkreter bestimmen? Welche Kompetenzen müsste sie auf- bzw. ausbauen? Nach den Ausführungen zur Qualifizierung der Persönlichkeitsmerkmale in Richtung einer professionellen Handlungskompetenz ist dieses Teilkapitel der Beschreibung verschiedener Kompetenzbündel und der zu erwerbenden Einzelkompetenzen gewidmet. Sie wurden in einem Orientierungsrahmen untergebracht, der die Anforderungen an sozialberufliches Handeln nach zwei Handlungsebenen und drei Dimensionen ordnet. Nach der Beschreibung des Orientierungsrahmens werden die Einzelkompetenzen nach Dimensionen beschrieben (eine erste Version der Kompetenzen findet sich in Spiegel 2002b).

3.2.1 Der Orientierungsrahmen und seine Dimensionen

Der Orientierungsrahmen wird im Hinblick auf die *Aufgabenstruktur* der sozialberuflichen Praxis konstruiert. Zunächst werden *drei* – auch institutionell verankerte – *Handlungsebenen* identifiziert, auf denen sich Fachkräfte der Sozialen Arbeit mit unterschiedlichen Aufgabenstellungen bewegen.

Handlungsebenen

Fachkräfte an der so genannten Basis sind in erster Linie für die Aufgaben und Prozesse im *unmittelbaren*, individuellen Kontakt mit den Adressaten zuständig. Der in diesem Rahmen verwendete Begriff des „Falles" bezeichnet nicht nur die Arbeit mit einer Einzelperson oder einer individuell problematischen Lebenspraxis, sondern beinhaltet auch „kollektive Einzelfälle" (Gildemeister 1996, 444). Auf der *Fallebene* arbeiten Fachkräfte allein oder im Team mit Einzelnen, Familiensystemen, Gruppen oder größeren Systemen (z.B. Gemeinwesen). Sie orientieren sich dabei an der „praktischen Ideologie" (Klatetzki 1998) und den konzeptionellen und materiellen Vorgaben ihrer Einrichtung bzw. der Organisationseinheit, der sie angehören. Im Blickfeld ist die Gestaltung einzelner Kommunikationssituationen bis hin zu Situationsketten bzw. Prozessverläufen über einen festgelegten Zeitraum.

Fallebene

In jeder Organisation gibt es eine Vielzahl *mittelbarer* Arbeitsprozesse (koordinierende, organisatorische und administrative Tätigkeiten), die als Voraussetzung oder Folge der unmittelbaren Fallarbeit gelten. Zumeist sind es Leitungskräfte auf den verschiedenen Hierarchieebenen innerhalb einer Einrichtung oder eines Amtes, die die Voraussetzungen dafür schaffen, dass die Fallarbeit effektiv und effizient erledigt werden kann. Sie entwickeln in Zusammenarbeit mit dem Träger und den Mitarbeitern die „praktische Ideologie" der Einrichtung, setzen im Hinblick auf die Lebenswelt der Zielgruppen konzeptionelle Schwerpunkte und Arbeitsprinzipien und erarbeiten Verfahrensgrundsätze sowie Schlüsselprozesse für die Fallarbeit. Sie sind für die Umsetzung der Konzeption und die Prozess-Steuerung mit allen organisatorischen Konsequenzen verantwortlich und sichern somit durch ihr „Management" die Fallarbeit ab.

Managementebene

Auf einer dritten Handlungsebene entfalten Planungsfachkräfte in Auseinandersetzung mit Sozialverwaltung und Sozialpolitik verschiedene Sozialplanungsprozesse (z.B. Jugendhilfeplanung, Behindertenhilfeplanung, Altenhilfeplanung oder Psychiatrieplanung) und steuern deren Umsetzung. Ihre Planungsarbeit soll dazu beitragen, im Dialog mit der Sozialpolitik eine

kommunale Planungsebene

angemessene soziale Infrastruktur für den jeweiligen Planungsbereich (in der Kommune oder dem Landkreis) gewährleisten und dabei kommunalpolitische, sozialpolitische sowie auch fiskalische Erwägungen berücksichtigen. Die soziale Infrastruktur einer Kommune oder eines (Land-) Kreises kann regional verschieden sein, und Entscheidungen auf der *kommunalen Planungsebene* haben Auswirkungen für die Durchführung der Fall- und der Managementarbeit in den Einrichtungen. Sowohl Fach- als auch Leitungskräfte müssen sich in ihrer Aufgabenerfüllung immer auf diese Handlungsebene beziehen.

Obwohl Planung und Umsetzung gemäß der geläufigen Vorstellung hierarchisch („von oben nach unten") erfolgen, liegt der strukturelle Ort der Handlungen nicht unabänderlich fest. Es kann durchaus sein, dass man als Fachkraft in einem Team (etwa im Arbeitsfeld der Offenen Jugendarbeit) zwei Drittel der Arbeitszeit in die direkte Beziehungsarbeit mit Jugendlichen investiert (Fallebene), parallel im gleichberechtigt arbeitenden Team eine Konzeption entwickelt und die gesamte Managementarbeit ebenfalls im Team aufteilt. Fachkräfte, die ohne Kollegen arbeiten, wechseln permanent zwischen diesen beiden Handlungsebenen. Auf beiden Ebenen fallen immer auch Planungsaufgaben aus dem Funktionsbereich der Sozialplanung an. Als Beispiele sollen die Mitarbeit in einer so genannten Planungsgruppe der Jugendhilfe (Jordan/Schone 1998) und als Mitglied in einer Arbeitsgemeinschaft der Träger nach §78 SGB VIII angeführt werden.

Fokus: Fall- und Managementebene   Die Darlegungen im Rahmen dieses Buches bleiben auf die Darstellung von Kompetenzen für die *Fallebene* und die *Managementebene* beschränkt. Bei der Managementebene wurde auch der Kompetenzbereich „Führen und Leiten" weitgehend ausgespart, da explizite Leitungsfunktionen wie auch Funktionen der Sozialplanung nicht im Zentrum des Bachelorstudiums stehen (hierfür werden Masterstudiengänge und Zusatzausbildungen auf dem Weiterbildungsmarkt angeboten). Die kommunale Planungsebene ist jedoch als Bezugspunkt des methodischen Handelns wichtig, weil kommunale und gesellschaftspolitische Vorgaben die Alltagsarbeit in der Einrichtung ständig tangieren und sowohl Management- als auch Fallarbeit in den kommunalpolitischen Raum hineinwirken (sollten). Die dargestellten Einzelkompetenzen sind daher so formuliert, dass diese Handlungsebene im Blick bleibt.

Kompetenz-dimensionen   Für die weitere Differenzierung des Orientierungsrahmens wurde die auch im Alltag geläufige Unterscheidung zwischen „Kopf" (Kognition bzw. Wissen), „Herz" (Emotion bzw. berufliche Haltungen) und „Hand" (praktische Handlungen bzw. Können) gewählt. Ausgehend von den praktischen Aufgaben der Fachkräfte steht das „Können" am Anfang der Aufzählung.

Können   Die Dimension des *Könnens* beschreibt Bündel methodischer Fähigkeiten zur „handwerklichen" Umsetzung beruflicher Aufgaben. Die Kompetenzen dieser Dimension kann man im Wesentlichen erlernen und einüben. Sie bauen auf den Schlüsselkompetenzen – allen voran Kommunikationsfähigkeit und Flexibilität – auf, ohne die methodisches Handeln und der Einsatz der „Person als Werkzeug" nicht denkbar ist. Hierbei geht es neben Grundoperationen des methodischen Handelns auch um Fähigkeiten und Arbeitstechniken zur effektiven und effizienten Gestaltung der Arbeitsprozesse.

Bei der professionellen Ausgestaltung ihrer beruflichen Handlungen **Wissen** greifen Fachkräfte auf strukturell verschiedene *Wissensbestände* zurück, deren Kategorien im Kapitel 2.2 ausführlich vorgestellt wurden. Ein gewisser Fundus an wissenschaftlichem Wissen muss vorhanden sein. Da ohne ihn methodisches Handeln schwer gelingen kann, wird auf einer allgemeinen Ebene aufgelistet, über welche Kenntnisse arbeitsfeldunabhängiger Wissensbestände (Theorien und Konzepte) Fachkräfte auf den verschiedenen Handlungsebenen verfügen sollten.

Die Dimension der *beruflichen Haltungen* thematisiert den Umstand, **berufliche** dass berufliches Handeln in der Sozialen Arbeit wertgeleitetes Handeln ist. **Haltungen** Sie enthält Hinweise auf reflexive Kompetenzen sowie den *Willen*, die eigenen Werte und Einstellungen mit dem Fundus des beruflichen Wertwissens zu konfrontieren und eine reflektierte berufliche Haltung zu entwickeln.

Der nachfolgend dargestellte Orientierungsrahmen differenziert zwischen diesen drei Kompetenzdimensionen und den beiden zuvor beschriebenen Handlungsebenen. In den Feldern wurden „Bündel" von Kompetenzen untergebracht, die nachfolgend konkretisiert werden.

Tab. 1: Orientierungsrahmen: Kompetenzbündel für die Soziale Arbeit

	Fallebene	**Managementebene**
Können	• Fähigkeit zum kommunikativen, dialogischen Handeln • Fähigkeit zum Einsatz der Person als Werkzeug • Beherrschung von Grundoperationen des methodischen Handelns	• Fähigkeit zur effektiven und effizienten Gestaltung der Arbeitsprozesse • Fähigkeit zur organisationsinternen Zusammenarbeit • Fähigkeit zur interinstitutionellen und kommunalpolitischen Arbeit
Wissen	• Beobachtungs- und Beschreibungswissen • Erklärungs- und Begründungswissen • Wertwissen • Handlungs- und Interventionswissen	• Kategorien wie nebenstehend, jedoch andere Inhalte
Berufliche Haltungen	• Arbeit an der beruflichen Haltung • Orientierung an Wertestandards der Sozialen Arbeit • reflektierter Einsatz beruflicher Haltungen	• Kategorien und Inhalte wie nebenstehend

Die Kompetenzbündel lassen sich ihrerseits in Einzelkompetenzen unterteilen, die bei näherer Betrachtung immer noch „grobe Brocken" sind, also Zusammenfassungen vieler einzelner Fähigkeiten, für deren Erwerb teilweise gesonderte Ausbildungen auf dem Weiterbildungsmarkt angeboten werden. Im Rahmen des vorliegenden Buches bleibt die Darstellung auf diese Stufe der Konkretion begrenzt.

Hilfskonstruktion für Vermittlungszwecke

Vorab soll angemerkt werden, dass die Zuordnung der Kompetenzbündel zu den Handlungsebenen eine *Hilfskonstruktion* zur Veranschaulichung des Themas ist, denn Kompetenzen, die in der Arbeit mit den Adressaten (Fallebene) gefordert werden, kommen (modifiziert und mit anderer Gewichtung) auch auf der Managementebene und auf der kommunalen Planungsebene zum Tragen und umgekehrt. Es ist im beruflichen Alltag generell schwierig, Einzelkompetenzen zu isolieren, und auch *zwischen* den Kompetenzdimensionen lassen sich keine klaren Grenzen ziehen. An anderer Stelle wurde ausgeführt, dass es geradezu unprofessionell wäre, Techniken oder Fertigkeiten zu „trainieren", ohne zu wissen, wie diese konzeptionell eingebettet sind (s. Kap. 2.2.5) oder berufliche Haltungen allein durch die Rezeption beruflicher Wertestandards erwerben zu wollen, ohne die persönlichen, biografisch erworbenen Werthaltungen und ihre Auswirkungen zu untersuchen.

Eine weitere Vorbemerkung bezieht sich auf die getroffene *Auswahl* der Kompetenzen: Sie sind das Ergebnis einer Sichtung veröffentlichter und unveröffentlichter Vorschläge und Modelle für die Entwicklung professioneller Handlungskompetenz. Die Autorin hat mit Kolleginnen, Praktikern und Studierenden diskutiert und diejenigen ausgewählt, die immer wieder genannt und bestätigt sowie offenkundig arbeitsfeldübergreifend für wichtig gehalten werden. Dennoch ist die Sammlung persönlich, vorläufig und revisionsbedürftig. Aus Platzgründen erfolgt die Darstellung äußerst knapp; zu jeder der hier aufgeführten Kompetenzen gibt es Theorien und Konzepte, auf die nur exemplarisch hingewiesen wird. Die Darstellung der Einzelkompetenzen erfolgt getrennt nach Dimensionen und teilweise nach Handlungsebenen, wobei der Übergang fließend ist. Eine tabellarische Gesamtübersicht der Einzelkompetenzen findet sich in Kapitel 3.2.5.

3.2.2 Kompetenzen in der Dimension des Könnens

Was sollten Fachkräfte nun „können"? Welche Fähigkeiten brauchen sie, um in der jeweils „einmaligen" Handlungssituation tätig zu werden? Die Individualität jeder beruflichen Handlung liegt in der Einzigartigkeit der „Mischung" von professionellen Fähigkeiten, die prinzipiell erlernbar sind. Im vorliegenden Abschnitt wird ein Teil dieser Fähigkeiten beschrieben, ohne Aufzählung der Vielzahl der jeweils zuzuordnenden *Fertigkeiten*. Die Darlegungen bewegen sich von der Fallebene zur Managementebene.

Fähigkeit zum kommunikativen dialogischen Handeln

Diese Fähigkeit bildet eine Voraussetzung (Schlüsselkompetenz) für methodisches Handeln. Ohne eine allgemeine Kommunikationsfähigkeit sind Kontakte zu Adressaten und allen anderen Systemen nicht möglich. Für das dialogisch orientierte Handeln sind besonders folgende Einzelkompetenzen von Belang:

Fähigkeit zum Aufbau einer tragfähigen Arbeitsbeziehung: Beziehungen sind das „Medium" für die Arbeit mit Adressatinnen und Personen des → Aktionssystems. Als berufliche Beziehungen sind sie adressatenorientiert, zweckgerichtet, und sie abstrahieren von der persönlichen Befindlichkeit der Fachkräfte, ohne dass sich die Partnerinnen als Objekte behandelt fühlen dürfen. Menschen gehen tragfähige Beziehungen ein, wenn sie sich davon einen *Nutzen* versprechen. Da die Kontaktaufnahme nicht immer freiwillig ist, sollten Fachkräfte Kosten- und Nutzenerwägungen ihrer Beziehungspartner abschätzen und überlegen, auf welche Weise und mit welcher Botschaft sie Kontakt aufnehmen bzw. diesen stabilisieren. Sie müssen auf positive und negative Rückmeldungen reagieren und die Qualität der jeweiligen Beziehung einschätzen können (Pincus/Minahan 1980; Müller 1991). **Aufbau einer Arbeitsbeziehung**

Fähigkeit zur Gestaltung von Kommunikationssituationen: Berufliche Beziehungen sind immer prekär und müssen ständig gepflegt bzw. erneuert werden. Fachkräfte sollten sich in ihrer Wortwahl auf die Sprache ihrer Partnerinnen einstellen. Eine Ausbildung in Gesprächsführung (etwa nach dem klientenzentrierten, lösungsorientierten oder systemischen Konzept) kann sehr hilfreich sein. Jede Kommunikation läuft über mehrere Kanäle: Fachkräfte müssen die Botschaften ihrer Partnerinnen wahrnehmen und entschlüsseln können und über ein methodisches Reservoir von „nicht-sprachlichen" (z. B. musikalischen, theatralischen oder künstlerisch-handwerklichen) Kommunikationsfähigkeiten verfügen. **Gestaltung von Kommunikationssituationen**

Fähigkeit zum dialogischen Verstehen: Fachkräfte sollten im Wissen darum, dass Menschen ihre Wirklichkeit subjektiv (re-) konstruieren (s. Kap. 1.2.2), Deutungen in der „Sprache des Falles" (Gildemeister/Robert 1997) herausarbeiten können. Sie sollten sich in die Sichtweise der jeweils Beteiligten versetzen, um aus dieser Perspektive das Motiv oder Anliegen der Adressatin zu *verstehen*. Sie müssen einschätzen können, wo das „Verstehen" aufhört bzw. wo und wie sie sich mit ihren Partnerinnen „verständigen" müssen (z. B. über subjektive Sinndeutungen) (Kunstreich 1998, 297). **dialogisches Verstehen**

Fähigkeit zum dialogischen Verhandeln: Fachkräfte brauchen den Willen und die Fähigkeit, mit anderen (dialogisch) ver- bzw. auszuhandeln, was jeweils als Problem oder Aufgabe gelten soll, in welche Richtung man sich bewegen will, auf welches Ziel man sich verständigt, und wer sich auf welche Weise an der Erreichung des Zieles beteiligen will bzw. soll. Da Soziale Arbeit als → *Koproduktion* angelegt ist, müssen Fachkräfte mitunter auf die Durchsetzung ihrer eigenen Einschätzung verzichten, auch wenn diese „fachlich begründet" ist. Wo das Aushandeln an Grenzen stößt (z. B. bei der Wahrung von Kontrollaufgaben), müssen sie nach einem Eingriff schnellst- **Ver- und Aushandlung** möglich wieder an einer Stabilisierung der Arbeits- und Verhandlungsbeziehung arbeiten.

Vermittlung

Vermittlungsfähigkeit: Fachkräfte arrangieren *für* ihre Adressatinnen und *mit* ihnen (neue) Situationen und Begegnungen, in denen sie selbst als „Grenzgänger" auftreten: Sie vermitteln zeitweilig zwischen sehr unterschiedlichen Systemen, z. B. zwischen Generationen (Eltern/Kinder), Konfliktparteien (Ehepartnern), Kulturen (Russlanddeutschen/Einheimischen) und Interessen (Kindeswohl/Elternwohl). Hierfür müssen sie die Systemregeln und -sprachen in die jeweils anderen übersetzen können; Fähigkeiten aus dem Konzept der „Mediation" (Proksch 1998) sind hier dienlich.

Vernetzung

Vernetzungsfähigkeit: Fachkräfte arbeiten an beschädigten oder zerrissenen lebensweltlichen Netzwerken bzw. ergänzen oder ersetzen sie teilweise durch institutionelle Netzwerke. Sie stellen für die lebensweltliche Unterstützung und Begleitung ihrer Adressatinnen fallbezogen und auch interinstitutionell → Aktionssysteme zusammen, in denen verschiedene Berufsgruppen und auch Laien mitarbeiten. Diese müssen ständig „gepflegt" werden, um zu funktionieren und sich nicht gegenseitig zu behindern (Bullinger/Nowak 1998); Fähigkeiten des Casemanagements (Wendt 1997) sind hierfür hilfreich.

Fähigkeit zum Einsatz der „Person als Werkzeug"

Als Voraussetzung für den methodischen Einsatz der Persönlichkeit gilt, dass man die eigenen Fähigkeiten und ihre Wirkungen kennt. Fachkräfte sollten sich Klarheit über ihre Rolle im jeweiligen Kontext verschaffen und die Folgen ihrer → Interventionen und Arrangements beobachten. Durch die Beobachtung gewinnen sie eine professionelle Distanz zu ihren → Handlungen und Haltungen und können diese als „Werkzeug" benutzen. Die folgenden Einzelkompetenzen werden hervorgehoben:

Empathie

Empathiefähigkeit: Fachkräfte müssen Motive und Emotionen anderer wahrnehmen und sich in sie hineinversetzen können, ohne sich darin zu verlieren. Sie sollten Erwartungen und Reaktionen anderer antizipieren und dieses Wissen kenntlich in die Kommunikation einbringen. Werden eigene Emotionen oder Motive berührt (z. B. Betroffenheit, Mitleid, Abwehr oder Aggression), müssen sie diese bei sich registrieren und möglichst neutralisieren – oder sich notfalls aus der Fallbearbeitung zurückziehen. Diese Fähigkeit wird vor allem durch eine begleitende Supervision (Belardi 2001) gefördert.

Ambiguitätstoleranz

Ambiguitätstoleranz: Fachkräfte sollten es emotional aushalten können, dass Situationen und Deutungen ungeklärt oder widersprüchlich bleiben. Sie müssen akzeptieren, dass sich Werthaltungen, Lebensweisen und Zukunftspläne ihrer Adressaten sehr von ihren eigenen unterscheiden können. Grenzen der Toleranz zeigen sich da, wo andere mit ihren Lebensweisen und Wünschen die legitimen Bedürfnisse und Wünsche anderer beeinträchtigen oder verletzen (Staub-Bernasconi 1998a). Auch dies ist ein Thema für die Supervision.

Fähigkeit zum Rollenhandeln: Fachkräfte übernehmen eine Vielzahl von **Rollenhandeln**
Rollen. Angesichts des oben erläuterten doppelten Mandates (Böhnisch/
Lösch 1973) und der beruflichen Paradoxien (Schütze 1992) dürfen sie sich
nicht auf nur eine Rolle zurückziehen, weder auf die Rolle eines „relational
Handelnden" (Position eines „Dritten" in Relation zu den Adressaten und
zur Institution), noch auf die Rolle der „stellvertretenden Deuterin"
(Dewe/Otto 2005a) oder jene der „Assistentin" (Kunstreich 1998). Sie müssen klären und nachvollziehbar vermitteln, welche Rolle sie in dieser und
welche in jener Phase des Falles einnehmen, und wo sie ihre Rolle zeitweilig
oder dauerhaft wechseln (müssen).

Fähigkeit zur Selbstbeobachtung: Fachkräfte brauchen ein Bewusstsein **Selbstbeobachtung**
für die Wirkungen ihres Auftretens. Sie müssen sensibel dafür sein, dass
und wie *geplante* → Interventionen durch die eigene *Haltung* bzw. die Situationsdynamik verändert und möglicherweise konterkariert werden.
Hierzu gehört auch eine realistische Einschätzung der eigenen Schwächen
und Stärken, denn nicht jeder kann jede Intervention gleich gut umsetzen
(wer sich selbst als eher harmoniebedürftig einschätzt, sollte z. B. auf den
Einsatz konfrontierender Strategien verzichten). Fertigkeiten der kriteriengeleiteten Selbstbeobachtung erwirbt man in Projekten der Selbstevaluation (s. Kap. 8).

Fähigkeit zur Selbstreflexion: Der Einsatz der „Person als Werkzeug" **Selbstreflexion**
muss durch ständige Selbstreflexion begleitet und kontrolliert werden.
Fachkräfte müssen jederzeit wissen und begründen können, was sie wie und
warum tun. Die Handlungsmotive, die emotionalen Anteile und so genannte blinde Flecke des eigenen Handelns können mit dem traditionellen
Reflexionsinstrument der Sozialen Arbeit, der Supervision, gut bearbeitet
werden (Belardi 2001).

Beherrschung von Grundoperationen des methodischen Handelns

Fachkräfte sollten über ein Analyse- und Reflexionswerkzeug verfügen, das
ihnen hilft, sich wesentliche Informationen für die Planung und Reflexion
ihrer Interventionen zu erschließen (s. Kap. 4 bis 7). Für den Umgang mit
diesem Werkzeug ist die Beherrschung folgender Fähigkeiten sinnvoll:

Fähigkeit zum methodischen Handeln: Das methodische Handeln besteht **methodisches**
im Wesentlichen aus verschiedenen „Grundoperationen" (Analyse der **Handeln**
Rahmenbedingungen, Situations- und Problemanalyse, Zielentwicklung,
Planung und Evaluation). Diese Fähigkeiten werden ausführlich im zweiten
Teil dieses Buches (Kap. 5 bis 8) vorgestellt.

Fähigkeit zum Zusammenführen von Wissensbeständen: Fachkräfte soll- **Zusammenführen**
ten Theorien situations- und fallorientiert (Kap. 2.2) abrufen und mit ihren **von**
Informationen und Erfahrungen relationieren können. Hierfür brauchen **Wissensbeständen**
sie eine gewisse Offenheit und Neugier, die es ihnen ermöglicht, über wissenschaftliches Wissen zu alternativen Deutungen zu gelangen. Auf diese
Weise überprüfen und qualifizieren sie ihre Wahrnehmungs-, Deutungs-
und Entscheidungsroutinen.

Fallverstehen

Fähigkeit zum hermeneutischen Fallverstehen: Fachkräfte sollten zumindest *eine* Methode des hermeutischen → Fallverstehens bzw. der → stellvertretenden Deutung beherrschen. Es geht hierbei um die Fähigkeit und Bereitschaft, mit den Adressaten deren Problemzusammenhänge zu rekonstruieren (dekomponieren) und zu deuten. Hierbei bringt man neues Wissen und andere Sichtweisen ein, die helfen, geschlossene Deutungsmuster zu öffnen und den Adressaten neue Perspektiven und subjektive Handlungsmöglichkeiten zu erschließen (Dewe/Otto 2005a).

Fähigkeit zur effektiven und effizienten Gestaltung der Arbeitsprozesse

Mit der Reform der öffentlichen Verwaltung, der Qualitätsdebatte und unter zunehmendem Finanzdruck rücken Organisation und Management der Sozialen Arbeit und damit auch Fragen der *Effektivität* („Sind unsere Ziele und Interventionen angemessen?", „Tun wir das Richtige?") und der *Effizienz* („Arbeiten wir wirtschaftlich?") in den Fokus. Folgende Einzelkompetenzen werden hervorgehoben:

konzeptionelle Arbeit

Fähigkeit zum konzeptionellen Arbeiten: Als Gewähr *effektiver* Arbeit müssen Fachkräfte die Rahmenbedingungen und Ressourcen ihrer Einrichtung und die Erwartungen der Beteiligten (Fachkräfte, Entscheidungsträger, Adressaten) in einen nachvollziehbaren, flexiblen konzeptionellen → Wirkungszusammenhang integrieren. Die → Konzeption ermöglicht eine Abstimmung und eine gewisse Steuerung der individuellen beruflichen Handlungen. Sie beruht auf der Fähigkeit des Aushandelns eigener und professioneller Sichtweisen und auf dem Willen zur Konsensbildung. Eine Anleitung zur Konzeptionsentwicklung findet sich in Kap. 7.

Optimierung der Organisation

Fähigkeit zur Optimierung der Organisation: Die Aufbau- und Ablauforganisation einer Einrichtung und auch die individuellen Arbeitsabläufe sollten im Hinblick auf die Konzeption und daraus ableitbare Zwecke funktional (zielgerichtet), wirtschaftlich (kostengünstig) und damit *effizient* im eigentlichen Sinne organisiert sein. Fachkräfte müssen diese Prozesse ständig analysieren und gegebenenfalls Veränderungen der Rahmenbedingungen in Gang setzen (Merchel 2001b).

Dokumentation

Fähigkeit zur Dokumentation: Effiziente Arbeit fordert Fähigkeiten zur Beschaffung *entscheidungsbezogener* Daten. Fachkräfte müssen ein → Berichtswesen entwickeln können, das ihnen ermöglicht, relevante Daten zu erfassen, zu verdichten und bezüglich der konzeptionellen und der Organisationsziele zu analysieren. Sie sollten die Daten derart aufbereiten können, dass sie selbst bzw. die Verwaltungsspitze eine (qualitäts- und kostenbezogene) Gesamtschau der Arbeit in der Einrichtung erhalten und (falls erforderlich) „umsteuern" können (Kühn 1999).

Selbstevaluation

Fähigkeit zur Selbstevaluation: Fachkräfte sollten die Grundoperationen der Selbstevaluation beherrschen. Diese befähigen sie auch, bei externen Evaluationen und Controlling-Prozessen die Rolle der passiven Datenlieferantin zu verlassen und aktiv (und kritisch) an diesen Vorhaben mitzuwirken. Eine Anleitung zur Selbstevaluation findet sich in Kapitel 8.

Fähigkeit zur organisationsinternen Zusammenarbeit

Da Soziale Arbeit in Institutionen immer auch arbeitsteilig erfolgt, gewinnt die Zusammenarbeit innerhalb einer Organisation einen hohen Stellenwert. Folgende Einzelkompetenzen sind gefordert:

Fähigkeit zum Rollenmanagement: Im Hinblick auf die Aufgaben- und Rollenerwartungen in der Organisation müssen Fachkräfte die formale Struktur der Positionen und Kommunikationsabläufe analysieren und ihr institutionelles Rollenprofil individuell ausgestalten können (Fatzer 1990). **Rollenmanagement**

Fähigkeit zur Teamarbeit: Fachkräfte müssen willens und in der Lage sein, sich mit ihren Kollegen zu koordinieren, Kompromisse einzugehen, konstruktiv zusammenzuwirken und Konflikte zu bearbeiten. Hierzu brauchen sie eine Haltung der Akzeptanz, Glaubwürdigkeit, Fehlertoleranz, eine kritische Solidarität gegenüber den Kolleginnen und die Bereitschaft zur Supervision. **Teamarbeit**

Fähigkeit zur kollegialen Fallberatung: Aus den Charakteristika der beruflichen Handlungsstruktur und der institutionellen Arbeitsteiligkeit der Sozialen Arbeit ergibt sich zwingend die Notwendigkeit einer kollegialen Beratung und Abstimmung der Fachkräfte untereinander. Fachkräfte müssen daher Formen des effektiven und effizienten kollegialen Austausches beherrschen und zu einer Reflexionskultur ohne Handlungs- und Rechtfertigungsdruck beitragen, die den professionellen Standards entspricht (Ader et al. 2001). **kollegiale Fallberatung**

Fähigkeit zur interinstitutionellen und kommunalpolitischen Arbeit

Wegen der institutionellen Trennung zwischen leistungsanbietenden und -finanzierenden Organisationen, aber auch für ihre vermittelnde und vernetzende Arbeit, benötigen Fachkräfte folgende Einzelkompetenzen:

Fähigkeit zur interinstitutionellen Kooperation: Einrichtungen Sozialer Arbeit müssen im Sozialraum fallbezogen mit anderen Einrichtungen zusammenarbeiten und gleichzeitig mit ihnen um Aufträge konkurrieren. Fachkräfte müssen Fähigkeiten beherrschen, das Leistungsangebot ihrer Einrichtung in Abgrenzung zu den Leistungen Anderer systematisch darzustellen, sodass Dritte aufgrund der → Leistungsbeschreibung eine Übersicht über die Qualität und die Kosten gewinnen (Kröger 1999). **Kooperation und Konkurrenz**

Fähigkeit zur kommunalen Berichterstattung: Da jede Einrichtung in eine Form der Sozialplanung eingebunden ist, müssen Fachkräfte auch für den kommunalen Planungsbedarf Daten sammeln und aufbereiten. Sie müssen fähig sein, ein → Berichtswesen in der geforderten Form zu etablieren und fortzuschreiben sowie regelmäßig über die Qualität und die Kosten ihrer Arbeit zu berichten (Jordan/Schone 1998). **kommunale Berichterstattung**

Fähigkeit zur Verhandlung über Leistung, Qualität und Entgelt: Fachkräfte müssen in der Lage sein, sich aktiv und „offensiv" (mitgestaltend) in die gesetzlich vorgeschriebenen Qualitätsdiskurse und die Aushandlungsrunden um Leistung, Qualität und Entgelt einzubringen. Hierfür sind sowohl fachliche als auch betriebswirtschaftliche Kenntnisse gefragt (Merchel 2001a). **Leistung, Qualität und Entgelt**

Intervention in andere Systeme

Fähigkeit zur Intervention in andere Systeme: Fachliche und finanzielle Standards sind historische, aber keineswegs irreversible Errungenschaften. Fachkräfte sollten das Gespräch und den Streit mit anderen Systemen (Politik, Gemeinwesen) führen können, um professionelle Standards zu halten sowie neue Probleme bzw. Bedarfe in die sozialpolitische Diskussion einzubringen und deren Nichtbeachtung zu skandalisieren (Merten 2001). Sie brauchen hierzu die Fähigkeit, Bedürfnisse und Notlagen der Adressaten in die „Sprachspiele" von Verwaltung und Politik zu übersetzen und die Rolle des Vermittlers zwischen den Systemen einzunehmen. Sie benötigen überdies kreative Fähigkeiten zur Inszenierung ungewöhnlicher, Aufsehen erregender Aktionen, um ihren Anliegen Gehör zu verschaffen.

3.2.3 Kompetenzen in der Dimension des Wissens

Welches Wissen brauchen Fachkräfte, um die umfangreiche Liste der praktischen Fähigkeiten zu realisieren? Was sollte man mindestens beherrschen? Die folgende Aufzählung von Wissenselementen erhebt nicht den Anspruch, einen erschöpfenden Überblick über den Wissensvorrat oder gar essentielle Theorien oder Konzepte der Sozialen Arbeit zu vermitteln. An dieser Stelle werden vielmehr *Wissenskomplexe* benannt, mit denen Fachkräfte ihr methodisches Handeln „unterfüttern" sollten. Neben dem so genannten wissenschaftlichen Wissen brauchen Fachkräfte auch individuelles und institutionelles Erfahrungswissen.

Beobachtungs- und Beschreibungswissen

Zur Überwindung der individuellen Begrenzungen der → subjektiven Wirklichkeitskonstruktion brauchen Fachkräfte ein „diagnostisches" Wissen, das den Charakteristika der beruflichen Handlungsstruktur angemessen ist (s. Kap. 2.2.1). Es umfasst auch Wissen über strukturell wirkende Einflussfaktoren und „institutionelle" Wahrnehmungs- und Deutungsmuster. Die folgenden Wissenskomplexe sind unabdingbar:

konzeptionelle Raster

Kenntnis konzeptioneller Raster der Wirklichkeitswahrnehmung: Fachkräfte sollten zumindest ein ihrem Arbeitsfeld angemessenes, fachlich begründetes konzeptionelles Raster für die mehrperspektivische Erfassung relevanter Informationen über einen Fall und seinen Kontext kennen, beurteilen und anwenden können. Da die bisher existierenden Modelle häufig in therapeutischen oder diagnostischen Kontexten entwickelt wurden, sollten sie in der Lage sein, solche Raster fallspezifisch abzuwandeln. Ggf. müssen sie selbst Kategorien entwickeln und begründen, die auf ihr Arbeitsfeld und ihren institutionellen Kontext sowie den lebensweltlichen Kontext der Adressen zugeschnitten sind (Heiner 2004).

Wirkungen des Kontextes

Wissen über Wirkungen des Kontextes: Die Wahrnehmung eines aktuell vorliegenden Problems ist immer kontextabhängig. Fachkräfte müssen wissen, in welchen Kontexten sich wer bewegt und wie sich diese Einflüsse

auf wessen Wahrnehmung auswirken. Gesetzliche und kommunalpolitische Vorgaben, institutionelle Spezialisierungen und ihre konzeptionelle
Konkretisierung, Verfahrensvorschriften, individuelle Zuständigkeiten
und auch „Atmosphärisches" aus Einrichtung und Sozialraum bilden den
unreflektierten, doch strukturierenden Interpretationsrahmen für Situationen und Probleme. Fachkräfte müssen ihre strukturellen Vorgaben und
die daraus erwachsenen Arbeitsaufträge analysieren und darüber reflektieren, inwieweit diese ihre Wahrnehmung der Wirklichkeit beeinflussen
(s. Kap. 6.2).

Erklärungs- und Begründungswissen

Diese Wissenskategorie umfasst wissenschaftlich gewonnene und Alltagstheorien. Theorien helfen den Fachkräften bei der Wahrnehmung, Ordnung,
Erklärung und Begründung einer Aufgabe oder eines Problems. Fachkräfte
sollten wissenschaftlich gewonnene Theorien kennen und sie zur Kontrastierung ihrer Wahrnehmung, ihrer Interpretationen und ihrer Überlegungen zu Zielen und Interventionen nutzen (s. Kap. 2.2.3). Das Wissen hilft
ihnen, einen Fall, eine Situation oder ein Problem anders und neu zu verstehen, was ihnen (und somit auch den Adressatinnen) zu neuen Sichtweisen
und Optionen verhelfen kann. Folgende Wissenskomplexe sind dafür relevant:

Kenntnis arbeitsfeldspezifischer disziplinärer Wissensbestände: Fachkräfte **arbeitsfeld-**
sollten sich darüber informieren, welche Wissensbestände für ihren Arbeits- **spezifische**
bereich von Bedeutung sind. Sie müssen sich diese Wissensbestände aneig- **Wissensbestände**
nen und ihre Kenntnisse mithilfe von Fachliteratur (Fachzeitschriften),
durch den Besuch von Kongressen und Tagungen aktualisieren und auch
ihre Kollegen über die neuere Fachdiskussion informieren. Das Bachelor-
Studium legt einen gewissen Fundus disziplinärer Wissensbestände, der jedoch einen exemplarischen Charakter hat. Durch das Studium von Beiträ-
gen der → Bezugsdisziplinen erwirbt man die Kompetenz, sich wissenschaftliches Wissen für die in jedem Fall notwendige Vertiefung der arbeitsfeldspezifischen Kenntnisse zu erschließen.

Wissen über Wechselwirkungen von Gesellschaft und Individuum: Fach- **Gesellschaft versus**
kräfte brauchen besonders Kenntnisse über die unausweichliche Korrela- **Individuum**
tion gesellschaftlicher Problemlagen und psychosozialer Befindlichkeiten.
Da Soziale Arbeit es häufiger mit einzelnen Personen (in ihren Familien)
und seltener mit Gruppen oder etwa Gemeinwesen zu tun hat, neigen Fachkräfte dazu, gesellschaftliche Einflüsse (z. B. strukturelle Arbeitslosigkeit
oder gesellschaftliche Überforderung von Eltern bei der Erziehung) zu negieren und die Adressaten selbst für deren Probleme allein verantwortlich
zu machen. Daraus folgende Schuldzuschreibungen und Defizitorientierun-
gen verhindern die fachlich geforderte Ressourcenorientierung.

Kenntnis der sozialpolitischen Einbindung des Arbeitsfeldes: Fachkräfte **sozialpolitische**
sollten wissen, wo ihre Einrichtung innerhalb der gesellschaftlichen Funk- **Einbindung**
tionszuweisungen einzuordnen ist (s. Kap. 1.1). Sie müssen auch wissen, dass

die aktuellen Aufgaben der Sozialen Arbeit Ergebnisse schnell wechselnder gesellschaftlicher Definitionsprozesse sind. Da von den Funktionszuweisungen auch die Finanzierung von (Modell-) Projekten oder ganzen Arbeitsfeldern abhängt, müssen sich Fachkräfte ständig über die gesellschaftliche, sozialpolitische Diskussion informieren und sich offensiv in diese einbringen (Dahme/Otto 2003).

Grenzen Sozialer Arbeit

Wissen über Grenzen Sozialer Arbeit: Soziale Arbeit ist als System der Zweitsicherung zuständig für nicht versicherbare Lebensrisiken. Sie bearbeitet individuelle Auswirkungen gesellschaftlich produzierter Problemlagen (s. Kap. 1.1), ohne deren Ursachen beseitigen zu können. Auch im Hinblick auf das strukturelle → Technologiedefizit der Sozialen Arbeit müssen Fachkräfte wissen, wo die Grenzen ihrer Unterstützung- und Begleitungsaktivitäten liegen. Sie sollten ihre Konzeptionen und Leistungsbeschreibungen auf die Möglichkeiten Sozialer Arbeit abstimmen und (kommunalpolitische) Aufgabenstellungen (z. B. Jugendkriminalität oder Beseitigung der Arbeitslosigkeit), die sie mit ihren Mitteln nicht bearbeiten können, in das politische Feld zurückverweisen (Merten 2001).

Gesetze und Finanzierungsgrundlagen

Kenntnis von Gesetzen und Finanzierungsgrundlagen: Vor allem Finanzierungsmodalitäten werden in Zeiten prekärer monetärer Verhältnisse für die Absicherung der Einrichtung oder Organisationseinheit „überlebenswichtig". Nur wer die Materie gut kennt und sich durch das Studium der Fachzeitschriften und der einschlägigen Amtsblätter auf dem Laufenden hält, kann gegebenenfalls auch Einfluss auf rechtliche Grundlagen und finanzielle Rahmenbedingungen nehmen (Kröger 1999).

Organisationsentwicklung

Grundkenntnisse der Organisationsentwicklung: Fachkräfte brauchen ein Grundwissen über die Bedingungen von Entwicklung und Veränderung in Gruppen, Organisationen und Gemeinwesen. Sie brauchen dieses Wissen für die Anpassung der Strukturen ihrer Organisation an ständige Forderungen zur Veränderung der konzeptionellen Ausrichtung, für die Qualitätsentwicklung und für ihre Interventionen zur Veränderung anderer Systeme (Grunwald 2005).

Wertwissen

Diese Wissenskategorie fundiert die beruflichen Haltungen, die in der dritten Kompetenzdimension genauer ausdifferenziert werden. Fachkräfte benötigen hierfür eine Übersicht über das professionelle Wertwissen (s. Kap. 2.2.4). Auch bei der Zielentwicklung (Kap. 4.2.3) liefert ihnen diese Wissenskategorie ein Reservoir von Leitlinien und Maximen, an denen sie ihren eigenen Beitrag am dialogischen Verhandlungsprozess orientieren können. Folgende Wissenskomplexe sollten Fachkräfte kennen:

persönliche und berufliche Haltungen

Kenntnis der Wechselwirkung persönlicher und beruflicher Haltungen: Fachkräfte müssen wissen, dass und in welcher Weise ihre Berufsmotivation sowie ihre moralischen Orientierungen ihre beruflichen Haltungen beeinflussen. Beispiele hierfür sind die Theorie des Helfersyndroms (Schmidbauer 1977) und Literatur zum so genannten Burnout-Syndrom.

Kenntnis der Partikularität von Wertsystemen: Fachkräfte müssen wissen, dass jede moralische Orientierung subjektiv und kontextabhängig ist und in jeder Gesellschaft eine Vielzahl gesellschaftlicher Gruppierungen und Kulturen (Religionsgemeinschaften, gesellschaftliche Schichten, Generationen, Subkulturen) bestehen, die (partikular) kulturelle und religiöse Werte ausgeprägt haben. Sie müssen bei der Verständigung über Deutungen und der Verhandlung über Ziele diese partikularen Werte erkunden und respektieren.

Partikularität von Wertsystemen

Kenntnis beruflicher Wertorientierungen und Handlungsmaximen: Fachkräfte sollten zumindest eine philosophische Theorie kennen, die für die Soziale Arbeit von Bedeutung sein kann (z. B. Honneth 1997). Sie sollten die wichtigsten arbeitsfeldübergreifenden Handlungsmaximen (die auf beruflichen Wertorientierungen beruhen) kennen, da sich hieraus eine Grundlage für die Rechtfertigung von Zielen und → Interventionen des methodischen Handelns ergibt (s. Kap. 2.2.4). Sie müssen die speziellen Werteorientierungen hinter den arbeitsfeldspezifischen Konzepten analysieren und beurteilen, bevor sie sich auf diese einlassen (s. Kap. 2.2.5 und die kritische Diskussion um das Postulat der Parteilichkeit in Merchel 2000).

fachliche Wertorientierungen und Handlungsmaximen

Kenntnis einer beruflichen Ethik: Selbst wenn man den in Deutschland entwickelten berufsethischen Code des Deutschen Berufsverbandes für Soziale Arbeit für zu schwammig hält, werden doch nationale und internationale Regelwerke publiziert (Schneider 1999). Fachkräfte sollten sich mit mindestens einer dieser beruflichen Ethiken auseinander gesetzt haben, um sich in der ethischen Reflexion zu üben.

berufliche Ethik

Kenntnis des Leitbildes der eigenen Organisation: Fachkräfte sollten das wertorientierte Leitbild und die Organisationskultur ihrer Einrichtung erkunden. Die damit verbundene „praktische Ideologie" gibt ihrem individuellen beruflichen Handeln (institutionell abgesicherten) Sinn (Klatetzki 1998). Sie müssen wissen, mit welchen Sanktionsmechanismen die Organisation ihre Kultur schützt. So können sie im Falle einer mangelnden Übereinstimmung mit der Organisationskultur entscheiden, wie sie sich hierzu verhalten wollen.

Leitbild der Organisation

Handlungs- und Interventionswissen

Diese Wissenskategorie umfasst in der Fachliteratur die Darstellung von methodischen Vorgehensweisen, die fast immer in Konzepte eingebettet sind (s. Kap. 2.2.5). Fachkräfte sollten ein klares Verständnis vom Methodenbegriff haben und einen gewissen Grundkanon von Konzepten kennen. Zum Handlungs- und Interventionswissen zählen im Übrigen auch das umfassende Reservoir sozialwissenschaftlicher Forschungsmethoden sowie Methoden der Personal- und Organisationsentwicklung oder etwa der Betriebsführung, die hier nicht aufgenommen wurden. Folgende Wissenskomplexe sind unabdingbar:

Kenntnis eines arbeitsfeldspezifischen oder eines Methodenkonzeptes: Wenn Fachkräfte ihr Handlungs- und Interventionswissen im Zusammen-

Kenntnis von Konzepten

hang mit Konzepten erwerben, erwerben sie auch ein Verständnis für dessen Entstehungs- und Verwendungskontext. Sie sollten daher zumindest *eine* Ausbildung in einem (systemischen, lösungsorientierten oder klientenzentrierten) Methodenkonzept absolvieren und sich damit einen Grundkanon methodischer Vorgehensweisen zulegen. Sie sollten zusätzlich eines der (zielorientierten, zielgruppenorientierten, sozialräumlichen) Konzepte kennen, das für die Bearbeitung der Aufgaben und Probleme in einem besonderen Arbeitsfeld entworfen wurde.

Erweiterung des methodischen Repertoires

Arbeitsfeldspezifische Erweiterung des methodischen Repertoires: Fachkräfte müssen wissen, dass ihnen eine starre Anwendung ihrer erlernten methodischen „Grundausstattung" zwar eine gewisse Handlungssicherheit gewährt, aber auch ihren Blick auf den Fall oder das Problem einengt (s. Kap. 2.2.1). Sie sollten daher im Laufe der Zeit und im Hinblick auf ihr Arbeitsfeld und dessen Arbeitsaufträge ihre methodische Basis erweitern und ihre → Interventionen fall- und kontextbezogen variieren. Dabei sollten sie ein besonderes Augenmerk auf sozialraum- und vernetzungsorientierte Vorgehensweisen legen.

materielle Hilfen

Kenntnis fallangemessener materieller Hilfen: Da die Fähigkeiten der Adressaten zur Bewältigung ihres Alltags immer auch durch deren *gesellschaftliche* (und damit materielle) Lebenslage beeinflusst sind, wäre es ein Kunstfehler, die Hilfestellung einseitig auf die *individuelle* „Beeinflussung" zu fokussieren. Handlungs- und Interventionswissen umfassen immer auch das Wissen über die im Sozialraum möglichen materiellen und institutionellen Hilfestellungen (und deren gesetzliche Grundlagen).

teambezogene Arbeitstechniken

Kenntnis von Arbeitstechniken der Teamarbeit: Hierzu zählen methodische Kenntnisse zur Organisation der einrichtungsinternen und -übergreifenden Zusammenarbeit in Aktionssystemen. Fachkräfte sollten die Ablaufstrukturen einer effizienten Teamsitzung (vom Aufstellen einer Tagesordnung über das Zeitmanagement bis zur Führung eines Ergebnisprotokolls) beherrschen. Sie sollten darüber hinaus die Schritte einer kollegialen Fallberatung eingeübt haben, um ihre Reflexionen möglichst effektiv zu gestalten (Ader et al. 2001).

Evaluations- und Forschungsmethoden

Kenntnis von Evaluations- und Forschungsmethoden: Anforderungen der Qualitätsentwicklung und -sicherung erfordern, dass Fachkräfte ihre Arbeit selbst evaluieren können. Sie benötigen hierfür einen Fundus sozialwissenschaftlicher Forschungsmethoden, die sie für evaluative Zwecke einsetzen und auch kreativ und aufgabenangemessen umarbeiten können (s. Kap. 8).

betriebswirtschaftliche Methoden

Kenntnis betriebswirtschaftlicher Methoden: Da sich Fachkräfte zunehmend um Finanzierungsfragen kümmern müssen, benötigen sie betriebswirtschaftliche Grundkenntnisse, die über eine einfache Buchführung hinausgehen (Merchel 2001b).

3.2.4 Kompetenzen in der Dimension der beruflichen Haltung

Wenn berufliches Können durch Wissensbestände untermauert ist, welche Funktion übernimmt dann die berufliche Haltung? Ein wesentlicher Grund für die Untauglichkeit von noch so gut entworfenen Konzeptionen ist, dass auch Fachkräfte Menschen sind, die konzeptionelle Handlungsanweisungen nicht ohne individuelle Interpretation und Modifikation umsetzen. Hinter jeder Handlung steht eine persönliche und/oder berufliche Haltung und umgekehrt drückt sich jede Haltung in bestimmten Handlungen aus. Beides gehört zusammen und man darf beim Einsatz der „Person als Werkzeug" den Bereich der Haltungen nicht vernachlässigen. Haltungen beruhen auf Motiven (s. Kap. 2.2.4) und korrespondieren mit Werten. Fachkräfte können und müssen an ihrer beruflichen Haltung arbeiten. Die folgenden reflexiven Fähigkeiten sollten sie beherrschen:

Reflexive Arbeit an der beruflichen Haltung

Für die reflexive Arbeit an der beruflichen Haltung sind zunächst Wille und Fähigkeit zur biografischen Selbstreflexion gefragt. Da es nicht möglich ist, Haltungen allein auf der Grundlage von Wissen zu verändern, sollte in begleiteten Seminaren, Supervisionssitzungen und kollegialen Beratungen daran gearbeitet werden. Ohne Kenntnis und Bewertung der individuellen Haltungen ist es nicht möglich, zu einer reflektierten beruflichen Haltung zu gelangen. Folgende Einzelkompetenzen werden hervorgehoben:

Reflexion individueller Berufswahlmotive: Auch wenn man sich für die Soziale Arbeit nicht „berufen" fühlen muss, ist die Berufswahl doch individuell motiviert, gelegentlich bis hin zur Wahl des Arbeitsfeldes und der Zielgruppe. Die Studienmotive beziehen sich auf das Helfen wollen aus eigener Bedürftigkeit (Schmidbauer 1977), die Orientierung an einem bewunderten Vorbild (z. B. der Jugendgruppenleiterin), die Bearbeitung eigenen Erleidens (z. B. durch den alkohol- oder drogenabhängigen Vater), den Wunsch, eine bessere Erzieherin zu sein als die eigene Mutter, aber auch die Berufswahl aus „Verlegenheit" (z. B. wenn der Notendurchschnitt nicht für das Medizinstudium reicht). Es ist daher erforderlich, sich die Entwicklungsgeschichte der Berufswahl zu vergegenwärtigen, um entscheiden zu können, welche eigenen Anteile reflektiert und teilweise auch neutralisiert werden müssen. **Berufsmotivation**

Reflexion individueller Wertestandards: Fachkräfte müssen wissen, dass sie – auch wenn sie auftragsgemäß „Normalisierungsarbeit" (Offe 1987) leisten – *nicht* Maß aller Dinge sind. Sie haben manchmal ein eher „enges" Verständnis davon, wie Menschen idealer Weise ihr Leben gestalten sollten. Sie sollten sich fragen, ob sie Verhaltensweisen oder Lebensumstände für „inakzeptabel" und veränderungsbedürftig halten, die andere als durchaus normal betrachten. In Anbetracht der Folgen, die ihr Eingreifen für die Betroffenen zeitigen kann, müssen sie eine gewisse Ambiguitätstoleranz einüben. Das bedeutet, Abweichungen anderer von den eigenen Maßstäben zu tolerieren, ohne handlungsunfähig zu werden. **individuelle Wertestandards**

**Schuld-
zuschreibungen**

Reflexion der Zuschreibung von Schuld und Verantwortung: Fachkräfte müssen eine Selbstwahrnehmung dafür entwickeln, wo sie die Ursachen von Problemen ansiedeln. Sehen sie beispielsweise eine junge, allein erziehende, von Sozialhilfe lebende Mutter, die ihr Kind vernachlässigt oder misshandelt, als Opfer oder als Täterin? Suchen sie bei ihr in erster Linie nach Defiziten oder nach Ressourcen? Würden sie ihr lieber das Kind wegnehmen oder sie unterstützen, ihre Erziehungsaufgaben besser zu erfüllen? Sie müssen ihre Einschätzungen über Problemursachen mit ihrem Wissen über Wechselwirkungen gesellschaftlicher Problemlagen und individueller Befindlichkeiten abgleichen, um individuelle Schuldzuschreibungen zu vermeiden.

Emotionen

Einübung professioneller Distanz: Im Umgang mit Adressatinnen entstehen Emotionen (Sympathie und Antipathie, Mitgefühl und Aggression), die mit biografisch gefärbten Gefühlen und der eigenen emotionalen Handlungsregulation korrespondieren. Häufig reflektieren Fachkräfte ihre eigene Verstrickung nicht, was dazu führen kann, dass sie den Fall oder das Problem nicht angemessen bearbeiten können. Fachkräfte, die ihre Emotionen reflektieren, sind in den meisten Fällen fähig, eine professionelle Distanz zu entwickeln. Andernfalls sollten sie bei einer besonders schwierigen Verstrickung entscheiden, die Fallbearbeitung abzugeben. Hierbei hilft die Supervision.

Orientierung an beruflichen Wertestandards

Die Profession hat im Laufe ihrer Geschichte einige berufliche Wertestandards hervorgebracht, die die Autorin für verbindlich hält und deren Negierung sie als Kunstfehler betrachten würde. Vier solcher Standards, die sich in beruflichen Haltungen abbilden sollten, werden im Folgenden exemplarisch hervorgehoben:

**Autonomie der
Adressatinnen**

Achtung der Autonomie der Adressatinnen: Fachkräfte sollten eine berufliche Haltung ausbilden, die die Adressaten als autonome Subjekte begreift, die potenziell in der Lage sind, ihr Leben selbstverantwortlich zu gestalten. Das Ausmaß von Kontrolle und Eingriff muss sich an dieser Maxime orientieren. Fachkräfte müssen demzufolge ständig das Machtgefälle in der beruflichen Beziehung überprüfen und es situationsgerecht abbauen. Auch der Umgang mit den beruflichen Paradoxien muss sich an diesem Standard orientieren.

**anerkennende
Wertschätzung**

Anerkennende Wertschätzung: Fachkräfte sollten ihren Adressatinnen anerkennende Wertschätzung im Hinblick auf drei Werte entgegenbringen: den Wert der eigenen Bedürftigkeit (Bedürfnisse, Wünsche), den Wert der eigenen Urteilsbildung (moralische Autonomie, moralische Zurechnungsfähigkeit) sowie den Wert der eigenen Fähigkeiten. Sie sollten sich an den daraus ableitbaren Handlungsaufforderungen zur *universellen Gleichbehandlung* (moralischer Respekt) sowie zur *besonderen Wertschätzung* ihrer Adressatinnen orientieren (Honneth 1997).

**Wirklichkeits- und
Sinnkonstruktionen**

Akzeptanz individueller Sinnkonstruktionen: Fachkräfte müssen verinnerlichen, dass die Wirklichkeits- und Sinnkonstruktionen der Adressaten prinzipiell gleichberechtigt sind. Damit akzeptieren sie, dass andere und neue Sichtweisen auf dem Wege der dialogischen Verständigung über Deutungen und des dialogischen Verhandelns zustande kommen und Veränderungen im besten Falle als Ergebnis einer → Koproduktion denkbar sind.

Ressourcenorientierung: Fachkräfte brauchen eine berufliche Haltung, die Individualisierungen und Stigmatisierungen immer wieder von neuem analysiert und thematisiert. Sie sollten systematisch zu jedem konstatierten „Defizit" ein „Benefit" (eine Ressource) suchen, an der sie ansetzen können.

Ressourcen- orientierung

Reflektierter Einsatz beruflicher Haltungen

Der Einsatz der „Person als Werkzeug" erfordert auch, dass man wichtige berufliche Wertestandards habitualisiert und sie gegebenenfalls „methodisch" einsetzt. Folgende Haltungen zählen hierzu:

Geklärte berufliche Identität: Fachkräfte sollten in Auseinandersetzung mit ihrer individuellen Berufsmotivation, den sozialpolitischen Aufträgen und den Wertestandards der Sozialen Arbeit eine berufliche Identität entwickeln. Die persönliche Auseinandersetzung mit den Vorschlägen zur Bestimmung der gesellschaftlichen Funktion und des Gegenstandes der Sozialen Arbeit trägt entscheidend dazu bei, ein professionelles Selbstverständnis zu entwickeln, das die Balance auf dem Kontinuum von „Hilfe" und „Kontrolle" einschließt.

professioneller Habitus

Bewusstsein einer disziplinären „Heimat": Lehrende in Studiengängen der Sozialen Arbeit haben ihre wissenschaftliche Sozialisation häufig in einer der → Bezugsdisziplinen absolviert und betrachten den Beruf aus ihrer disziplinären Perspektive. Sie eignen sich daher schwerlich als Identifikationsobjekt für künftige Fachkräfte. Das erschwert auch die Suche nach einer disziplinären Heimat (Thole/Küster-Schapfl 1997), die zur beruflichen Identitätsfindung der Fachkräfte beitragen könnte. Hier gewinnen die Bestrebungen zur Etablierung einer Sozialarbeitswissenschaft ihre Funktion.

Bewusstsein einer disziplinären „Heimat"

Reflektierte Identifikation mit der Institution: Fachkräfte müssen ihr Verhältnis zu ihrer Einrichtung und deren „praktischer Ideologie" klären. Sie sollten eine berufliche Haltung entwickeln, die die Institution und ihre Arbeitsaufträge nicht überwiegend als „feindlich" oder „behindernd", sondern als unterstützend betrachtet. Wenn es ihnen nicht möglich erscheint, eine – durchaus auch kritische – Identifikation mit der eigenen Organisation aufzubauen, ist eine fachlich ergiebige Arbeit kaum möglich.

Identifikation mit der Institution

Reflektierter Einsatz konzeptionell geforderter Haltungen: Je nach Arbeitsfeld und Konzeption sind über die Wertestandards und das berufliche Selbstverständnis hinaus berufliche Haltungen gefordert, von denen angenommen wird, dass sie den jeweiligen Zielen förderlich sind. So wird beispielsweise in Konzepten der so genannten akzeptierenden Arbeit die anerkennende Wertschätzung der *Person* (des sexuellen Gewalttäters) gefordert (nicht aber gegenüber ihren Handlungen). Feministische Konzepte beziehen sich auf eine Parteilichkeit mit den Anliegen von Mädchen und Frauen, in der systemischen Familienarbeit oder in der Mediation wird

konzeptionell geforderte Haltungen

hingegen die so genannte Allparteilichkeit gefordert. Fachkräfte müssen in der Lage sein, solche konzeptionellen Haltungen reflektiert in Handlungen umzusetzen.

3.2.5 Zusammenfassung

**Orientierungs-
rahmen für
professionelle
Handlungs-
kompetenz**

Der Orientierungsrahmen stellt arbeitsfeldübergreifende Kompetenzanforderungen dar. Die Systematik unterscheidet zwei Handlungsebenen (Fallebene und Managementebene), auf denen sich Fachkräfte der Sozialen Arbeit bewegen und auf denen sie teilweise unterschiedliche Kompetenzen realisieren müssen. Diese Kompetenzen werden getrennt nach drei Dimensionen dargestellt: Können, Wissen und berufliche Haltungen.

Die folgende tabellarische Übersicht enthält eine Zuordnung der Kompetenzbündel und der Einzelkompetenzen zu den beiden Handlungsebenen.

Man kann nun fragen, was eine solche Auflistung von Kompetenzen erbringt. Neuere Untersuchungen zum Thema Studium und Studienerfolg haben Folgendes gezeigt: Wenn Praktiker ihre biografischen Erfahrungen, ihre Ausbildung und ihre Praxiserfahrung in einem zeitlichen Kontinuum betrachten, messen sie dem Studium keine besondere Bedeutung bei. Ein Großteil der Studierenden hat sich nicht bewusst dafür entschieden, sondern hat dieses Studium in Unkenntnis des Berufes bzw. seiner Perspektiven gewählt. Andere Studierende möchten nur das notwendige Zertifikat zur Ausübung eines Berufs erwerben, dessen Praxis sie schon zu kennen glauben, wieder andere möchten sich im Studium bzw. im Beruf selbst verwirklichen (Ackermann/Seeck 1999; Heinemeier 1994).

Nach einer Untersuchung von Thole und Küster-Schapfl (1997) trägt das Studium auch kaum dazu bei, dass die Studierenden nennenswerte neue Modelle, Wissensbestände oder innovative Ideen aufnehmen, die sie verunsichern und somit dazu bringen könnten, sich neu zu orientieren. Die Verfasser monieren, dass Studierende wenig Anregungen für ein Überdenken ihrer gesammelten biografischen Erfahrungen und eine Revision ihrer vorberuflich gewonnenen Interpretationsfolien erhalten. Nach ihrer Recherche identifizieren sich diese auch nicht mit der Sozialen Arbeit als Wissenschaft. Fachliteratur nehmen sie eher in Fort- oder Weiterbildungen zur Kenntnis, und sie scheinen nur dann zu lesen, wenn sie in ihrer Praxis verunsichert sind bzw. Probleme haben. Andererseits entwickeln diejenigen der Studierenden, die motiviert sind, ihre biografischen Wurzeln zu reflektieren, ihren Deutungshorizont zu verändern und zu erweitern sowie sich mit fachrelevanten Themen auseinander zu setzen, eine erkennbare professionelle Haltung und finden auch eine disziplinäre Heimat (Thole/Küster-Schapfl 1997). Daraus kann abgeleitet werden, dass es gelingen muss, bei den Studierenden eine Verunsicherung der biografisch erworbenen Gewissheiten systematisch zu erzeugen und ein Bewusstsein für die Bandbreite dessen zu wecken, was zu lernen ist und wofür es nutzt.

Tab. 2: Übersicht über Kompetenzen

Kompetenzen in der Dimension des Könnens	**Kompetenzen für die Fallebene**	**Kompetenzen für die Managementebene**
	Fähigkeiten zum kommunikativen methodischen Handeln • Fähigkeit zum Aufbau einer tragfähigen Arbeitsbeziehung • Fähigkeit zur Gestaltung von Kommunikationssituationen • Fähigkeit zum dialogischen Verstehen • Fähigkeit zum dialogischen Verhandeln • Vermittlungsfähigkeit • Vernetzungsfähigkeit **Fähigkeit zum Einsatz der Person als Werkzeug** • Empathiefähigkeit • Ambiguitätstoleranz • Fähigkeit zum Rollenhandeln • Fähigkeit zur Selbstbeobachtung • Fähigkeit zur Selbstreflexion **Beherrschung der Grundoperationen des methodischen Handelns** • Fähigkeit zum methodischen Handeln • Fähigkeit zum Zusammenführen von Wissensbeständen • Fähigkeit zum hermeneutischen Fallverstehen	**Fähigkeit zur effektiven und effizienten Gestaltung der Arbeitsprozesse** • Fähigkeit zum konzeptionellen Arbeiten • Fähigkeit zur Optimierung der Organisation • Fähigkeit zur Dokumentation • Fähigkeit zur Selbstevaluation **Fähigkeit zur organisationsinternen Zusammenarbeit** • Fähigkeit zum Rollenmanagement • Fähigkeit zur Teamarbeit • Fähigkeit zur kollegialen Fallberatung **Fähigkeit zur interinstitutionellen und kommunalpolitischen Arbeit** • Fähigkeit zur interinstitutionellen Kooperation • Fähigkeit zur kommunalen Berichterstattung • Fähigkeit zur Verhandlung über Qualität und Entgelt • Fähigkeit zur Intervention in andere Systeme
Kompetenzen in der Dimension des Wissens	**Kompetenzen für die Fallebene**	**Kompetenzen für die Managementebene**
	Beobachtungs- und Beschreibungswissen • Kenntnis konzeptioneller Raster der Wirklichkeitswahrnehmung **Erklärungs- und Begründungswissen** • Kenntnis arbeitsfeldspezifischer disziplinärer Wissensbestände • Wissen über Wechselwirkungen von Gesellschaft und Individuum **Wertwissen** • Kenntnis der Wechselwirkung persönlicher und beruflicher Haltungen • Kenntnis der Partikularität von Wertsystemen • Kenntnis beruflicher Wertorientierungen und Handlungsmaximen • Kenntnis einer beruflichen Ethik • Kenntnis des Leitbildes der eigenen Organisation **Handlungs- und Interventionswissen** • Kenntnis eines (Methoden-) Konzeptes • Arbeitsfeldspezifische Erweiterung des methodischen Repertoires • Kenntnis angemessener materieller Hilfen	**Beobachtungs- und Beschreibungswissen** • Wissen über Wirkungen des Kontextes **Erklärungs- und Begründungswissen** • Kenntnis der sozialpolitischen Einbindung des Arbeitsfeldes • Wissen um die Grenzen Sozialer Arbeit • Kenntnis von Gesetzen und Finanzierungsgrundlagen • Grundkenntnisse der Organisationsentwicklung **Wertwissen** • siehe nebenstehend **Handlungs- und Interventionswissen** • Kenntnis von Arbeitstechniken der Teamarbeit • Kenntnis von Evaluations- und Forschungsmethoden • Kenntnis betriebswirtschaftlicher Methoden

Fortsetzung von Tabelle 2

	Kompetenzen für die Fallebene und die Organisationsebene
Kompetenzen in der Dimension der beruflichen Haltungen	**reflexive Arbeit an der beruflichen Haltung** • Reflexion individueller Berufswahlmotive • Reflexion individueller Wertestandards • Reflexion der Zuschreibung von Schuld und Verantwortung • Einübung einer professionellen Distanz **Orientierung an beruflichen Wertestandards** • Achtung der Autonomie der Adressatinnen • anerkennende Wertschätzung • Akzeptanz individueller Sinnkonstruktionen • Ressourcenorientierung **reflektierter Einsatz beruflicher Haltungen** • geklärte berufliche Identität • Bewusstsein einer disziplinären Heimat • reflektierte Identifikation mit der Institution • reflektierter Einsatz konzeptionell geforderter Haltungen

Die Autorin hofft, dass die Darstellung dabei hilft, den *Sinn* der vielfältigen, oft additiv dargebotenen Studieninhalte zu erschließen und den eigenen Qualifizierungsstand ansatzweise einzuschätzen. Auf dieser Grundlage kann auch die Entscheidung getroffen werden, wie und wo man das Studium zur Weiterqualifizierung nutzen kann (s. die hierzu passende Arbeitshilfe von Hauss 2000). Die aufgelisteten Kompetenzen bilden darüber hinaus eine Basis für die Arbeitshilfen im zweiten Teil dieses Buches, mit deren Hilfe es möglich ist, einen Teil der Einzelkompetenzen exemplarisch einzuüben.

4 Methodisches Handeln in der Sozialen Arbeit

Auf die vorangehenden Kapitel aufbauend ist nun zu erörtern, wie man sich methodisches Handeln vorstellen kann. Professionelle Handlungskompetenz wird als individuelles und kontextbezogenes „berufliches Können" konkretisiert, das von wissenschaftlichen und normativen Wissensbeständen profitiert und zentrale wissenschaftliche Arbeitsregeln beachtet. Das vorliegende Konzept methodischen Handelns ist auf arbeitsfeldübergreifende, wiederkehrende Tätigkeiten in vergleichbaren Handlungsbereichen ausgerichtet. Es wird anhand eines Orientierungsrahmens beschrieben, der als „Werkzeugkasten" bezeichnet wird und die „Fächer" für Arbeitshilfen enthält, die in den folgenden Kapiteln vorgestellt werden.

Das erste Teilkapitel dient der Definition methodischen Handelns als eklektischem und collagenhaftem Vorgehen, das sich an den Charakteristika der beruflichen Handlungsstruktur und am wissenschaftlichen Vorgehen orientiert. Es folgt die Darstellung der Konstruktionsprinzipien des „Werkzeugkastens" sowie der darin eingeordneten Arbeitshilfen. Das zweite Teilkapitel ist der Beschreibung der Handlungsbereiche methodischen Handelns gewidmet und erklärt Hintergründe der Checkfragen in den Arbeitshilfen.

4.1 Methodisches Handeln: Definition und Werkzeugkasten

Wenn Methodenkonzepte wichtig sind und beherrscht werden müssen – wozu braucht man dann noch methodisches Handeln? Ist das nicht das Gleiche?

Wir nähern uns einer Definition methodischen Handelns aus der Sicht von Praktikern, um dann deren „Not" (den Eklektizismus) in eine „Tugend" (methodisches Handeln als Collage) zu verwandeln und dieses durch Regeln des wissenschaftlichen Vorgehens anzureichern. Im Weiteren wird diese Definition operationalisiert und ein Orientierungsrahmen für methodisches Handeln eröffnet. Er orientiert sich an vergleichbaren Handlungsbereichen, die auf den verschiedenen Handlungsebenen wiederkehren.

4.1.1 Methodisches Handeln in Einschätzungen von Praktikern

methodische Vorgehensweisen in der Praxis

Praktikerinnen äußern häufig nur vage Vorstellungen über das, was sie als „methodische Vorgehensweise" bezeichnen. Klüsche (1990, 90) befragte Fachkräfte aus den verschiedensten Arbeitsfeldern danach, wie sie ihr methodisches Repertoire zusammenstellen und welche methodischen Vorgehensweisen sie für wirkungsvoll halten: Fast alle Praktiker gaben an, „methodisch" vorzugehen, doch die Antworten streuten und blieben sehr allgemein; sie nannten beispielsweise „Gespräche", „Vorsprachen/Fürsprachen", „Handeln", „Stellungnahmen/Berichte", „organisatorische Maßnahmen", „Beschaffung materieller Hilfen" oder „therapeutische Maßnahmen". Viele bejahten die Notwendigkeit einer *methodenorientierten* Vorgehensweise und bezogen sich damit überwiegend auf die klassischen Methoden der Sozialen Arbeit. Hinzu kamen einige wenige andere Nennungen, wie Familienarbeit bzw. Familientherapie, therapeutische Methoden sowie Unterrichten und Management. Die meisten Praktiker gaben an, ihr Vorgehen mithilfe einer Systematik zu strukturieren, was sie mit der Nennung klassischer Schrittfolgen dokumentierten (z. B. „Analyse, Diagnose, Planung, Auswertung" oder „Problemeinstufung, Realisierungsbestimmung, Festlegung, Durchführung"; Klüsche 1990, 93). Die Fachkräfte orientierten ihr Handeln offensichtlich stark an persönlichen und institutionellen Vorgaben sowie an der jeweiligen Situation. Ein Drittel der Befragten hatte ein persönliches Arbeitskonzept entwickelt und ein Viertel benutzte die „eigene Person als Arbeitsinstrument", ohne dies näher zu differenzieren. Im Hinblick auf die Einschätzung der *Wirksamkeit* ihrer Leistungen rangierte mit Abstand die Kategorie des „Wissens" (Verstehen als Weitergabe von hilfreichen Informationen) an erster Stelle. Es folgten „Anteilnahme am Schicksal" der Adressaten und „persönliche Festigkeit und Stärke". Eine methodische Gesprächsführung bzw. Therapie wurde nur von 7% der Befragten genannt. Individuelle Haltungen und spezielle Persönlichkeitsmerkmale wurden ebenfalls als wichtig eingestuft. Klüsche (1990, 87) bestätigt auch, dass das Lesen von Fachliteratur und der Bezug auf wissenschaftliches Erklärungs- und Begründungswissen nicht besonders hoch im Kurs standen. Fachwissen war (mit nur 2%) das letzte von sieben Handlungskriterien.

Die Ergebnisse dieser Befragung decken sich mit vergleichbaren Untersuchungen aus den 70er Jahren (Ebert 1975) sowie mit weiteren aus den 90er Jahren (zusammenfassende Auswertung in Thole/Closs 2000). Alle Untersuchungen zeigen, dass die von der Hochschulseite immer wieder angestrebte wissenschaftlich untermauerte Professionalität äußerst gering geachtet wird. Die Fachkräfte entwickeln ihre Muster von Fachlichkeit und Professionalität mit Rückgriff auf ihre in der Kindheit und Jugend gesammelten Erfahrungen und verbinden diese mit Idealvorstellungen vom Beruf sowie aktuellen Erfahrungen und Deutungsmustern (s. Kap. 3.2.5).

4.1.2 Methodisches Handeln als eklektisches und collagenhaftes Handeln

Es scheint unmöglich, alle gesellschaftlichen, politischen, institutionellen und **Definitions-** kontextuellen Einflussfaktoren *und* die persönlichkeitsbedingten Anteile des **schwierigkeiten** beruflichen Handelns in eine Gesamtschau zu bringen, die orientierende methodische Zugänge zu diesem Beruf vermitteln könnte. Möchte man die Differenziertheit der bisherigen Überlegungen bewahren oder sie gar für ein spezifisches Arbeitsfeld und bestimmte Aufgaben konkretisieren, wird das Gebilde überkomplex. Versucht man es mit allgemeinen „Strukturelementen", bleibt das Ganze nichts sagend und banal. Es ist müßig, Meta-Modelle für die Integration von Konzepten und Methoden zu entwickeln, in denen sich mosaikartig Baustein um Baustein zu einem nach den Regeln der professionellen Kunst entworfenen „Gesamtkunstwerk" zusammenfügt, da es *eine* verallgemeinerbare methodische Vorgehensweise nicht gibt.

Methodisches Handeln sollte man sich eher wie eine Collage vorstellen: Eine Akteurin kombiniert aussagekräftige Elemente zu einem für sie zentralen Thema. Eine Collage ist eine *Montage*, die die Sicht der Akteurin zu einem bestimmten Zeitpunkt repräsentiert. Im Gegensatz zu einem Mosaik fügt sich nicht alles harmonisch zusammen: es gibt Widersprüche, Fragmente und Zerrissenheit. Würde die gleiche Akteurin zu einem anderen Zeitpunkt zum gleichen Thema wieder eine Collage anfertigen, fiele diese möglicherweise völlig anders aus. Auch Praktiker verwenden Fragmente, die nicht immer „zusammenpassen", die sie jeweils mit Bedeutung versehen und in jeder Handlungssituation anders – collagenhaft – kombinieren (Spiegel 1993, 129ff). Sie setzten intuitiv und „alternierend" Theorie- und Methodenelemente nach ihrer unterstellten „Wirkung" ein und legitimieren dieses Vorgehen mit ihrer Erfahrung. Die Ordnungsprinzipien zur Auswahl des Angebots entspringen ihren „persönlichen" Theorien darüber, was wirkt und was für die Adressaten gut wäre.

Im wissenschaftlichen Sprachgebrauch wird dieses Vorgehen als „Voluntarismus" oder „Eklektizismus" bezeichnet und ist – wie das Suffix „ismus" signalisiert – negativ konnotiert. Als „voluntaristisch" (angelernt, eingearbeitet) oder „additiv" gilt ein Handeln, wenn es offenkundig unbegründet nach dem Prinzip „Versuch und Irrtum" aneinander gereiht wird. Eklektizismus ist laut Definition eine „unoriginelle, geistige Arbeitsweise, bei der Ideen anderer übernommen oder zu einem System zusammengetragen werden". Diese Arbeitsweise wird auch als rezeptologisch und beliebig verurteilt.

Es gibt demzufolge viele Begriffe (und auch viel Kritik) für dieses prakti- **methodisches** sche Vorgehen, dennoch ergibt sich die „Collage" zwingend aus den Charak- **Handeln als Collage** teristika der beruflichen Handlungsstruktur. Die Herausforderung besteht nun darin, die „persönlichen, eklektizistischen" Collagen in „professionell gestaltete" Collagen zu wandeln, die der Forderung nach Orientierung an der wissenschaftlichen Vorgehensweise sowie der Begründung und Rechtfertigung des Handelns Genüge tun. Als Konsequenz daraus ist die eklektische Vorgehensweise auszubauen:

Methodisches Handeln bedeutet, die spezifischen Aufgaben und Probleme der Sozialen Arbeit situativ, eklektisch *und* strukturiert, kriteriengeleitet und reflexiv zu bearbeiten, wobei man sich an Charakteristika des beruflichen Handlungsfeldes sowie am wissenschaftlichen Vorgehen orientieren sollte. Die Auswahl der Interventionen sollte transparent und intersubjektiv überprüfbar sein und im Hinblick auf die spezifische Aufgabe bzw. das Problem und in Koproduktion mit den Adressaten erfolgen. Fachkräfte sollten ihre Handlungen berufsethisch rechtfertigen, bezüglich ihrer fachlichen Plausibilität unter Zuhilfenahme wissenschaftlicher und erfahrungsbezogener Wissensbestände begründen und hinsichtlich ihrer Wirksamkeit bilanzieren.

Diese kompakte Definition wird im Folgenden mittels einiger Regeln konkretisiert:

Regeln hinsichtlich der Charakteristika des beruflichen Handlungsfeldes (s. Kap. 1.2)

- sorgfältige Analyse der spezifischen Arbeitsaufträge und der eigenen Rolle im Bewusstsein der doppelten Verwiesenheit auf die Institution und die Lebenswelt der Adressatinnen sowie gesellschaftliche Definitionsprozesse von Hilfebedürftigkeit und gesellschaftsstrukturelle Hintergründe individueller Problemlagen
- multiperspektivische und dialogische (bzw. stellvertretende) Deutung von Situation, Motiven und Sinnkonstruktionen der Adressatinnen
- revidierbarer Entwurf begründeter Hypothesen über Beschaffenheit und Erklärung der Situation bzw. des Problems im Prozess der Verständigung mit den Beteiligten
- Konstruktion von revidierbaren Wirkungszusammenhängen als hypothetische Kombination der (ausgehandelten) Problemdefinition und deren Erklärung, des angestrebten Zustandes (Zielsetzung) sowie der denkbaren Interventionen (inkl. Alternativen) und ihrer möglichen Folgewirkungen
- verantwortliche und professionelle Gestaltung der Aktivitäten in den verschiedenen Handlungsbereichen bei gleichzeitiger Achtung der Autonomie der Adressatinnen und deren Nutzenerwartungen im Prozess der Koproduktion

Regeln hinsichtlich der wissenschaftlichen Vorgehensweise (s. Kap. 2.2)

- explizite Offenlegung des Vorverständnisses und Erkenntnisinteresses (z. B. durch Hypothesenbildung zu „Ursache-Wirkungs-Zusammenhängen")
- kriteriengeleitete Erfassung von Wirklichkeit mithilfe konzeptioneller Raster
- Reflexion der individuellen Wertestandards durch Relationierung mit anderen Sichtweisen
- berufsethische Rechtfertigung der ausgehandelten Ziele und Interventionen
- fachliche Begründung der konstruierten Interventionen
- Dokumentation der Hypothesen und Interventionen als Grundlage für fachöffentliche Nachprüfbarkeit, Evaluation und gegebenenfalls Revision

- reflektierter Einsatz der eigenen „Person als Werkzeug"
- verantwortliche Balancierung systematischer Fehlerquellen (Paradoxien) im Hinblick auf institutionelle Aufgaben und berufsethische Postulate
- (kritische) Akzeptanz der Organisation als Interpretations- und Entscheidungssystem
- Nutzung der institutionellen „Stützgerüste" (z. B. Konzeption und Schlüsselprozesse)

Regeln hinsichtlich des institutionell gestützten Einsatzes der „Person als Werkzeug" (s. Kap. 3.1)

Methodisches Handeln ist somit *kein* neues Set konzeptionell eingebetteter Methoden oder Techniken, wie sie im Kapitel 2.2.5 beschrieben wurden, sondern ein Set aus *Analyse-, Planungs- und Reflexionsstrategien,* die helfen können, „Lesarten" jeweiliger Fallkonstellationen zu entwickeln (Müller 2002, 725), und den Informationsverarbeitungs- und Deutungsprozess zu strukturieren. Die im Folgenden vorzustellenden Arbeitshilfen bilden Gerüste für eine systematische Analyse oder Reflexion. Sie ersetzen keinesfalls das arbeitsfeldspezifische Handlungs- und Interventionswissen der Sozialen Arbeit.

4.1.3 Ein Werkzeugkasten für methodisches Handeln

Werkzeugkästen sind je nach Handlungsfeld, Aufgabe und Benutzer verschiedenartig aufgebaut und ausgestattet. Es gibt unübersichtliche Kisten mit wenigen Fächern, in denen eine Vielzahl unterschiedlicher Werkzeuge ungeordnet verstaut ist. In diesen Kisten muss man „herumgrabbeln", was zu zeitraubenden Suchaktionen und zur Beschädigung wertvoller Werkzeuge führen kann. Andere Kästen haben große und kleine Fächer, die man bedarfsgerecht unterteilen kann. Ein *Nähkasten* bietet beispielsweise Raum für Scheren und andere größere Werkzeuge; man kann Knöpfe nach Größe und Farbe einsortieren, Garnsorten differenzieren oder Näh-, Stopf- und Sticknadeln in besonderen Behältern oder auf eingelegtem Filz übersichtlich feststecken, sodass man sie mit einem Griff und ohne sich zu verletzen herausholen kann. Manche Nutzer bauen sich auch Spezialkästen: Sie wandeln herkömmliche ab oder konstruieren neue. Diese Ordnung gewährleistet eine relative Übersichtlichkeit. Man kann im Hinblick auf die bevorstehende Aufgabe *und* die Beschaffenheit der Werkzeuge rasch das Geeignete finden und ist nicht mangels Suchzeit und Übersicht auf das erstbeste Werkzeug angewiesen. Soweit die Analogie.

Analogie des Werkzeugkastens

Bevor der Werkzeugkasten für methodisches Handeln gefüllt wird, wird dessen Aufbau beschrieben. Es ist zu fragen, welche und wie viele Fächer gebraucht werden und was diese beinhalten sollen. Folgende Strukturelemente wurden zu einem Gerüst für die Anordnung der Werkzeugfächer verbunden:

Aufbau des Werkzeugkastens

- Verortung einer Aufgabe, einer Situation oder eines Problems auf einer bestimmten *Handlungsebene* (Fallebene, Managementebene, kommunale Planungsebene)
- „Einsortierung" der anstehenden Tätigkeiten in das Spektrum vergleichbarer Handlungsbereiche

Strukturelement Handlungsebene

In der Vertikalen sind die im Kapitel 3.2.1 vorgestellten Handlungsebenen aufgeführt:

- Die **Fallebene** bezeichnet Situationen, Aufgaben und Probleme, die im unmittelbaren Kontakt mit den Adressaten entstehen, unabhängig von ihrer Anzahl und Konstellation.
- Die **Managementebene** thematisiert mittelbare Arbeitsprozesse (koordinierende, organisatorische und administrative Tätigkeiten), die als Voraussetzung und Folge der unmittelbaren Arbeit gelten und die Fallarbeit absichern.
- Die **kommunale Planungsebene** beschreibt Sozialplanungsprozesse im Dialog mit der Sozialpolitik zur Gewährleistung einer angemessenen sozialen Infrastruktur. Die kommunale Planungsebene wird auch an dieser Stelle lediglich benannt, da sie als Rahmenbedingung und Interventionsraum auf den beiden anderen Handlungsebenen permanent präsent ist. Die im Diagramm angegebenen Handlungsbereiche werden hier nicht ausgearbeitet (s. hierzu Jordan/Schone 1998).

Tab. 3: Struktur des Werkzeugkastens

Handlungs-bereiche / Handlungs-ebenen	Analyse der Rahmenbe-dingungen	Situations- oder Problem-analyse	Zielent-wicklung	Planung	Evaluation
Kommunale Planungs-ebene/Auf-gaben der Sozialplanung	Bestands-erhebung und -bewertung im Sozialraum	Ermittlung des Bedarfes an Angeboten und Maß-nahmen im Sozialraum	Entwicklung von Hand-lungsmaximen und Zielen für die Arbeit im Sozialraum	Maßnahmen-planung für alle betroffe-nen Arbeits-felder	Input- bzw. Maßnahmen-evaluation (Berichtswesen)
Management-ebene/Auf-gaben der Leitung	Analyse der Rahmen-bedingungen	Ermittlung des Bedarfes an Angeboten der Einrichtung	Erarbeitung eines Leitbildes und konzeptio-neller Ziele	Operationali-sierung der Ziele (Ange-bote und Arbeits-prinzipien)	Effektivität und Effizienz der Gesamtorgani-sation bzw. einzelner Projekte
Fallebene/ Aufgaben der Fachkräfte	Auftrags- und Kontextanalyse	Situations- und Problemanalyse	Aushandlung von Konsens-zielen	Operationali-sierung der Ziele	Prozess- und Ergebnis-evaluation

Nahezu alle Modelle methodischen Handelns konstruieren Schrittfolgen oder Phasen. Diese variieren bezüglich ihrer Bezeichnungen und werden auch unterschiedlich gewichtet, wie zwei Beispiele zeigen sollen: van Beugen (1972) beschreibt sechs Phasen (Abklärung bzw. Entwicklung des Bedürfnisses nach Veränderung, Zielsetzung und Erstellung einer Diagnose, Bestimmung der Strategie, Einführung der gewünschten Veränderung, Generalisierung und Stabilisierung sowie Auswertung); Müller (1993) kommt mit vier Prozess-Schritten aus (Anamnese, Diagnose, Intervention und Evaluation). Diese Handlungsschritte entsprechen im Wesentlichen dem allgemeinen Handlungsmodell, wie es beispielsweise bei Oerter und Montada (1995) beschrieben ist; sie werden auch von Praktikern am häufigsten genannt.

Für diese Strukturelemente methodischen Handelns wurde der Begriff der *Handlungsbereiche* gewählt. Ein Handlungsbereich umfasst ein Spektrum von typischen methodischen Handlungen. Diese gleichen sich auf den drei Handlungsebenen, wobei sich Einflussgrößen und Vorgehensweisen verändern, je nachdem, ob man den Fall, die Einrichtung oder den Sozialraum in den Blick nimmt. Folgende Handlungsbereiche (ausführliche Darstellung in Kap. 4.2) werden differenziert:

Strukturelement Handlungsbereich

Analyse der Rahmenbedingungen: Fachkräfte sollten ihren Arbeitsbereich in gewissen Abständen daraufhin untersuchen, wie die Rahmenbedingungen (gesellschaftliche Definitionsprozesse, kommunalpolitische Vorgaben, institutionelle Gegebenheiten, sozialräumliches Umfeld, Adressaten, Ziele, Leistungen, Ressourcen und Personal) die Arbeit beeinflussen. Sie brauchen diese Informationen, um ihre Zuständigkeit zu klären, ihre eigene Rolle zu definieren und Ansatzpunkte für ihre Interventionen zu finden.

Situations- oder Problemanalyse: Eine mehrperspektivische und lebensweltbezogene Analyse und Interpretation der Situationen oder Probleme bildet die Ausgangssituation für das methodische Handeln. Die Fach-, Leitungs- und Planungskräfte müssen die Wirklichkeits- und Sinnkonstruktionen der jeweils Beteiligten (Adressaten bzw. Zielgruppen, Kolleginnen, Vorgesetzten und Politiker) erfassen und sich mit ihnen auf Situations- und Problemdefinitionen und deren Erklärung verständigen. Auf diese Weise wird klarer, welcher Handlungsbedarf besteht.

Zielentwicklung: Das Aushandlungsprinzip gilt auch für die Zielentwicklung, an welcher auf jeder Handlungsebene jeweils andere Akteure beteiligt sind. Auf der kommunalen Planungsebene müssen Planungsfachkräfte Politikerinnen, Trägervertreter und ihre Kolleginnen sowie die betroffene Bevölkerung beteiligen; auf der Managementebene orientieren sich Leitungskräfte an ihren Trägervertretern, Fachkräften und Zielgruppen; auf der Fallebene handeln die Fachkräfte Ziele mit ihren Adressatinnen, Kollegen und zumeist auch mit ihren Vorgesetzten aus.

Planung: Planen bedeutet, einen hypothetischen und revidierbaren Wirkungszusammenhang zu entfalten. Hier geht es um eine begründete Konstruktion methodischer Arrangements im Hinblick auf die Ausgangssituation, den Bedarf und die ausgehandelten Ziele. Auf der Fallebene steht der Entwurf von Handlungsschritten, Handlungsregeln und förderlichen Arrangements im Fokus; auf der Managementebene werden konzeptionelle Ziele in Angebotsstrukturen und Arbeitsprinzipien operationalisiert und auf der kommunalen Planungsebene geht es um die Angebotsplanung zur Verbesserung der sozialen Infrastruktur für einen gesamten Sozialraum.

Evaluation: Evaluieren bedeutet, systematisch Daten über Prozesse oder Ergebnisse zusammenzutragen und diese bezüglich ihrer Angemessenheit, Wirksamkeit oder Wirtschaftlichkeit zu bewerten. Das Spektrum der Evaluationsformen reicht von der Fremdevaluation über die wissenschaftliche Begleitung von Projekten auf der kommunalen Planungsebene bis zu Formen der Team- und Selbstevaluation auf der Management- und Fallebene.

Ein methodischer Handlungsprozess ist ursprünglich dreischrittig (Planung, situatives Handeln und Auswertung). Methodisches Handeln bezieht sich hingegen nur auf zwei Teile: die Planung (die die ersten vier der oben aufgeführten Handlungsbereiche umfasst) und die Auswertung. Das konkrete Handeln in dynamischen Situationen ist in diesem Sinne nicht methodisierbar. Es geschieht nämlich unter Kontextbedingungen, die nicht in Gänze vorhersehbar sind (s. Kap. 1.2.3). Unter diesen Aspekten wäre es angemessener, von Planungs- bzw. Auswertungsschritten statt von Handlungsbereichen zu sprechen. Wegen der begrifflichen Verwirrung, die die mehrfach differenzierte Benutzung des Wortes Planung hervorrufen könnte, soll es im Rahmen dieser Ausführungen beim Begriff des Handlungsbereiches bleiben. In der beruflichen Arbeit bewegt man sich mit jedem Fall und in jeder Situation im Rahmen eines anderen Handlungsbereiches, häufig sogar in mehreren gleichzeitig. Daher können alle Handlungsbereiche einzeln und für sich bearbeitet, aber auch zueinander in Beziehung gesetzt werden.

Der Werkzeugkasten kann helfen, jeweils zu analysieren, im Spektrum welchen Handlungsbereiches man sich derzeit bewegt. Die Felder des Koordinatensystems charakterisieren die Besonderheiten des jeweiligen Handlungsbereiches, die sich auf jeder Handlungsebene unterschiedlich ausprägen und mit verschiedenen Arbeitshilfen gefüllt werden. Der Werkzeugkasten ist arbeitsfeldübergreifend konzipiert. Er bietet ein Sortiment an Planungs-, Analyse- und Reflexionsinstrumenten, die in jedem Arbeitsfeld auch noch durch weitere spezifische „Instrumente" sowie spezielle Theorien und Konzepte ergänzt werden.

4.1.4 Konstruktionsprinzipien der Arbeitshilfen

Arbeitshilfen für methodisches Handeln sind „Analyse-, Planungs- und Reflexionshilfen" für die Strukturierung der Handlungsbereiche auf den jeweiligen Handlungsebenen. Die systematisierten Checklisten sollen helfen, Komplexität zu reduzieren sowie situations- und problembezogen Theorien heranzuziehen und auszuwerten. Sie sind nach den Prinzipien und Regeln konstruiert, die bisher herausgearbeitet wurden. Für die Arbeit mit diesem Werkzeug sind Praxiserfahrungen und wissenschaftliches Wissen erforderlich, da die Arbeitshilfen selbst lediglich Gerüste darstellen. Die Form der Checklisten soll gewährleisten, dass die wesentlichen Strukturelemente des beruflichen Handelns zusammengebracht werden. Die *Inhalte*, die jemand in diese Gerüste einfügt, werden nicht vorgegeben. Für die Güte und Angemessenheit der Auswahl ist jede Fachkraft selbst verantwortlich. Die Form der Arbeitshilfen ist so gewählt, dass sie als „Bausteine" benutzt werden können:

Bausteinprinzip

- Sie beziehen sich auf *alle* Bereiche methodischen Handelns und nicht nur auf „Diagnose" oder Fallverstehen.
- Sie sind untereinander kombinierbar und ergänzen sich.
- Sie legen Schrittfolgen nahe (ohne darauf festzulegen).
- Sie fordern eine gewisse Vollständigkeit und schränken somit Selektion und Beliebigkeit ein.
- Die systematisierte Fassung hilft, vergleichbare Daten zu sammeln und schafft auf diese Weise die Basis für eine Evaluation.
- Die Form (Checkfragen, Tabellenprinzip) ist einfach herzustellen (Word-Tabellen) und ermöglicht eine zügige Bearbeitung (keine „Aufsätze", sondern Stichworte).

Methodisches Handeln mithilfe der Arbeitshilfen fördert folgende Kompetenzen:

Kompetenzgewinn

- reflektierter Einsatz der „Person als Werkzeug"
- Anreicherung des Erfahrungswissens und der individuellen Wertestandards mit wissenschaftlich gewonnenen und normativ begründeten Wissensbeständen
- systematische Suche nach und Entwicklung alternativer Deutungsmöglichkeiten und neuer Ideen (Heuristiken)
- Einübung dialogischer Verständigung und Verhandlung (Koproduktion)
- Orientierung an wissenschaftlichem Vorgehen
- Umorientierung von „eklektizistischen" Collagen zu professionell gestalteten Collagen

Die folgende Darstellung des Werkzeugkastens systematisiert die Arbeitshilfen, die in den Kapiteln 5 bis 8 im Einzelnen beschrieben werden. Die Felder der kommunalen Planungsebene wurden nicht mehr aufgeführt, stattdessen werden für die Fallebene zwei Varianten angeboten. Folgende Arbeitshilfenreihen werden dargestellt:

ausgearbeitete Arbeitshilfenreihen

- Die eher der Sozialarbeit zugeordnete individuelle *Hilfeplanung* bezieht sich auf die mittel- bis langfristige Unterstützung einer Person (in Zusammenhang mit ihrer Familie bzw. Bezugsgruppe). Das in der Jugendhilfe entwickelte Instrument wird zurzeit auf eine wachsende Anzahl von Arbeitsfeldern übertragen.
- In Handlungsfeldern der *Sozialpädagogik* geht es häufig um die fachlich angemessene Gestaltung und Bewältigung von *Situationen* des pädagogisch gestalteten Alltags mit oft weitreichenden Folgen.
- Für die Managementebene wurde ein Modell der *Konzeptionsentwicklung* ausgearbeitet, das ebenfalls in vielen Arbeitsfeldern benötigt wird.

Tab. 4:Ausgearbeitete Arbeitshilfen als Inhalt des Werkzeugkastens

Handlungsbereiche / Handlungsebenen	Analyse der Rahmenbedingungen	Situations- oder Problemanalyse	Zielentwicklung	Planung	Evaluation
Managementebene / Arbeitshilfen für eine Konzeptionsentwicklung	Analyse der Ausgangssituation (Kap. 7.2)	Erwartungssammlung (Kap. 7.3)	Bildung konzeptioneller Ziele (Kap. 7.4)	Operationalisierung konzeptioneller Ziele (Kap. 7.5)	Anleitung für eine Selbstevaluation (Kap. 8)
Fallebene / Arbeitshilfen für die Hilfeplanung	Auftrags- und Kontextanalyse (Kap. 6.2)	Problemanalyse (Kap. 6.3)	Aushandlung von Konsenszielen (Kap. 6.4), Formulierung operabler Ziele (Kap. 6.5)	Operationalisierung von Hilfezielen (Kap. 6.6)	Indikatoren als Messgrößen der Zielerreichung
Fallebene / Arbeitshilfen für die Gestaltung von Situationen	Analyse institutioneller Arbeitsaufträge (Kap. 5.2)	Situationsanalyse (Kap. 5.3)	Aushandlung von Konsenszielen (Kap. 5.4)	Entwurf von Schlüsselsituationen (Kap. 5.5), Planung von Interventionen (Kap. 5.6)	Evaluation der eigenen Interventionen (Kap. 5.7)

4.1.5 Zusammenfassung

Einschätzung von Praktikern

Praktiker bejahen zwar, dass sie „methodisch" vorgehen, ihre Beschreibungen bleiben jedoch eher vage. Die Unbestimmtheit ihrer Schilderungen korrespondiert mit der in der Sozialen Arbeit erforderlichen individuellen, situativen und kontextbezogenen Arbeitsweise, die sich aus den Charakteristika der beruflichen Handlungsstruktur ergibt. Darum fällt es Fachkräften schwer, das, was sie wie tun, in nachvollziehbaren Kategorien zu beschreiben. Die eklektische Arbeitsweise unterliegt wesentlichen Einschränkungen und Verkürzungen, sodass es sinnvoll sein kann, diese in professionell gestaltete Collagen zu überführen.

methodisches Handeln

Methodisches Handeln bedeutet, die spezifischen Aufgaben und Probleme der Sozialen Arbeit situativ, eklektisch *und* strukturiert, kriteriengeleitet und reflexiv zu bearbeiten. Die Auswahl der Interventionen muss transparent und intersubjektiv überprüfbar sein und im Hinblick auf die spezifische Aufgabe bzw. das Problem sowie in Koproduktion mit den Adressaten erfolgen. Fachkräfte müssen ihre Handlungen berufsethisch rechtfertigen, wissenschaftlich und erfahrungsbezogen begründen und hinsichtlich ihrer Wirksamkeit bilanzieren. Diese kompakte Definition (ausführlicher siehe Kap. 4.1.2) wird durch Regeln ergänzt, die hinsichtlich der Charakteristika der beruflichen Handlungsstruktur, der wissenschaftlichen Vorgehensweise und des institutionell gestützten Einsatzes der „Person als Werkzeug" formuliert wurden.

Die Struktur des Werkzeugkastens kombiniert die beiden Strukturelemente *„Handlungsebenen"* (Fallebene, Managementebene und kommunale Planungsebene) für die Verortung der Aufgaben, Situationen oder Probleme und *„Handlungsbereiche"* (Analyse der Rahmenbedingungen, Situations- oder Problemanalyse, Zielentwicklung, Planung und Evaluation), die auf jeder Handlungsebene prinzipiell vergleichbar sind.

Strukturelemente des Werkzeugkastens

Arbeitshilfen sind arbeitsfeldübergreifend konzipierte Checklisten, deren wiederkehrende Fragen auf Charakteristika der beruflichen Handlungsstruktur, die wissenschaftliche Vorgehensweise und den institutionell gestützten Einsatz der „Person als Werkzeug" abgestimmt sind. Sie sollen gewährleisten, dass die wesentlichen Strukturelemente, die das berufliche Handeln konstituieren, zusammengebracht werden. Die Inhalte der Analyse, Planung oder Reflexion werden nicht vorgegeben.

Konstruktionsprinzipien der Arbeitshilfen

Die Ausführungen dieses Teilkapitels bereiten die Arbeit mit den Arbeitshilfen vor. Sie fördern die Fähigkeit, eine aktuell anstehende Handlungsaufgabe innerhalb des Orientierungsrahmens für methodisches Handeln zu verorten, um dann entscheiden zu können, welches Analyse-, Planungs- oder Reflexionswerkzeug sinnvoll einzusetzen wäre. Der bildhafte Vergleich (Werkzeugkasten, Werkzeug) soll jedoch nicht zu einem mechanischen Zuordnen und Umsetzen verführen. Ziel ist vielmehr, ein Verständnis für Vorgehensweisen zu vermitteln, die das für methodisches Handeln typische collagenhafte und eklektische Vorgehen qualifizieren können. Das Bild der Collage wurde gewählt, um das Bewusstsein einer (kreativen) Unfertigkeit, Unvollständigkeit sowie der Modifizierbarkeit des methodischen Vorgehens zu erhalten.

4.2   Handlungsbereiche methodischen Handelns

Welches Spektrum an Aufgaben und Tätigkeiten entfaltet sich innerhalb der Handlungsbereiche auf den verschiedenen Handlungsebenen? Was sollte man beim methodischen Handeln bedenken? Die Aktivitäten in den Handlungsbereichen umfassen ganze *Bündel* von Analyse-, Planungs- und Auswertungsaufgaben. In diesem Teilkapitel wird Hintergrundwissen zu den Handlungsbereichen zusammengefasst, das die Basis und den Kontext der Arbeitshilfen abbildet.

4.2.1 Analyse der Rahmenbedingungen

Soziale Arbeit findet in einem gesellschaftspolitischen Zusammenhang, in Institutionen sowie innerhalb eines spezifischen Sozialraumes statt. → Konzepte sind selten auf diese Zusammenhänge bezogen. Sie thematisieren hauptsächlich die Beziehung zwischen Adressatin und Fachkraft und leiten fachliche Standards und Ziele überwiegend von Bedürfnissen der Adressatinnen ab. Soziale Arbeit ist jedoch auch institutionell „gestützte" Arbeit und die „Person als Werkzeug" benötigt neben den im Kapitel 3.2 aufgezählten Kompetenzen auch institutionelle und materielle Ressourcen. Daher müssen die *Bedingungen* erfasst werden, die die Möglichkeiten der Zusammenarbeit von Fachkraft und Adressatin „vorstrukturieren". Im Folgenden werden Aspekte der Einflussfaktoren „Gesellschaft und Politik", „Institution" und „sozialräumlicher Kontext" skizziert.

Einflussfaktor Gesellschaft und Politik

Soziale Arbeit bearbeitet unvorhersehbare und unversicherbare Risiken der Lebensführung mit dem Ziel der Gewährleistung gesellschaftlicher Normalzustände. Ihre Zwecke und Aufgaben variieren mit den politischen und finanziellen Rahmenbedingungen des Staates (s. Kap. 1.1). Sie findet in einem historischen und sozialpolitischen Kontext statt und unterliegt gesellschafts- und berufspolitischen Macht- und Aushandlungsprozessen, die die Arbeitsaufträge in den verschiedenen Arbeitsfeldern wesentlich beeinflussen. Diese Zusammenhänge gehen im beruflichen Alltag leicht verloren. Folgende Fragenkomplexe sollten in das Blickfeld der Fachkräfte rücken:

Funktion des Arbeitsfeldes

Welchen sozialstaatlichen Funktionen ist das spezifische Arbeitsfeld zuzuordnen (Inklusionsvermittlung, Exklusionsvermeidung, Exklusionsverwaltung)? Ist die Funktion grundsätzlich (oder in welchen Teilen) zu akzeptieren? Was könnte man als Gegenstand der beruflichen Arbeit beschreiben (z. B. Bearbeitung sozialer Probleme, lebensweltorientierte Unterstützung bei der Alltagsgestaltung oder etwa personenbezogene Dienstleistung)?

In Kapitel 1.1 wurde dargelegt, dass die Fragen um Funktion und Gegenstand weder endgültig noch arbeitsfeldübergreifend geklärt werden können. Dort finden sich auch exemplarisch einige Vorschläge (Theorien); es sollten hingegen auch andere Theorien bezüglich ihrer Aussagekraft für das eigene Arbeitsfeld geprüft werden. Jede Fachkraft sollte sich ein begründetes berufliches Selbstverständnis zu Funktion und Stellenwert der Arbeit in ihrem Arbeitsfeld erarbeiten, da dies die eigene Rolle im Feld und auch alltägliche Einzelentscheidungen beeinflusst.

gesetzliche Grundlagen

Auf welche gesetzlichen Vorschriften stützt sich das Arbeitsfeld? Welche Rechtsansprüche der Adressatinnen sind in diesen Gesetzen festgeschrieben? Welche Ermessensspielräume gibt es?

Soziale Arbeit als „Normalfall sozialstaatlich erwartbarer Hilfen" fußt auf rechtlichen Grundlagen, die teilweise Ansprüche auf Leistungen begründen. Die Entscheidung über eine Hilfe beruht somit auf dem Vergleich der subjektiv geäußerten Hilfebedürftigkeit und der staatlichen bzw. (kommunal)politischen Entscheidung über Hilfeangebote, die in Gesetze und Ausführungsvorschriften gefasst sind. Diese begrenzen die *Willkür* einzelner Fachkräfte, die jeder Entscheidung über die Gewährung oder Verweigerung von Hilfe und Unterstützung innewohnt. Sie schließen andererseits die Bearbeitung von Bedürfnissen und Problemen aus, die nicht durch gesetzliche Regelungen abgesichert (und insofern auch nicht finanziert werden). Die Klärung dieses Fragenkomplexes dient dazu, die eigene Zuständigkeit zu klären und Adressatinnen (falls erforderlich) an andere Einrichtungen zu verweisen. Offensichtlich erkannte „Lücken" zwischen rechtlich abgesicherten Ansprüchen und Bedürfnis- und Problemlagen sollten dazu führen, diese in die gesellschaftliche Diskussion über Hilfebedürftigkeit einzubringen.

Wie wird der „Gegenstand" des Arbeitsfeldes in der gesellschaftlichen Diskussion derzeit definiert? Inwieweit ist die Definition durch sozialpolitische Trends und Ereignisse tangiert? Aktuelle Beispiele sind der hohe Stellenwert schulischer Sozialarbeit (ausgelöst durch die Ergebnisse der PISA-Studie), der Jugendberufshilfe (ausgelöst durch die hohe Jugendarbeitslosigkeit) und die zurückgehende Bedeutung von interkultureller Arbeit (trotz zunehmender Desintegration von Migranten). **aktuelle sozialpolitische Trends**

Fachkräfte können sich nicht darauf verlassen, ein krisensicheres und auf die Bedürfnisse ihrer Adressatinnen zugeschnittenes Arbeitsfeld vorzufinden. Finanzielle, weltanschauliche und auch parteipolitische Erwägungen können jederzeit die Prioritäten verändern: der „fürsorgliche" Sozialstaat wandelt sich gegenwärtig zum „aktivierenden" Sozialstaat (Dahme/Otto 2003). War bisher die Heimerziehung eine akzeptable und häufig genutzte Möglichkeit der „öffentlichen" Erziehung, werden künftig Kinder (ungeachtet ihrer Probleme) aus finanziellen Erwägungen überwiegend in Pflegefamilien untergebracht. Galt die offene Jugendarbeit lange Zeit als jugendkulturelles Experimentierfeld für die Einübung gesellschaftlich wichtiger Fähigkeiten, steht sie inzwischen infolge der Umorientierung von Prioritäten als eigenständiges Arbeitsfeld zur Disposition. Einrichtungen und ihre Träger sollten sozialpolitische Trends sorgfältig beobachten, da sie sich aus Finanzierungsgründen immer wieder konzeptionell umorientieren müssen. Einige dieser Trends sollten aus Sicht der Profession öffentlich „skandalisiert" werden, da manche sozialpolitische Prioritätensetzungen fachlich nicht akzeptabel sind.

An welche gesellschaftsstrukturellen Prozesse ist die Erfassung der Bedürfnisse und Probleme der Adressatinnen im Arbeitsfeld gekoppelt? Wie werden die „Ursachen" der wichtigsten Probleme gedeutet? Werden gesellschaftlich produzierte Problemlagen übermäßig individualisiert? **gesellschaftliche Zuschreibungsprozesse**

Gesellschaftliche Zuschreibungen beeinflussen Fachkräfte *und* Adressatinnen und wirken auch auf die favorisierten Methoden der Bearbeitung von Problemen. Weibliche Alkoholabhängigkeit wird beispielsweise von verschiedenen gesellschaftlichen Gruppen sehr unterschiedlich interpretiert: als „Krankheit", als „selbst verschuldete Abweichung von der Norm" oder als „Antwort auf gesellschaftliche Unterdrückung von Frauen" interpretiert. Arbeitslose können zum Beispiel als „Drückeberger", als „Betroffene industrieller Konzentrationsprozesse" oder als „Opfer der aktuellen wirtschaftlichen Rezession" betrachtet werden. Häufig sind diese Deutungen „objektiv" falsch. Dies ist auch daran zu erkennen, dass sich die Zuschreibungen im Laufe der Zeit mehrfach geändert haben. Ein anschauliches Beispiel hierfür bietet die Etikettierung von Arbeitslosigkeit und die von Anfang an daran geknüpfte Diskussion über die Unterscheidung zwischen „würdigen" und „unwürdigen" Hilfeempfängern (Müller 1988, 30ff). „Würdig" sind die unverschuldet in Not geratenen Menschen, daher muss man ihnen helfen; „unwürdig" diejenigen, die die Arbeit verweigern und selbst an ihrem Schicksal schuld sind -- diese sind zu sanktionieren.

Die Erkundung der Beziehung zwischen strukturellen und individuellen „Ursachen" sowie der Zuschreibungsprozesse trägt dazu bei, Adressatinnen des spezifischen Arbeitsfeldes besser zu verstehen. Es gilt zu überlegen, wie man mit den „Etiketten" umgehen möchte und wie man sich vor einer Übernahme „falscher" Zuschreibungen schützen kann.

Einflussfaktor Institution

Professionelle Soziale Arbeit als gesellschaftlich organisierte Hilfe ist nicht möglich ohne Institutionen; der doppelte Bezug auf den lebensweltlichen Kontext der Adressatinnen und den administrativen Handlungskontext ist konstitutiv. Fachkräfte agieren in einer institutionellen „Lebenswelt", die erst ins Spiel kommt, wenn es um berufliches Handeln geht. Die Organisation einer Einrichtung ist der Dreh- und Angelpunkt für die Realisierung der individuellen Kompetenzen. Sie hat einen großen Einfluss auf das berufliche Auftreten der Fachkräfte, und sie stellt die Ressourcen für die Arbeit zur Verfügung. Ideelle und materielle Hilfen, politische und öffentlichkeitswirksame Wege stünden Einzelnen ohne institutionellen Hintergrund nicht zur Verfügung. Interessant für das hier behandelte Thema ist die sinnstiftende Funktion der „praktischen Ideologie" (Klatetzki 1998) der Organisation. Von ihr hängt ab, wie differenziert die vielschichtigen und komplexen Problemlagen zu deuten und zu bearbeiten sind (s. Kap. 3.1.3). Folgende Fragenkomplexe sollten bearbeitet werden:

praktische Ideologie   Welche Vorstellungen über Ursache-Wirkungs-Zusammenhänge (oder „Lieblingserklärungen") für die zu bearbeitenden Situationen und Probleme dominieren in der Einrichtung? Welche Ziele werden bevorzugt angestrebt und welche Resultate erwartet? Welche „Methoden und Techniken" werden routinemäßig eingesetzt? Welche Erwartungen an „richtiges" fachliches Verhalten lassen sich identifizieren? Gibt es ein gemeinsames Set von Normen und Werten, das die Kollegen zusammenbindet?

Die Inhalte der praktischen Ideologie entstammen dem Kontext der Einrichtung (Erwartungen, konkretisiert durch Gesetze, Träger, Zuwendungsgeber, soziales Umfeld, Mitarbeiterinnen, Zielgruppen, die auch das Material für eine Konzeptionsentwicklung abgeben; s. Kap. 7.2). Ihre Funktion „nach innen" ist die Sinnstiftung; sie bildet den institutionellen Deutungshorizont für das Begreifen sozialer Situationen. Institutionelle Deutungsmuster entlasten Fachkräfte in komplizierten Situationen von hoher persönlicher Verantwortung. Sie schaffen Gemeinsinn durch die Bildung einer gemeinsamen Weltsicht; sie blenden aber auch kollektiv die Wahrnehmung schwieriger Problemkonstellationen oder Zusammenhänge aus. Praktische Ideologien bilden die Grundlage für die Kooperation und Selbstkontrolle der Mitarbeiter, was auch den Verzicht auf explizite Vorschriften und Regeln innerhalb einer Einrichtung ermöglicht (Klatetzki 1998). Die Erkundung der institutionellen Einflüsse sollte sich auf die Differenziertheit und die Vielfältigkeit der praktischen Ideologie beziehen, denn für den Umgang mit den Anliegen der Adressatinnen sind starre, formalisierte Definitions-, Entscheidungs- und Handlungsroutinen (Wolff 1984) kontraproduktiv.

Wie viele Fachkräfte mit welchen Ausbildungen und welchen Qualifikationen arbeiten in der Einrichtung? Verfügen sie über unterschiedliche Wissensbestände, und wie gehen sie mit diesen um? Welches Verhältnis von kognitiver Übereinstimmung, wechselseitiger Sympathie und Kooperation pflegen die Kollegen? Welche Zeiten und Räume sind dem kollegialen Austausch vorbehalten? **Kommunikationsstil der Kolleginnen**

Eine einzelne Person verfügt über begrenzte Wissensbestände. Darum ist es für das Verstehen und die Bearbeitung komplexer Situationen und Probleme sinnvoll, kollegiale Beratungssituationen zu schaffen, in die mehrere Personen möglichst viele und unterschiedliche Wissensbestände einbringen. Für die produktive Nutzung der dabei entstehenden „kognitiven Dissense" über das Verständnis einer Situation – im Sinne einer Erhöhung der Deutungsvielfalt – brauchen die Kollegen einen Kommunikationsstil der „darin übereinstimmt, *nicht* überein zu stimmen". Klatetzki (1998, 67) bezeichnet dies als eine „vielfältige Einheit" der praktischen Ideologie. Hierfür bedarf es eines ausgewogenen Verhältnisses von kognitiver Übereinstimmung (Konsens), wechselseitiger Sympathie (affektiver Kongruenz) und Kooperation (Verhaltenskongruenz), wobei eine (zu) hohe Sympathie und Kooperation produktive Dissense unterdrücken kann. Eine Organisationskultur der Fehlertoleranz und der bewussten Förderung offener Konfrontation bei gleichzeitiger Sicherheit der Anerkennung der Person ist diesem Kommunikationsstil zuträglich (Klatetzki 1998). Man sollte demzufolge den Kommunikationsstil untersuchen und daraufhin einschätzen, wie viel Unterstützung man von den Kollegen erwarten kann und welche Interpretations- und Interventionsvielfalt auf diese Weise möglich (oder verhindert) wird. Professionalität wird dann nicht gefördert, wenn man seine Fälle ohne kollegiale bzw. institutionelle Rückbindung subjektiv (und willkürlich) bearbeitet.

Welche formellen oder auch informellen Personen gibt es in der Organisation und wie setzen sie ihre Macht ein? Wie differenziert ist die Rollenspezialisierung und -verteilung? Wie sind Zuständigkeiten und Entscheidungsbefugnisse verteilt? Wie erfolgt die Vergabe von institutionellen Ressourcen? **Machtprozesse**

In jeder Einrichtung gibt es eine mehr oder weniger formelle Leitung, und häufig agieren andere „mächtige" Mitarbeiter („Schlüsselpersonen") im Hintergrund. Sie können durch Ausübung von Konformitätsdruck, durch Vorenthaltung oder Manipulation von Informationen oder durch „einsame" Entscheidungen die Sinnstiftungs- und kollegialen Aushandlungsprozesse beeinflussen bzw. beenden. Leitungs- und Schlüsselpersonen prägen die praktische Ideologie und das organisationskulturelle Klima entscheidend. Von ihnen hängt es ab, ob die Organisation eher „organisch" oder aber „mechanisch" arbeitet: „Die Strategie der mechanischen Form gilt als einfach, reaktiv, implizit, rigide und fragmentiert. Das organische System weist dagegen ein komplexes, integriertes, explizites, flexibles und auf aktive Gestaltung setzendes strategisches Vorgehen auf" (Klatetzki 1998, 71).

Wenn man die Machtprozesse und den Managementstil der Leitung unter die Lupe nimmt, erhält man Informationen über die eigenen Chancen, sich an der Produktion der praktischen Ideologie zu beteiligen. Davon hängen wiederum die Handlungsspielräume für eine professionell gestaltete Arbeit im Sinne der bisher beschriebenen Anforderungen ab.

Einflussfaktor sozialräumliches und institutionelles Umfeld

Einrichtungen Sozialer Arbeit agieren in einem sozialräumlichen Kontext und einem komplexen Geflecht sozialer Institutionen, die sowohl kooperieren als auch konkurrieren. Überdies können sie in Anbetracht fehlender beruflicher Domänen ihre Zuständigkeiten nicht eindeutig abgrenzen. Eine lebenswelt- und ressourcenorientierte Soziale Arbeit konzentriert sich nicht nur auf die beraterische Arbeit mit Einzelnen. Sie widmet sich außerdem dem Aufbau, der Pflege und der Unterstützung von → Aktionssystemen und sozialen Netzen, die die Adressatinnen bei der (Wieder-)Erlangung eigener Kompetenzen zur Bewältigung ihrer Lebensaufgaben unterstützen. Eine sorgfältige Bestandsaufnahme und Analyse dieses Umfeldes bildet hierfür die strukturelle Grundlage. Folgende Fragenkomplexe sind zu bearbeiten:

sozialräumliches Umfeld

Wo ist die Einrichtung angesiedelt (z. B. Wohnumfeld, Verkehrslage, Bevölkerungsstruktur)? Welche für die Einrichtung relevanten Themen kursieren im Umfeld? Welche Erwartungen bestehen gegenüber der Einrichtung? Welchen Ruf hat sie?

Die Lage einer Einrichtung innerhalb eines Sozialraumes (zentral oder peripher) gibt Aufschluss über ihre Erreichbarkeit und mögliche Zugangsschwellen. Man muss die dominanten Themen, Erwartungen und auch den (vielfach eher negativen) Ruf der Einrichtung kennen: Die Neuplanung einer Einrichtung für den Maßregelvollzug provoziert in erwartbarer Regelmäßigkeit Bürgerinitiativen zu ihrer Verhinderung; hohe Kriminalitätsraten fördern Rufe nach ordnungsrechtlichen Maßnahmen und in einem gut situierten Wohnmilieu sind Wohngruppen der Erziehungshilfe oder solche für behinderte oder psychisch kranke Menschen ein Anlass ständigen Ärgers. Das, was die Bevölkerung von der Einrichtung erwartet, was sie ihr zutraut und zumutet beeinträchtigt auch das Organisationsklima und die Möglichkeiten der Fachkräfte, wenn es etwa darum geht, → Aktionssysteme und soziale Netzwerke in der Lebenswelt der Adressatinnen aufzubauen und zu pflegen. Letztere hegen in Kenntnis dieser Themen und des Rufes ein Vorschussvertrauen (oder –misstrauen), das sie auch in die Gestaltung der Arbeitsbeziehung einbringen. Man muss diese wichtigen Informationen aufgreifen und mit ihnen umgehen, sie gegebenenfalls entkräften oder Strategien zur Neutralisierung entwickeln.

Wer im sozialen Umfeld leistet vergleichbare Arbeit? Wo gibt es Konkurrenz? Mit wem kann und muss die Einrichtung kooperieren?

Die institutionelle Verfasstheit der Sozialen Arbeit (mit der Trennung zwischen leistungsanbietenden und leistungsfinanzierenden Organisationen) und der Grundsatz des Subsidiaritätsprinzips bilden die Grundlage dafür, dass vergleichbare Leistungen je nach Dichte und Größe eines Sozialraums auch von mehreren Trägern angeboten werden. Die Einrichtungen müssen folglich sowohl kooperieren als auch konkurrieren. Das stärkt auch die „Nachfrageseite" (Schaarschuch et al. 2001), zumindest dann, wenn die Adressatinnen ihre Bedürfnisse und Anliegen so formulieren können, dass sie unter verschiedenen Angeboten sozialer Dienstleistung wählen und deren Qualität einschätzen können. Kooperationswillige Fachkräfte kennen auch das Angebot der anderen Einrichtungen, um Adressatinnen bei fehlender Zuständigkeit oder nicht zustande kommenden Arbeitsbeziehungen weiter zu vermitteln und interinstitutionelle Aktionssysteme aufzubauen. Auf der Managementebene sind Kenntnisse des professionellen Netzwerkes und eine Auslotung des Verhältnisses von Kooperation und Konkurrenz eine Voraussetzung für das finanzielle „Überleben" der Einrichtung. Auf der Fallebene benötigt man die Kenntnisse für eine ressourcenorientierte und autonomiefördernde Arbeit. Fachkräfte können ihren Adressatinnen schaden, wenn sie ihnen aus Unkenntnis oder Konkurrenz Informationen vorenthalten oder sie im institutionellen „Dschungel" allein lassen.

Einrichtungen und Soziale Dienste im Umfeld

4.2.2 Situations- oder Problemanalyse

Eine Situations- oder Problemanalyse beruht auf einer dialogischen Verständigung mit allen Beteiligten darüber, wie die Ausgangslage zu interpretieren ist und wohin man sich bewegen möchte. Sie entsteht aus einer kriteriengeleiteten und multiperspektivischen Sammlung von Informationen über die Wahrnehmung und Bewertung einer Situation oder eines Problems. Das Verfahren soll zur Klärung dessen beitragen, „was der Fall ist" und Ansatzpunkte für das weitere methodische Vorgehen aufzeigen. Als Ergebnis einer solchen Analyse erhält man eine „Sammlung von Ideen über Fakten" (Staub-Bernasconi 2003, 35), die immer unter dem Vorbehalt der Revision steht. Professionelles Handeln teilt mit der Disziplin den *Begrün-*

dungszwang und mit der Praxis den *Handlungs- und Entscheidungszwang*. Wer eine Situations- oder Problemanalyse vornimmt, steht vor der Herausforderung, vorschnelle Deutungen und Etikettierungen zu vermeiden und dennoch unumgängliche Entscheidungen und Interventionen vorzubereiten (s. Kap. 2.2.2). In Anlehnung an Heiner (2005b) und Staub-Bernasconi (2003) ist zu konstatieren, dass es eher unprofessionell ist, *nicht* zu „diagnostizieren" und auf den Einsatz von Kategorien der Wirklichkeitserfassung zu verzichten. Handlungen beruhen immer auf der Bewertung eines Ereignisses bzw. einer Situation (Holodynski/Friedlmeier 1999); ein Verzicht auf eine kriteriengeleitete Bewertung würde lediglich die Nachvollziehbarkeit der Analyse und die Möglichkeit der kritischen Beurteilung methodischen Handelns beeinträchtigen. Folgende Fragen- und Themenkomplexe sollten bei der Situations- oder Problemanalyse bedacht werden:

Erhebung biografischer Informationen

Fachkräfte beurteilen eine Situation oder ein Problem im Hinblick auf ihre Zuständigkeit, vor dem Hintergrund ihrer institutionellen Deutungsmuster und Entscheidungsroutinen sowie ihrer Erfahrungen und Kompetenzen. Nicht zuletzt wird die Einschätzung durch die Lektüre der schriftlichen Dokumente, die die Adressatinnen „begleiten", stabilisiert oder gar schon vorgeformt. Mitunter sind den Fachkräften die Akten schon bekannt, bevor ein persönlicher Kontakt entsteht. Adressatinnen hingegen erleben „ihren" Fall als eine zusammenhängende Geschichte oder als „Verlaufskurve eines Erleidens" (Schütze 1992, 159f). Fachkräfte müssen den biografischen Zusammenhang eines Falles betrachten, da dieses Vorgehen neue Verständnis- und Bearbeitungsperspektiven eröffnet und andere Dimensionen des Falles fokussiert als jene, die routinemäßig mit den gewohnten Kategorien untersucht werden. Hierbei können Methoden des *Fallverstehens* (Thimm 2002; Ader et al. 2001; Peters 1999; Kraimer 1997) gute Dienste leisten.

Erhebung von Kontext-informationen

Neben der biografischen ist auch die sozialräumliche Dimension zu betrachten. Adressatinnen haben häufig erfolglose Versuche der Problemlösung hinter sich. Ihre familiären oder sozialräumlichen Netzwerke sind möglicherweise unvollständig oder ausgefallen, und sie blicken nicht selten auf „institutionelle Karrieren" zurück. Sie verfügen über eigensinnige lebensweltlich geprägte Deutungsmuster ihrer Probleme und sie wurden auch mit institutionellen Deutungen und auch mit „Schuldzuschreibungen" konfrontiert, die ihr Selbstvertrauen und ihre Motivation, sich auf eine (neuerliche) Arbeitsbeziehung einzulassen, beeinflussen. Aus der Recherche zu Kontextinformationen ergeben sich Ansatzpunkte zur Klärung der institutionellen und individuellen Zuständigkeit der Fachkräfte und für die gemeinsame Arbeit.

Beziehungsanalyse

Soziale Arbeit als → Koproduktion bedeutet, eine Arbeitsbeziehung zu begründen, in die beide Seiten investieren. Hierzu müssen Fachkräfte die Chancen für eine tragfähige Zusammenarbeit ausloten. Als Beispiel soll der Zugang einer Adressatin zur Einrichtung angeführt werden: Erfolgte er freiwillig oder unfreiwillig? Was erwartet die Adressatin? Erlebt sie die Fachkraft eher als mögliche Hilfe oder als Kontrollinstanz? Die Fachkraft mit ihrer Organisation im Hintergrund muss klären, wie sie mit welchen Erwartungen umgehen kann und wie sie diese mit ihren institutionellen und gesellschaftlichen Arbeitsaufträgen in Beziehung setzt. Sie muss überlegen, wie sie mit ihrem „professionellen Mehrwissen" über „Merkmale der Fallproblematik" und „allgemeine Fallverlaufskurven" (Schütze 1992, 152f) umgehen will. Sie muss überdies entscheiden, ob bzw. wie sie sich *ihrerseits* auf den Fall einlassen kann und will. Hierbei spielen auch ihre Emotionen eine wichtige Rolle: Fragen der individuellen „Passung" von Fachkraft und Adressatin, der divergierenden Wertestandards oder eigene Erfahrungen mit einem ähnlich erscheinenden Problem können Barrieren aufbauen, die zu bearbeiten sind.

Da es nicht möglich ist, Ereignisse „objektiv", also unabhängig von Wahrnehmung, Beschreibung oder Erklärung eines Beobachters, darzustellen, sollte man die Sichtweisen aller an einer Situation oder einem Problemzusammenhang Beteiligten (möglichst als Originalerzählung) einholen und dokumentieren. Das gilt auch für die Fachkräfte selbst; sie sollten ihre Selektionen und ihr Vorverständnis mit den Konstruktionen der anderen Beteiligten in Beziehung setzen, ohne sie zu gewichten. Eine Synopse der Ereignis- und Problembeschreibungen liefert erste Ideen über Zusammenhänge, die als Ad-hoc-Hypothesen zu notieren sind. **mehrperspektivische Betrachtungsweise**

Handlungen sind emotional fundiert und Ergebnisse vorausgehender Bewertungsprozesse, die ihrerseits am Kriterium der Motivbefriedigung orientiert sind (s. Kap. 1.2.2). Wenn Handlungsbegründungen auf dahinter liegende Motive und Anliegen bezogen werden, kommt man zu weiterer Ideen darüber, wo es „hakt" (auch wenn dies leicht zu Spekulationen führen kann). Es könnte sein, dass die Adressaten aktiv Einfluss auf andere Menschen bzw. die Situation nehmen wollten, um diese gemäß ihren Anliegen zu verändern; möglicherweise haben sie auch versucht, ihre Emotionen zu modifizieren. Es kann auch sein, dass sie nicht ausreichend gelernt haben, aktiv und reflexiv Einfluss auf ihre Emotionen zu nehmen, sodass diese sie an der Ausführung zielgerichteter Handlungen hindern. Man sollte die Sichtweisen auch im Hinblick auf die kulturelle Bedingtheit der Formen und Funktionen der Bewältigungshandlungen interpretieren. **Motive und Anliegen**

Ein sinnvolles Verhältnis von Theorie und Praxis wurde im Kapitel 2.1.4 skizziert. Zur Erweiterung der Deutungen sollte man die subjektiven Ereignis- oder Problembeschreibungen und die erkundeten Anliegen aller Beteiligten mit Theorien der verschiedensten Wissensbestände und auch mit Alltagstheorien in Beziehung zu setzen. Dies kann durchaus assoziativ erfolgen, gemäß den Fragen: „Welche Theorien und Hypothesen fallen mir hierzu ein?", „Wie könnte man diese Phänomene erklären?" Dabei wird es wahrscheinlich sehr verschiedene Assoziationen geben. Wenn es möglich ist, hierbei mehrere Teammitglieder zu beteiligen, die über verschiedene und auch differente Wissensbestände verfügen (Klatetzki 1998), erhöht das die Deutungsvielfalt und somit auch die Chance zu einer angemessenen Einschätzung des „Falles". **Relationierung mit Theorien**

Die Ergebnisse der Relationierung mit Wissensbeständen bilden in der Zusammenschau mit den Beschreibungen und Motiven der Beteiligten die Basis für eine begründete Einschätzung der Situation oder des Problems. Diese entsteht nicht in einer geregelten Vorgehensweise. Sie kristallisiert **begründete Einschätzung des „Falles"** sich heraus, indem man mögliche und durchaus widersprüchliche Erklärungen und Deutungen produziert und sich in einen dialogisch angelegten Verständigungsprozess mit den Beteiligten über differente Wahrnehmungen und Sinnkonstruktionen begibt. Die Einschätzung entsteht aus Plausibilitäten, Intuitionen, Ad-hoc-Hypothesen, Kenntnissen und Erfahrungen früherer, vergleichbarer Situationen oder etwa Problemen, wobei am Ende eine möglichst weitgehend mit den Adressatinnen abgestimmte Formulierung stehen sollte. Wo eine Verständigung nicht gelingt, müssen Dissense und Hintergründe dokumentiert werden.

eigenständiger sozialer Ort der Reflexion

Bei allem Bemühen um ein dialogisches, koproduktives Vorgehen muss es doch auch einen eigenständigen Ort geben, einen professionellen Kommunikationsraum, an dem sich die Fachkräfte im kollegialen Zusammenhang darüber vergewissern können, wie die gesammelten Informationen einzuschätzen sind. Sie arbeiten im Hinblick auf ihr „professionelles Mehrwissen" (Schütze 1992, 152f) das Allgemeine eines Falles heraus und beziehen ihre neuen Erkenntnisse wieder auf die besondere, individuelle Situation. Auf diese Weise gewinnen sie Optionen, wie sie zukünftig handeln wollen (s. hierzu den Briefwechsel von Kunstreich mit Müller, Heiner und Meinhold in: Kunstreich et al. 2003, 11ff). Die Wichtigkeit der institutionellen Reflexionskultur wurde bereits mit Verweis auf Klatetzki (1998) herausgestellt; praktische Hinweise zu institutionellen Rahmenbedingungen der Situations- oder Problemanalyse finden sich bei Ader et al. (2001).

4.2.3 Zielentwicklung

In der Fachdiskussion herrscht Konsens darüber, dass man gewünschte Ergebnisse nicht „am Reißbrett" und bis ins Detail planen kann, und dass sich Ziele und Wege im Laufe eines Prozesses mehrfach verändern oder auch neu entstehen können (Spiegel 1993; Sturzenhecker 2002). Manche Autorinnen äußern sich daher zumindest skeptisch gegenüber Bestrebungen einer expliziten Zielentwicklung (Müller 1998). Menschliches Handeln erfolgt dennoch intentional – es ist auf eine Ursache (Motiv oder Anliegen) oder auf ein Ziel (Ergebnis) bezogen – und die Individuen entwickeln Vorstellungen dazu, wie sie ihre Intentionen umsetzen wollen. Methodisches Handeln zeichnet sich gegenüber dem Alltagshandeln durch seine *Zielbezogenheit* aus. Nur auf diesem Wege werden Reflexionen über die fachliche und moralische Angemessenheit eines geplanten → Wirkungszusammenhanges von Ausgangslage, gewünschtem Zustand und Interventionen möglich. Zunächst werden einige grundsätzliche Überlegungen zum Thema „Zielentwicklung" zusammengetragen und anschließend wesentliche Arbeitsschritte für dieselbe vorgestellt.

Ziele nehmen Veränderungen in den Blick

Ziele zu setzen bedeutet, Veränderungen anzustreben. Fachkräfte unterstellen zumeist, dass es dabei um Verbesserungen der derzeitigen Situation geht. Dies ist eine Einschätzung, die Adressatinnen nicht immer teilen; für sie können auch die Befürchtungen vor nicht kalkulierbaren Veränderungen überwiegen. Eine systematische Problemstelle entsteht da, wo Fachkräfte kontrollierend eingreifen müssen (etwa im Zusammenhang mit Fragen des Kindeswohls). Sie können mithilfe ihrer strukturell begründeten Macht und ihrem institutionell getragenen Instrumentarium zumindest vordergründig definieren, was „Verbesserungen" sind. Sie können überdies versuchen, die Adressatinnen möglichst „effektiv" und „effizient" in Richtung der für sie gesetzten Ziele zu lenken (auch wenn sich das glücklicherweise in der Praxis als ausgesprochen schwierig erweist). Ethische und fachliche Postulate der Profession verbieten eine solche „Manipulation". Dennoch beinhaltet jeder Eingriff in ein Prozessgeschehen manipulative Elemente, die hinsichtlich ihres Ausmaßes und ihrer Qualität kontrolliert werden müssen. Das kann beispielsweise durch eine weitest gehende Orientierung an den Bedürfnissen und Anliegen der Adressaten und am Charakteristikum der → Koproduktion geschehen.

Auch das pragmatisch begründete Anliegen der *Zielerreichung* erfordert eine Koproduktion. Niemand begibt sich auf den Weg zu Zielen, die nicht die eigenen sind: Selbst wenn man es zunächst schafft, eine Person zu „überzeugen", wird diese sich eher nicht in Bewegung setzen, wenn sie darin keinen Nutzen für sich entdecken kann. Fachkräfte, die Erfolge verzeichnen wollen, unterstützen Adressatinnen bei der Entwicklung *eigener* Ziele und konzentrieren sich darauf, sie auf dem Weg dorthin durch geeignete → Interventionen und methodische Arrangements zu begleiten. Der Prozess der Zielentwicklung zieht sich zumeist über einen längeren Zeitraum hin und muss gestaltet bzw. moderiert werden.

Ziele müssen gemeinsam entwickelt werden

Eine Zielentwicklung bezieht sich selten auf *eine einzige* Adressatin und ihre individuelle Lebensplanung. Die angestrebten Verhältnisse betreffen zumeist mehrere Personen (z. B. Familie, Gruppe, Gemeinwesen oder Einrichtungen) und nicht jede Zusammenarbeit geschieht auf freiwilliger Basis. Daher müssen Ziele zwischen Adressatinnen und gesellschaftlichen Gruppen und Instanzen *ausgehandelt* werden; dies kann auch zu Zielkonflikten führen. Sowohl auf der Fall- als auch auf der Managementebene wurden im Laufe der Zeit systematische Aushandlungsprozeduren (Verfahren) eingeführt, etwa die individuelle *Hilfeplanung* oder Schritte der *Konzeptionsentwicklung*. In die Zielfindung gehen explizit und implizit viele Perspektiven ein, beispielsweise Bedürfnisse, Wünsche und Anliegen der Adressatinnen, Wertestandards der Fachkräfte inklusive der von ihnen bevorzugten Theorien und Methoden, Deutungen und Ideen der Kollegen, fachliche und Verwaltungsvorgaben der Institution und des Kostenträgers bis hin zu sozial- und kommunalpolitischen Themen.

Ziele sind Ergebnisse von Aushandlungen

Ziele sollten so konkret wie möglich formuliert werden (ohne deren Flüchtigkeit und Revidierbarkeit zu vergessen), denn Adressatinnen müssen wissen „wohin die Reise geht", was sie in diesem Prozess erwartet, welchen Beitrag sie selbst einbringen sollen und wollen und wie lange die Hilfe voraussichtlich dauert. Eine Verständigung über den angestrebten, gewünschten Zustand richtet den Blick in die Zukunft, auf das Positive und die

Ziele sollten konkret formuliert werden

Ressourcen der Beteiligten. Ziele wecken überdies die Erwartung, vorwärts zu kommen. Eine konkrete und realistische Zielformulierung (Beschreibung des erwünschten Zustandes nach Beendigung der Hilfe) ermöglicht es, „passgenaue" Interventionen und Arrangements zu konstruieren und bildet außerdem die Grundlage für die Bildung eines → Aktionssystems, Absprachen über → Handlungsschritte sowie für die Evaluation. Fachkräfte stehen folglich vor der Herausforderung, konkrete und tragfähige Ziele zu erarbeiten im gleichzeitigen Wissen, dass dieser Akt relativ ist, da sich Situations- und Problemdeutungen, Ziele und Interventionen immer wieder ändern können.

Technologiedefizit   Aufgrund der Tatsache, dass sich Menschen im Allgemeinen Situationen und Probleme in *kausalen* Zusammenhängen erklären (Klatetzki 1999), neigen Fachkräfte dazu, ihre Ursache-Wirkungs-Vorstellungen zur Grundlage der Zielentwicklung zu machen. Eine beliebte Definitionsroutine besteht darin, als Ursache für das problematische Verhalten eines Kindes die fehlende elterliche Konsequenz in der Erziehung verantwortlich zu machen und diese zum Bezugspunkt für Interventionen zu nehmen. Es geht dann im Umkehrschluss um die „Förderung der elterlichen Konsequenz", die gleichzeitig zum Ziel *und* zum Weg wird. Die zukunftsorientierte Übertragung von Kausalzusammenhängen in einen Ziel-Mittel-Zusammenhang (eine Technologie) ist jedoch aufgrund des → *strukturellen Technologiedefizits* der Sozialen Arbeit nicht möglich. Abgesehen davon, dass die genannte Ursachenannahme selbst hypothetisch ist, ist nicht anzunehmen, dass ein Kind und seine Eltern als Ziel der gemeinsamen Bemühung die Stärkung der elterlichen Erziehungskonsequenz anstreben. Sie möchten eher den familiären Streit oder die Schulschwierigkeiten des Kindes beheben und suchen „Lösungen" (Walter/Peller 1996).

Schritte der Zielentwicklung   Die Zielentwicklung fokussiert einen in die Zukunft gerichteten erwünschten Zustand oder erweiterte Handlungskompetenzen in der Lebenssituation der Adressatinnen, die in einer überschaubaren Zeit zu erreichen sind. Sinnvoll sind folgende Aktivitäten:

Sichtung der Ausgangslage   Eine Zielentwicklung beginnt mit der Sichtung der Ausgangslage. Anzustreben ist eine mit den Adressatinnen geteilte Einschätzung der Situation oder des Problems. Wo dies nicht möglich ist, sollte man an aus der Situations- und Problemanalyse gewonnenen Plausibilitäten und Anhaltspunkten ansetzen, um den Suchprozess in Richtung Ziel in Bewegung zu setzen. Mitunter klärt sich auch erst durch die zunehmende Konkretisierung bei der Zielentwicklung, dass das Ausgangsproblem nicht so zentral ist wie zunächst angenommen. Umgekehrt können zunächst nebensächlich erscheinende Elemente in den Mittelpunkt rücken, woraus folgen kann, dass man wieder zu den Aktivitäten des Handlungsbereiches der Situations- oder Problemanalyse zurückkehren muss.

Herausarbeitung der Änderungsperspektive   Die Änderungsperspektive bezeichnet die „Himmelsrichtung" (Wohin soll es gehen und wo sollen Veränderungen ansetzen?). Diese Frage muss ebenfalls mehrperspektivisch bearbeitet werden, denn zumeist existieren differente Vorstellungen darüber, wer oder was sich ändern soll. Die Individuen erwarten meist Veränderungen von ihrem Umfeld oder von anderen Personen anstatt von sich selbst. Das gilt auch für Fachkräfte, die selbstverständlich erwarten, dass sich die *Adressaten* ändern sollen. Somit bedarf es einer Verständigung darüber, wer oder was sich verändern soll. Die Anliegen der Adressatinnen sollten in der Perspektive aufgehoben sein und der Blick auf die biografische Verlaufskurve des Falles kann zeigen, welche Perspektive *keine* große Erfolgsaussicht hat (wenn z. B. schon mehrfach vergeblich versucht wurde, die oben erwähnte erzieherische Konsequenz zu verbessern, ist ein neuerlicher Ansatz zweifelhaft). Die Einigung über die Änderungsperspektive klärt auch den Ansatzpunkt für die weiteren Aushandlungen: Geht es um die Umgestaltung des (sozialräumlichen) Umfeldes, das Zusammenleben in der Familie, die Beziehungsgestaltung im sozialen Netzwerk, die Erweiterung oder Veränderung der Handlungskompetenzen eines Kindes oder um Veränderungen im institutionellen Milieu (der Jugendeinrichtung)?

Die Einigung auf eine Änderungsperspektive garantiert noch nicht, dass sich nun die anzustrebenden Ziele „von selbst" ergeben; es sind immer wieder *neue* Verständigungsprozesse erforderlich. Vom erreichten Ausgangspunkt ist nun zu erkunden, wie sich alle Beteiligten eine Verbesserung vorstellen. Hierbei ist entscheidend, dass die Beteiligten selbst (mit Unterstützung) herausfinden, was sie brauchen und möchten und in welcher Weise sie sich dafür einsetzen wollen und können.

> **multiperspektivische Erfassung der Zielvorstellungen**

Eine neuerliche Aushandlungsrunde bezieht sich auf die Konsensfindung: Welche Ziele sind allen wichtig und sollen zuerst angegangen werden? Welche sind vielleicht dringender und wichtiger, können aber keinen Konsens erzielen? Worüber gibt es den heftigsten Dissens? Wer entscheidet letztlich, ob und in welcher Reihenfolge die gefundenen → Konsensziele bearbeitet werden sollen, oder ob man sich zuerst der Klärung der strittigen Zielfragen zuwenden soll (was im Übrigen zeigen kann, dass Problemdeutung und Änderungsperspektive doch nicht so stimmig sind, wie gedacht)? Der Modus der Verständigung, die Dissense und ihre Begründung sollten festgehalten werden.

> **Bildung von Konsenszielen**

Bei der Zielentwicklung sollte auch auf Form und Inhalte der Formulierungen geachtet werden. In Konzeptionen oder Hilfeplänen sind Ziele häufig diffus beschrieben (z. B. „Verbesserung des Sozialverhaltens", „Selbstständigkeit", „eigene Perspektive", „vernünftiger Schulabschluss" oder „konsequentes Erziehungsverhalten"). Beliebt ist überdies die sofortige Verknüpfung der ins Auge gefassten *Hilfeart* oder der Handlungsschritte mit einem Ziel („Sie braucht den strukturierten Rahmen einer Wohngruppe, *um* den Schulabschluss zu erreichen und anschließend eine Ausbildung zu absolvieren."). Alternative (und möglicherweise sinnvollere) Handlungsschritte werden auf diese Weise im Voraus ausgeblendet. Häufig werden Ziele auch negativ formuliert („Sie soll nicht mehr so aggressiv sein.", „Sie soll sich nicht mehr herumprügeln."), wobei offen bleibt, was stattdessen anzustreben wäre. So formulierte Ziele lassen sich schwer operationalisieren.

> **Kriterien der Zielformulierung**

Die folgenden Schritte können dazu beitragen, Ziele besser zu formulieren. Die Zusammenstellung ist unter anderem inspiriert durch Arbeiten von Geiser und Brack (1997), Meinhold (1998) sowie durch Ideen der lösungsorientierten Therapie (Walter/Peller 1996; s. auch das Modell der SMART-Kriterien für die Zielformulierung von Heiner 1996c). Folgende Kriterien sollten erarbeitet werden:

zeitliche Differenzierung der Ziele

Häufig enthalten Zielformulierungen keine genauen Angaben zur zeitlichen Perspektive. Daher sollte man zunächst zwischen Wirkungszielen, Teilzielen und Handlungszielen unterscheiden.

→ **Wirkungsziele** sind wünschenswerte Verhältnisse für und Kompetenzen von *Adressaten*, deren Erreichung durch die Bemühungen der Fachkräfte unterstützt werden soll. Wirkungsziele geben die grobe Richtung des Unterfangens an und haben diesbezüglich eine orientierende Funktion. Da sich die Planungszeiträume mitunter über Jahre hinziehen, ist es notwendig, für überschaubare Zeiträume → *Teilziele* zu bilden. Dies sind Etappen auf dem Weg zum Wirkungsziel, die konkreter formuliert werden und im veranschlagten Zeitraum erreichbar sein müssen. Wirkungs- und Teilziele bilden den Bezugspunkt für die Konstruktion von Handlungszielen und rechtfertigen diese. → *Handlungsziele* sind die Arbeitsziele der *Fachkräfte*: Sie beschreiben Vorstellungen über förderliche Bedingungen für die Zielerreichung, an deren Bereitstellung die Fachkräfte arbeiten. In diese Kategorie gehören beispielsweise räumliche und atmosphärische Arrangements und auch Unterstützungsszenarien des → Aktionssystems. Für die Förderung eines Wirkungszieles sind immer mehrere Teil- und Handlungsziele erforderlich. Daher gleicht das Verhältnis der Ziele zueinander einer Pyramide (s. Kap. 4.2.4).

Handlungsziele (als Arbeitsziele der Fachkräfte) werden systematisch gegen → *Handlungsschritte* abgegrenzt, die den Weg der Adressaten zu ihren Teilzielen und den der Fachkräfte zu ihren Handlungszielen beschreiben. Zielformulierungen sollten *keine* Handlungsschritte enthalten; diese werden erst bei der weiteren Planung konstruiert. Da jedoch bei der gemeinsamen Arbeit an Zielen immer auch schon Ideen der Umsetzung auftauchen, kann man diese in einen „Ideenspeicher" einbringen, um sie nicht zu vergessen.

Erreichbarkeit der formulierten Teilziele

Man sollte überwiegend mit konkretisierten Teilzielen (je nach Arbeitsfeld auch mit Handlungszielen) weiterarbeiten und diese derart formulieren, dass sie in einem der Situation angemessenen, verabredeten *Zeitraum* auch erreichbar sind. Dies ist eine große Herausforderung, denn Fachkräfte und Adressaten unterschätzen häufig Zeit und Aufwand, die man benötigt, um auch nur geringfügige Änderungen zu erreichen. Mit der Formulierung unrealistischer Ziele werden auf beiden Seiten Frustrationen erzeugt.

Zuständigkeit für das Ziel

Es stellt sich des Weiteren die Frage, wer für die Erreichung des Teilzieles und die hierzu gehörenden Aktivitäten *zuständig* ist und wer dazu beitragen kann, diese umzusetzen. Es ist einfach, ganze Kataloge für die Veränderung anderer Menschen oder eines schwer beeinflussbaren Umfeldes zu entwerfen, jedoch schwierig, dies für die eigene Person zu tun. Die Teilziele müssen daher im Einflussbereich der Adressaten angesiedelt und auf diese bezogen sein. Jede Person muss ihre Ziele selbst erreichen können und auch für deren Umsetzung zuständig sein, anstatt zu erwarten, dass andere etwas für sie tun, das ihnen dann „hilft". Das gilt auch für die Unterstützungsszenarien, die Fachkräfte entwerfen und aufbauen: Für die Umsetzung dieser *Handlungsziele* sind dann allerdings die Fachkräfte zuständig.

Ein großer Teil der spontanen Formulierungen bezieht sich erfahrungsgemäß auf die Vermeidung ungeliebten Verhaltens und ebensolcher Zustände (z. B. Vermeidung von Ärger, Stress, Konflikten oder unangemessenen Sozialverhaltens). Solche Beschreibungen helfen weder den Fachkräften noch den Adressatinnen, den gewünschten Zustand zu finden, der sich *stattdessen* einstellen soll. Ziele sollten aus diesem Grund immer positiv formuliert werden. **sprachlich positive Formulierung**

Wenn man sich über Ziele verständigt, ist die Fachsprache nicht immer nützlich. Begriffe wie „Ressourcenorientierung", „Partizipation" und „Lebensweltorientierung" sind Menschen außerhalb der Profession (und manchmal auch den Fachkräften selbst) kaum geläufig und bedürfen der Übersetzung. Es ist sinnvoll, Wörter zu verwenden, die diejenigen verstehen, die sie verstehen *sollen*. Die Begriffe dürfen auch nicht zu viele Interpretationen zulassen. Man sollte daher nachfragen, was die Gesprächspartnerinnen *meinen*, wenn sie diese Begriffe benutzen, da sich später zeigen kann, dass Bedeutungskontexte stärker differieren als gedacht. **Verständlichkeit**

Nicht alle Anliegen von Adressatinnen sind aus berufsethischer Sicht unterstützenswert. Die Fachkräfte selbst sollten ihre Handlungsziele auf unangemessene Manipulation (Überredung) sowie auf Widersprüche zu fachlichen oder moralischen Standards (Kooperation, Konsensprinzip) prüfen und gegebenenfalls ändern. **berufsethische und fachliche Vertretbarkeit**

4.2.4 Planung

Planungen sollten nicht allzu weit in die Zukunft reichen. Man kann sich die größte Mühe geben, alle Einflussfaktoren zu erfassen und im Konsens erreichbare und angemessene Ziele formulieren. Und doch kann es passieren, dass sich die Situation oder die Beteiligten in kürzester Zeit völlig verändern, ohne dass dies vorhersehbar oder gar beeinflussbar ist: Man hat beispielsweise mit einer drogenabhängigen jungen Frau über einen langen Zeitraum daran gearbeitet, sie für eine stationäre Therapie zu motivieren. Dann verliebt sie sich plötzlich und alle Pläne sind vergessen. Es ist nicht abzusehen, ob dieses Ereignis für den weiteren Weg der Frau negativ oder positiv ist. Es kann sein, dass sie mit dem neuen Freund in eine noch dramatischere Situation gerät oder ihm zuliebe oder mit seiner Hilfe ohne Therapie vom Drogengebrauch ablässt.

Zukünftige Ereignisse lassen sich folglich nicht bis ins Detail planen (Spiegel 1993). Das Verhältnis von Planung und Offenheit ist für die Soziale Arbeit konstitutiv. Sturzenhecker (2002, 265) belegt dies exemplarisch für das Arbeitsfeld der Jugendarbeit, indem er einer strukturierten Planung das „produktive Chaos" („Anarchie") zur Seite stellt:

„Ohne den Aspekt des produktiven Chaos würde das reine Organisieren zu einem technischen Durchstrukturieren, das jedoch die Komplexität und Potenziale dieses erzieherischen Feldes nicht aufnehmen, sondern eher verhindern würde. Ohne Planung jedoch entstünde die Gefahr, dass die reine Anarchie ein Handlungsfeld produzieren würde, in dem professionelles Handeln nicht mehr mit rational gewählten Kategorien begründbar wäre und methodisches Handeln und Reflektieren in einem ‚Wursteln' unterginge, das nicht mehr fachlich und produktiv genannt werden könnte."

Planerische Kategorien sind erforderlich, um professionelles Handeln diskursfähig zu machen: Man muss sowohl intern (im Team und mit den Adressaten) als auch extern (mit Trägern und Finanziers) über die Gestaltung des Feldes kommunizieren und somit auch finanzielle Ressourcen sichern. Planung ist überdies ein Element von Professionalität, die sich durch den Zwang zur wissenschaftlichen Begründung eigener Deutungen und Handlungsentwürfe auszeichnet (Sturzenhecker 2002). „Das Ergebnis einer guten Planung erlaubt es, das Planbare vom nicht Planbaren zu unterscheiden. Planung kann die Chancen für Offenheit und spontanes Handeln verbessern, da ja nur gründliche Planung das nicht Planbare sichtbar werden lässt" (Martin 1989, 95).

Planung wird definiert als Sammelbegriff für die situations- und problembezogene Umsetzung von Zielen durch den Entwurf von Handlungsschritten und Handlungsregeln sowie das Arrangement von strukturellen Voraussetzungen (z. B. Räume, Zeiten, Finanzen oder Personal), ohne darauf zu spekulieren, dass man diese *nacheinander* abarbeiten kann. Die Planung sollte da, wo sie Adressatinnen direkt betrifft, dialogisch und koproduktiv erfolgen; es gibt jedoch auch Planungssituationen (z. B. auf der Managementebene), für die die Fachkräfte (und ihr Team) allein verantwortlich sind.

Unter der Voraussetzung, dass ein abgestimmtes Verständnis über die Situation oder das Problem vorliegt, und dass es ebenso koproduktiv abgestimmte Ziele gibt, sind folgende Aktivitäten sinnvoll:

Analyse der Arbeitsbeziehung　　Spätestens bei der Planung sollte man sich die Qualität der Beziehungen anschauen, denn sie sind das „Medium" der Arbeit mit *allen* Beteiligten. Jede berufliche Beziehung zu Adressatinnen hat bereits eine Vorgeschichte, die in den vorangehenden Recherchen und Verständigungen gewachsen ist. Jede Beziehung enthält Momente der Zusammenarbeit, des Aushandelns oder des Konfliktes, die man jeweils analysieren muss. Zum Verständnis der Beziehung sind auch die Informationen aus der Kontextanalyse wichtig, da Adressatinnen zumeist schon Erfahrungen mit anderen Fachkräften, teilweise auch in unfreiwilliger Zusammenarbeit, gesammelt haben, die sich auf deren Motivation zur Kooperation auswirken. Es gilt folglich herauszufinden, welches *Interesse* sie an einer Zusammenarbeit haben, um abschätzen zu können, welche Handlungsschritte bzw. Interventionen akzeptiert werden, oder ob es sich empfiehlt, zunächst an der Verbesserung der Arbeitsbeziehung zu arbeiten.

Es ist weiterhin erneut abzuschätzen, welche Motive und Anliegen die Adressatinnen mit der Zielsetzung und der darauf abgestimmten Planung realisieren und welchen Nutzen sie sich erhoffen können. Wenn man eine Vorstellung davon hat, welche Motive sie *bisher* verfolgten (s. Kap. 4.2.2) und worin der bisherige Nutzen der *aktuellen*, wenn auch schwierigen Situation für die Beteiligten liegt, gewinnt man Ideen davon, was sie „brauchen", um einen höheren Nutzen aus der ausgehandelten Zielsetzung und der damit verbundenen Veränderung zu ziehen. Auch der Beginn der Zusammenarbeit sollte betrachtet werden (Veränderungsdruck oder Veränderungswunsch?), denn die Veränderungsmotivation kann sich im Laufe der Arbeitsbeziehung und in den verschiedenen Stadien der Verständigung und Aushandlung entscheidend gewandelt haben. Es ist in jedem Fall besser, die Motivation der Adressaten für Veränderungen zu stärken, als zu überlegen, wie man ihre Widerstände überwinden könnte.

Analyse der Motive und Anliegen

Die Analyse der Arbeitsbeziehung, der Motive und der Veränderungsmotivation sowie der Blick auf die zuvor verhandelte Änderungsperspektive sollten Hinweise für die Entscheidung liefern, wo die zu planenden Aktivitäten ansetzen sollen. Das sind oft nicht die brisantesten Problembereiche, sondern jene, auf die sich die Beteiligten im Prozess der Aushandlung der Konsensziele geeinigt haben. Nach Möglichkeit sollte an dieser Stelle angesetzt werden, denn häufig zieht die Veränderung eines Punktes andere nach sich. Man wird folglich festlegen, ob eher auf die (familiäre oder sozialräumliche) Umwelt der Adressatin Einfluss zu nehmen, ob materielle Unterstützung zu organisieren, mit ihr selbst an ihrem Beziehungsverhalten, ihren Handlungskompetenzen bzw. ihren Emotionen oder aber an der Gestaltung eines förderlichen Settings (eines sozialen und räumlichen Milieus, das bestimmte Handlungen und Möglichkeiten herausfordert) zu arbeiten ist.

Festlegung der Ansatzpunkte für die Aktivitäten

Im Anschluss daran kann man die an der Situation oder am Fall Beteiligten „gruppieren": Wenn sich abzeichnet, *wessen* → Teilziele im Mittelpunkt stehen oder auch, auf welche → Handlungsziele die Fachkräfte hinarbeiten, muss geklärt werden, auf *wen* oder *was* die zu planenden Aktivitäten ausgerichtet werden sollen. Man arbeitet beispielsweise mit der Mutter in der Annahme, dass deren Weiterentwicklung dem Kind neue Möglichkeiten eröffnet (trotz der Forderung, dass die Adressaten für ihre Teilziele zuständig sein sollten, sind sie also nicht immer auch diejenigen, auf die sich geplante Aktivitäten direkt beziehen). Wenn nun klar ist, *wem* die Aktivitäten „zugute" kommen sollen, kann das → Aktionssystem zusammengestellt werden. Je nach Zweck besteht es aus mehreren Fachkräften, ehrenamtlichen Mitarbeitern, Personen aus dem familiären oder sozialen Umfeld oder anderen Institutionen. In Korrespondenz mit den konkret zu planenden Handlungsschritten und Absprachen ist dann festzulegen, wer sich zu welchem Zeitpunkt an der Planung und deren Umsetzung beteiligen muss. Die Absprachen für die *Teilziele* der Adressaten erfolgen in Zusammenarbeit mit diesen; die Absprachen für die *Handlungsziele* der Mitglieder des Aktionssystems werden eher ohne sie stattfinden. Es ist im Übrigen nicht weise, „Arbeit" an die Mitglieder des Aktionssystems zu „verteilen", denn

Gruppierung der Beteiligten

diese hegen ebenfalls Motive und Anliegen, die in der Planung berücksichtigt werden müssen (s. hierzu die Position der ehrenamtlichen Mitarbeiter in der beispielhaften Entscheidungssituation „rauchende Kinder" in Kap. 5).

Technik der Operationalisierung
Eine gute Hilfe für die Planung bietet nach unserer Erfahrung die Operationalisierung.

Operationalisierung ist ein Prozess, in dem man abstrakt gefasste Vorstellungen (Begriffe) so konkretisiert, dass sie zum Handeln (zu „Operationen") führen. Den ersten Schritt bildet eine *„ergebnisbezogene* Operationalisierung", in der die (an Wirkungszielen ausgerichteten) Teilziele weiter konkretisiert werden, sodass sich die Beteiligten gut vorstellen können, wie der gewünschte Zustand aussieht. Die Erschließungsfrage für diesen Vorgang heißt: „Woran könnten wir erkennen, dass wir den gewünschten Zustand erreicht haben?" Auf diese Weise erhält man → Indikatoren der Zielerreichung. Häufig können sich die Beteiligten ohne größere Probleme auf einen eher abstrakten Zielbegriff (konstruktiver Umgang mit Konflikten einigen.) Bei der Operationalisierung zeigen sich dann aber Unstimmigkeiten, die vorher nicht zu erkennen waren. Man kann durchaus geteilter Meinung darüber sein, welche Indikatoren zeigen, dass der Adressat sich zukünftig in Konflikten konstruktiv verhält. Für die eigentliche Planung von Aktivitäten und Absprachen nimmt man diese konkrete Beschreibung zum Anlass, um „rückwärts zu denken" und eine *prozessbezogene* Operationalisierung vorzunehmen. Die Erschließungsfragen lauten nun: „*Was* muss oder kann *wer* tun, um das Teilziel *oder* das Handlungsziel zu erreichen?" und „*Wie* muss er oder sie das tun?" Diese Operationalisierung führt somit zu Handlungsschritten und zu förderlichen Haltungen bzgl. der Zielerreichung. Die *strukturbezogene* Operationalisierung bezieht sich auf strukturelle Gegebenheiten, denn für jede Zielrealisierung ist zu überlegen, welche Räume, Zeiten, personellen, materiellen und finanziellen Ressourcen erforderlich sind.

Die gewünschten Zustände, die Handlungsschritte sowie die strukturellen Gegebenheiten müssen so konkret ausformuliert werden, dass sie Indikatorenqualität haben. Wenn man sie also durch geeignete Beobachtungen, Befragungen oder Einschätzung wieder erkennen kann, hat man Indikatoren gewonnen, die auch gleichzeitig der Evaluation dienen (s. Kap. 8).

methodische Auswahl der Aktivitäten
Die Technik der Operationalisierung leitet die Überlegungen, *welche* Interventionen für die Realisierung der Handlungsschritte geeignet sind. Ein eklektisches methodisches Handeln fordert dazu auf, den Rahmen eines einzigen Konzeptes zu überschreiten, denn die Interventionen müssen situations- und fallbezogen konstruiert werden. Das Spektrum der Möglichkeiten reicht vom einfachen Abwarten über das Einüben neuer Verhaltensmuster und das Vermitteln von Informationen bis zu therapeutischen oder notfalls auch Zwangsmaßnahmen. Hier sind Fantasie und Kreativität der Fachkräfte gefragt, und wenn man mit den Adressatinnen gemeinsam plant, werden auch diese Ideen dazu beisteuern, was sie tun werden und wie sie sich die Unterstützung vorstellen. Im Übrigen empfiehlt es sich, die *Fachliteratur* zum Handlungs- und Interventionswissen zu studieren, da hier Ideen und Vorgehensweisen publiziert werden, auf die man ohne diese Recherche nicht kommt.

Bei der Auswahl und Festlegung der Handlungsschritte und Interventionen sollte man immer auch *Alternativen* in Erwägung ziehen und vor der Entscheidung die möglichen *Folgen* dieser Alternativen abschätzen. Auch hier kann man sich nur auf Hypothesen stützen (tatsächliche und vermutete Reaktionen, mögliche Zufallswirkungen, „natürliche" Entwicklungen). Hierzu zählt auch die Einschätzung der Realisierbarkeit der Absprachen. Wenn die Beteiligten (Adressaten und Aktionssystem) schon wissen, dass sie die Planung nicht wirklich realisieren wollen (oder können) und auch nicht bereit sind, mögliche Sanktionen ihrer Umwelt (z. B. Ablehnung, Missbilligung und Maßregelungen) in Kauf zu nehmen, ist das Unterfangen infrage gestellt. Eine weitere Frage ist darauf gerichtet, ob die lebensweltlichen und institutionellen Ressourcen (materielle Hilfsmittel, personelle Kapazitäten) für die Realisierung vorhanden sind. **Folgenabschätzung**

Es ist nicht immer erforderlich, Zeit- bzw. Organisationspläne zu entwickeln. Ein dezidierter Ablaufplan empfiehlt sich, wenn viel zu organisieren ist, beispielsweise für die Durchführung von Projekten oder Aktionen. Bezieht sich die Planung auf die Gestaltung einer besonderen (Schlüssel-) Situation, sind Absprachen über → Arbeitsprinzipien und → Handlungsregeln angemessener. Unabdingbar ist jedoch, die *Aufgabenverteilung* abzusprechen, Verantwortlichkeiten auszuhandeln und festzulegen, in welcher Form und von welcher Person die Absprachen innerhalb welchen Zeitraumes nachgefragt und bewertet werden. **Zeit- und Organisations- planung**

4.2.5 Evaluation

Der Handlungsbereich der Evaluation bezieht sich auf die fachöffentliche Nachprüfbarkeit des methodischen Handelns und dessen Wirkungen. Nach einer längeren Fachdiskussion steht inzwischen außer Frage, dass „Messungen" möglich und sinnvoll sind – vorausgesetzt, die Evaluationsfragen und die Messmethoden sind dem Gegenstand angemessen. Kleine Evaluationen sind jederzeit möglich, wenn man sie als „kriteriengeleitete Auswertung" versteht (s. Kap. 5.7 und 6.7). Eine umfassende (Selbst-) Evaluation besteht aus vielen Arbeitsschritten, denen Kapitel 8 gewidmet ist. Es folgen *einführende* Überlegungen zur Evaluation und abschließend eine Skizzierung der Arbeitsschritte, die bei der Selbstevaluation sinnvollerweise einzuhalten sind.

Eine **Evaluation** besteht aus einer systematischen und schriftlichen Datensammlung und deren Analyse, die der Bewertung von Ereignissen und Prozessen dient. Die Bewertung geschieht beispielsweise im Hinblick auf *Angemessenheit, Wirksamkeit* oder *Wirtschaftlichkeit* eines Prozesses, Projektes oder einer ganzen Einrichtung. Sie erfolgt *kriteriengeleitet*, also im Hinblick auf die intendierten Ziele oder mithilfe fachlich legitimierter Maßstäbe (Qualitätskriterien oder -standards). Der Zweck einer Evaluation besteht darin, Informationen für die Optimierung der weiteren Arbeit zu gewinnen. Zum Gegenstand einer Evaluation kann alles werden, was für die jeweilige Aufgabenstellung relevant ist: Konzepte, Projekte oder spezielle Interventionen und ihre Umsetzung, Organisationsroutinen, Effekte sowie auch Kosten-Nutzen-Relationen. Der Untersuchungsfokus richtet sich auf einzelne, teilweise kleinste Elemente des Arbeitsprozesses oder auf umfassende Fragestellungen. Die Bewertung kann durch den *Vergleich* von Gruppen oder Projekten erfolgen; es ist aber auch möglich, ein einzelnes Projekt hinsichtlich seiner Qualität zu untersuchen (Spiegel 1993).

Fremd- und Selbstevaluation

Die Evaluation großer Programme oder ganzer Einrichtungen geschieht überwiegend als Auftragsforschung (Fremdevaluation), die von sozialwissenschaftlich ausgebildeten Fachleuten durchgeführt wird (Überblick in Heiner 2005b). Für die Zwecke des methodischen Handelns eignet sich die Variante der *Selbstevaluation*. Das Konzept wurde Ende der 80er Jahre von Heiner (z. B. 1996b, 1998) konzipiert und unter anderen von Spiegel (z. B. 1993, 2002a) weiterentwickelt (s. auch Beywl/Schepp-Winter 2000; König 2000). Die Ähnlichkeiten zwischen beiden Konzepten sind groß; die Selbstevaluation unterscheidet sich von der Fremdevaluation hauptsächlich dadurch, dass hier Fachkräfte ihre *eigene* Arbeit evaluieren. Sie übernehmen damit selbst die Verantwortung für den gesamten Prozess der Datensammlung und -bewertung.

Wirksamkeitsideen und Evaluationsansätze

Evaluationsfragestellungen und Untersuchungsstrategien korrespondieren mit Ideen darüber, wie Soziale Arbeit „wirkt" und wie man diese Wirkungen erfassen kann. In Anbetracht des → Technologiedefizits ist nicht anzunehmen, dass ein gut geplanter und implementierter *Input* (Konzept oder Intervention) einen messbaren *Outcome* (Wirkung) hervorruft, und dass letzterer zweifelsfrei auf ersteren zurückzuführen ist. Wirkungen können aufgrund der Komplexität sozialer Prozesse immer nur im Zusammenhang mit dem Kontext und der Verknüpftheit der einzelnen Komponenten beurteilt werden. Ergebnisse von Prozessen sind nur mit Einschränkungen generalisierbar. Sie sind Resultate von Koproduktionsprozessen, überdies wechselt die Beschaffenheit eines Ereignisses, einer Situation oder eines Problems mit der Betrachtungsperspektive (→ subjektive Wirklichkeitskonstruktion). Aus diesen Erkenntnissen folgt nicht, dass Evaluationen nicht möglich sind. Es ist jedoch genau herauszuarbeiten, *was* untersucht und bewertet werden soll, und welche Kriterien man hierbei anlegt; beispielsweise macht es einen Unterschied, ob man Leistungen (*Output*) oder Wirkungen (*Outcome*) evaluiert:

Evaluation von Leistungen

Nimmt man die *Leistungen* in den Blick, geht es um die Angemessenheit der Leistung, die Umsetzung fachlicher Standards und die Annäherung an beschriebene Ziele. Man kann auch die „Leistungsnachfrage" untersuchen, was die Erfassung der Perspektive der „Nutzerinnen" erfordert. Output-Evaluationen sind häufig auf der Managementebene angesiedelt. Sie sind „forschungstechnisch" problemlos durchführbar; hierbei taucht lediglich die Frage auf, ob zum Beispiel Konzeptionen oder Leistungsbeschreibungen so, wie sie „auf dem Papier stehen", auch tatsächlich im beruflichen Alltag realisiert werden (was nicht immer passiert und sich dann im Untersuchungsergebnis niederschlägt).

Interessiert man sich für *Wirkungen*, sucht man auf der Fallebene nach individuellen Veränderungen, die zu unterscheiden sind nach gesellschaftlich wünschenswerten Wirkungen (zumeist „für" Adressatinnen formuliert) und solchen, die diese für sich selbst wünschen. Auf der kommunalen Planungsebene gilt das Interesse politisch erwünschten Effekten, beispielsweise dem Rückgang von Gewalt und Jugendkriminalität, Übergängen Jugendlicher in Arbeitsverhältnisse oder etwa der Verringerung der Sozialhilfefälle. Solche Effekte lassen sich über die statistische Erfassung so genannter Sozialindikatoren einschätzen. Auch solche Evaluationen beruhen auf Hypothesen über mögliche Zusammenhänge; eine zweifelsfreie Zuordnung von Programmen und Interventionen zu Wirkungen und Effekten ist kaum möglich. Die Messung *individueller* Wirkungen ist die aufwändigste, da Erfolge von Individuen nach individuellen Maßstäben beurteilt werden. Sie lassen sich im Prinzip nur im Rückblick erheben (z. B. über narrative Interviews), und selbst dann gewinnt man zunächst subjektive Einschätzungen, die sich zwar vergleichen lassen, aber eben auch nicht stabil sind und sich mit der Zeit und dem Kontext auch wieder ändern können.

Evaluation von Wirkungen

Eine Besonderheit der Selbstevaluation ist, dass sie die Leistungen der *Fachkräfte* fokussiert. Diese untersuchen ihren eigenen Beitrag zur Koproduktion und die Erreichung *ihrer* gesetzten Handlungsziele. Wirkungen, deren Horizont man selbst festlegen und für deren Eintritt man selbst das Meiste tun kann, lassen sich im Nachhinein auch selbst beurteilen.

Fokus der Selbstevaluation

Selbstevaluation ist „Forschung in eigener Sache" (Heiner 1988). Aus diesem Grunde ist methodisch ähnlich vorzugehen wie bei einem *Forschungsvorhaben*: Man entwickelt – je nach Erkenntnisinteresse – eine oder mehrere spezifische *Untersuchungsfragen*, formuliert Hypothesen über mögliche Zusammenhänge, entwickelt Kriterien (Maßstäbe) zur Beurteilung der Ergebnisse, beschreibt → Indikatoren für die Datenerhebung, entwirft einen Untersuchungsplan, konstruiert im Hinblick auf die Indikatoren einen Erhebungsbogen zur Sammlung der entsprechenden Daten und wertet diese nach der Erhebungsphase systematisch und anhand der zuvor festgelegten Kriterien aus. Die Datensammlung geschieht mithilfe von Leitfadeninterviews, narrativen Interviews, Fragebögen, strukturierten Beobachtungen, Gruppendiskussionen, Schätzskalen oder anderen *Methoden* aus dem Repertoire der empirischen Sozialforschung, die auf die Erfordernisse der Untersuchung zugeschnitten werden. Die Ergebnisse müssen im Team interpretiert und kommunikativ validiert werden. Das bedeutet, dass die Daten nicht per se gültig sind; ihre Gültigkeit erlangen sie erst dadurch, dass sie im Zusammenhang ihres Entstehungs- und Verwendungskontextes interpretiert und im Diskurs der Beteiligten bestätigt werden.

Arbeitsschritte der Selbstevaluation

Die *Ergebnisse* geben – je nach Fragestellung – Auskunft darüber, ob konzeptionelle Ziele auch wirklich umgesetzt werden (konzeptionelle Dimension), wie darauf bezogene Entwicklungen und Prozesse verlaufen sind (Prozessdimension), oder auch wie die Mitarbeiter ihre Arbeitszeit verteilen und ob sie diese effizient einsetzen (strukturelle Dimension). Weitere Fragen können sich auf die Wirkungen der beruflichen Arbeit beziehen (Ergebnisdimension). Die Ergebnisse der Untersuchungen werden umgehend für die Weiterqualifizierung der Praxis genutzt, beispielsweise für Umstrukturierungen der Arbeit oder für Änderungen im System der konzeptionellen Ziele.

4.2.6 Zusammenfassung

Analyse der Rahmen-bedingungen

Soziale Arbeit findet in einem gesellschaftspolitischen Zusammenhang, in Institutionen *und* innerhalb eines spezifischen Sozialraumes statt. Alle drei Bereiche strukturieren Möglichkeiten der Zusammenarbeit von Fachkraft und Adressatin in einer Weise vor, die im beruflichen Alltag selten explizit reflektiert werden. Im Bereich „Gesellschaft bzw. Politik" sollten die sozialpolitische Funktion des Arbeitsfeldes, die gesetzlichen Grundlagen, aktuelle sozialpolitische Trends und gesellschaftliche Zuschreibungsprozesse analysiert werden. Im institutionellen Bereich rücken die so genannte praktische Ideologie (Klatetzki 1998) der Einrichtung, der Kommunikationsstil der Kollegen sowie die Machtprozesse in den Fokus. Das sozialräumliche und das institutionelle Umfeld mit seinen Einflussfaktoren auf die Arbeit sollte ebenfalls untersucht werden.

Situations- oder Problemanalyse

Die Situations- oder Problemanalyse beruht auf einer dialogischen Verständigung mit allen Beteiligten darüber, wie die Ausgangslage zu interpretieren ist und in welche Richtung man sich bewegen möchte. Sie entsteht aus einer mehrperspektivischen Sammlung von Informationen über die Wahrnehmung und Bewertung einer Situation oder eines Problems. Das Verfahren soll zur Klärung dessen beitragen, „was der Fall ist" und Ansatzpunkte für das weitere methodische Vorgehen aufzeigen. Als Ergebnis einer solchen Analyse erhält man eine „Sammlung von Ideen über Fakten" (Staub-Bernasconi 2003), die immer unter dem Vorbehalt der Revision steht.

Zielentwicklung

Die Zielentwicklung fokussiert einen in die Zukunft gerichteten gewünschten Zustand oder erweiterte Handlungskompetenzen in der Lebenssituation der Adressatinnen, die in einer überschaubaren Zeit zu erreichen sind. Konsensziele sind das Ergebnis verschiedener Aushandlungsprozesse: von der Einschätzung des Problems über die Änderungsperspektive bis zur Formulierung operabler Wirkungs- und Teilziele, die für die Perspektive der Adressatinnen gelten. Fachkräfte formulieren für ihre eigenen Aktivitäten Handlungsziele, für deren Realisierung sie selbst zuständig sind.

Planung

In Planungsprozessen werden konzeptionelle Ziele und Konsensziele durch den Entwurf von Handlungsschritten und Handlungsregeln sowie das Arrangement von strukturellen Voraussetzungen (Räume, Zeiten, Finanzen oder etwa Personal) weiter konkretisiert. Wo sie Adressatinnen direkt betrifft (bei der Realisierung von Teilzielen), erfolgt sie dialogisch und koproduktiv; für die konzeptionelle Planung und die Planung von Handlungszielen sind überwiegend die Fachkräfte (und deren Team) verantwortlich.

Die Technik der Operationalisierung kann helfen, einen nachvollziehbaren (hypothetischen) Wirkungszusammenhang zu entfalten.

Die Evaluation besteht aus einer systematischen und schriftlichen Datensammlung und deren Analyse, die der Bewertung von Ereignissen und Prozessen dient. Die Bewertung geschieht unter anderem im Hinblick auf *Angemessenheit*, *Wirksamkeit* oder *Wirtschaftlichkeit* eines Prozesses, eines Projektes oder einer ganzen Einrichtung. Sie erfolgt *kriteriengeleitet*, folglich im Hinblick auf die intendierten Ziele oder mithilfe fachlich legitimierter Maßstäbe (Qualitätskriterien oder -standards). Der Zweck der Evaluation besteht darin, Informationen für die Optimierung der Arbeit zu gewinnen. Im Bereich des methodischen Handelns geschieht Evaluation überwiegend als Selbstevaluation, beispielsweise in Form von begrenzten Untersuchungsprojekten. Kleinere Evaluationen sind jederzeit möglich, wenn das Vorgehen der „kriteriengeleitete Auswertung" in Routinen überführt wird.

Evaluation

Die in diesem Teilkapitel zusammengestellten Arbeitsschritte für methodisches Handeln gestalten sich auf jeder Handlungsebene ähnlich, auch wenn sich die Einflussfaktoren verschieben. Es ist der Autorin wichtig, sie an dieser Stelle und als Grundlage für die folgende Darstellung der Arbeitshilfen zusammenzufassen. Überdies wird empfohlen, zwischenzeitlich immer wieder in diesen Aufzeichnungen nachzusehen.

II Der Werkzeugkasten für methodisches Handeln

5 Arbeitshilfen für die Gestaltung von Situationen

Mit diesem Kapitel wird der Werkzeugkasten für methodisches Handeln geöffnet. Im Folgenden werden aufeinander aufbauende Arbeitshilfen für die Reflexion und Planung alltäglicher Handlungssituationen vorgestellt. Ein methodischer Handlungsprozess besteht zwar aus drei „Schritten", (Planung, situatives Handeln und Auswertung), allerdings kann man nur zwei Schritte reflexiv bearbeiten: die Planung und die Auswertung. Das situative Handeln unterliegt Bedingungen, die nur teilweise vorhersehbar sind und einer eigenen Dynamik folgen. Die Arbeitshilfen wurden hinsichtlich dieser beiden Vorgänge konzipiert; im Wechsel wird eine abgelaufene Handlungssituation auswertend und planend bearbeitet: Man beginnt mit der Analyse dieser Situation, reflektiert diese nach Kriterien bzw. Kategorien, die sich aus den Ausführungen im ersten Teil des Buches ergeben, und plant jenen Teil der Situation, von dem man annimmt, ihn beeinflussen zu können, gewissermaßen „neu". Damit ist die Annahme verbunden, dass dieses Vorgehen das Handlungsrepertoire erweitert. Fachkräfte könnten somit in vergleichbaren, wiederkehrenden Situationen ihre neuen Handlungsoptionen nutzen, um den eigenen Anteil an der Situationsgestaltung „professioneller", also strategischer, zu gestalten. Eine wiederum abgelaufene Situation erlaubt es dann, das (neu konzipierte) eigene Handeln noch einmal zu reflektieren, sodass sich reflexive Schleifen ergeben (können).

Nach einer Einführung in die Spezifik des situativen Handelns wird der institutionelle Kontext thematisiert, in dem sich Situationen ereignen. Die *Analyse der institutionellen Arbeitsaufträge* repräsentiert den Handlungsbereich „Analyse der Rahmenbedingungen". Sie soll den Blick für die sozialpolitischen, institutionellen und sozialräumlichen Einflussgrößen schärfen, die auf das methodische Handeln wirken, ohne dass sie im Alltag explizit präsent wären. Die *Situationsanalyse* steht für den Handlungsbereich „Situations- oder Problemanalyse" und soll dazu beitragen, das „diagnostische" Wissen zu verbessern. Die Aushandlung von *Konsenszielen* für die Gestaltung einer Situation entspricht dem Handlungsbereich „Zielentwicklung" und liefert das Material für den *Entwurf einer Schlüsselsituation* (Handlungsbereich „Planung"). Zu diesem Handlungsbereich wird eine zweite Arbeitshilfe – die *Checkliste zur Planung von Interventionen* – vorgestellt, die sich weniger an einer Situation orientiert, sondern eher die mittelfristig zu planenden Beziehungen und Interventionen fokussiert. Der Handlungsbereich „Evaluation" wird durch die *Evaluation der eigenen Interventionen* repräsentiert. Diese Arbeitshilfe soll dazu beitragen, eigenes methodisches Handeln in Entscheidungssituationen im Nachhinein zu untersuchen und zu bewerten.

5.1 Einführung: situatives Handeln

Situationen sind komplexe, dynamische Handlungseinheiten mit mehreren Mitwirkenden, deren Handeln kaum vorhersehbar ist. Fachkräfte agieren als Teil einer Situation. Sie sind für ihre eigenen Interventionen verantwortlich, folglich ist zu erwarten, dass sie *ihren* Part am Zustandekommen „gelungener" Situationen so professionell wie möglich gestalten. In diesem Teilkapitel wird geklärt, auf *welche* Situationen Bezug genommen wird, wie die Begriffe der Schlüsselsituationen und Interventionen verwendet werden und wie der Einsatz der Arbeitshilfen konzipiert ist.

Welche Situationen sind gemeint?   Ein Großteil der beruflichen Arbeit – vor allem in Feldern der klassischen *Sozialpädagogik* – bezieht sich darauf, einen konzeptionell strukturierten Rahmen zu eröffnen, in dem Adressatinnen teilweise oder ganz ihren Alltag verbringen und innerhalb dessen Entwicklungsprozesse möglich werden (z. B. in Kindertagesstätte, Wohngruppe, im Kinder- und Jugendhaus, in der Altentagesstätte oder im Wohnheim für behinderte Menschen). Berufliches Handeln ist in diesen Arbeitsfeldern darauf gerichtet, das Gesamtangebot zu strukturieren und zu organisieren (durch alltagsorganisatorische Aufgaben und spezielle Förderangebote). Innerhalb dieses Milieus werden Einzelne oder Gruppen auf besondere Weise begleitet, unterstützt und gefördert, wobei die pädagogische Beziehung eine herausragende Rolle einnimmt.

Die pädagogische Arbeit erschöpft sich jedoch nicht in der konzeptionellen Gestaltung der Rahmenbedingungen und Angebote solcher Einrichtungen (s. Kap. 7.) und in der Begleitung und Unterstützung Einzelner (s. Kap. 6), sondern es sind insbesondere die *Alltagssituationen*, deren Gestaltung sich häufig dem reflexiven Blick entzieht. Solche Situationen leben von den Aktionen und Befindlichkeiten *aller* Beteiligten (Stichwort „Koproduktion") und man erlebt täglich, dass sie „schief" gehen können, was wiederum Folgen für die Bewältigung weiterer Situationen hat. Es gibt folglich kritische und ärgerliche Situationen, mit deren Ablauf man unzufrieden ist und an deren Gestaltung man arbeiten möchte. Es sollten allerdings auch die routinemäßigen Handlungen betrachtet werden, die man im Alltag *nicht* als problematisch empfindet, und die ebenfalls eindrückliche Spuren bei den Betroffenen hinterlassen. Auch diese Routinen sollten auf ihre fachliche Verantwortbarkeit untersucht und gegebenenfalls verändert werden. Selbstverständlich fallen vergleichbare Situationen und Routinen, die sich während einer Fallbegleitung abspielen, ebenfalls in diese Kategorie.

Der Begriff der **Intervention** wird für *alle* Handlungen (ausgewiesene Methoden und Techniken, Strategien oder „Rituale") verwendet, die man methodisch einsetzt. Eine Intervention umschließt zumeist ein Bündel von Verhaltensweisen, das individuell und situativ (inklusive der Variation von Mimik, Gestik und Tonfall) „geschnürt" wird. Sie umfasst mehr als ein beobachtbares Verhalten, denn das, was man als (eigene oder fremde) *Handlung* interpretiert, beruht auf Bewertungsprozessen, die Emotionen auslösen und somit eine emotionale Handlungsbereitschaft erzeugen, die wiederum bestimmte Handlungen nahe legt. Die Handelnden selbst und diejenigen, die das Handeln beobachten, interpretieren im Hinblick auf ihre subkulturell geprägte Sinnwelt, was die Funktion dieses Handelns ist und welche Ziele es hat. Sie entscheiden auch, was sie als zusammenhängende Handlung ansehen, welche Wirkungen diese hat, welche davon absichtlich erfolgen und welche nicht. Handlungen sind daher immer kontextspezifisch zu interpretieren. Hinzu kommt, dass man es zumeist mit Handlungsketten zu tun hat, die auf Motiven und Gründen beruhen und zu Reaktionen und Resultaten führen. Zu unterscheiden sind *strategische und zielgerichtete* Handlungen, die eher Ergebnis einer reflexiven Planung sind und *reaktive* Handlungen, die sich als emotionsabhängiger erweisen. Hierbei wird unterstellt, dass es Fachkräften in den oben beschriebenen Situationsdynamiken schwerer fällt, ihre Bewertungsprozesse und die darauf folgenden Emotionen derart zu beeinflussen, dass strategisches Handeln möglich wird (s. Kap.1.2.2). Der Begriff der Intervention wird im Unterschied zum Begriff der (reaktiven) → Handlung für strategische, also zielorientiert „geplante" Bündel von Handlungen, verwendet.

Die Schlüsselsituation stellt sich zunächst als Einzelsituation dar, die konfliktgeladen oder unbefriedigend verläuft und Anlass für Absprachen gibt. Häufig stellt sich heraus, dass solche oder ähnliche Situationen immer wieder auftreten. Beispiele für Schlüsselsituationen sind der erste Kontakt mit „neuen" Adressatinnen oder sich mit Variationen wiederholende Konflikte (Fallebene), Situationen der Konfliktbewältigung im Team oder die Gestaltung des Umgangs mit Aktionssystemen (Managementebene), wobei sich der Anteil der dynamischen und planerisch erfassbaren Elemente solcher Situationen unterscheidet (Erörterungen zum Thema Schlüsselsituation in Spiegel 2000b; kritische Ausführungen in Sturzenhecker 2002). Solche Situationen haben neben ihrer Individualität viele vergleichbare Elemente und man greift dabei unwillkürlich auf eigene Erfahrungen in früheren Situationen zurück, die jedoch auch in die falsche Richtung führen können. Es ist im Alltag nicht so, dass sich jede Fachkraft ganz individuell und jeweils neu auf jede Kommunikationssituation einstellt. Routinemäßiges und normiertes Verhalten in so genannten Standardsituationen entwickelt jeder Mensch, nicht zuletzt aus arbeitsökonomischen Motiven. Vor allem in konfliktgeladenen Schlüsselsituationen kommt es häufig zu *reaktiven* Handlungen aufseiten der Fachkräfte (so genanntes „Waschmaschinenprogramm": drückt man Knopf A, setzt sich die Maschine unweigerlich in die programmierte Richtung in Bewegung). Demzufolge sind diese Reaktionen und persönlichen Routinen im Team zu begutachten, fachlich anzureichern und als reflektierte Absprachen wieder in den Arbeitsalltag einzuführen. Die Vermu-

Schlüsselsituation

tung liegt nahe, dass es nach mehrfacher Reflexion besser gelingt, reaktive durch strategische Handlungen zu ersetzen.

Arbeitshilfen

Die Arbeitshilfen sind im Hinblick auf wiederkehrende Arbeitsschritte in den Handlungsbereichen entworfen und die Reihenfolge der Darstellung ist entsprechend dieser Schrittfolge angelegt. Ihr Zweck und ihre Konstruktionsprinzipien wurden bereits erläutert (s. Kap. 4.1.4). Die Reihe der Arbeitshilfen für die Gestaltung von Situationen wurde angeregt durch Arbeiten von Heiner, Meinhold und Staub-Bernasconi, eine erste Version erschien 1994 im gemeinsamen Band der Verfasserinnen (Heiner et al. 1998). Seitdem werden sie in Lehrveranstaltungen zum methodischen Handeln und in der Praxisbegleitung eingesetzt und immer wieder verändert. Die Darstellung erfolgt im Rahmen dieses Buches in Kurzform: Sie besteht jeweils aus einführenden Bemerkungen zum Gebrauch der Arbeitshilfe sowie einem ausgefüllten Beispiel; Kopiervorlagen finden Sie auf der Homepage des Verlages: www.reinhardt-verlag.de

Beispielsituation

Als Arbeitsfeldhintergrund für diese Arbeitshilfenreihe wurde die Offene Arbeit mit Kindern und Jugendlichen gewählt; die Arbeitshilfen sind jedoch problemlos auf andere Arbeitsfelder zu übertragen. Der Text im Beispiel der Analyse der institutionellen Arbeitsaufträge wurde ursprünglich von einem Berufspraktikanten verfasst und von der Verfasserin weiterbearbeitet. Vor der Arbeitshilfe für die Situationsanalyse (Kap. 5.3) wurde die → Entscheidungssituation „rauchende Kinder" eingefügt, die gleichfalls von einer Berufspraktikantin geschildert wurde. Diese Entscheidungssituation wurde ausgewählt, weil sie übersichtlich ist, aber zugleich ein Dilemma abbildet, das keine „einfache" Lösung zulässt. Die gesamte Staffel dieser Arbeitshilfen wird am gleichen Beispiel durchgearbeitet und dabei ein gewisser Wiederholungseffekt in Kauf genommen, da neue Inhalte vom Sinn der Darstellung (Prinzip der Arbeitshilfen verstehen) ablenken würden.

praktischer Umgang mit den Arbeitshilfen

Die Arbeitshilfen können von Einzelnen oder im Team bearbeitet werden. Eine gute Möglichkeit ist, die Formulare auf ein DIN-A3-Format zu vergrößern. Der dann immer noch begrenzte Platz („Kästchen") zwingt dazu, nur das Wesentliche (und Leistbare) einzutragen. Überdies legt der Platzmangel die Verwendung von Stichworten anstatt ausgearbeiteter Sätze nahe, was auch der verbreiteten Abneigung gegen das Verfassen von Berichten entgegenwirkt. Man kann das Formular auch auf ein Moderationspapier („Wandzeitung") übertragen und im Teambüro an die Wand heften. Dann können alle Kolleginnen Informationen beisteuern und sofort Übereinstimmungen und Widersprüche erkennen.

5.2   Analyse institutioneller Arbeitsaufträge

Die Analyse institutioneller Arbeitsaufträge steht an erster Stelle der Arbeitshilfen, da sie ermöglichen soll, die Rahmenbedingungen einer Einrichtung umfassend zu erkunden. Sie ist auch für die anderen Arbeitshilfenreihen (Hilfeplanung und Konzeptionsentwicklung) sinnvoll und notwendig, denn die Informationssammlung vermittelt möglicherweise ein neues Bild der eigenen Organisation oder schärft zumindest das Bewusstsein für Einflussfaktoren, die in den Alltagsroutinen aus dem Blick geraten.

Im Begriff der *Arbeitsaufträge* konkretisieren sich verschiedene, auch einander widersprechende, persönliche und strukturelle *Erwartungen* an die Arbeit der Fachkräfte. Sie präsentieren sich in unterschiedlicher Weise: als dezidierte schriftliche oder vage mündliche Vorgaben, als ausgesprochene und unausgesprochene Erwartungen, Motive und Anliegen, diffuse Trends, Themen und Gerüchte, aber auch in Form (begrenzter) personeller, räumlicher oder finanzieller Ressourcen (zur Fundierung der Checkfragen s. Kap. 4.2.1). Sie formen das institutionelle Setting und ermöglichen bestimmte Ausprägungen der Arbeit. Sie bilden kein homogenes „Paket" und wirken auch nicht mit gleicher Intensität. Welche Orientierungen letztlich für die Arbeit maßgeblich sind, ist Verhandlungsergebnis, auch wenn das „Verhandeln" nicht immer als solches erlebt wird. Der Ausgang der Verhandlung hängt wesentlich von Machtkonstellationen ab: innerhalb der Organisation, gegenüber dem sozialräumlichen Umfeld und auch in der Beziehung zu Adressaten. Da sich aus jeder Einflussgröße Arbeitsaufträge ableiten lassen, werden diese durchgängig als „Aufträge" bezeichnet.

Elemente der Arbeitshilfe

Die Arbeitshilfe eignet sich für Einzelarbeit und Bearbeitung im Team (z. B. auch als Vorarbeit für die Erarbeitung einer Konzeption, s. Kap. 7). Die Teammitglieder füllen sie zunächst individuell aus und vergleichen dann ihre Eintragungen miteinander. Wenn man zunächst ad hoc und stichwortartig das einträgt, was einem präsent ist, kommt erst einmal das heraus, was man glaubt, über die eigene Organisation zu wissen. Auf diese Weise entdeckt man Wissenslücken, die durch systematische Recherche in der „Ich soll"-Spalte geschlossen werden sollten. Als Informationsquellen dienen *schriftliche Unterlagen* (gesetzliche Grundlagen und Verwaltungsvorschriften, Leitbild, Konzeption, Positionspapiere, Organigramm) und *direkte Befragung* möglichst vieler Beteiligter (Vorgesetzte, Kolleginnen, Adressatinnen, Nachbarn, Politiker), wobei entscheidend ist, authentische Aussagen (so genannte „O-Töne" und Signalsätze) einzutragen. Man sollte das soziale Umfeld *begehen* (Zugänglichkeit, Architektur, Öffnungszeiten in Relation zu den Wünschen und Möglichkeit der Adressatinnen) und eine *Inventur* der personellen, materiellen und räumlichen Ressourcen (in Relation zu den Arbeitsaufträgen) vornehmen. Von Zeit zu Zeit sollte man überprüfen, ob die Informationen noch „stimmen" oder ob neue Fakten (politische Entwicklungen, Ressourcenkürzungen, Änderung der Zielgruppe, neue Teammitglieder) die Arbeitsaufträge verändert haben. In der „Ich will"-Spalte setzt man neben jede Erwartung (Auftrag) die eigene Vorstellung und kommentiert sie auf diese Weise. Es ist zu klären, mit welchen der vorgegebenen Arbeitsaufträge man sich identifizieren kann bzw. wo man eigene und auch abweichende Ansprüche entwickelt (hier gilt u. a. auch das Motiv eines möglichst Kräfte sparenden Einsatzes der Arbeitskraft). Die Gegenüberstellung der Arbeitsaufträge ist nicht wertend zu verstehen: Vorgegebene

Bearbeitungsform

Arbeitsaufträge sind nicht per se negativ und eigene Arbeitsaufträge nicht nur positiv zu sehen. Fachkräfte müssen sich eine eigenständige Position erarbeiten, weil sie weder nur im Interesse ihrer Adressaten tätig werden, noch ausschließlich institutionellen und gesellschaftspolitischen Vorgaben folgen können. Die dritte Spalte (Hypothesen, Ideen) fordert zu schlussfolgernden Konsequenzen auf. In diese Spalte gehören Stichworte zur eigenen Zufriedenheit, zu Änderungswünschen, Widersprüchen und Hemmnissen sowie auch Ideen für Veränderungen (der Umwelt oder der eigenen Sichtweise). Bei dieser Reflexion sollte man auf der Ebene der *notierten Erwartungen* bleiben, da zu prüfen ist, ob man mit den grundsätzlichen Linien übereinstimmt. Selbstverständlich gibt es auch Unterschiede zwischen Anspruch und Wirklichkeit. Solche Diskrepanzen sind jedoch mit den Methoden der Selbstevaluation besser zu erfassen und zu beurteilen.

weitere Einsatzmöglichkeiten

Eine Erweiterung der Analysemöglichkeiten ergibt sich, wenn man einzelne Punkte der Datensammlung in der Vertikalen korreliert und Differenzen feststellt; folgender Fragenkomplex ergibt sich daraus:

- Was geschieht, wenn die Zielgruppen Anliegen und Wünsche an die Einrichtung haben, die den Absichten des Trägers zuwiderlaufen (Zielgruppenwechsel oder Trägerbeeinflussung)?
- Was geschieht, wenn die Kluft zwischen Ansprüchen des Trägers oder der Zielgruppen und realen Ressourcen zu groß ist (Ressourcenbeschaffung oder Bearbeitung der Ansprüche)?
- Was geschieht, wenn die konzeptionellen Versprechen mit den verfügbaren personellen Ressourcen nicht einzulösen sind (realistische Zielformulierung oder Fortbildung der Fachkräfte)?
- Was geschieht, wenn anstatt der von Träger bzw. Team gewünschten Zielgruppe andere oder zu wenig Adressaten erreicht werden (Revision der Konzeption oder Werbung neuer Zielgruppen)?
- Was geschieht, wenn Personen, Ressourcen, Öffnungs- oder Angebotszeiten, Architektur erkennbar selektiv wirken (ändern oder akzeptieren)?
- Was geschieht, wenn die Bedingungen insgesamt derart schlecht sind, dass eine fachlich ausgerichtet Arbeit kaum möglich erscheint (flüchten oder standhalten)?

mögliche Konsequenzen

Die Konsequenzen der Analyse und Bewertung der Arbeitsaufträge können verschieden sein: Sinnvoll ist die Auslotung der eigenen *Handlungsspielräume* zur Ausgestaltung der eigenen fachlichen Vorstellungen innerhalb der Organisation; sie sind aufgrund der „technischen Autonomie" der Fachkräfte (s. Kap. 1.2.1) trotz Personalnot, Finanzmangel und administrativer Vorgaben zumeist größer als angenommen. Manchmal ist es ratsam, sich mit Kollegen und Vorgesetzten über organisatorische und konzeptionelle Fragen abzustimmen, um die eigene Unsicherheit darüber, was zu tun ist (und was „richtig" ist) einzudämmen. Im Weiteren stellt sich auch die Frage, auf welcher *Handlungsebene* und in wessen *Verantwortung* wahrgenommene Probleme und Defizite (auch Stärken und Chancen) liegen und ob und wie man diese beeinflussen kann. Die negativen Einflüsse sind mitunter so stark, dass man die Verantwortung für Folgen und auch Misserfolge der Arbeit *nicht* tragen kann. Wo Änderungen möglich erscheinen, sollte man die Veränderungsbereitschaft der Organisation einschätzen und auf die Suche nach „Verbündeten" gehen. Folgende Fragen ergeben sich hieraus:

- Wie viel Zeit und Energie wollen die Beteiligten für Veränderungen opfern?
- Welche Personen engagieren sich besonders für Veränderungen?
- Kann man Vorgesetzte einbeziehen, um effektivere Arbeitsbeziehungen und Arbeitsabläufe zu schaffen?
- Ist man selbst bereit, Kritik zu äußern und gegebenenfalls in Kauf zu nehmen, dass Träger bzw. Team dieses negativ sanktionieren oder ist man sehr abhängig von einem harmonischen Betriebsklima und nimmt dafür fachlich fragwürdige Verhältnisse in Kauf?

Arbeitshilfe 1: Analyse der institutionellen Arbeitsaufträge (Beispiel Jugendzentrum)

Handlungs-bereich	Vorgegebene Arbeitsaufträge	Eigene Vorstellungen	Hypothesen und Ideen
Analyse der Rahmen-bedingungen	Erwartungen relevanter Beteiligter bzw. strukturelle Vorgaben Ich soll . . .	Formulierung eigener Ansprüche im Vergleich zu den Erwartungen Ich will . . .	Konsense, Dissense zwischen vorgegebenen Erwartungen und eigenen Ansprüchen Was könnte ich tun?
Funktion und Gegenstand Welche sozialstaatliche Funktion erfüllt mein Arbeitsfeld? Wie würde ich den Gegenstand meiner Arbeit bezeichnen? Welche sozialpolitischen Diskussionen werden darüber geführt?	*Funktion:* *Inklusionsvermittlung: mit den Jugendlichen Prozesse der Selbstorganisation, gesellschaftlichen Mitwirkung, kommunikativen Konfliktlösung u. a. einüben, die ihnen helfen, in die gesellschaftlichen Funktionssysteme aufgenommen zu werden* *Gegenstand:* *lebensweltorientierte Begleitung und Unterstützung der Alltagsgestaltung von Jugendlichen* *Diskussionen:* *Auflösung der Eigenständigkeit des Arbeitsfeldes und Zusammenlegung mit Schulsozialarbeit*	*Ich bin mit Funktion und Gegenstand einverstanden. Das Jugendzentrum ist ein Raum, in dem Jugendliche ohne strenge Vorgaben Erfahrungen machen und mit Lebensentwürfen und Alltagsgestaltung experimentieren können. Es ist ein einmaliges pädagogisches Arrangement, das nicht zu ersetzen ist. Ein Verzicht auf dieses Arbeitsfeld wäre katastrophal.*	*Eigentlich müssten wir uns viel stärker in diese Diskussionen einmischen, die nach der Veröffentlichung der PISA-Studie aufkamen; es gibt doch gar keinen sachlichen Zusammenhang, nur einen finanziellen.*

Fortsetzung Arbeitshilfe 1

Handlungs-bereich	Vorgegebene Arbeitsaufträge	Eigene Vorstellungen	Hypothesen und Ideen
Analyse der Rahmen-bedingungen	Erwartungen relevanter Beteiligter bzw. strukturelle Vorgaben Ich soll …	Formulierung eigener Ansprüche im Vergleich zu den Erwartungen Ich will …	Konsense, Dissense zwischen vorgegebenen Erwartungen und eigenen Ansprüchen Was könnte ich tun?
praktische Ideologie Welche Zielgruppen und Ziele nennen Einrichtung und Träger? Welche Ursache-Wirkungs-Erklärungen für Situationen und Probleme dominieren?	*Zielgruppen: Jugendliche, junge Erwachsene, Kinder ohne Alters- und Nationalitätenbeschränkung* *Ziele:* *Treffpunkt; angenehmer Kontaktort; soziokultureller Ansatz; nicht nur Angebote, sondern Bedingungen zur Entwicklung eigener Kreativität bzw. Fähigkeiten* *Ursache-Wirkung:* *Wenn wir die Jugendlichen gut beschäftigen, gibt es keine Konflikte mit dem Träger; wenn wir tolle Veran-staltungen durchführen, haben wir einen guten Ruf in der Stadt und beim Jugendamt.*	*Ich stimme mit dieser Zielsetzung überein; sie könnte aber klarer sein.* *Ich finde auch Mädchenarbeit wichtig.*	*Diskussion über konzeptionelle Fragen und evtl. Zielrevision anregen;* *Diskrepanz zwischen Zielen, Aufträgen und Realität; stärker auf die Umsetzung der Konzeption dringen;* *Kolleginnen sollten ihr ungeklärtes Verhältnis zur Mädchenarbeit bearbeiten*
erwartete Tätigkeiten Was soll ich tun? Was erwarten Schlüsselpersonen von mir? Welche Sanktionen sind bei „Abweichung" zu erwarten?	*Kulturveranstaltungen für alle, die bereit sind, zu zahlen; 1 bis 2 Kinderveran-staltungen pro Halbjahr; situative Kommunikation im offenen Bereich; Planung und Durchführung von Workshops; ständige Weiter-entwicklung der Konzeption; Öffentlichkeitsarbeit; Werbung für Kulturveranstaltungen* *Service:* *Theke, Frühstück, Ausgabe von Spielen, Geldwechsel* *Verwaltung:* *Abrechnungen, Bargeld-*	*Ich möchte verschiedene Arbeitsbereiche kennen lernen; habe geringes Interesse am Theken-dienst, wenn nichts los ist.* *Ich möchte im Work-shop-Bereich planen, z. B. ein Internet-Cafe und neue Angebote mit den Jugendlichen entwickeln.* *Ich möchte Qualitäts-entwicklung betreiben und bessere Absprachen treffen.* *Ich möchte mich und das Team aus dieser*	*Arbeitsteilung bzgl. der Abrechnungen für den Haushalt raubt zu viel Zeit; bessere Abstimmung bei der Vorbereitung und Begleitung der Video-gruppen anregen* *Thematisieren:* *Wollen wir wirklich auf die wegen des Kulturprogramms weg-bleibenden bisherigen Stammbesucher ver-zichten, die sich wieder auf dem Schulhof der Grundschule treffen?*

Fortsetzung Arbeitshilfe 1

	verwaltung, Konkurrenz zu kommerziellen Angeboten *Erwartungen von Schlüsselpersonen:* *(fachlich sehr engagierter) Kreisjugendpfleger nimmt durch starkes persönliches Engagement viel Einfluss: Entwicklung weg vom reinen Jugendzentrum raus aus der „Schmuddelecke"; Ich soll Kontakte zu Schulen, Ausländerzentrum, Musikschule, Kulturamt suchen.* *erwartbare Sanktionen:* *Wenn ich seinen Vorstellungen nicht nachkomme, „bezweifelt" er meine Fachlichkeit.*	*direkten Abhängigkeit befreien, dann wäre es wahrscheinlich auch wieder möglich, innerhalb des Teams vernünftig miteinander umzugehen.* *Ich möchte unabhängiger von den Kommentaren des Kreisjugendpflegers sein.*	*Nachdenken über den Grund der mäßigen Besucherzahlen beim Sonntagabendprogramm;* *Stadt erwartet von uns nicht, Zahlen bekanntzugeben; klären, ob sie kein Interesse an uns hat;* *Ich muss mich gegen bissige Kommentare des Jugendpflegers immunisieren.*
personelle Ressourcen Welche Ausbildungen haben die Mitarbeiter? Wie ist die Aufgaben- und Rollenverteilung? Wie ist die Machtverteilung?	*Team:* *4 päd. Kräfte* *(3 Sozialarbeiter,* *1 Jahrespraktikant (ich)* *Hierarchie:* *Kreisbedienstete, Kreisjugendpfleger als direkter Vorgesetzter; keine Rollen- und Aufgabenverteilung; Streit und Desinteresse im Team; Haus der Stadt; zuständig ist der Sozialamtsleiter; Kreisjugendpfleger hat alle Macht; keine eigene Gestaltungsmöglichkeit im Team (auch keine Bestrebungen)*	*Ich wünsche uns eine stärkere Eigenverantwortlichkeit und Kompetenzverteilung im Team.* *Ich möchte die Konzeption mitgestalten und selbst Qualitäts- und Erfolgskriterien erarbeiten.* *Wir alle hätten gern zusätzlich einen Zivildienstleistenden.* *Ich wünsche mir effektive Dienstgespräche;*	*Der Kreisjugendpfleger hat eine zu starke Position bei Inhalten und Wertungen (diese leitet sich aber nicht aus Position als Vorgesetzter ab). Wollen wir das? Wie kann ich dazu beitragen, das Team in Bewegung zu setzen? Diskussion im Team beweglicher und lebendiger gestalten; Protokollführung durchsetzen; Supervision; Verteilung von Verantwortlichkeiten und Durchführungskontrolle einführen*
öffentliche Vorgaben Welchen Ruf hat die Einrichtung im Sozialraum?	*Schwierigkeiten mit der Öffentlichkeit führten zu diesem Konzept; Zufriedenheit, dass das Haus kein Konflikt- bzw. Brennpunkt mehr ist; hier liegt die wesentliche Aufgaben-*	*Ich möchte zwar beitragen zur Profilierung des Standbeins Kultur, aber auch die Stammjugendlichen nicht vergraulen.*	*Kontakte zu Kommunalpolitik intensivieren (bisher nur Jugendhilfeausschuss alle 3 bis 4 Monate); Abkehr von defizitorientierter*

Fortsetzung Arbeitshilfe 1

Handlungs-bereich	Vorgegebene Arbeitsaufträge	Eigene Vorstellungen	Hypothesen und Ideen
Analyse der Rahmen-bedingungen	Erwartungen relevanter Beteiligter bzw. strukturelle Vorgaben Ich soll ...	Formulierung eigener Ansprüche im Vergleich zu den Erwartungen Ich will ...	Konsense, Dissense zwischen vorgegebenen Erwartungen und eigenen Ansprüchen Was könnte ich tun?
Welche kommunal-politischen „Sonderaufträge" gibt es?	*zuschreibung; im öffentlichen Bewusstsein ist noch verhaftet, dass es ein Jugendzentrum ist; zurückhaltende Beobachtung der sich verändernden Arbeit im Haus.* *Kommunalpolitik:* *Wie viele kommen denn?* *„..., dass alle Jugendlichen von der Straße kommen" (Träger); Presseecho auf Veranstaltungen*		*Jugendarbeit noch einmal offensiv diskutieren: Wollen wir das wirklich, auch wenn der Jugendhilfe-ausschuss jetzt zufrieden ist?*
Erwartungen der Adressatinnen Welche Wünsche und Erwartungen trägt welche Zielgruppe an uns heran? Welche Probleme hat oder macht welche Zielgruppe?	*„im Haus soll was los sein" (Jgdl.), „sollen nicht so viele Ausländer in der Disco sein" (Mädchen); Kaffee und Süßigkeiten ständig; Pizza bzw. Baguette als selbstverständlicher Service (Jgdl.); reichhaltiges Frühstücksbüffet, Bier und Sekt bei Sonntagsabendveranstaltung, angenehme Atmosphäre; „zu chic bzw. ordentlich" (ehemalige Besucher); „früher war's gemütlicher, da musstest du nicht so Acht geben" (einige ehem. Besucher).*	*Ich wünsche mir fittere, forderndere Jugendliche, die unsere Arbeit auch mal hinterfragen. Ich wünsche mehr Betrieb, mehr Jugendliche als Besucher beim Kabarett. Ich möchte Jugendliche in den Servicebereich holen, um sie zur Mitverantwortung statt zum Anspruchsdenken zu „erziehen".*	*fehlende Fantasie, wie neue Besucherschichten erreicht werden können; Fachliteratur lesen; klare konzeptionelle Entscheidung für die Zielgruppen treffen; Methoden der Aktivierung von Jugendlichen überlegen, auch hinsichtlich der Partizipation im Servicebereich; Lebensweltanalyse machen und Nicht-Besucher in die konzeptionellen Arbeiten einbeziehen*
institutioneller Kontext Von welchen Einrichtungen und Diensten sind wir (finanziell) abhängig? Was erwarten sie?	*abhängig: Kreisjugendamt;* *Erwartungen:* *s. Kreisjugendpfleger; kein weiteres Jugendhaus, also keine Konkurrenz (höchstens zur kommerziellen Disco und zur Spielhalle)*	*Ich verstehe das Anliegen der Kolleginnen aus dem ASD. Wegen der Entscheidung des Teams für Kulturarbeit haben sie jetzt keine Partner mehr in der Arbeit mit dieser Zielgruppe.*	*Wir müssen ein Konzept für eine bessere Abstimmung der Kolleginnen erarbeiten, die in dieser Stadt mit Kindern und Jugendlichen arbeiten und dabei auch eine sinnvolle*

Fortsetzung Arbeitshilfe 1

Mit wem kooperieren bzw. konkurrieren wir? Welche Erwartungen sind jeweils daran geknüpft?	*Kooperation:* *ASD wünscht, dass wir uns um Jugendliche aus den Familien kümmern, die sie betreuen (ASD); es könnte helfen, Heimunterbringungen zu vermeiden.*		*Arbeitsteilung absprechen.*
strukturelle Gegebenheiten Wie ist die räumliche Zugänglichkeit der Einrichtung zu beurteilen? Welche Nutzungshürden und Besonderheiten gibt es?	*Lage zentral, Haus schlecht erkennbar von außen, Adresse wenig bekannt (kurze Sackgasse), Bushaltestelle vor der Haustür, Behinderteneingang* *Arbeitszeiten:* *nachmittags bzw. abends, teilweise am Wochenende, Unregelmäßigkeiten*	*gemeinsames Interesse des Teams:* *Erkennbarkeit des Hauses verbessern; der Eingangsbereich schreckt Mädchen eher ab*	*Wir müssen das Bauamt der Stadt bearbeiten: eine Neontafel zur besseren Erkennbarkeit des Hauses anbringen. Wir müssen den Eingangsbereich freundlicher gestalten.*
rechtliche Vorgaben Welche gesetzlichen Grundlagen liegen vor? Welche kommunalen Richtlinien und Verwaltungsvorschriften gelten zusätzlich?	*Richtlinien des Landesjugendplanes; freiwillige Leistung nach §11 Kinder- und Jugendhilfegesetz; Aufsichtspflicht nach JÖSchG; Ausübung des Hausrechts im Auftrag des Trägers; kein Ausschank von Alkohol; keine Duldung von Alkoholkonsum (Ausnahme: Kulturveranstaltung); Vieles auf „kleinem" Dienstweg möglich; wenig Aktenführung (Finanzen, wenig Vermerke)*	*Ich habe eine ambivalente Haltung zum Alkoholverbot.*	*Wir sollten uns aktiv mit den Vorgaben des Wirksamkeitsdialoges des Landes auseinander setzen und überlegen, wie wir innovativ arbeiten können, um über Ausnutzung der Förderrichtlinien des Landes an zusätzliche Haushaltsmittel zu kommen, aber auch den fachlichen Austausch mit anderen Einrichtungen zu pflegen. Das motiviert.*
materielle Ressourcen Wie ist die finanzielle Ausstattung zu beurteilen? Wie ist die räumliche und materielle Ausstattung zu beurteilen?	*neben städtischem Etat für pädagogische Arbeit zusätzliche Kreisgelder für Kulturveranstaltungen; Etat und Ausstattung sind o. k.*	*Wir wurden durch zusätzliche Kreisgelder für Kulturveranstaltungen konzeptionell „eingekauft".*	*Überlegen, wie wir an zusätzliche Etatmittel herankommen, aber konzeptionell unabhängiger bleiben. Ich möchte wissen, was mit den Zahlen passiert, die wir an das Sozialamt und den Jugendhilfeausschuss weitergeben.*

5.3   Situationsanalyse

Mit der Arbeitshilfe der Situationsanalyse wird der Bogen zur Sammlung von Beobachtungs- und Beschreibungswissen geschlagen, das begründete Einschätzungen dazu ermöglichen soll, welche Motive und Anliegen die Beteiligten verfolgen („was das Problem ist") und welche Ansatzpunkte sich für Veränderungen ergeben.

Elemente der Arbeitshilfe

Die folgende Arbeitshilfe ist als multiperspektivische Vorgehensweise angelegt. Sie soll zunächst die Komplexität und damit die Deutungsvielfalt erhöhen, um dann eine *begründete* Komplexitätsreduktion vornehmen zu können, wenn die Entscheidung zu treffen ist, mit welchem Aspekt und welcher Problemeinschätzung weitergearbeitet werden soll. Das Tableau setzt die Beschreibungen und Deutungen der Situationsbeteiligten in Beziehung und regt somit zur Verständigung über die Einschätzung einer Situation und eines Problems an.

Bearbeitungsform

Die Situationsanalyse sollte möglichst mit den an der Situation Beteiligten erfolgen. Zunächst sind diese aufgefordert, ihre Wahrnehmung der Ereignisse zu beschreiben (subjektive Wirklichkeitskonstruktion). Vorab kann man auch fragen, was sie als problematisch empfinden, weil damit individuell unterschiedliche Aspekte der Situation fokussiert werden. In der zweiten Spalte wird nach Motiven, Gefühlen und Begründungen für die eigenen Handlungen in der Situation gefragt, die ebenfalls möglichst authentisch erfasst werden sollten. Die dritte Spalte ist der Fachkraft bzw. dem Team vorbehalten. Hier sind alle Sichtweisen mit verschiedensten wissenschaftlichen und Alltagstheorien in Beziehung zu setzen und deutende Hypothesen zu produzieren. Wenn es möglich ist, Hypothesen zusammen mit Beteiligten zu bilden, können hier Elemente der → stellvertretenden Deutung eingebracht werden. Angereichert durch Deutungen werden die Beteiligten nun angeregt, ihre Einschätzung des Problems und seiner Verortung zu äußern und über Änderungsperspektiven nachzudenken. Ein Abgleich der Perspektiven und eine Verständigung der Beteiligten über die Einschätzung der Situation bildet den Abschluss der Arbeit mit der Situationsanalyse. In der untersten Zeile ist Platz für erste Überlegungen der Fachkräfte, die sich aus einer vergleichenden Sichtung der verschiedenen Perspektiven ergeben. Hier sind – ähnlich wie bei der Analyse der institutionellen Arbeitsaufträge – mögliche Widersprüche und Prognosen zu notieren, um Material für eine besser abgesicherte und immer noch hypothetische Problemeinschätzung und daraus folgende Zielverhandlungen zu sammeln. Da vor dem Hintergrund der Erfahrungen mit ähnlichen Situationen sehr bald Hypothesen zur Einschätzung dieser Situation gebildet werden, sollten *vor* der systematischen Analyse zunächst die eigenen Ad-hoc-Hypothesen schriftlich festgehalten (und später überprüft) werden.

weitere Einsatzmöglichkeiten

Wenn eine Situationsanalyse mit den Beteiligten nicht möglich ist, sollte man zumindest die authentischen Sichtweisen und Einschätzungen erfassen, um nicht den Kontakt zu den Betroffenen zu verlieren. Zum *Einüben* der Arbeit mit dieser Arbeitshilfe (z. B. im Studium) wird an dieser Stelle der Rückgriff auf → Entscheidungssituationen empfohlen, deren Schilderung schriftlich (oder auf Video) vorliegt. Man sollte sich dann (in der Ich-Form) parallel zur eigenen Sichtweise in die Perspektiven der anderen Situationsbeteiligten einfühlen. Für jede Beteiligte richtet man eine eigene Zeile ein; hierbei sollte mindestens eine (imaginäre) Sichtweise hinzugenommen werden, die das institutionelle „Realitätsprinzip" verkörpert. Man kann auch die verschiedenen Perspektiven im *Rollenspiel* herausarbeiten. „Stellvertretende" Vorgehensweisen sind zwar wegen der begrenzten Informationen über das tatsächliche Ereignis und seinen Kontext nicht immer befriedigend, fördern jedoch den gedanklichen Rollentausch und den Perspektivenwechsel. Man lernt, sich emotional von der eigenen Sichtweise zu distanzieren und schafft somit Raum für alternative Situationsdeutungen (Spiegel 1998). Die Erfassung der Sichtweisen kann auch eine gute Vorbereitung für eine Supervisionssitzung oder eine kollegiale Beratung im Team sein, wenn es darum geht, Überblick über eine schwierige Situation zu gewinnen.

Die Entscheidungssituation „rauchende Kinder" ereignete sich in einem Offenen Treffpunkt für Kinder und Jugendliche in einem kirchlichen Gemeindehaus. Vor der Eingangstür stehen Denise, Falko und Sven und rauchen; sie sind 13 Jahre alt. Die Berufspraktikantin („BP") bleibt bei ihnen stehen und spricht sie an:

BP: „Würdet ihr eure Zigaretten ausmachen?"

Falko: „Wieso?"
BP: „Ich finde Rauchen nicht gut. Außerdem seid ihr erst 13. Da gibt's doch auch so ein Gesetz, oder?"
Sven: „Bei den anderen dürfen wir aber rauchen, da sagt nie einer was!"
BP: „Das weiß ich nicht. Für mich ist aber klar, dass ihr hier und jetzt nicht raucht."

Die drei machen die Zigaretten aus.

Sven: „Wenn wir hier nicht rauchen dürfen, kommen wir nicht mehr!"
BP: „Das fänd' ich schade, könnte es aber nicht ändern. Wie sollen wir das weiterhin regeln?"
Sven: „Was regeln?"
BP: „Die Sache mit dem Rauchen vor dem Gemeindehaus?"

Schweigen.

Falko: „Mensch, wir rauchen doch trotzdem, das kannst du gar nicht verhindern."
BP: „Nein, natürlich nicht, aber ich kann euch als 13-Jährige nicht rauchen lassen."
Sven: „Dann sag' das mal den anderen (gemeint sind die ehrenamtlichen Mitarbeiter), denen ist das nämlich egal."
BP: „Wir werden darüber im Mitarbeiterkreis sprechen. Freitag können wir ja alle zusammentrommeln und die ganze Sache besprechen und regeln".
Sven: „Hmm."

Die drei gehen ins Gemeindehaus.

Arbeitshilfe 2: Situationsanalyse

	Wahrnehmung und Beschreibung Was ist passiert? Was finde ich problematisch?	Motive, Gefühle und Begründungen Ich wollte … Ich finde … Ich tat das, weil …	Deutungen und Erklärungen der Fachkraft Zu den Sichtweisen fallen mir folgende Theorien und Hypothesen ein:	Einschätzung der Situation Wo sehe ich das Problem? Wer oder was sollte sich ändern?
institutionelle Sicht hier: Pfarrer, Kirchenvorstand	*13-Jährige haben vor der Tür geraucht; die neue MA hat eingegriffen* *Problem: Kinder sehen nicht ein, dass sie sich schaden; Ehrenamtliche akzeptieren Regeln nicht*	*Der Eingriff war richtig. Was sollen die Gemeindemitglieder denken, wenn hier rauchende und vielleicht auch trinkende Kinder vor der Tür stehen?*	*Die Gesetzeslage ist eindeutig und muss befolgt werden.*	*Die neue MA muss noch lernen, sich durchzusetzen. Wenn sie das tut, werden auch die Ehrenamtlichen mitziehen.*
Sicht der Adressaten hier: ehrenamtlich mitarbeitende Jugendliche	*Ute führt mit dem Verbot neue Regeln ein.* *Problem: Das bescheuerte Gesetz. Wir wollen bzw. können nicht Regeln durchsetzen, hinter denen wir selbst nicht richtig stehen.*	*Wir sind kaum älter als die Kinder und wollen unser gutes Verhältnis zu ihnen nicht gefährden. Wir haben in dem Alter auch schon geraucht.*	*Forschungs-ergebnisse zum Ehrenamt: sie verfolgen eigene Bedürfnisse und Stile; sie brauchen selbst Zuwendung und Anerkennung*	*Es gibt kein Problem. Drinnen raucht keiner, draußen haben wir keinen Einfluss. Ute soll sich raushalten, sonst gehen die Kinder woanders hin.*
Sicht der Adressaten hier: Kinder	*Ute meint, sie müsste hier „den Hermann" machen und uns das Rauchen verbieten. Ute hat das Problem. Sie will sich wichtig machen; hier draußen hat sie uns nichts zu sagen. Wenn wir bleiben sollen, soll sie uns in Ruhe lassen.*	*Die anderen MA haben nie was gesagt, wenn wir geraucht haben. Was ist dabei? In der Clique rauchen alle. Wir finden das cool. Nach dem Gesetz richtet sich doch sonst auch keiner.*	*beide Gruppen „testen" Grenzen aus; der Einfluss der Peergroup ist sehr groß; Rauchen ist ein Attribut des Erwachsenseins*	*Problem: Wir möchten in der Clique nicht ausgelacht werden. Wir finden es auch gut hier. Vielleicht macht Ute uns ein besseres Angebot.*

Fortsetzung Arbeitshilfe 2

eigene Sicht hier: neue Mitarbeiterin	Ich verbot den 13-Jährigen das Rauchen. Die Ehrenamtlichen duldeten das bisher. _Probleme:_ Die Ehrenamtlichen haben kein Problembewusstsein. Die Kinder ignorieren gesundheitliche und rechtliche Aspekte des Rauchens. Ich kann bei einem freiwilligen Angebot meine Autorität nicht allein mit Druck wahren.	Ich kann das Jugendschutzgesetz als gesundheitsbewusster Mensch nicht ignorieren. Wenn ich nachgebe, akzeptieren sie mich auch bei der Durchsetzung anderer Regeln nicht. Es gibt keine Absprachen im MA-Kreis bzgl. dieses Themas.	Muss ich mich durchsetzen? Stimmt die Theorie vom Autoritätsverlust? Kinder stehen auch vor Entwicklungsaufgaben (Folgen ihrer Handlungen abwägen, Regeln einüben usw.)?	Das Problem besteht in den anscheinend unvereinbaren Motiven und Erwartungen der Beteiligten. Wir sollten das Problem auf einer pädagogischen Meta-Ebene angehen.
Reflexions-spalte	Ad-hoc-Hypothese: die Mitarbeiterin steht in einem Dilemma zwischen der Durchsetzung gesetzlicher Vorschriften und der Erhaltung der Sympathie der Jugendlichen; die ehrenamtlichen Mitarbeiter stehen nicht auf ihrer Seite	Pfarrer sorgt sich um den „guten Ruf"; Ehrenamtliche möchten keine Konflikte; Kinder möchten ihren Gruppenstil pflegen. Ich möchte von beiden Gruppen akzeptiert werden, kann aber aus gesundheitlichen Erwägungen heraus beides nicht akzeptieren.	Ich kann den Konflikt für mich wahrscheinlich nur auf der Meta-Ebene der Funktion der Jugendarbeit und der konzeptionellen Ziele lösen.	Verständigung zurzeit nicht möglich; fehlende Teamabsprachen; mangelnde Reflexion über pädagogische Ziele der Arbeit mit Kindern; fehlende Ideen und Methoden, diese Ziele umzusetzen

5.4 Aushandlung von Konsenszielen

In Kapitel 4.2.3 wurde betont, dass sich niemand in Bewegung setzt, wenn er sich davon keinen Nutzen verspricht, und dass Ziele demzufolge ausgehandelt werden müssen. Im hier angeführten Beispiel werden die ehrenamtlichen Mitarbeiter nicht ohne einen Abstimmungsprozess die Erwartungen der neuen Hauptamtlichen umsetzen, und auch die Kinder werden nicht einfach neu gesetzte Regeln beherzigen, wenn sie deren Nutzen nicht einsehen.

Die folgende Arbeitshilfe setzt am Ergebnis der Situationsanalyse an. Die Checkfragen greifen die Aussagen zur Problemeinschätzung auf, erfassen die Änderungsperspektive (und damit mögliche Ansatzpunkte) und führen zu Fragen, die eine befriedigende (und fachlich vertretbare) Situationsgestaltung in den Blick nehmen (Ziele). Auch hier werden die

Elemente der Arbeitshilfe

Arbeitshilfe 3: Aushandlung von Konsenszielen

	Sichtweise A hier: Ehrenamtliche	Sichtweise B hier: Kinder	Sichtweise der Fachkraft
Einschätzung der Situation Wo sehe ich das Problem?	*Es gibt kein Problem. Drinnen raucht keiner, draußen haben wir keinen Einfluss.*	*Problem: Wir möchten in der Clique nicht ausgelacht werden.*	*Das Problem besteht in den anscheinend unvereinbaren Motiven und Erwartungen der Beteiligten.*
Änderungsperspektive Wer oder was soll sich ändern?	*Ute soll sich raushalten, sonst gehen die Kinder woanders hin.*	*Wir finden es auch gut hier. Vielleicht macht Ute uns ein besseres Angebot.*	*Wir sollten das Problem auf einer pädagogischen Meta-Ebene angehen.*
Ziel, gewünschter Zustand Wie soll der Zustand mittelfristig aussehen, sodass wir sagen können: „Es hat sich gelohnt."? Wie sähe die Situation aus, wenn das Problem gelöst wäre?	*Das Gemeindehaus soll unser Treffpunkt bleiben und wir wollen auch weiter etwas mit den Kindern und mit Ute machen.*	*Wir möchten uns ohne Zoff mit unserer Clique treffen und Spaß haben.*	*Ich möchte einen Rahmen für die Ehrenamtlichen und die Kinder bieten, der ihnen Spaß vermittelt, aber auch Entwicklungsmöglichkeiten eröffnet.*

	Wirkungsziele	Handlungsziele
Konsensziele Übereinstimmung aller Beteiligten	*Die Kinder entwickeln Selbstbewusstsein und Autonomie (das hilft ihnen auch, mit Gruppenzwängen umzugehen).*	*Im Gemeindehaus herrscht eine Atmosphäre, in der alle willkommen sind.* *Kinder, Ehrenamtliche und Mitarbeiter akzeptieren die gesetzlichen Regelungen und Erwartungen des Pfarrers bzgl. des Rauchens.*
Dissense Wünsche und Vorstellungen, für die es keinen Konsens gibt	*Die Kinder entwickeln ein Bewusstsein für ihre eigene Gesundheit.* *Die Kinder sind in der Lage, Regeln einzuhalten.*	*Alle können sich darauf verlassen, dass die Einhaltung der Regeln kontrolliert wird.*

Sichtweisen noch einmal getrennt erfragt. Die Aushandlung besteht darin, dass nach einer Zielformulierung gesucht wird, an der alle interessiert sind. Hierbei ist keine Trennung mehr zwischen den Perspektiven vorgesehen, da das Unterfangen auf gemeinsam geteilte Ziele hinauslaufen soll. Da dies nicht immer einfach ist, ist im Formular eine Zeile für das Festhalten der *Dissense* vorgesehen, also der Themen, über die keine Einigkeit erzielt werden kann. Diese sollte nicht ignoriert und muss später gegebenenfalls noch einmal aufgegriffen werden. Der untere Kasten ist zudem in → Wirkungsziele und → Handlungsziele unterteilt. Dieses soll daran erinnern, dass die Gestaltung von *Situationen* zumeist im *konzeptionellen* Rahmen der Gesamteinrichtung erfolgt, in dem die Wirkungsziele *festgelegt* und auf der Situationsebene kaum verhandelbar sind. Bei der Aushandlung wird es sich deshalb in der Regel um Handlungsziele handeln.

Wenn es möglich ist, die Ziele zusammen mit den Situationsbeteiligten zu entwickeln, sollte die Fachkraft die Moderation übernehmen und die Beteiligten motivieren, ihre Vorstellungen über eine befriedigende Situationsgestaltung zu äußern. Ob sie diese Vorstellungen parallel dazu in Spalten auf einer Wandzeitung festhält (für jeden Beteiligten eine eigene Spalte), sich selbst im Formular der ausgedruckten Arbeitshilfe 3 auf dem Tisch Notizen macht oder andere Möglichkeiten der Visualisierung und Verhandlung (Moderationskarten, Rollenspiel) findet, bleibt ihrer Kreativität überlassen. Entscheidend ist hierbei, die Sichtweisen festzuhalten. Die Aushandlung sollte schon bei der Festlegung der Änderungsperspektive beginnen, da die Zielüberlegungen sonst zu sehr auseinander driften. Es empfiehlt sich auch, dass die Fachkraft ihrerseits möglichst frühzeitig das Kästchen in der *Wirkungszielspalte* ausfüllt, da sich die Verhandlungen daran erwartungsgemäß reiben werden. Da konzeptionelle Ziele allen Beteiligten bekannt sein sollten, dürfte die Fachkraft damit kein Geheimnis verraten. Die Adressatinnen (in diesem Beispiel Kinder und Ehrenamtliche) müssen wissen, in welcher Einrichtung sie sich befinden und welchen Zweck diese verfolgt. Es kann dann allerdings geschehen, dass in der Wirkungszielspalte eine längere Dissensliste entsteht. Für die Gestaltung von Situationen ist es umso wichtiger, dass möglichst viele Konsense im Bereich der *Handlungsziele* gefunden werden.

Bearbeitungsform

5.5   Entwurf von Schlüsselsituationen

Im Hinblick auf die Ausführungen in Kapitel 4.2.4 wird angenommen, dass die Planung von Interventionen ein wesentlicher Teil eines begründeten und gerechtfertigten Wirkungszusammenhanges ist. Der Entwurf von Schlüsselsituationen wird vielfach kritisch beurteilt (Klatetzki 1998; Sturzenhecker 2002). Nach der Beschreibung der Arbeitshilfe zur Gestaltung des *eigenen Beitrags* beim Ablauf von Schlüsselsituationen werden einige kritische Punkte dieses Verfahren erörtert.

Elemente der Arbeitshilfe

Die Arbeitshilfe zum Entwurf von Schlüsselsituationen beruht auf der Technik der Operationalisierung. Hierzu bedarf es gut formulierter, „operabler" Ziele (Kriterien der Zielformulierung in Kap. 4.3.2; Checkliste für die Formulierung operabler Ziele in Kap. 6.5). Die Operationalisierung lädt dazu ein, einen Katalog von → Handlungsschritten, → Arbeitsprinzipien und → Handlungsregeln für die Gestaltung solcher Situationen zu entwickeln, die an konzeptionellen Zielen (Wirkungszielen) *und* an den aktuell gebildeten Handlungszielen orientiert sind. Man kann das Ergebnis auch als „Mikro-Konzeption" für einen sehr kleinen Handlungszusammenhang bezeichnen. Die derart gewonnenen „Absprachen" haben den Charakter von reflektierten „Rezepten" (Martin 1989, 48 ff); sie bilden eine Leitlinie für die → Interventionen der Fachkräfte in vergleichbaren Situationen, ohne dass damit jede einzelne Verhaltensweise normiert würde.

Bearbeitungsform

Diese Arbeit geschieht am besten im Team und unter Zuhilfenahme einer Wandzeitung. Man beginnt mit der Erörterung der Entscheidungssituation und ordnet sie einem „Situationstyp" (Schlüsselsituation) zu. In unserem Beispiel ist das der „Umgang mit Regeln" (Fallebene) oder aber auch die „Gestaltung der Zusammenarbeit im Team" (Managementebene). Als nächstes gilt zu überlegen, welche → Wirkungsziele in dieser Situation Geltung beanspruchen könnten, und man trägt diese zusammen mit den ausgehandelten → Handlungszielen ein. Nun beginnt die *ergebnisbezogene Operationalisierung*, also die Konkretisierung der Handlungsziele (Arbeitsziele der Fachkräfte) bis auf die so genannte → Indikatorenebene: Man sucht Verhaltensweisen, mögliche Äußerungen oder Abläufe, an denen später zu erkennen ist, dass die Schlüsselsituation fachlich fundiert und angemessen gestaltet wurde (nur bezogen auf die von Fachkräften beeinflussbaren Anteile der Situation). Es folgt die *prozessbezogene Operationalisierung*, die sich ebenfalls ausschließlich auf den eigenen Part an der Koproduktion, nämlich die Interventionen der Fachkräfte bzw. des Aktionssystems, beziehen kann. Die anderen Beteiligten (Adressatinnen) sind in ihrem Handeln autonom. Da es nicht nur um Handlungsschritte gehen kann, muss das Team auch über förderliche Arbeitsprinzipien diskutieren, die sich in Handlungsregeln konkretisieren.

Eine redaktionelle Anmerkung: Im Formular sind die Arbeitsprinzipien und Handlungsregeln aus Platzgründen *unter* den Handlungszielen platziert; es empfiehlt sich aber, diese nicht zu formulieren, bevor nicht die ergebnisbezogene Operationalisierung erfolgt ist.

Im Folgenden werden *zwei* Versionen unseres Beispieles (rauchende Kinder) vorgestellt, denn die bisher zusammengetragenen Konsensziele lassen Schlussfolgerungen auf zwei Handlungsebenen zu: Zum einen wäre es notwendig, die Art und Weise der *Zusammenarbeit* mit den Ehrenamtlichen genauer zu untersuchen (Managementebene), zum anderen sollte man sich der pädagogischen Gestaltung der eigenen Beiträge zur Zusammenarbeit mit den Kindern widmen (Fallebene).

Arbeitshilfe 4/1: Entwurf von Schlüsselsituationen (Managementebene)

Management-ebene	Ziele Arbeitsprinzipien Handlungsregeln für die Gestaltung der Schlüsselsituation	Indikatoren der Zielerreichung Woran erkennen wir, dass wir die Schlüsselsituation angemessen gestaltet haben?	Handlungsschritte Was müssen wir tun, um die Ziele in der Schlüsselsituation umzusetzen?
erlebte Entscheidungs-situation *Es gibt Unstimmig-keiten bezüglich der Ausdeutung des Zieles: Wir verhalten uns in schwierigen Situationen ab-sprachegemäß* **Zuordnung als Schlüssel-situation** *Gestaltung der Zusammen-arbeit im Team*	**Ziele** *Wir (Haupt- und Ehrenamtliche) verhalten uns in schwierigen Situationen absprachegemäß.* **Arbeitsprinzipien, Handlungsregeln** *Wir sind offen für Argumente. Jeder darf ausreden bzw. wird nicht unterbrochen. Meinungen von Hauptamtlichen und Ehrenamtlichen gelten gleich viel. Gemeinsam getroffene Entscheidungen werden von allen umgesetzt.*	*Es gibt eine gemeinsam getragene Ausdeutung dazu, was die nebenstehende Formulierung beinhaltet und welche Konsequenzen sie hat. Die Ausdeutung wird von allen Mitarbeitern vertreten und umgesetzt. Der Konflikt wurde offen ausgetragen. Alle Mitarbeiter-innen sind zufrieden.*	*Teamleiterin (TL) sucht für alle passen-den Termin für gesonderte Teamsitzung. TL gibt Termin frühzeitig bekannt. Alle MA „müssen" teilnehmen; TL regelt im Vorfeld die Moderation der Sitzung und den Abstimmungsmodus. Die Moderation stellt das Thema vor (führt ein). Jeder MA stellt eigene Meinung dar und begründet sie. Moderation erstellt Meinungsbild und die Begründungen werden gegenübergestellt. Moderation sammelt Argumente für verschiedene Lösungen zur Gestaltung der Schlüsselsituation (rauchende Kinder). Team sucht die Übereinstimmungen heraus. Team stimmt auf der Grundlage der Übereinstimmungen ab. Bei nicht übereinstimmenden Punkten wird ein Konsens ausgehandelt. Die Teamsitzung wird protokolliert. Die MA verpflichten sich, die Abstimmungsergebnisse umzusetzen*

Anmerkung: Diese Schlüsselsituation (Managementebene) bezieht sich nur *mittelbar* auf den im Beispiel behandelten Konflikt (rauchende Kinder). Hier geht es darum, ein funktionsfähiges Team zu erhalten. Daher könnte auch jede andere Unklarheit der Absprachen Anlass für die Erarbeitung eines Modus des Miteinander-Umgehens bieten. Die nun folgende Schlüsselsituation (Fallebene) betont stärker die *Einmaligkeit* der Situation mit diesen (rauchenden) Kindern; bezöge sich der „Umgang mit Regeln" etwa auf Prozesse der Konfliktregelung unter Kindern, müssten andere Handlungsschritte entworfen werden.

Anmerkungen zum Entwurf von Schlüsselsituationen

Dieses Verfahren gleicht einer Gratwanderung. Einerseits können Schlüsselsituationen als reflektierte Routinen (Rezepte) helfen, Situationen des beruflichen Alltags zielbezogen zu gestalten. Andererseits besteht die Gefahr, Abläufe (im schlechten Sinne) „festzuschreiben" und ebenfalls abzuspulen wie besagtes Waschmaschinenprogramm, im guten Gewissen, dass

Arbeitshilfe 4/2: Entwurf von Schlüsselsituationen (Fallebene)

Fallebene	Ziele, Arbeitsprinzipien, Handlungsregeln Für die Gestaltung der Schlüsselsituation	Indikatoren der Zielerreichung Woran erkennen wir, dass wir die Schlüsselsituation angemessen gestaltet haben?	Handlungsschritte Was müssen wir tun, um die Ziele in der Schlüsselsituation umzusetzen?
erlebte Entscheidungs-situation *Kinder unter 16 Jahren rauchen vor dem Gemeindehaus* **Zuordnung als Schlüssel-situation** *Umgang mit Regeln*	**Wirkungsziele** *Die Kinder entwickeln Selbstbewusstsein und Autonomie.* *Die Kinder entwickeln ein Bewusstsein für ihre Gesundheit.* *Die Kinder halten Regeln ein.* **Handlungsziele** *Wir arrangieren im Gemeindehaus Orte zum Wohlfühlen und Experimentieren.* *Wir setzen die gemeinsam gefundenen Absprachen um.* **Arbeitsprinzipien, Handlungsregeln** *Wir sind konsequent (wenn wir rauchende Kinder treffen, sprechen wir sie an).* *Wir bieten Alternativen statt zu sanktionieren (wir erteilen kein Hausverbot, sondern bieten Aktivitäten an).* *Wir bieten eine Vorbildfunktion (wenn die Kinder nicht rauchen sollen, rauchen wir ebenfalls nicht).*	*Die Kinder halten sich an die Abmachungen.* *Die Kinder weisen sich gegenseitig auf Regeln hin.* *Die Kinder kommen gerne ins Gemeindehaus.* *Die Kinder finden andere Formen der Selbstdarstellung.*	*Alle Mitarbeiter reagieren sofort, wenn sie rauchende Kinder (drinnen oder draußen) beobachten und schauen nicht weg.* *Der bzw. die Betreffende gesellt sich zu den Kindern und spricht die Kinder freundlich darauf an.* *Ziel der Ansprache: Rauchen ist drinnen und draußen nicht erwünscht.* *Inhalte der Ansprache (je nach Überzeugung und Talent des bzw. der MA): Betonung des gesundheitlichen oder gesetzlichen Aspektes; Hinweis auf den Eindruck des Hauses in der Öffentlichkeit; Thematisierung des Gruppenstiles (rauchen ist „in" – welche alternativen Trends gibt es?)* *Form der Ansprache: freundlich, aber bestimmt, evtl. in Verkleidung bzw. der Rolle des Pfarrers, einer Nachbarin, eines Elternteils oder eines anderen „coolen" Kindes (als Rollenspiel. Die MA machen direkt und sofort etwas mit den Kindern: Fußball oder ein anderes Spiel, Reflexion der Situation, Rollenspiel, gemütliches Reden in einer spontan hergerichteten Sitzecke vor oder in dem Haus (nicht unbedingt über das Rauchen), Pläne schmieden u. a.*

man sie fachlich „durchgearbeitet" hat. Keine Absprache gilt für alle Zeiten und alle Situationen. Die Absprachen müssen ständig auf ihre Angemessenheit überprüft werden. Überdies sollte die aktuelle Situation immer erst analysiert werden, bevor man sich auf eine der „reflektierten Routinen" bezieht. Nur so kann man entscheiden, auf *welche* der Absprachen man sich sinnvoll beziehen kann, und wo man sich über alle Absprachen hinwegsetzen muss, um „richtig" zu handeln.

Entwürfe für die Gestaltung von Schlüsselsituationen bieten eine gewisse Orientierung in unwegsamem Terrain; den Weg muss man dennoch gehen. Es ist beruhigend, zu wissen, dass auch planerisch festgelegte „Abläufe" nur Leitlinien oder „Geländer" darstellen, die wiederum neue Ideen hervorrufen. Die Praxis zeigt nämlich, dass auch die dezidiertesten Absprachen niemals so umgesetzt werden, wie sie entworfen wurden. Dafür sorgt nicht zuletzt das eigene Bedürfnis der Fachkräfte nach Individualität sowie der situative Kontext mit allen seinen Beteiligten. Das „Wie" ist und bleibt daher eine eigenständige und individuelle Leistung. Die Vorgabe (Schlüsselsituation) schränkt zwar die Beliebigkeit, nicht aber die Spontaneität und Individualität der Kollegen ein. Sie hält jedoch die pädagogische Arbeit für alle Beteiligten (auch die Adressatinnen) transparent, nachvollziehbar und in gewisser Weise „berechenbar". Die Arbeit mit Schlüsselsituationen lohnt sich im Übrigen nur, wenn man die Entwürfe wirklich auf *Ziele* bezieht, da sonst die Gefahr besteht, dass man die alten Routinen in den neuen Kategorien reformuliert. Das erfordert einige Übung im Operationalisieren und Sensibilität der Kollegen für konzeptionelle Fragen. Die Arbeitshilfe ersetzt auch *nicht* die Suche nach geeigneten methodischen Vorgehensweisen. Sie legt im günstigsten Falle Fragen dazu offen, was zu tun wäre, und erfordert, dass man auf die Suche geht, Fachbücher wälzt und neue Fragen stellt.

Abschließend soll angemerkt werden, dass sich diese Technik gut für die Gestaltung von Situationen eignet, die man weitgehend planen kann: Rituale (z. B. der erste Tag in der Einrichtung oder die Verabschiedung) oder Abläufe auf der Managementebene. Sie eignen sich jedoch *nicht* zur Planung von komplexen Prozessen und so genannten Ereignissen mit Entscheidungsdruck, bei denen es in schneller Folge zu nicht vorhersehbaren Aktionen und Reaktionen kommt. Es ist letztlich immer abzuwägen, wie hilfreich die Gestaltung von Schlüsselsituationen sein kann und wo man glaubt, Verhalten vor- oder festschreiben zu können – und damit selbst auch das Bewusstsein entwickelt, man bekäme dadurch (problematische) pädagogische Situationen „in den Griff".

5.6   Checkliste zur Planung von Interventionen

Wäre es nicht gut, bei der Planung auch Kontextbedingungen zu beachten? Wie ist eine Planung mit hohen Realisierungschancen zu gestalten? In Kapitel 5.5 wurde konstatiert, dass der Entwurf von Schlüsselsituationen eine Mikro-Konzeptionsentwicklung ist. Damit weist sie tendenziell einen *stati-*

schen Charakter auf, der einer flexiblen Situationsgestaltung entgegenwirkt. Wenn man im Team arbeitet oder andere Beteiligte (auch Laien) in das → Aktionssystem einbindet, empfiehlt es sich, vor der Operationalisierung eine Reihe anderer Überlegungen anzustellen, die in Kapitel 4.2.4 erörtert wurden. Man sollte beispielsweise Fragen zur Qualität der Arbeitsbeziehung vorher klären, da man ansonsten vielleicht fachlich gut begründete Handlungsschritte entwirft, deren Realisierung jedoch äußerst fraglich ist, wenn die Adressatinnen die Beziehung zu den Fachkräften gerade abgebrochen haben, wodurch die Anknüpfungspunkte fehlen. Die folgende Arbeitshilfe bezieht diese Punkte ein.

Elemente der Arbeitshilfe

Diese Planung beginnt ebenfalls bei der Änderungsperspektive, da sich hieraus die Gruppierung der Beteiligten ergibt. Sie erfasst explizit die Motive und Anliegen der Adressatinnen und deren Beziehung zu den planenden Fachkräften. Auch die Rolle der Fachkraft wird untersucht (verfügt sie z. B. über die für eine Intervention unabdingbare „Durchsetzungsmacht" bzw. Anerkennung oder spielt sie lediglich eine Nebenrolle?). Auf dieser Basis wird dann der Ansatzpunkt für die Interventionen festgelegt. Auch die Gruppierung der Beteiligten sollte erfolgt sein, bevor Handlungsschritte, Arbeitsprinzipien und Handlungsregeln entworfen werden. Zu diesem Zeitpunkt sind auch die Fähigkeiten und Ressourcen der Beteiligten des Aktionssystems im Blick, und man kann die Interventionen realistisch auf die Bedingungen abstimmen. Es folgen Fragen zur praktischen Realisierbarkeit der Interventionen(z. B. nach Ressourcen). Überdies empfiehlt sich eine (hypothetische) Folgenabschätzung, da man sich beim Planen auch „verrennen" kann: Am Reißbrett entstehen wunderbare Konstruktionen, die aber die vermutete Wirkung gänzlich verfehlen oder sich ins Gegenteil verkehren können. Außerdem erhöhen zeitliche und organisatorische Festlegung, Verteilung von Verantwortlichkeiten und eine feste Absprache für die Auswertung (Evaluation) die Realisierungschancen des gesamten Vorhabens.

Bearbeitungsform

Die Bearbeitungsform gleicht der oben dargelegten: Verantwortlich für die Durchführung ist die jeweilige Fachkraft oder das Team. Wenn ein Aktionssystem zusammengestellt werden muss, sollte dieses in die Planung der Handlungsschritte und Handlungsregeln einbezogen sein. Adressatinnen sind bei der Planung für die Gestaltung von Situationen (im Gegensatz zur Hilfeplanung) eher nicht dabei. Hier planen die Fachkräfte *ihren* Part der Koproduktion; seine Angemessenheit wird sich bei der Realisierung erweisen. Die beiden Planungshilfen stehen sich im Übrigen nicht gegenüber. Im Idealfall werden beide kombiniert, denn es besteht die Möglichkeit, dass man *ohne* die Operationalisierungstechnik weniger konkret wird und auch weniger Ideen entwickelt.

Arbeitshilfe 5: Checkliste zur Planung von Interventionen

Änderungsperspektive und Handlungsziele	
Wer oder was soll sich in welche Richtung ändern?	*Die Kinder sollen ihre Einstellung zum Rauchen ändern.*
Welche Handlungsziele wurden ausgehandelt?	*Wir arrangieren im Gemeindehaus Orte zum Wohlfühlen und Experimentieren.* *Wir setzen die gemeinsam gefundenen Absprachen um.*
Mit welchen Wirkungszielen sind sie zu verbinden?	*Die Kinder entwickeln Selbstbewusstsein und Autonomie.* *Die Kinder entwickeln ein Bewusstsein für ihre Gesundheit.* *Die Kinder halten Regeln ein.*
Analyse der Arbeitsbeziehung	
Wie schätze ich meine Beziehung zu den Beteiligten ein (Konflikt- oder Verhandlungsbeziehung)?	*Wir stehen zwar aktuell in einem Konflikt, aber es ist eher eine Verhandlungssituation: die Kinder finden mich ganz nett, aber sie kennen mich noch nicht gut und wissen noch nicht, was sie von mir (nicht) erwarten können.*
Welche Motive bewegen die Beteiligten und welches Interesse haben sie an einer Zusammenarbeit?	*Motive: Anerkennung in der Clique, realisiert über die gemeinsamen Aktivität des Rauchens;* *als (fast) Erwachsene anerkannt (und ernst genommen) werden* *Interessen: das Haus als Treffpunkt nutzen und von den attraktiven Freizeitangeboten profitieren*
Welche Rolle spiele ich in diesem Prozess?	*Ich bin die potenzielle Vertrauens- und Kontrollperson und habe die Schlüsselgewalt über das Haus, übrigens auch für die Ehrenamtlichen.*
Ansatzpunkte der geplanten Interventionen	
In welchem Bereich soll interveniert werden (Personen, Beziehungen, Sozialraum u. a.)?	*Wir setzen bei den Kindern an.*
Gruppierung der Beteiligten	
In *wessen Sinne* werden die Interventionen geplant (wer ist „Nutznießer" der Planung)?	*Die Kinder sollen letztlich davon profitieren (auch wenn ihnen das noch nicht so deutlich ist).*
Auf *wen* sind die Interventionen ausgerichtet?	*ebenfalls auf die Kinder*
Wen kann ich in das Aktionssystem einbinden?	*die Ehrenamtlichen, evtl. zeitweise den Pfarrer (der das so genannte Realitäts- oder Normalitätsprinzip verkörpert)*

Fortsetzung Arbeitshilfe 5

Entwurf von Handlungsschritten	
Wer (Beteiligte des Aktionssystems) soll was tun?	*Alle Mitarbeiter reagieren sofort, wenn sie rauchende Kinder (drinnen oder draußen) beobachten und schauen nicht weg. Der bzw. die Betreffende gesellt sich zu den Kindern und spricht die Kinder freundlich darauf an.* *Ziel der Ansprache: Rauchen ist drinnen und draußen nicht erwünscht* *Inhalte der Ansprache (je nach Überzeugung und Talent des bzw. der MA): Betonung des gesundheitlichen oder gesetzlichen Aspektes; Hinweis auf den Eindruck des Hauses in der Öffentlichkeit; Thematisierung des Gruppenstiles (rauchen ist „in" – welche alternativen Trends gibt es?)* *Form der Ansprache: freundlich, aber bestimmt, evtl. in Verkleidung bzw. der Rolle des Pfarrers, einer Nachbarin, eines Elternteils oder einer anderen „coolen" Kindes (als Rollenspiel). Die MA machen direkt und sofort etwas mit den Kindern: Fußball oder ein anderes Spiel, Reflexion der Situation, Rollenspiel, gemütliches Reden in einer spontan hergerichteten Sitzecke vor oder in dem Haus (nicht unbedingt über das Rauchen), Pläne schmieden u. a.; die MitarbeiterInnen beobachten die Kinder im Laufe der nächsten Wochen genauer und sammeln Ideen, in welcher Form sie ihnen Anerkennung und Wertschätzung entgegenbringen und welche Möglichkeiten sie ihnen anbieten können, ihre Motive auf eine andere Weise zu befriedigen (einen anderen, passenden Gruppenstil entwickeln) und ergänzen die Liste der Verhaltensmöglichkeiten und Angebote*
Formulierung geeigneter Arbeitsprinzipien und Handlungsregeln	
Welche Grundhaltungen sind dem Ziel förderlich? Welche Regeln lassen sich daraus ableiten?	*Wir sind konsequent (wenn wir rauchende Kinder treffen, sprechen wir sie an).* *Wir bieten Alternativen statt zu sanktionieren (wir erteilen kein Hausverbot, sondern bieten Aktivitäten an).* *Wir bieten eine Vorbildfunktion (wenn die Kinder nicht rauchen sollen, rauchen wir ebenfalls nicht).*
Überprüfung und gegebenenfalls Ergänzung der vorhandenen Ressourcen	
Verfügen wir über geeignete Ressourcen (Zeit, Räume, Material)?	*Wir brauchen kein weiteres Material, aber verfügbare Zeit, um flexibel reagieren zu können. Wenn alle durchgängig mit fest geplanten Freizeitangeboten beschäftigt sind, können wir dies nicht tun. Als Handlungskompetenz benötigen wir eine gewisse Konfliktbereitschaft. An dieser müssen wir (vor allem die Ehrenamtlichen) noch arbeiten.*

Fortsetzung Arbeitshilfe 5

Folgenabschätzung	
Welche Auswirkungen der geplanten Handlungen sind zu vermuten?	*Die Kinder werden bei den ersten Ansprachen murren, sich aber auf Gespräche einlassen. Es wird von der Überzeugungskraft und der Authentizität der (ehrenamtlichen) Mitarbeiter abhängen, ob es gelingt, sie zu den geplanten Aktivitäten zu bewegen. Möglicherweise erfahren die Kinder durch die Ernsthaftigkeit, die wir hierbei an den Tag legen, mehr Wertschätzung, als wenn wir ihr Rauchen (und damit sie als Person) ignorieren. Vielleicht denken auch die Ehrenamtlichen mal über ihr Rauchverhalten nach.*
Wie sind diese zu legitimieren (rechtfertigen)?	*im Hinblick auf die Wirkungsziele und die Zukunft der Kinder; Planung enthält keine manipulativen Elemente*
Welche Sanktionen sind (von wem) zu erwarten?	*Wir erwarten keine ernsthaften Sanktionen.*

Zeit- bzw. Organisationsplan (sofern erforderlich und angebracht)	
	nicht notwendig

Verantwortung für die Durchführung?	
Wer ist verantwortlich?	*Hauptamtliche und Ehrenamtliche*
Wann und wie wird die Planung ausgewertet?	*in vier Wochen (Erinnerungsprotokolle: Teamsitzung)*

5.7 Evaluation der eigenen Interventionen

Wie kann man das eigene Handeln kriteriengeleitet und nachvollziehbar bewerten? Die Durchführung einer Selbstevaluation bedeutet, den *eigenen* Anteil an der Koproduktion zu untersuchen. Eine Selbstevaluation mit einer besonderen Fragestellung ist unmöglich mit *einer* Arbeitshilfe allein zu bearbeiten, da die Erhebungsbögen speziell auf diese Fragestellung zugeschnitten werden (s. Kap. 8). Man kann aber auch kleinste Handlungssituationen mit standardisierten Fragen evaluieren. Die folgende Arbeitshilfe ist auf die Evaluation des eigenen Beitrags zu einer Handlungssituation abgestellt.

Das Prinzip dieser Arbeitshilfe besteht darin, mittels Leitfragen abgelaufene Handlungseinheiten in protokollierten → Entscheidungssituationen zu identifizieren und diese nach jenen Kriterien zu bewerten, die man zuvor in der Handlungsplanung festgelegt hat. Die Evaluations-Checkfragen orien- **Elemente der Arbeitshilfe**

Arbeitshilfe 6: Evaluation der eigenen Interventionen

Entscheidungssituation	
Perspektive der Berichterstatterin	*rauchende Kinder*
Motive, Gefühle, Begründungen	
Ich hatte in der Situation folgendes Anliegen:	*Ich wollte den Kindern deutlich machen, dass sie die Regeln (oder mich) nicht ignorieren können, dass sie nicht alles machen können, was sie wollen.*
Ich hatte folgende Gefühle (Interesse, Ärger, Wut, Freude, Überraschung, Schuld, Ekel, Verachtung, Scham, Furcht u. a.):	*Ich habe mich geärgert, dass sie offensichtlich so unbekümmert gegenüber mir und der Außenwelt (dem Pfarrer) hier draußen stehen, wo sie jeder sehen kann. Das heißt doch gleich: „Die neue Hauptamtliche kann sich nicht durchsetzen. Es geht alles drunter und drüber."*
Identifizierung der strategischen Handlungen	
Welche meiner Handlungen kann ich eher als strategisch (zielbezogen) bezeichnen?	*mein Hinweis auf das Jugendschutzgesetz (Ziel, sie zu schützen); mein Bestehen darauf, dass sie die Zigaretten ausmachen (Sicherung meiner Autorität); mein Verweisen auf eine weitere Klärung (Eröffnen eines Verhandlungsraumes)*
Auf welche der verabredeten Interventionen und Handlungsregeln kann ich diese beziehen?	*trifft in dieser Situation noch nicht zu*
Identifizierung der reaktiven Handlungen	
Welche meiner Handlungen sind eher reaktiv, aus meiner emotionalen Gestimmtheit heraus erfolgt?	*mein ärgerlich-trotziges Beharren: „Für mich ist klar, dass ihr hier und jetzt nicht raucht."*
Auf wen oder was habe ich reagiert?	*auf den Hinweis, dass wir uns im Team nicht einig sind*
Bewertung der eigenen Handlungen	
Wie bewerte ich meine Handlungen – gemessen an den konzeptionellen Zielen und den getroffenen Absprachen?	*Bezogen auf die reaktive Handlung hätte ich souveräner sein können. Es stimmt ja, dass wir noch keine Absprachen haben und es ist gar nicht schlimm. Ich bin neu und so etwas wird noch öfter passieren.*
Erklärungswissen	
Welche Theorien (wissenschaftliche und Alltagstheorien) fallen mir zu dieser Situation ein?	*Funktion der Peergroup; Rauchen als Hinweis auf Bedürfnis nach Anerkennung vs. gesundheitliche Gefährdung durch Rauchen (inkl. Jugendschutzgesetz); provokante Handlungen als „Austesten" meiner Grenzen.*

Fortsetzung Arbeitshilfe 6

Auf welche Weise können sie mir bei der Deutung bzw. beim Verstehen dieser Situation helfen?	*Diese Theorien zeigen mir hauptsächlich, dass ich in einem Dilemma bin, das ich nicht lösen kann, indem ich mich mit „einer Seite" solidarisiere. Ich tue den Kindern langfristig keinen Gefallen, wenn ich mich kurzfristig durch anscheinendes Verständnis anbiedere, kann aber auch die sozialen Funktionen des Rauchens nicht ignorieren und nur Ordnungsgesichtspunkte durchsetzen.*
Änderungsperspektive	
Was sollte ich ändern?; Worauf will ich künftig achten?	*Im Prinzip bin ich ganz zufrieden mit meiner Reaktion. Ich habe intuitiv so gehandelt, wie ich es auch nach einer gründlichen Reflexion tun würde.* *Ich sollte etwas gelassener werden und nicht „berechtigte" Feststellungen, nur weil sie mir nicht passen, als gegen meine Person gerichtet, interpretieren.*
Welche der bisherigen Teamabsprachen erscheinen unangemessen und müssen daher geändert werden?	*Ich muss zuerst einmal Absprachen treffen, bevor ich über Änderungen nachdenken kann.*
alternative Interventionen und Handlungsregeln	
Welche Ideen für eine bessere Gestaltung meiner Handlungen fallen mir ein?	*erst einmal keine*

tieren sich an der gesamten Reihe der Arbeitshilfen zur Situationsgestaltung. Sie fragen immer wieder nach der Wahrnehmung einer Situation, den Motiven, Gefühlen und Begründungen der eigenen Handlungen, ihrer Deutung und Erklärung sowie ihrer Relationierung und Anreicherung mit wissenschaftlichen Wissen. Sie ermöglichen, zu einer begründeten Situations- und Problemeinschätzung zu gelangen, auf die die Planung aufbaut. Die Selbstevaluation konzentriert sich auf diesen *Planungskontext*, also die abgesprochenen oder doch begründet geplanten → Interventionen, die in einem konstruierten Wirkungszusammenhang stehen. In ihrem Mittelpunkt stehen die Fragen, ob und wie es gelingt, diese in komplexe, dynamische Situationen einzubringen und was dort mit ihnen „passiert" (man kann den eigenen Anteil an der Situation nur bis zu einem gewissen Grad planen). Die Situationsdynamik führt dazu, dass man die eigenen Vorsätze nicht umsetzen kann, oder aber bemerkt, dass die Planung insgesamt der Situation bzw. dem Problem in keiner Weise angemessen war. Der Zweck dieser Selbstevaluation ist, Sensibilität für eigenes Handeln einzuüben, Selbstbeobachtung und Selbstreflexion zu fördern sowie ein Bewusstsein für Variationsmöglichkeiten kleinster Handlungssequenzen zu gewinnen. Man kann etwas über die eigene Handlungsregulation lernen und ausprobieren, ob es möglich ist, die subjektiven Motive und Emotionen besser zu steuern, um somit das berufliche Handeln tendenziell strategischer auszurichten.

Bearbeitungsform   Es ist nicht möglich, *gleichzeitig* Teilnehmerin und Beobachterin zu sein:
Wenn man handelt, kann man schwerlich kriteriengeleitet reflektieren; man
kann dies jedoch *nacheinander* tun. Hierzu ist ein Gedächtnisprotokoll der
abgelaufenen Handlungssequenz (Entscheidungssituation) anzufertigen
und dieses – mit einem zeitlichen Abstand und ohne Handlungsdruck – mithilfe der Checkliste durchzuarbeiten. Auch diese Checkliste enthält eine
Frage zum „Erklärungswissen". Sie soll dazu anregen, die erfolgten reaktiven → Handlungen und strategischen → Interventionen unter inhaltlich-
fachlichen Gesichtspunkten zu überdenken, sie hinsichtlich ihrer Funktio-
nalität zu überprüfen und entsprechende Änderungsideen zu entwickeln.

6 Arbeitshilfen für die Hilfeplanung

Die zweite Reihe der Arbeitshilfen ist auf die so genannte Fallarbeit bezogen, die sich im Typus der Hilfeplanung realisiert und eher das klassische Arbeitsfeld der *Sozialarbeit* repräsentiert. Diese konzentriert sich im Unterschied zur Gestaltung von tendenziell offenen Situationen auf die Begleitung und Unterstützung einer oder weniger Personen (zumeist im familiären Kontext) mit einem besonderen „Hilfebedarf". Die Arbeitshilfen sind so konzipiert, dass es möglich wird, diesen Hilfebedarf gemeinsam mit den Betroffenen herauszuarbeiten und eine erste Zielformulierung vorzunehmen. Diese erlaubt die Konstruktion einer angemessene Hilfeform und bildet die Grundlage für die weitere Zusammenarbeit mit ambulanten oder stationären Einrichtungen, die diese Hilfen durchführen. Die Hilfeplanung als Verfahren ist üblicherweise im Sozialen Dienst eines Jugendamtes angesiedelt. Sie etabliert sich mit Variationen zunehmend auch in anderen Arbeitsfeldern, beispielsweise als Förderplanung in der Jugendberufshilfe, in der Arbeitsverwaltung, im Sozialhilfebereich und in der Behindertenhilfe, also überall dort, wo Casemanagement notwendig ist.

Nach einer Einführung in verschiedene Aspekte der Hilfeplanung werden die Arbeitshilfen in der Reihe der Handlungsbereiche methodischen Handelns vorgestellt. Auch für diese Arbeit empfiehlt sich für die „Analyse der Rahmenbedingungen" eine *Analyse der institutionellen Arbeitsaufträge*, wie sie in Kapitel 5.1 vorgeschlagen wurde. Ergänzend dazu wird in diesem Kapitel eine Arbeitshilfe zur *Auftrags- und Kontextanalyse* eingeführt, mit der man die Rahmenbedingungen des einzelnen Falles genauer betrachten kann. Dem Handlungsbereich „Situations- oder Problemanalyse" dient die *Problemanalyse*, da man bei der Hilfeplanung aus einer oft komplexen und zunächst undurchschaubaren Gemengelage eine möglichst angemessene Einschätzung der Problemlage herausarbeiten muss. Im Handlungsbereich „Zielentwicklung", steht – wie in der Situationsgestaltung – die *Aushandlung von Konsenszielen* im Mittelpunkt. Für die „Planung" steht eine fallorientierte Variation der in Kapitel 5.5 erläuterten Technik der *Operationalisierung* (hier: der Hilfeziele), die zur Wahl der geeigneten Hilfeform führen soll. Eine gewissermaßen „technische" Grundlage für das Operationalisieren bilden „operabel" formulierte Ziele, daher wird *vor* diesem Arbeitsschritt eine *Checkliste für die Formulierung operabler Ziele* eingeführt. Den Abschluss dieser Arbeitshilfenreihe bildet ein einfacher Vorschlag für die multiperspektivische *Einschätzung der Zielerreichung*, die als Vorbereitung für Zwischenbilanzen im Verfahren der Hilfeplanung eingesetzt werden kann.

6.1 Einführung: Hilfeplanung

Das Verfahren der Hilfeplanung beruht auf einer gesetzlichen Grundlage (§36 SGB VIII); es ist somit eines der wenigen Verfahren der Sozialen Arbeit, die in ihren Grundzügen festgelegt sind. Ohne die Hintergründe zu vertiefen (s. Merchel 1998) werden skizzenhaft einige Anforderungen an die Gestaltung des Prozesses der Hilfeplanung dargestellt. Es folgen Anmerkungen zu den Arbeitshilfen und zum verwendeten Fallbeispiel.

Ziel und Zweck des Hilfeplanverfahrens

Als *Ziel* der Hilfeplanung formuliert der Gesetzgeber, „dass Hilfe zur Erziehung wegen ihrer tief greifenden Auswirkungen für die Entwicklung des Kindes oder Jugendlichen, aber auch für die Situation der Familie, zeit- und zielgerecht auszugestalten ist" (Gesetzentwurf der Bundesregierung vom 29.9.1989, zit. in Merchel 1998, 26f). Der Hilfeplan bildet hierfür die Grundlage, denn er dokumentiert die entscheidenden Feststellungen über den Hilfebedarf sowie die notwendigen Schritte bei der Durchführung der Hilfe. Er dient dem verantwortlichen Jugendamt als Selbstkontrolle sowie der Koordination der Zusammenarbeit von Jugendamt und Träger der Einrichtung, die die Hilfe im Einzelfall ausführt. Er dokumentiert die Erwartungen und Vorstellungen der Beteiligten (Familien *und* Einrichtungen), die zeitliche Perspektive der Hilfe und die zeitlichen Abschnitte, innerhalb derer jeweils zu prüfen ist, ob die gewählte Hilfeart weiterhin geeignet und notwendig ist.

Leitlinien und Anforderungen

Als Leitlinie für das gesamte Verfahren gilt, dass sich fachliche Beurteilung der Situation und Konstituierung eines Rechtsanspruches auf Hilfe zur Erziehung am *subjektiv* von den Adressaten artikulierten Hilfebedarf orientieren sollen. Einseitige „Diagnosen" und lediglich durch Fachkräfte formulierte oder ausgesuchte erzieherische Maßnahmen, die den Adressatinnen dann „nahe gebracht" werden, laufen dem Konzept des Kinder- und Jugendhilfegesetzes zuwider (Merchel 1998). Als Anforderungen an das Verfahren (die *Gestaltung* des Prozesses der Hilfeplanung) gelten laut §36 SGB VIII die Beratung der Personensorgeberechtigten und des Kindes bzw. Jugendlichen, die Entscheidung im Zusammenwirken mehrerer Fachkräfte, die Einbeziehung der Personensorgeberechtigten und der Kinder bzw. Jugendlichen in den Prozess der Erarbeitung eines Hilfeplanes sowie die Kontinuierlichkeit der Hilfeplanung. Diese Anforderungen werden von vielen Sozialen Diensten in Verfahrensgrundsätze oder Arbeitsschritte umgesetzt, die in jedem Hilfeplanverfahren berücksichtigt werden sollten, ohne eindeutige Festlegung der Abfolge der einzelnen Schritte.

Unsicherheiten bei der Zielentwicklung

Die Fachkräfte jedes Sozialen Dienstes stehen vor der Herausforderung, innerhalb dieser gesetzlichen Richtlinien und in Kooperation mit den freien Trägern ein Verfahren auszugestalten, das fachlichen Standards Genüge tut. In der Praxis ist die Art und Weise der *Zielfindung* in der Hilfeplanung mit vielen Unsicherheiten verbunden (Merchel 1998; Schrapper 1998). Es ist beispielsweise zu fragen, ob es richtig ist, schon zu „früh" im Prozess konkrete und verbindliche Ziele auszuhandeln (s. Kap. 4.2.3) und auch, *wer* dies tun soll. Soll der Soziale Dienst nur die Hilfe „auswählen" und die Zielfindung der Einrichtung übertragen, die möglicherweise später mit den Adressatinnen weiterarbeitet? Doch wie kann man den Weg festlegen und die Einrichtung auswählen wenn das Ziel unklar ist? Eine weitere Unsicherheit liegt in der Gestaltung des *Prozesses* der Zielfindung. Die traditionelle Gewohnheit, aufgrund einer mehr oder weniger sorgfältigen „Diagnose" des Falles und in „guter" Absicht Ziele *für* die Adressaten zu formulieren (anstatt *mit* ihnen) ist immer noch weit verbreitet. Dies rechtfertigen viele Fachkräfte mit ihren Erfahrungen (dass sie oft gegen den Willen der Familien handeln müssen, ihre Klientel Artikulationsschwierigkeiten hat oder es an Problembewusstsein bzw. Veränderungswillen mangelt), sodass sie häufig *doch* stellvertretend handeln müssten (Merchel 1998). Die dialogische Entwicklung von Zielen ist aber eine Grundlage für die Koproduktion mit den Adressatinnen (s. Kap. 4.2.3) sowie für die Zusammenarbeit mit den kooperierenden Einrichtungen. Denn das Verfahren gestaltet sich gleichzeitig als *Schnittstelle* zwischen Sozialem Dienst und Einrichtung. Die Frage, *wer* zu welcher Zeit des Verfahrens *wie konkret* die Ziele formuliert und operationalisiert, kann nicht abschließend geklärt, sondern muss von Fall zu Fall entschieden werden. Für das methodische Handeln ist dieser Prozess als Kontinuum zu betrachten: Irgendwo auf dieser Strecke zwischen der Einigung auf eine Einschätzung des Problems und dem Entwurf von Handlungsschritten übergeben die Fachkräfte des Sozialen Dienstes „die Staffel" an Fachkräfte der ambulanten oder stationären Einrichtung; im besten Falle „laufen" sie ein Stück des Weges gemeinsam.

Die Arbeitshilfen dieses Kapitels wurden für Fortbildungszwecke entwickelt. Eine erste Version entstand 1998 für die Zusammenarbeit mit Rehse und der Projektgruppe Hilfeplanverfahren (2000) des Amtes für Soziale Arbeit der Stadt Wiesbaden. Sie veränderten sich in weiteren Fortbildungen mit Fachkräften aus dem Bereich der Erziehungshilfen (Soziale Dienste, ambulante und stationäre Einrichtungen). Das Deutsche Jugendinstitut veröffentlichte eine zweite Version (Spiegel 2000c) als Expertise zum Projekt „Familiäre Bereitschaftsbetreuung" (Lillig et al. 2002). Für dieses Buch wurden die Arbeitshilfen überarbeitet und dem hier verwendeten Begriffsinventar angepasst; die Auftrags- und Kontextanalyse kommt neu hinzu. Die Darstellung der Arbeitshilfen erfolgt wiederum in Kurzform: Sie besteht jeweils aus einführenden Bemerkungen und einem ausgefüllten Beispiel; das Hintergrundwissen wurde in Kap. 4.2 platziert. Kopiervorlagen finden Sie auf der Homepage des Verlages: www.reinhardt-verlag.de

Arbeitshilfen

Die Arbeitshilfen sind wiederum als Checklisten für die Reflexion und Auswertung der Gespräche angelegt (zur direkten Moderation der Gespräche s. Schwabe 2004). Sie ergeben dennoch eine gewisse Struktur für die Moderation der Gespräche mit den verschiedenen Beteiligten, da sie schrittweise die Suche nach Informationen anleiten. Sie sollten aber keinesfalls sichtbar „auf dem Tisch" liegen, sondern *nach* den Gesprächen ausgefüllt werden (und *vor* diesen verinnerlicht werden). Die Formulare dienen gewissermaßen als Protokolle, in die man Informationen, die sich in mehreren Gesprächen ansammeln, eintragen sollte. Sie leisten gute Dienste bei der kollegialen Fallberatung (Ader et al. 2001), wenn die Fachkraft ihre In-

praktischer Umgang mit den Arbeitshilfen

formationen präsentiert, um im Team darüber zu beraten, „was der Fall ist" und welche Hilfe geeignet ist. Das nachfolgend angeführte Fallbeispiel „Irene" wurde einer Dokumentation entnommen (Jugendamt des Stadtverbandes Saarbrücken 1996; Name geändert) und für unsere Zwecke modifiziert. Es diente dort Zwecken der Öffentlichkeitsarbeit, insbesondere der Vorstellung der Arbeitsweise des Jugendamtes. Ungeachtet des Fehlens von Kontextinformationen wurde dieses Fallbeispiel ausgewählt, da es eine „einfache" Darstellung zulässt. Ein Manko dieses Beispiels sind allerdings die fehlenden Originalaussagen; es ist eine Berichterstattung, die durch die Wahrnehmung der Beobachterin „eingefärbt" ist. Die Verfasserin erlaubt sich daher eine gewisse Freiheit der Dateninterpretation. „Irene" und ihre Mutter begleiten den Leser über den gesamten Bogen der Arbeitshilfen.

B

Irene B. lebt mit ihren vier Geschwistern und ihrer Mutter seit zwölf Jahren in Deutschland. Seit sechs Jahren bewohnt die Familie eine Vierzimmerwohnung in einem sozial stark belasteten Stadtteil. Die Familie stammt aus Äthiopien; sie ist aus politischen Gründen in die BRD geflüchtet. Irenes Mutter ist inzwischen als „Asylantin" anerkannt. Der Vater der Kinder wird seit dem Bürgerkrieg in Äthiopien vermisst. Frau B. ist inzwischen alleinige Inhaberin der elterlichen Sorge. Sie hat in Erziehungsfragen für deutsche Verhältnisse recht konservative Vorstellungen. Dies zeigt sich vor allem auch in ihrer Auffassung von „richtigem" weiblichen Verhalten und weiblichen Lebensperspektiven. Hinsichtlich der Schulleistungen äußert sie sehr hohe Erwartungshaltungen an ihre Kinder. In ihrem Erziehungsverhalten verhält sie sich gegenüber ihren Kindern ausgesprochen inkonsequent. Oft droht sie drastische Strafen an, die sie aber nicht durchsetzen kann, und die so von den Kindern nicht mehr ernst genommen werden. Irene droht sie seit deren zwölften Lebensjahr immer wieder mit Fremdunterbringung.

Die Fachkräfte des Jugendamtes betreuen die Familie bereits seit längerem. Alle Kinder hatten und machten spätestens im Pubertätsalter große Schwierigkeiten. Der älteste Bruder Irenes wurde mit 16 Jahren durch das Jugendamt außerhalb der elterlichen Wohnung untergebracht. In unzähligen Beratungsgesprächen mit der Familie und dem Einsatz eines Erziehungsbeistandes für Irene versuchte der zuständige Sozialarbeiter positiven Einfluss auf das Erziehungsverhalten von Frau B. zu nehmen, allerdings ohne Erfolg. Irene besuchte die Grundschule und wurde nach der fünften Klasse in das Gymnasium eingeschult. Innerhalb kürzester Zeit stellte sich heraus, dass diese Schulform für Irene eine große Überforderung darstellte. Sie wurde dann für das nächste Schuljahr in einer Realschule eingeschult. Die Lücken waren jedoch so groß, dass sie auch diesen Anforderungen nicht gerecht werden konnte. Deshalb besuchte sie nun die Hauptschule. Diese verließ sie nach der achten Klasse ohne Hauptschulabschluss. Laut Auskunft der Lehrerinnen könnte Irene aufgrund ihrer Fähigkeiten eine sehr gute Schülerin sein. Sie schien auf der Hauptschule eher unterfordert. Problematisch waren nur ihr „unangepasstes" und aggressives Verhalten sowie ihre starke Ablehnung von Autoritäten. So kam es in der Hauptschule zu heftigen Auseinandersetzungen mit Mitschülern und Lehrern. Irene war zu dieser Zeit nicht in der Lage, ihre Aggression zu kontrollieren bzw. den Umgang mit ihr richtig einzuschätzen. So wertete sie häufig an sie gestellte Anforderungen als Angriff auf ihre Person. Andererseits war sie durch Mitschüler und Bekannte aufgrund ihrer dunklen Hautfarbe auch des Öfteren diskriminierenden Angriffen ausgesetzt. In ihrem Wohnumfeld und ihrer Clique erlebt Irene, dass ihr das Überschreiten von Grenzen im Elternhaus und aggressives Auftreten Achtung einbringt. Da sie aufgrund ihrer dunklen Hauptfarbe häufig mit rassistischen Äußerungen bedacht wird, ist dies für sie eine positive Erfahrung.

Vor einem Jahr wurde Irene straffällig. Es erging Haftbefehl gegen sie wegen Wiederholungsgefahr. Es kam zur richterlichen Vorführung beim Haftrichter. Der Haftbefehl wurde unter Auflagen außer Vollzug gesetzt. Irene wurde vom Amtsgericht zu einer Jugendstrafe von 15 Monaten verurteilt, die für drei Jahre auf Bewährung ausgesetzt wurde. Als Auflage erhielt sie eine halbjährige Betreuungsweisung beim Verein „Perspektive e. V." und 100 Arbeitsstunden. Zum ersten Mal machte sie die Erfahrung, dass ihr negatives Verhalten Konsequenzen nach sich zog. Dies veränderte offenbar ihre Einstellung. Sie besucht jetzt regelmäßig das Berufsgrundschuljahr. Ihre Motivation, einen Schulabschluss zu erlangen, ist gewachsen. Es gelang ihr, eine Empfehlung für den Besuch der Handelsschule zu erhalten. Während der Jugendgerichtshilfe ist auch wieder ein näherer Kontakt zum Jugendamt entstanden. In den Gesprächen mit dem Sozialarbeiter wurde Irene deutlich, dass sie einen strukturierten Rahmen braucht, um einen Schulabschluss und später eine Ausbildung zu schaffen. Irene möchte in einer betreuten Wohngruppe wohnen und stellte einen entsprechenden Antrag beim Jugendamt.

Die Mutter versucht derzeit, die von Irene gewünschte Fremdunterbringung zu verhindern. Irene berichtet, dass die Mutter zwar gegenüber dem Sachbearbeiter des Jugendamtes den Antrag unterschrieben habe, sie könne jedoch an ihrem Verhalten sehen, dass diese es nicht ernst meine. So habe die Mutter ihr auch neue Möbel gekauft und erwähne immer wieder, dass Irene auch zu Hause wohnen bleiben könne. Irene selbst möchte jedoch in einer Wohngruppe wohnen und argumentiert, dass sie von ihrer Mutter keinerlei Kontrolle erfahre. Sie meint, dass das Verhalten ihrer Mutter sich inzwischen nach ihr richte.

6.2   Auftrags- und Kontextanalyse

Mit der Auftrags- und Kontextanalyse kann man Informationen sammeln, die bei der Klärung der Zuständigkeit für den Fall und der Beurteilung der Möglichkeiten der Fallbearbeitung helfen. Koproduktion als Charakteristikum der beruflichen Handlungsstruktur bedeutet, dass *beide* Seiten ihre Erwartungen, Fähigkeiten und Gefühle in die gemeinsame Arbeit einbringen. Von Fachkräften ist zu erwarten, dass sie auch diese Seite ihrer Kompetenz analysieren und reflektieren. Daraus ergibt sich neben den Ansatzpunkten für erste Sichtungen auch die Grundlage der Arbeitsbeziehung.

Die Arbeitshilfe besteht aus zwei Teilen: Sie verhilft zunächst zu einem ersten *Überblick über den Fall und das Problem*. Dies geschieht mit Rücksicht auf das Charakteristikum der → subjektiven Wirklichkeitskonstruktion am besten *multiperspektivisch* (s. Kap. 4.1.2). Die Arbeitshilfe enthält hierfür verschiedene Zeilen, die nach der Anzahl der Beteiligten zu erweitern ist. Da viele Adressatinnen nicht zum ersten Mal mit einer Institution der Sozialen Arbeit in Kontakt kommen, sollte man auch die Einschätzungen der „Vorgängerinstitutionen" einholen. Zu erkunden ist, was die Beteiligten als Problem empfinden und wen sie dafür verantwortlich machen. Mit den Einschätzungen sind häufig auch „Etikettierungen" und Schuldzuschreibungen verbunden, die die Adressaten teilweise in ihr Selbstbild über-

Elemente der Arbeitshilfe

nommen haben. Außerdem ist in Erfahrung zu bringen, was wer bisher zur Problemlösung unternommen hat und welche Resultate verzeichnet wurden. Die Adressatinnen haben oftmals bereits selbst (und mit anderen) versucht, sich oder ihre Situation zu verändern und waren nicht immer völlig erfolglos. Diese Informationen rücken mögliche Ansatzpunkte der zukünftigen Arbeit in den Blick. Man erfährt auch etwas über aktivierbare Fähigkeiten und Ressourcen der Adressaten und über potentielle Verbündete für den Aufbau eines → Aktionssystems. Der zweite Teil der Arbeitshilfe ist auf die *Chancen einer tragfähigen Zusammenarbeit* gerichtet. Hier stellt sich die Fachkraft selbst Fragen zur Einschätzung *ihrer* Fähigkeiten und Möglichkeiten. Die Frage zum *Zugang* (freiwillig oder unfreiwillig) tangiert unmittelbar die Qualität der Arbeitsbeziehung (Wie intensiv muss sie sich diesem Thema widmen?) und hat auch Auswirkungen auf die *Erwartungen* der Adressatin gegenüber der Fachkraft. Vor allem bei einem unfreiwilligen Kontakt kommen auch Erwartungen der eigenen und anderer gesellschaftlicher Institutionen hinzu (z. B. die Adressatin an „Normalitätsstandards" heranzuführen). Die Fachkraft muss bereits in diesem Stadium klären, wie sie mit absehbaren Erwartungen umgehen kann und unter Umständen einige davon zurückweisen. Sie muss entscheiden, ob der Fall in ihre sachliche Zuständigkeit fällt und ob sie über freie zeitliche und materielle Ressourcen verfügt (was nicht immer bedeutet, dass sie den Fall ablehnen kann). Ein letzter Fragenkomplex bezieht sich auf die individuellen Kompetenzen der Fachkraft. In einer ersten Einschätzung des möglichen Problems muss sie sich überlegen, welche ihrer Fähigkeiten dieser Fall herausfordert und ob sie sich dem gewachsen fühlt. Hierzu tragen auch ihre Gefühle gegenüber der Adressatin oder deren Problem bei: Hat sie gleich den Eindruck der „Passung"? Berühren deren Verhalten oder Einstellungen ihre Wertestandards? Hat sie selbst schlechte Erfahrungen mit einem ähnlichen Problem? Hier können sich schon zu Anfang Barrieren auftun, die zu bearbeiten sind.

Bearbeitungsform   Diese Arbeitshilfe ist für die Fachkraft bestimmt und soll Reflexion und Selbstreflexion anleiten. Man kann das Formular benutzen, um die Ergebnisse der Recherchen stichwortartig zusammenzustellen. Informationen ergeben sich aus ersten Gesprächen, teilweise aus dem Studium begleitender Akten und mündlichen Kommentaren von Kolleginnen der „überweisenden" Einrichtung.

6.3   Problemanalyse

Die hier vorgestellte Arbeitshilfe berücksichtigt den Sachverhalt, dass tragfähige Ziele für eine Hilfeplanung Ergebnis einer dialogisch angelegten Verhandlung zwischen den Beteiligten sein müssen, und dass der Erfolg einer Hilfe nur dann zu erwarten ist, wenn die Betroffenen sich mit der Problemsicht, den Zielen und den verabredeten Handlungsschritten identifizieren. Die professionelle Kunst besteht darin, bereits den Prozess der Problemanalyse derart zu *moderieren*, dass am Ende eine gemeinsame Ein-

Arbeitshilfe 7: Auftrags- und Kontextanalyse

erste Sichtung des Falles und der Probleme Einschätzung der Beteiligten	Wo sehe ich das Problem? Wer ist verantwortlich? (ich selbst, wer sonst?)	Wer hat was bisher zur Problemlösung unternommen? (ich selbst, Familie, Freundeskreis, andere Institutionen?)	Was wurde bisher erreicht, was nicht? (aus eigener Kraft, mithilfe von Familie, Freunden, Institutionen?)
Mutter	Irene benimmt sich nicht wie ein Mädchen. Irene ist nicht gut in der Schule.	Sie drohte drastische Strafen an. Sie versuchte, mithilfe des Erziehungsbeistandes ihr Erziehungsverhalten zu ändern (erfolglos). Sie bietet Irene an, zu Hause wohnen zu bleiben.	Sie kann die Strafen nicht durchsetzen. Die Erziehungsbeistandsschaft bewirkte keine Änderung.
Irene	Alle wollen mir etwas, sie mögen mich nicht wegen meiner dunklen Hautfarbe. Wenn ich aggressiv und stark bin, bewundern mich die anderen; es bringt mir aber gleichzeitig Ärger. Meine Mutter kontrolliert mich nicht, kümmert sich nicht um mich.	Irene zeigte Aggression und Gewalt als Reaktion auf erfahrene Diskriminierung. Sie arbeitete die Betreuungsweisung des Jugendrichters ab.	Positive Erfahrung: Das überschreiten von Grenzen im Elternhaus und aggressives Verhalten bringen Irene Achtung ein. Sie hat auch die Grenzen ihrer Aggression erfahren und wünscht nun den strukturierten Rahmen einer Wohngruppe.
Lehrerinnen	Irene scheint in der Schule zunächst überfordert, dann unterfordert. Sie zeigt ein aggressives Verhalten und lehnt Autoritäten ab.	Die Lehrerinnen stellten Anforderungen an Irene, weil sie davon ausgingen, dass sie eine gute Schülerin sein könnte.	Irene wertete die Anforderungen als Angriff auf ihre Person.
Erziehungs-beistand und Fachkraft ASD	Die Mutter richtet sich nach Irene, statt dass es umgekehrt wäre. Sie zeigt ein inkonsequentes Erziehungsverhalten.	Der Erziehungsbeistand unterstützte die Mutter in Erziehungsfragen (erfolglos).	Irene braucht den strukturierten Rahmen einer Wohngruppe, um die Handelsschule zu besuchen.
Jugendgericht	keine Aussage	Der Jugendrichters erließ eine Betreuungsweisung.	Die Strafe zeigt Wirkung (sie besucht das Berufsgrundschuljahr).

Fortsetzung Arbeitshilfe 7

Reflexions-fragen Fachkraft	Wo setzt wer einen Schwerpunkt? Welche Zuschreibungen begleiten die Personen? erste Hypothesen	Ideen für Ansatzpunkte; Ideen für ein künftiges Aktionssystem	Ideen zu Ressourcen der Beteiligten (Selbsteinschätzung sowie Einschätzung der Fachkräfte)
Reflexionszeile	*Der Bericht ist so abgefasst, dass die Mutter unfähig erscheint. Irene wird als aggressiv und gewalttätig, aber auch als lernfähig dargestellt. Man hat den Eindruck, als würde der Mutter und der diskriminierenden Umwelt die „Schuld" für das aggressive Verhalten gegeben.*	*Die Schule müsste in jedem Fall einbezogen werden, um Irene auch vor Angriffen zu schützen. Die Fähigkeiten der Mutter sind derzeit nicht abzuschätzen. Nach der Berichtslage läuft der Fall darauf hinaus, Irene den Auszug aus dem Elternhaus zu ermöglichen.*	*Irene scheint über sehr viel Energie und kognitive Fähigkeiten zu verfügen, die ihr auch helfen können, ihre Emotionen zu beeinflussen und ihre Handlungsperspektiven zu ändern.*

Zugangswege und beiderseitige Erwartungen ⇒	*Informationssammlung*	*Reflexionsspalte*	Reflexionsfragen für die Fachkraft ⇐
Wie kommt „der Fall" zu mir? eigene Initiative (wie motiviert)? geschickt (von wem, warum)? nach einem „Eingriff" (warum, mit welchen Folgen)?	*Irene kam halb geschickt (Jugendgerichtshilfe), halb freiwillig und hat Antrag auf Unterbringung in einer Wohngruppe gestellt. Die Mutter hat eher unfreiwillig Kontakt, hat schon die Herausnahme des älteren Sohnes erlebt.*	*Das ist eine gute Grundlage für eine Arbeitsbeziehung zu Irene. Ein Konflikt mit der Mutter ist vorprogrammiert; sie wird sich wohl eher verschließen (ist auch ein Kulturkonflikt).*	Welche vermutlichen Folgen hat dieser Zugang für die Qualität der Arbeitsbeziehung?
Was erwartet wer von mir? Adressaten; eigene Organisation; andere Institutionen	*Irene erwartet Unterstützung in ihrem Anliegen. Die eigene Organisation erwartet, dass ich andere (billigere) ambulante Hilfen prüfe. Schule und Jugendgericht erwarten eine drastische Änderung (Wohngruppe).*	*Ich muss mich kostenbewusst verhalten, möchte auch selbst noch genauer untersuchen, ob es nicht doch einen gemeinsamen Weg für Mutter und Tochter gibt. Der Migrationshintergrund ist zu beachten; die Mutter braucht wahrscheinlich ebenfalls Hilfe (kann ich nur leisten, wenn Irene zu Hause bleibt).*	Kann und will ich die Erwartungen erfüllen? Welche kann ich nicht erfüllen?

Fortsetzung Arbeitshilfe 7

Wie tangiert der Fall meine sachliche Zuständigkeit? Verfüge ich über zeitliche und materielle Ressourcen?	*Ich bin sachlich zuständig.* *Ich habe eine hohe Fall-belastung, aber schaffe es wohl zeitlich.* *Die materiellen Ressourcen unserer Abteilung sind begrenzt; die Kosten für die Hilfen zur Erziehung sprengen das Budget.*	*Ich möchte den Fall bearbeiten; sehe zunächst einmal keine Grenzen. (Der Fall wäre recht einfach für mich zu bearbeiten, wenn Irene schnell in die WG zöge, dann bräuchte ich „nur" den Hilfeplan zu erstellen und könnte die Hauptarbeit an die Kollegen aus der WG abgeben.)*	Kann oder will ich den Fall ablehnen bzw. bearbeiten? Wo ergeben sich Grenzen der Zusammenarbeit?
Was habe ich zu bieten? Verfüge ich über die notwendigen Kompetenzen? Welche Gefühle empfinde ich gegenüber der Person? Welches Problem habe ich mit der Person oder dem Problem?	*Ich traue mir die Arbeit mit beiden zu, fühle Sympathien zu beiden (auch gegenüber der Mutter).* *Ich sehe aber auch die evtl. verpassten Chancen, wenn die familiäre Situation Irene weiterhin so belastet.* *Ein kleines Problem habe ich mit der kulturell geprägten, geschlechts-typischen Einstellung der Mutter.*	*Ich will und kann mit beiden arbeiten.* *Die Passung muss sich noch herausstellen (muss die Vorbehalte der Mutter bearbeiten).* *Aus dem Vorwissen nehme ich trotz allem ein gewisses Misstrauen gegenüber der Mutter mit.* *Meine Werte setze ich mit Wissen über unsere verschiedenen Kulturen nicht absolut.*	Kann ich und will ich mit den Adres-satinnen arbeiten? Passen wir zusammen? Wie beeinflusst mich das Vorwissen? Berührt es meine Wertestandards?

schätzung darüber besteht, was die wesentlichen Probleme sind und an welcher Stelle man mit dem weiteren Schritt der Zielformulierung ansetzen kann.

Die Arbeitshilfe ist ähnlich angelegt wie die Situationsanalyse (s. Kap. 5.3). Sie erfasst in der ersten Spalte die *Wahrnehmung* und *Beschreibung* des Problems aus der subjektiven Sicht aller Beteiligten (für jeden Beteiligten muss eine eigene Zeile angelegt werden). In der zweiten Spalte wird nach *Motiven*, *Gefühlen* und *Begründungen* für die eigene Sicht bzw. nach dem eigenen Anteil am Problem gefragt. Die dritte Spalte ist wiederum der Fachkraft bzw. dem Team vorbehalten. Hier sollten alle Sichtweisen mit – durchaus konträren oder auf den ersten Blick abwegigen – *wissenschaftlichen und Alltagstheorien* in Beziehung gesetzt und deutende Hypothesen produziert werden. Wenn es möglich ist, die Hypothesen zusammen mit Beteiligten zu bilden, können hier Elemente der → stellvertretenden Deutung eingebracht werden (s. Schwabe 2004). Auf dieser Grundlage, also angereichert durch die Deutungen, werden die Beteiligten angeregt, ihre *Einschätzung des Problems und seiner Verortung* zu äußern und im Vorfeld über *Änderungsper-*

Elemente der Arbeitshilfe

spektiven nachzudenken. Ein Abgleich aller Perspektiven und eine Verständigung der Beteiligten über die Einschätzung bildet den Abschluss der Arbeit mit der Problemanalyse. In der untersten Zeile ist Raum für erste Überlegungen der Fachkräfte, die sich aus einer *vergleichenden Sichtung* der Perspektiven ergeben. Vorher sollte man die ersten Ad-hoc-Hypothesen, die in Zusammenhang mit der Auftrags- und Kontextanalyse entstanden sind, schriftlich festhalten (zur späteren Überprüfung). Anschließend kann man – auch im Hinblick auf die Auftrags- und Kontextanalyse – abwägen sowie mögliche Widersprüche und Prognosen notieren, um auf diese Weise die (hypothetische) Problemeinschätzung weiter abzusichern.

Bearbeitungsform
Für die Erfassung der Sichtweisen gibt es mehrere methodische Möglichkeiten. Man kann Einzelgespräche führen und die Informationen in die Tabelle eintragen (zur eigenen Vergewisserung, für den Einsatz im Familiengespräch und für die Fallvorstellung im Fachteam). Man kann unter Umständen die Positionen auch im gemeinsamen Gespräch mit allen Familienmitgliedern herausarbeiten und die Tabelle (oder Variationen derselben) dabei als Visualisierungs- und Klärungsmöglichkeit benutzen. Stilistisch empfiehlt es sich, authentische Aussagen der Familienmitglieder (so genannte Signalsätze) aufzuzeichnen, da diese häufig inhaltlich mehr transportieren als die Fachbegriffe der Professionellen. Ein Vorteil der zweiten Vorgehensweise ist, dass die herausgearbeiteten Perspektiven sofort in das Aushandlungsgespräch über Konsensziele eingebracht werden können.

Anmerkung zum Beispiel
Im folgenden *Beispiel* fehlt aus Gründen der Komplexitätsreduktion die Zeile für die Sichtweise der Fachkraft. In der Praxis ist diese aber bedeutend, da man hier eigene Einschätzungen eintragen kann und diese somit transparent und überprüfbar hält. Die Fachkraft ist in den Hilfen zur Erziehung selten in der reinen Position einer wenig involvierten Dritten (der Moderatorin), sondern muss mitunter auch intervenieren. Sie sollte bei der Verständigung und der darauf folgenden Verhandlung „assistieren"; dies bedeutet auch, dass sie andere und neue Sichtweisen und Deutungen der Situation anbietet und so den Beteiligten ebenfalls neue Deutungshorizonte eröffnet.

6.4   Aushandlung von Konsenszielen

Fachkräfte berichten aus ihrer Praxis, dass es oftmals sehr schwierig ist, einen Konsens herzustellen. Aus den in Kapitel 4.2.3 angeführten Gründen wird jedoch empfohlen, nicht auf einen Konsens zu verzichten. Die folgende Arbeitshilfe kann die notwendigen Arbeitsschritte strukturieren.

Elemente der Arbeitshilfe
Die folgende Arbeitshilfe ist in der Struktur identisch mit der entsprechenden Arbeitshilfe für die Gestaltung von Situationen, setzt jedoch teilweise andere Schwerpunkte. Auch sie schließt am Ergebnis der Problemanalyse an. Die Checkfragen greifen die Aussagen zur Problemeinschätzung auf, erfassen die Änderungsperspektive und führen zu Fragen, die eine für die Betroffenen wünschenswerte und befriedigende Lebenssituation zum

Arbeitshilfe 8: Problemanalyse

Sichtweisen	Wahrnehmung und Beschreibung	Motive, Gefühle und Begründungen	Deutungen und Erklärungen	Einschätzung der Situation
	Was finde ich problematisch? Wie kann ich das beschreiben?	Ich möchte . . . Ich finde . . . Ich sehe das so, weil . . .	Zu den Sichtweisen fallen mir folgende Theorien und Hypothesen ein:	Wo sehe ich das Problem? Wer oder was sollte sich ändern?
Mutter	Irene benimmt sich nicht wie ein Mädchen. Irene ist nicht gut in der Schule. Ich kann Irene die Welt nicht erklären. Ich kann mich nicht durchsetzen.	Es geht mir nicht gut dabei, wenn ich sie so sehe. In diesem Land verhalten sich Frauen ganz anders, ich möchte aber so sein wie bisher. Irene bewegt sich stärker in der anderen Welt, sie kann mir Vieles erklären, was ich nicht verstehe.	Die Mutter befindet sich in einem Kulturkonflikt. Ohne Vater, der traditionell entscheidet, ist sie überfordert. *Theorie:* interkulturelle Konflikte	Ich möchte, dass sie sich so benimmt, wie sich die Frauen in unserer Familie benehmen. Sie sollte sich in der Schule zurückhalten und lernen.
Irene	Niemand mag mich wegen meiner dunklen Hautfarbe; alle machen mich an. Ich bin aber stark und schlage zurück. Dafür bewundern mich die anderen; ich kriege aber auch Ärger. Schule wäre eigentlich leicht, wenn sie mich in Ruhe lassen würden. Meine Mutter kümmert sich nicht um mich.	Ich möchte so anerkannt werden, wie ich bin. Wenn die anderen mich anmachen, werde ich wütend und schlage zurück. Ich fühle mich in meiner Familie nicht richtig zuhause, weil meine Mutter auch nicht weiß, was sie machen soll.	Irene identifiziert sich mit den diskriminierenden Zuschreibungen. Sie kann Anforderungen und wirkliche Diskriminierung nicht mehr unterscheiden. Sie ist ebenfalls in einem Kulturkonflikt verhaftet. *Theorien:* Labeling-Ansatz sowie Theorie der Anerkennung (Honneth)	Die anderen sind schuld. Die sollen mich in Ruhe lassen. Meine Mutter soll mich nicht mit ihrem Gerede nerven, wie sich Mädchen benehmen sollen. Die versteht doch sowieso nichts. Ich verstehe das Verhalten der deutschen Mädchen aber auch nicht immer. Sie tun und trauen sich auch Vieles, was ich nicht gut finde.

Fortsetzung Arbeitshilfe 8

Reflexions-fragen	Bildung von Ad-hoc-Hypothesen: Wie lautet meine erste Einschätzung der Situation? Gibt es ein Problem?	Herausarbeiten der Motive und Anliegen aller Beteiligten	Relationierung aller Sichtweisen und Begründungen mit (möglichst vielen) Theorien; Produktion deutender Hypothesen	Verständigung mit den Beteiligten über eine begründete Hypothese zum möglichen Problem und einer Änderungs-perspektive
Reflexionszeile (Anm.: zugunsten der Übersichtlich-keit wird im Beispiel auf die Sichtweise anderer Fachkräfte ver-zichtet; s. Formular auf der Homepage des Verlages: www.reinhardt-verlag.de)	*Das Mutter-Tochter-Verhältnis scheint sich „um-gekehrt" zu haben. In der Schule scheinen die „Austauschbe-ziehungen" (Staub-Bernasconi) nicht zu funktionieren, weder zu Mitschülern noch zu Lehrern.*	*Ein zentrales Motiv scheint die fehlende Aner-kennung (beider) zu sein, für die Mutter kommt eine Orientierungs-losigkeit und Überforderung hinzu. Beide möch-ten unterstützt werden.*	*Wenn es gelingen könnte, beiden die Anerkennung zu verschaffen, die sie voneinander erwarten – und Irene die Aner-kennung von außen, dürfte es mit beiden besser gehen. (ausgewählte Hypothese)*	*Drei Probleme scheinen im Vordergrund zu stehen: a) die Mutter-Tochter-Beziehung, b) die soziale Situation in der Schule, c) der kulturelle Konflikt*

Ziel haben. Hierbei sollte man möglichst zwei zeitliche Perspektiven unterscheiden: Das mögliche Ende der gemeinsamen Aktion (die Perspektive oder „Himmelsrichtung", die sich beim Aushandeln in → Wirkungsziele wandelt) sowie mittelfristig erreichbare Verhaltensweisen oder Zustände, die im unteren Kasten zu → Teilzielen werden. Auch hier werden die Sichtweisen noch einmal getrennt erfragt, um das „Material" für das Verhandeln präsent zu haben. Die Aushandlung besteht in der Suche nach einer Zielformulierung, an der *alle* interessiert sind. Hierbei ist keine Trennung mehr zwischen den Perspektiven vorgesehen, es wird aber sehr wohl zwischen den *Zielen für die Beteiligten* unterschieden. Jeder Mensch verfolgt eigene Ziele und ist auch für deren Erreichung zuständig. Die anderen können und sollen ihn dabei nach ihren Kräften und Möglichkeiten unterstützen (s. Kap. 4.2.3). Man sollte auch bereits bei den Verhandlungen die zeitliche Differenzierung (Wirkungsziele und Teilziele) einführen. Wo Aushandlungen nur in Ansätzen möglich sind, sollte die im Formular vorgesehene Zeile für das Festhalten der *Dissense* genutzt werden, die Themen, Wünsche und Vorstellungen aufnimmt, über die keine Einigkeit erzielt werden kann. Möglicherweise können sie zu einem späteren Zeitpunkt besser bearbeitet werden; hier darf jedenfalls nicht der falsche Eindruck erweckt werden, dass es nur einvernehmlich gefundene Ziele gibt (zur Bedeutung der Dissense und zur Relativierung der Metapher von der Aushandlung und des Konsenses s. Schwabe 1996). Beim Festhalten der Konsense ist überdies zu beachten, dass diese für die Ziele *jeder* Person geklärt werden müssen: Die unten stehende Eintragung für *Irenes* Wirkungsziel („Ich habe ein richtiges Zuhause.") darf nur vorgenommen werden, wenn dies auch von der Mutter so gesehen wird; trifft das nicht zu, wäre dieser Wunsch von Irene als Dissens zu notieren.

Die Aushandlung von Zielen ist durchgängig eine Aufgabe der Betroffenen; sie kann *nicht* stellvertretend erfolgen. Die Fachkraft sollte dabei die Moderation (und Assistenz) übernehmen und die Beteiligten motivieren, ihre Vorstellungen über eine befriedigende Lebens- und Alltagsgestaltung zu äußern. Es kann durchaus hilfreich sein, wesentliche Aussagen während des Verständigungsprozesses in einer unaufdringlichen Form zu visualisieren (z. B. Moderationskarten, die man auf dem Tisch schnell umgruppieren kann). Die Aushandlung sollte schon bei der Festlegung der Änderungsperspektive beginnen, da die Zielüberlegungen ansonsten zu sehr auseinander driften. Es sollte mindestens ein Konsensziel gefunden werden, da sich sonst die Verhandlungsbeziehung zwischen den Beteiligten vermutlich in eine Konfliktbeziehung wandelt oder aber die Verhandlungen völlig abgebrochen werden. Zur Sichtweise der Fachkraft ist anzumerken, dass deren Interessen (und die ihrer Institution) beim Verhandeln nicht verschwinden, sondern als Angebote und mitunter auch als Vorgaben (z. B. in Fällen der Gefährdung des Kindeswohls) in die Verhandlungen eingebracht werden. Sie tauchen jedoch nicht als eigenständige Ziele auf. Im Zweifelsfall sollte die Fachkraft (auch zu ihrer eigenen Absicherung) ihre eigenen nicht konsensfähigen Wünsche und Vorstellungen in der Dissensspalte notieren.

(Marginalie: Bearbeitungsform)

6.5   Checkliste für die Formulierung operabler Ziele

Die folgende Arbeitshilfe ist auf die Formulierung „operabler" Ziele ausgerichtet; sie sollten auf eine Weise beschrieben sein, die für die Betroffen verständlich ist (s. die ausführliche Beschreibung dieser und weiterer Kriterien in Kap. 4.2.3).

Die Arbeitshilfe besteht aus einer Checkliste, die dazu anleitet, die im Aushandlungsprozess gewonnenen Zielbeschreibungen Punkt für Punkt nach den Kriterien in Kapitel 4.2.3 zu beurteilen und diese gegebenenfalls umzuformulieren. Hierzu trägt man die zu überprüfende Formulierung in die Liste ein und arbeitet die folgenden Punkte ab:

(Marginalie: Elemente der Arbeitshilfe)

Zunächst muss man die *Handlungsschritte* aus der Zielformulierung *entfernen*, denn die Erarbeitung der Handlungsschritte folgt erst, wenn das Ziel beschrieben ist (sie sind hier noch nicht angebracht). Dann konkretisiert man die *zeitliche Perspektive* durch eine Differenzierung der Formulierung in → Wirkungsziele, also den langfristig gewünschten Zustand bzw. das Verhalten, und → Teilziele, also den Zuständen oder Arrangements in verschiedenen Lebensbereichen, die im Hinblick auf die Wirkungsziele angestrebt werden und helfen, sich den gewünschten Veränderungen schrittweise anzunähern. Die Wirkungsziele bleiben als „Leuchtturm" oder „Him-

Arbeitshilfe 9: Aushandlung von Konsenszielen

	Sichtweise A *hier: Irene*	Sichtweise B *hier: Mutter*	Sichtweise der Fachkraft
Einschätzung der Situation Wo sehe ich das Problem?	*Niemand mag mich wegen meiner dunklen Hautfarbe; alle machen mich an. Ich bin aber stark und schlage zurück. Dafür bewundern mich die anderen; ich kriege aber auch Ärger.* *Schule wäre eigentlich leicht, wenn sie mich in Ruhe lassen würden.* *Meine Mutter kümmert sich nicht um mich.*	*Irene benimmt sich nicht wie ein Mädchen. Irene ist nicht gut in der Schule.* *Ich kann Irene die (neue) Welt nicht erklären.* *Ich kann mich nicht durchsetzen.*	*Drei Probleme scheinen im Vordergrund zu stehen:* *a) die Mutter-Tochter-Beziehung,* *b) die soziale Situation in der Schule,* *c) der kulturelle Konflikt*
Änderungsperspektive Wer oder was soll sich ändern?	*Die anderen sollen sich ändern (mich akzeptieren, wie ich bin).* *Meine Mutter soll sich ändern (mich in Ruhe lassen).* *Ich will mich ändern (wieder lernen).*	*Irene soll sich (ihr Verhalten) ändern.; Sie soll aber auch in der Schule und mit ihrer Umwelt zurechtkommen.* *Ich will mich ändern (möchte mit Irene zurechtkommen).*	*Die Beziehung zwischen Mutter und Tochter sollte sich ändern (gegenseitige Anerkennung).* *Die Beziehungen zwischen Lehrern und Irene müssen sich ändern.* *Ebenfalls die Beziehungen zwischen den Mitschülern und Irene.*
Ziel, gewünschter Zustand Wie soll der Zustand *mittelfristig* aussehen, sodass wir sagen können: „Es hat sich gelohnt"? Wie sähe die Situation *am Ende* aus, also wenn das Problem gelöst wäre?	*Mittelfristig:* *Ich möchte so anerkannt werden, wie ich bin. Dann gehe ich auch gerne zur Schule und schlage nicht.* *Langfristig:* *Ich möchte die Handelsschule absolvieren.; Ich habe ein richtiges Zuhause.*	*Mittelfristig:* *Ich möchte, dass Irene sich so benimmt, wie sich die Frauen in unserer Familie benehmen. Sie sollte sich der Schule zurückhalten und lernen.* *Langfristig:* *Wir haben ein gutes Familienleben.*	*Idee:* *Es lohnt sich m. E., am Anerkennungsthema und den Beziehungen Irenes zu ihrer Umwelt zu arbeiten.* *Ich vermute, dass Irenes Bindung an die Mutter und ihre Kultur so groß ist, dass es gut wäre, vorerst die gemeinsame familiäre Perspektive zu verfolgen.*

Fortsetzung Arbeitshilfe 9

	Ziele für A *hier: Irene*	Ziele für B *hier: Mutter*
Konsensziele Übereinstimmung aller Beteiligten	**Wirkungsziele** (Ende der Hilfe) *Irene entwickelt eine eigenständige Perspektive für ihr Leben.* *Irene absolviert die Handelsschule.*	**Wirkungsziele** (Ende der Hilfe) *Wir kommen in unserer Familie klar.* *Die Mutter entwickelt für sich eine eigene Perspektive.*
	Teilziele (mittelfristig anzustreben und erreichbar) *Irene klärt die Beziehung zu ihrer Mutter.* *Irene verständigt sich auf eine für sie konstruktivere Weise mit ihrer Umwelt (Konflikte, Beziehungen).* *Irene entwickelt ein Vertrauensverhältnis zu einer Ansprechpartnerin.*	**Teilziele** (mittelfristig anzustreben und erreichbar) *Die Mutter entwickelt mehr Verständnis für Irenes Verhalten.* *Die Mutter verständigt sich neu mit ihrer Umwelt (Freundinnen, Sprache).* *Die Mutter entwickelt ein Vertrauensverhältnis zu einer Ansprechpartnerin.*
Dissense Wünsche, Vorstellungen für die es keinen Konsens gibt	*Irene möchte sich nicht so wie die Frauen in Äthiopien verhalten.* *Sie möchte ihren eigenen Stil entwickeln.*	*Die Mutter hätte gern, dass sie so weiter leben kann wie in Äthiopien*

melsrichtung" stehen; die weitere Formulierungsarbeit bezieht sich auf die *Teilziele*. Wenn einer der beiden Anteile in diesem Begriffspaar fehlt, sollte er hier ergänzt werden. Hat man also bisher nur eine Liste von Wirkungszielen, sollte man nun (zusammen mit den Adressatinnen) dazu passende Teilziele suchen und umgekehrt. Als nächsten Schritt sollte man die *Erreichbarkeit* des angegebenen Teilzieles prüfen. Es sollte derart formuliert sein, dass es in einem absehbaren Zeitraum tatsächlich auch erreicht werden kann, ohne konkrete Angaben zu machen, *wie* dies geschehen soll. In diesem Zusammenhang sollte man auch gleich prüfen, ob die Person, für die das Teilziel formuliert wurde, auch *für die Erreichung zuständig* ist. Jeder muss seine Ziele selbst erreichen und hierfür auch das Meiste tun können (anstatt zu erwarten, dass andere etwas tun, das ihm hilft). Ein Ziel muss immer *sprachlich positiv* formuliert sein: Es soll also nicht beschreiben, welches Verhalten oder welcher Zustand vermieden, sondern, was stattdessen erreicht werden soll. Auch die *Verständlichkeit* der Begriffe lässt häufig zu wünschen übrig. Man sollte gängige Fachbegriffe („emotionale Bindung") möglichst durch Worte ersetzen, die diejenigen verstehen, für die die Ziele formuliert werden. Die Begriffe sollten auch nicht mehrdeutig sein; man sollte sich im Klaren darüber sein, wie die Adressaten diese verstehen. Zum Schluss sollte man noch einmal überlegen, ob die Ziele *ethisch und fachlich vertretbar* sind, beispielsweise keine unangemessene Manipulation erfordern („Überre-

Bearbeitungsform

dung") und keine Widersprüche zu fachlichen Standards (Beteiligung oder Konsensprinzip) aufweisen.

Diese Arbeitshilfe ist nur für Fachkräfte vorgesehen und „im stillen Kämmerlein" zu benutzen. Wenn man übungshalber einige der bisher in Hilfeplänen aufgeschriebenen Formulierungen mit dieser Checkliste „von oben bis unten" durcharbeitet, stellt sich bald eine gewisse Routine im Formulieren ein, sodass man die Liste nur kurzfristig braucht. Die so gewonnenen Fertigkeiten fließen dann zumeist schon im Voraus in den Moderationsprozess ein. Man kann schließlich gleich im ersten Gespräch Nachfragen stellen, um die Angaben zu konkretisieren, oder man kann die Handlungsschritte gesondert sammeln, um sie später wieder aufzugreifen.

Anmerkung zum Beispiel

Da sich die Verfasserin beim vorliegenden Beispiel bereits um eine eindeutige Zielformulierung bemüht hat (sodass es wenig an der Formulierung zu ändern gibt), wird für die Demonstration der Checkliste eine *andere* Lesart des Beispieles benutzt, die Teilnehmerinnen einer Fortbildung bei der Übung mit dem „Irene-Fall" eingefallen ist. Hier lautete die erste Zielformulierung folgendermaßen: „Schaffung eines stabilen Vertrauensverhältnisses zu einem Ansprechpartner, der auf Wünsche und Meinungen Irenes eingeht sowie kritische Auseinandersetzung über die Beziehung zwischen Mutter und Tochter, Unterstützung der Tochter bei der Ablösung von ihrer Mutter". Ähnlich unübersichtliche Formulierungen finden sich in vielen Hilfeplänen; diese bietet genügend Gelegenheit, zu zeigen, wie die Anwendung der Checkliste zu verstehen ist.

Beim nächsten Punkt der Operationalisierung von Zielen kehren die Ausführungen zur obigen Interpretation des Falles zurück.

Arbeitshilfe 10: Checkliste für die Formulierung operabler Ziele

Kriterien hier: kriteriengemäße Änderungen der Formulierung	Anmerkungen zum besseren Verständnis der Kriterien und den erfolgten Änderungen der Formulierung
erste Formulierung des Zieles *Schaffung eines stabilen Vertrauensverhältnisses zu einem Ansprechpartner, der auf Wünsche und Meinungen Irenes eingeht; kritische Auseinandersetzung mit der Beziehung zwischen Mutter und Tochter; Unterstützung der Tochter bei der Ablösung von ihrer Mutter*	*Anmerkung zum Beispiel: dies sind Stichworte, die Fachkräfte einer Fortbildung zum Beispiel „Irene" formuliert haben und nun weiterbearbeitet werden müssen; wenn diese Ziele nun so formuliert werden sollen, dass sie eine Orientierung für die Hilfeplanung bieten, müssen sie teilweise, auch mithilfe weiterer Informationen, ergänzt werden*
Entfernung der Handlungsschritte aus der Zielformulierung *Ziele: Ablösung von der Mutter; stabiles Vertrauensverhältnis zu einem Ansprechpartner, der auf Wünsche und Meinungen Irenes eingeht*	*bei der Unterscheidung von Zielen und Handlungsschritten entstehen leicht Unsicherheiten, z. B.: Ist die kritische Auseinandersetzung ein Ziel oder ein Schritt? M. E. ist sie Letzteres; das Ziel wäre eine „geklärte Beziehung".*

Fortsetzung Arbeitshilfe 10

Handlungsschritte: a) kritische Auseinandersetzung über die Beziehung zwischen Mutter und Tochter, b) Unterstützung bei der Ablösung	*Die nebenstehend identifizierten Handlungsschritte werden hier aus der Zielformulierung entfernt; sie werden u. U. bei der Operationalisierung wieder aufgegriffen.*
Differenzierung von Wirkungszielen und Teilzielen (Bildung einer Mini-Zielpyramide) *Wirkungsziel: Entwicklung einer Perspektive für ein eigenständiges Leben Irenes* *Teilziel 1: Ablösung Irenes von ihrer Mutter* *Teilziel 2: Schaffung eines stabilen Vertrauensverhältnisses zu einem Ansprechpartner, der auf Wünsche und Meinungen Irenes eingeht (dieses Ziel wird hier nicht mehr aufgegriffen)*	*Auch hier kann es Probleme mit der Zuordnung geben, denn man kann Wirkungsziele und Teilziele auf verschiedenen Abstraktionsebenen differenzieren; so könnte auch die „Ablösung" Irenes ein Wirkungsziel sein und die „Schaffung des Vertrauensverhältnisses" wäre dann ein plausibles Teilziel auf dem Weg zum Wirkungsziel. Solche Entscheidungen treffen die Beteiligten autonom im Prozess; es ist lediglich wichtig, eine Zielpyramide zu konstruieren, um den Teilzielen eine Richtung zu geben.*
Prüfung der Erreichbarkeit *Teilziel 1: Irene wird emotional unabhängiger von ihrer Mutter; Irene entwickelt mehr Selbständigkeit bezüglich ihrer eigenen Belange (Schule, Haushalt usw.)*	*Im Hinblick auf die Erreichbarkeit (z. B. innerhalb eines Jahres) muss die „Ablösung", die häufig recht langfristig verläuft, auf mittelfristig erreichbare Zustände konkretisiert werden.*
Prüfung der Zuständigkeit *Formulierung ist o.k.*	*Hier entsteht kein Änderungsbedarf, Irene ist selbst für ihre Ziele „zuständig"; es ist ihre Lebensperspektive, die sie (mit Hilfe) selbst beeinflussen und gestalten kann.*
Prüfung auf sprachlich positive Formulierung *Die Formulierung unter Pkt. 3 ist m. E. positiv.*	*Es ist strittig, ob die „emotionale Unabhängigkeit" eine negative Formulierung ist; auch „Ablösung" könnte ein negativer Begriff sein. Was möchte sie stattdessen? (es gibt Grenzen der Gründlichkeit).*
Prüfung der Verständlichkeit *Irene trifft für sie wesentliche Entscheidungen (bzgl. Schule, Freunde, Haushalt) in eigener Verantwortung und setzt sich mit den Reaktionen der Mutter auseinander.*	*Der Begriff „emotionale Unabhängigkeit" (s. Pkt. 3) war m. E. allerdings für Irene nicht besonders verständlich; es ist eher ein Fachbegriff, daher erfolgt hier der Entwurf einer verständlicheren Formulierung.*
Prüfung auf ethische und fachliche Vertretbarkeit *Das Ziel ist so, wie es formuliert wurde, vertretbar.*	*Hier gibt es in diesem Fall keine Einwände; es sei denn, einer der Beteiligten käme zu der Auffassung, es sei eine nicht tragbare Zumutung für die bald erwachsene Irene, mehr Verantwortung für ihre eigenen Belange zu übernehmen.*
Geprüfte Formulierung des Zieles *Teilziel 1: Irene trifft für sie wesentliche Entscheidungen (bzgl. Schule, Freunde, Haushalt) in eigener Verantwortung und setzt sich mit den Reaktionen der Mutter auseinander.*	*Es bleibt bei der Formulierung; vielleicht fügt die Fachkraft zur eigenen Vergewisserung in Klammern die verschwundenen Ausgangsformulierungen (Ablösung und emotionale Unabhängigkeit) hinzu?*

6.6   Operationalisierung von Hilfezielen

Im Hilfeplanverfahren bilden die ausgehandelten Ziele den Ausgangspunkt für die Konstruktion der geeigneten *Hilfeform*. Man überlegt also sowohl mit den Adressatinnen als auch in der kollegialen Beratung (im Fachteam), auf welche Weise diese Ziele am besten zu erreichen wären. Hier kommen verschiedene Einrichtungen oder ambulante Dienste in den Blick. Im Hinblick auf die im Beispiel als Konsensziele für Irene gefundenen Formulierungen wäre also darüber zu beraten, ob die gewünschte Beziehungsklärung zur Mutter und die bessere Verständigung mit der Umwelt eher durch eine räumliche Distanz zur Mutter zu erreichen wäre (der Antrag auf Unterbringung in einer Wohngruppe liegt auf dem Tisch) oder ob dies mit professioneller Unterstützung im Alltag probiert werden soll (oder ob es noch ganz andere Ideen hierzu gibt). Die vorliegende Ausdeutung des Falles favorisiert die zweite Variante, was auf die Beauftragung einer Fachkraft der sozialpädagogischen Familienhilfe hinausläuft, die intensiver mit beiden arbeiten könnte, als es der Erziehungsbeistand tat. Wenn hierzu ein Konsens mit Irene und ihrer Mutter gefunden wird (und wenn die Amtsleitung dieses auch finanziert), empfiehlt es sich, die Planung der Handlungsschritte zusammen mit dieser Fachkraft vorzunehmen und auch schon ein → Aktionssystem zusammenzustellen, das diejenigen Personen einbindet, die zum Erreichen der Ziele beitragen können. Die folgende Arbeitshilfe kann hierfür eine strukturierende Funktion übernehmen.

Elemente der Arbeitshilfe

Diese Arbeitshilfe nutzt wiederum das Prinzip der → Operationalisierung. Sie besteht aus zwei Formularen, die auch zwei Arbeitsgänge erforderlich machen: Man konkretisiert zusammen mit den Beteiligten die zuvor *operabel* formulierten Teilziele weiter bis auf die Handlungsebene. Auf diese Weise erhält man → Indikatoren, die dazu beitragen, dass sich die Beteiligten den gewünschten Zustand gut vorstellen können. Diesen Arbeitsschritt nennen wir *ergebnisbezogene Operationalisierung*. Es folgt die *prozessbezogene Operationalisierung* (die gemeinsame Planung von Handlungsschritten im Hinblick auf die konkretisierten Ziele). Hier wird zum einen gefragt, was die Adressatin selbst tun möchte, um ihre Teilziele zu erreichen. Zum anderen muss auch überlegt werden, was die verschiedenen Mitglieder des Aktionssystems unternehmen können, um die Adressatin bei der Erreichung ihrer Ziele zu *unterstützen*. Das zweite Formular ist daher so konzipiert, dass man es als Planungsbogen für die Ziele verschiedener Beteiligter benutzen kann, im vorliegenden Falle für die Teilziele des Kindes (Version a) und auch für die Teilziele der Mutter bzw. der Familie (Version b). Das Ergebnis ist ein Katalog von verabredeten → Handlungsschritten, der dann in den Hilfeplan (als Dokumentation der Ergebnisse des Prozesses der Hilfeplanung) aufgenommen werden kann. Diese Handlungsschritte bilden dann die gemeinsame Leitlinie für die weitere Ausgestaltung des Unterstützungsprozesses. In verabredeten Zeitabständen kommt dieser konstruierte Wirkungszusammenhang (von der Einschätzung des Problems über die Konsensziele bis zu den Handlungsschritten) auf den Prüfstand: das Hilfeplangespräch zur Fortschreibung der Hilfe. Hier wird die Konstruktion hinsichtlich ihrer Angemessenheit beurteilt („War es richtig, dass Irene weiterhin in der Familie wohnt?") und eingeschätzt, ob sich die Adressatinnen in Richtung ihrer Teilziele weiterbewegt haben.

    Diese Arbeit sollte mit den Beteiligten (Adressatinnen, möglichst auch **Bearbeitungsform** Mitgliedern des Aktionssystems) geleistet werden. Moderationskarten oder eine Wandzeitung leisten hier gute Dienste. Im Gegensatz zum Entwurf einer Schlüsselsituation sollte auf eine allzu kleinteilige Ausarbeitung der Handlungsschritte verzichtet werden. Da sich die Planung auf längere Zeiträume (sechs Monate und länger) bezieht, wäre es unangemessen, das situative Handeln bis ins Detail festlegen zu wollen.

Beim Lesen der Indikatorenlisten drängt sich möglicherweise der Eindruck **Anmerkung zum** auf, dass eine solche Vorgehensweise eine Überforderung für alle Beteilig- **Beispiel** ten darstellt. Dennoch erwarten die Fachkräfte unausgesprochen, dass ihre Adressatinnen diese vielen Einzelschritte tun. Es ist *nicht* mit einem Appell

Arbeitshilfe 11: Operationalisierung von Hilfezielen

Ergebnisbezogene Operationalisierung			
Wirkungsziel Was soll am Ende der Hilfe erreicht sein?	*Irene entwickelt eine eigenständige Perspektive für ihr Leben.*		
Teilziele Was soll im Fortschreibungszeitraum erreicht werden?	*Irene verständigt sich auf eine für sie konstruktivere Weise mit ihrer Umwelt (Konflikte, Beziehungen).*	*Irene klärt die Beziehung zu ihrer Mutter.*	*Irene entwickelt ein Vertrauensverhältnis zu einer Ansprechpartnerin.*
Indikatoren Woran könnte man erkennen, dass das Teilziel erreicht ist?	*Irene kann zwischen berechtigten Erwartungen, Anforderungen und Diskriminierung unterscheiden.* *Sie kann angemessen auf eine „rassistische Anmache" reagieren.* *Sie sucht sich Rat und Unterstützung, wenn es für sie schwierig wird.*	*Irene äußert Erwartungen an das Verhalten, die Unterstützung der Mutter.* *Sie spricht mit der Mutter über ihre Vorstellungen vom „Frau-Sein".* *Sie vermittelt der Mutter, wie ihr Weg aussieht, und wirbt um Verständnis und Vertrauen.* *Sie reagiert überlegt auf Vorwürfe und widersprüchliche Forderungen.*	*Irene hat einen guten Kontakt zu der Sozialarbeiterin von der sozialpädagogischen Familienhilfe.* *Wenn sie Schwierigkeiten in der Schule, mit der Mutter oder mit ihren Freundinnen hat, bespricht sie diese mit der Sozialarbeiterin.* *Sie nimmt Ratschläge der Sozialarbeiterin an.*

Fortsetzung Arbeitshilfe 11

Prozessbezogene Operationalisierung		
Wirkungsziel Was soll am Ende der Hilfe erreicht sein?	*Irene entwickelt eine eigenständige Perspektive für ihr Leben.*	
Teilziele Was soll im Fortschreibungszeitraum erreicht werden?	a) für das Kind *Irene verständigt sich auf eine für sie konstruktivere Weise mit ihrer Umwelt (Konflikte, Beziehungen).*	b) für die Familie)
Was will **Irene** tun, um ihre Teilziele zu erreichen?	*Irene meldet sich in der Handelsschule an.* *Sie nimmt sich vor, regelmäßig hinzugehen.* *Sie spricht Lehrerinnen an, wenn sie etwas nicht versteht oder anderer Meinung ist.* *Sie gibt sich Mühe, zu akzeptieren, dass auch kritische Äußerungen von Lehrerinnen manchmal berechtigt sind.* *Sie versucht aktiv, Beate, die sie schon aus der Hauptschule kennt, als Freundin zu gewinnen.* *Sie zählt bis zehn, wenn sie auf ihre Hautfarbe angesprochen wird, und überlegt sich vorher, wie sie reagieren will.* *Sie überlegt, was sie gut kann (rechnen) und beteiligt sich aktiv am Mathe-Unterricht.* *Sie spricht mit der Sozialarbeiterin darüber, wenn sie es geschafft hat, gelassen zu bleiben (oder auch nicht).*	
Was will die **Mutter** tun, um Irene zu unterstützen, ihre Teilziele zu erreichen?	*Die Mutter hält sich an die Abmachungen mit Irene (verändert sie nicht, nimmt sie nicht zurück).* *Sie hält sich mit Einmischungen und Vorschlägen zurück.* *Sie gibt sich Mühe, zu akzeptieren, dass Irenes Weg in dieser Gesellschaft ein anderer ist als ihrer, darf es aber thematisieren.* *Sie interessiert sich für Irenes Schulleben und ihre Freundinnen (fragt nach, ohne sich zu stark einzumischen).* *Sie akzeptiert, dass Irene viele Belange mit der Sozialarbeiterin bespricht.*	
Was werden welche **Fachkräfte** tun, um Irene und die Mutter zu unterstützen, Irenes Teilziele zu erreichen?	*Die Sozialarbeiterin unterstützt die Mutter in ihren Vorhaben (Verarbeitung des eigenen Weges der Tochter, Interesse für deren Perspektive entwickeln usw.) und reflektiert mit ihr schwierige Situationen.* *Sie nimmt den Auftrag an, als Gesprächspartnerin für Irene zur Verfügung zu stehen.* *Sie fragt aktiv nach Irenes Erlebnissen, spricht Lob aus, reflektiert mit ihr schwierige Situationen usw.* *Die <u>Lehrerinnen</u> der Handelsschule beobachten die Integration und die Lernfortschritte Irenes, loben und unterstützen sie, auch für die gelungene Bewältigung von schwierigen sozialen Situationen usw.* *Die Sozialarbeiterin und die Lehrerinnen <u>kooperieren</u> miteinander. Sie tauschen sich bei Bedarf telefonisch aus und treffen sich mindestens in zweimonatigem Abstand zu einem Koordinationsgespräch.*	

getan („Hör auf, deine Klassenkameraden zu verprügeln."), sondern eine Veränderung muss in realisierbare Etappen eingeteilt werden. *Ein* Fazit muss daher sein, Veränderungspläne zu dosieren und „auf den Spuren des Erfolges" kleine Schritte zu planen.

Die gemeinsame Operationalisierung setzt im Übrigen zumeist schon den Änderungsprozess in Gang. Es finden Klärungen, Absprachen und Planungen statt, auf die aufgebaut werden kann. Wer meint, das Verfahren sei zu zeitaufwendig, sollte sich einmal die Mühe machen, die Stunden zusammenzuzählen, die sie bzw. er ohne eine strukturierte Herangehensweise in mancher Familie verbracht hat. Und doch sind auch die auf eine solche Art gefundenen und konkretisierten Ziele und Handlungsschritte Momentaufnahmen und müssen reversibel sein. Für die Revision ist die *Fortschreibung* der Hilfeplanung vorgesehen – ein Thema, das hier nicht aufgegriffen werden kann.

6.7 Indikatoren als Messgrößen für Zielerreichung

Bei der Fortschreibung der Hilfe muss entschieden werden, ob der hypothetisch konstruierte → Wirkungszusammenhang angemessen war und ob die Bemühungen der Adressatinnen (unterstützt durch das Aktionssystem) Erfolge zeigten, die es rechtfertigen, den geplanten Weg weiterzugehen, oder ob Änderungen (von Ziel und Weg) erforderlich sind. Die Beurteilung von Wirkungen ist kompliziert (s. Kap. 4.2.5), da Einschätzungen, ob Erfolge erzielt wurden, vom angelegten Maßstab (Kriterium) abhängen; hier können Selbsteinschätzung und Fremdbeurteilung stark voneinander abweichen. Es kann durchaus sinnvoll sein, die Strecke des zurückgelegten Weges auf dem Kontinuum von Ausgangssituation und ausgehandeltem Ziel zum Maßstab zu nehmen. Die folgende Arbeitshilfe soll dabei unterstützen, die vorgeschlagene Vorgehensweise umzusetzen.

Die Arbeitshilfe nimmt als Maßstäbe für die Einschätzung der Zielerreichung die *Indikatoren* aus der ergebnisbezogenen Operationalisierung der Teilziele, sodass bei der Fortschreibung der Hilfeplanung wieder auf diese Vorarbeit zurückgegriffen werden kann. Das Prinzip besteht in einer standardisierten Liste, mithilfe derer verschiedene Personen (Adressatin, Familienmitglieder, Fachkraft, Lehrerin) jeden Indikator gesondert einschätzen können („voll erreicht", „eher erreicht", „eher nicht erreicht", „nicht erreicht"). Die Liste lässt den Beteiligten keine Möglichkeit für Nullaussagen („teils/teils"), da diese keinerlei Aussagekraft besitzen. Man muss folglich beurteilen, in welche Richtung der Prozess sich bewegt hat. Die Evaluation von *Wirkungszielen* („Irene entwickelt eine Perspektive für ein eigenständiges Leben.") ist im Übrigen wesentlich schwieriger. Wenn man sich nicht nur auf solche vordergründigen Indikatoren wie „Wohnen in einem eigenen Haushalt und ohne weitere finanzielle Unterstützung durch das Jugendamt" beschränken möchte, lässt sich nur im Rückblick und mit narrativen Interviews oder ähnlichen Methoden Wissen darüber gewinnen, *welche* Per-

Elemente der Arbeitshilfe

spektive sich Irene erarbeitet hat, *wie* sie „zurechtkommt" und welchen Anteil am „Erfolg" sie der Unterstützung und den Interventionen der Fachkräfte zuschreibt. Dies ist jedoch ein Thema, das beim methodischen Handeln nicht im Vordergrund steht.

Bearbeitungsform   Nach der Einschätzung kommt der eigentlich wichtige Akt: die „kommunikative Validierung". Da es immer verschiedene Einschätzungen gibt, muss man sich darüber austauschen, *weshalb* es zu den unterschiedlichen Wahrnehmungen kommt und was die Einschätzungen wirklich *aussagen*. Derartige Reflexionsgespräche sind der eigentliche Gewinn dieser Art von Evaluation, sie bringen wertvolle Hinweise für die nächste Änderungsperspektive. Wenn sich herausstellt, dass es *keine* Zielannäherung gegeben hat, muss auch das interpretiert werden, denn es bedeutet nicht, dass die Fachkräfte

Arbeitshilfe 12: Indikatoren als Messgrößen für Zielerreichung

Teilziel:			
Irene verständigt sich auf eine für sie konstruktive Weise mit ihrer Umwelt.			
Ist das Ziel noch angemessen?		Wie sollte es geändert werden?	
Einschätzung Irene (nein, ist erledigt) *Einschätzung Sozialarbeiterin (ja)*		*Einschätzung Irene: neues Ziel suchen* *Einschätzung Sozialarbeiterin: noch beobachten*	
Indikator	Indikator	Indikator	Indikator
Sie gibt sich Mühe, zu akzeptieren, dass auch kritische Äußerungen der Lehrerinnen manchmal berechtigt sind.	*Sie versucht aktiv, Beate, die sie schon aus der Hauptschule kennt, als Freundin zu gewinnen.*	*Sie zählt bis 10, wenn sie auf ihre Hautfarbe angesprochen wird und überlegt sich vorher, wie sie in solchen Fällen reagieren will.*	*Sie spricht mit der Sozialarbeiterin darüber, wenn sie es geschafft hat, gelassen zu bleiben (oder auch nicht).*
Einschätzung der Zielerreichung *(Irene)* ☒ voll erreicht ☐ eher erreicht ☐ eher nicht erreicht ☐ nicht erreicht	Einschätzung der Zielerreichung *(Irene)* ☐ voll erreicht ☒ eher erreicht ☐ eher nicht erreicht ☐ nicht erreicht	Einschätzung der Zielerreichung *(Irene)* ☐ voll erreicht ☒ eher erreicht ☐ eher nicht erreicht ☐ nicht erreicht	Einschätzung der Zielerreichung *(Irene)* ☒ voll erreicht ☐ eher erreicht ☐ eher nicht erreicht ☐ nicht erreicht
Einschätzung der Zielerreichung (Sozialarbeiterin) ☐ voll erreicht ☐ eher erreicht ☒ eher nicht erreicht ☐ nicht erreicht	Einschätzung der Zielerreichung (Sozialarbeiterin) ☐ voll erreicht ☐ eher erreicht ☒ eher nicht erreicht ☐ nicht erreicht	Einschätzung der Zielerreichung (Sozialarbeiterin) ☐ voll erreicht ☒ eher erreicht ☐ eher nicht erreicht ☐ nicht erreicht	Einschätzung der Zielerreichung (Sozialarbeiterin) ☐ voll erreicht ☐ eher erreicht ☒ eher nicht erreicht ☐ nicht erreicht

schlechte Unterstützung geleistet haben, oder dass sich die Jugendliche nicht angestrengt hat. Es könnte gleichfalls sein, dass etwa das Ziel falsch gewählt (unangemessen) war, es peripher und nicht zentral war, die entworfenen Handlungsschritte falsch oder überfordernd waren oder aber die Verabredungen nicht umgesetzt wurden.

7 Arbeitshilfen für die Konzeptionsentwicklung

Das dritte Set von Arbeitshilfen eignet sich für die Entwicklung einer Konzeption. Diese Arbeit fällt üblicherweise auf der Managementebene an, da sie die gesamte Einrichtung in den Blick nimmt. Diese Form der Konzeptionsentwicklung wird überwiegend in strukturell offenen Arbeitsfeldern praktiziert (offene Treffpunkte für unterschiedliche Zielgruppen). Die Offene Arbeit mit Kindern und Jugendlichen ist gewissermaßen prototypisch für die konzeptionelle Arbeit; eine Konzeption ist aber auch für andere lebensweltlich organisierte stationäre und teilstationäre Einrichtungen (z. B. verschiedene Wohngruppen und Tagesstätten) sinnvoll und notwendig. Die strukturelle Offenheit solcher Arbeitsfelder ist „Programm", denn hierdurch eröffnen sich Entwicklungs- und Experimentierfelder, die professionell arrangiert werden müssen. Eine Konzeption bietet Koordinaten für einen fachlich strukturierten Rahmen sowie Ziele für die *Alltagsorganisation* dieser Einrichtungen. Letztere „wirkt" oftmals stärker – und auch extrafunktional – als die professionelle Intervention.

Nach einer Einführung in Prinzipien der Konzeptionsentwicklung folgt die Darstellung der Arbeitshilfen in der Reihenfolge der Handlungsbereiche (s. Kap. 4.2), die mit der *Analyse der Ausgangssituation* beginnt. Diese Analyse bildet die Bestandsaufnahme, auf der die Konzeptionsentwicklung aufbaut (Handlungsbereich „Analyse der Rahmenbedingungen"). Im Abgleich hierzu ist eine Bedarfsermittlung durchzuführen, die aus einer *Sammlung der Erwartungen aller Beteiligten* bestehen sollte (Handlungsbereich „Situations- oder Problemanalyse"). Aus dem Vergleich von Bestand und Erwartungen ist schließlich der Bedarf zu ermitteln. Daraufhin kann der Handlungsbereich „Zielentwicklung" angesteuert werden, in dem – wie in allen Arbeitshilfenreihen – die *Aushandlung* im Mittelpunkt steht: Hier entstehen *konzeptionelle Ziele*, die im Handlungsbereich „Planung" *operationalisiert* werden sollen. Die Operationalisierung dient der Ausarbeitung des fachlichen, professionell strukturierten Rahmens, in dem sich das „Leben" in der Einrichtung abspielen wird. Den Abschluss dieser Arbeitshilfenreihe bilden Hinweise für die Ausarbeitung einer schriftlichen Fassung der Konzeption. Da sich der Handlungsbereich „Evaluation" auf der Managementebene äußerst komplex gestaltet, wird in diesem Kapitel auf eine gesonderte Arbeitshilfe zu diesem Thema verzichtet und diesbezüglich auf Kapitel 8 verwiesen.

7.1 Einführung: Konzeptionsentwicklung

Die Erstellung und Aktualisierung einer Konzeption gehört – wie auch die Erstellung von → Leistungsbeschreibungen – zu den Managementaufgaben in der Sozialen Arbeit. Beide dokumentieren auf verschiedene Weise die „Leistungsversprechen" einer Einrichtung oder einer Organisationseinheit. An diesen können sich Finanziers und Nutzerinnen bei der Inanspruchnahme sozialer Dienstleistungen orientieren, und sie bilden eine wesentliche Grundlage für Evaluationsvorhaben. Konzeptionen galten lange Zeit als wichtige, aber zugleich für den beruflichen Alltag irrelevante Größe: Umfangreiche Schriftstücke oder auch sehr „schlanke" Positionspapiere fristeten ihr Dasein in verstaubten Aktenordnern und wurden lediglich zu Legitimationszwecken hervorgeholt. Seit den 90er Jahren – in Zusammenhang mit der so genannten Qualitätsdebatte – wird beiden Themen eine erhöhte Aufmerksamkeit gewidmet. Sie werden zur Grundlage von Vereinbarungen zur Qualitätsentwicklung und darüber hinaus erkennt die Fachwelt den strukturierenden Wert guter Konzeptionen für die Gestaltung der Arbeit mit den Adressatinnen. Im Folgenden werden Wesen und Zweck einer Konzeption skizziert (vertiefend in Spiegel 2000b) sowie Arbeitshilfen und Herkunft der Beispiele beschrieben. Zum Hintergrund der Arbeitsschritte der Konzeptionsentwicklung wird auf wiederkehrende Tätigkeiten in den Handlungsbereichen verwiesen, die in Kapitel 4.2 zusammengefasst wurden.

Eine **Konzeption** ist der Entwurf eines „institutionellen" → Wirkungszusammenhanges für die gesamte Arbeit innerhalb einer Einrichtung oder einer Organisationseinheit. Als solche stellt sie mehr dar als eine bloße Kombination verschiedener → Wissensbestände. Im Unterschied zum → Konzept integriert sie zusätzlich institutionelles Wissen, (kommunal-) politisches Wissen, Wissen über Zielgruppen sowie persönliches Erfahrungswissen der Fachkräfte vor Ort. Sie enthält Aussagen darüber, welchen Zielgruppen welche Leistungen mit welchen Zielen und Leitlinien (Arbeitsprinzipien) sowie Arbeits- und Angebotsformen angeboten werden, und wie und mit welchen Aufgaben welche Mitarbeiterinnen zusammenarbeiten. Sie ist ein gedankliches Grundgerüst, mit dem die strukturellen Elemente, die für methodische Arbeit unabdingbar sind, nachvollziehbar zusammengebracht werden; sie ist darüber hinaus als Beschreibung der praktischen Ideologie (Klatetzki 1998) der Einrichtung zu bezeichnen.

Eine Konzeption bildet die Basis für methodisches Handeln. Sie hat die Aufgabe, das Handeln der Fachkräfte in der Einrichtung mit (institutionellem) Sinn zu unterlegen, es aufeinander abzustimmen und zu steuern. Dazu bedarf es eines Konsenses zwischen „internen" Beteiligten (Kolleginnen, Adressaten, Träger) sowie „externen" Beteiligten (Kostenträger, Politik), der als Ergebnis verschiedener Aushandlungsprozesse zu betrachten ist. Die Konzeption beantwortet Fragen von Kollegen und Außenstehenden nach dem Sinn der Arbeit und den zugrunde liegenden Wissensbeständen. Sie

Zweck der Konzeption

macht das Dienstleistungsangebot für Zielgruppen transparent und eröffnet somit Möglichkeiten der Wahl zwischen vergleichbaren Angeboten. Kooperierende Kolleginnen können der Konzeption eine Übersicht über Spezifika der Einrichtung entnehmen und somit im Interesse ihrer Adressatinnen informierend und gegebenenfalls vermittelnd tätig werden.

Arbeitshilfen

Die erste Version der Arbeitshilfen entstand in Zusammenhang mit einem Qualifizierungsprojekt für Leitungskräfte der Offenen Kinder- und Jugendarbeit. Das Landesjugendamt Westfalen-Lippe startete im Jahr 1998 in Kooperation mit der Fachhochschule Münster das Modellprojekt „Qualitätsentwicklung, Qualitätssicherung und Selbstevaluation in der Kinder- und Jugendarbeit" (QQS). Es stand thematisch im Kontext der Einführung des „Wirksamkeitsdialoges" in die Förderung des Landesjugendplanes in Nordrhein-Westfalen. Das Projektteam (Hiltrud von Spiegel, Benedikt Sturzenhecker, Ulrich Deinet, Sabine Ader und Remi Stork) entwickelte Arbeitshilfen, die von sieben Teams unterschiedlich strukturierter Einrichtungen erprobt und gemeinsam verändert wurden (ausführliche Projektberichte in Spiegel 2000b). Seither haben die Arbeitshilfen in Multiplikatorenfortbildungen und in der praktischen Teambegleitung weitere „Praxistests" bestanden. Im Rahmen des vorliegenden Buches werden die Arbeitshilfen geringfügig verändert und in Kurzform dargestellt; Kopiervorlagen finden Sie auf der Homepage des Verlages: www.reinhardt-verlag.de.

Beispiele

Diese Arbeitshilfenreihe hat nicht zum Ziel, anhand eines einzelnen Beispiels den Entwicklungsprozess einer Konzeption nachzuvollziehen. Die Angaben stammen von verschiedenen Teams des Modellprojektes oder anderen Einrichtungen der Offenen Kinder- und Jugendarbeit, wobei auf einzelne Quellenverweise verzichtet wird. Zugunsten einer besseren Verständlichkeit wurden Eintragungen teilweise modifiziert oder auch von der Verfasserin selbst Beispiele konstruiert.

Gebrauch der Arbeitshilfen

Die Konzeptionsentwicklung ist zwar eine Leitungsaufgabe, muss jedoch aufgrund ihres Aushandlungscharakters im Team geleistet werden. Es ist sinnvoll, die Arbeit schrittweise zu strukturieren und sich für die Aus- und Bewertung des Materials zwischenzeitlich immer wieder Klausurtage zu reservieren. Die Recherchetätigkeiten sollten auf die Teammitglieder verteilt werden. Vor allem die Sammlung von Erwartungen ist gut mit pädagogischen Interventionen zu verbinden, sodass man über weite Strecken die Zielgruppen und auch andere Beteiligte in den Prozess einbinden kann. Wenn die Arbeitshilfen im Studium eingesetzt werden sollen, kann man Einrichtungen um ihr konzeptionelles Material bitten, oder Studierende können dieses Material in Form von Rollenspielen und Szenarien aufarbeiten. Die Einrichtungen profitieren von dieser Art der Neuverwendung ihres Materials, da ihnen hierdurch andere Lesarten präsentiert werden, was ihnen zu vertieftem, teilweise auch neuem oder neu aufbereitetem Handlungs- und Interventionswissen verhilft.

7.2   Analyse der Ausgangssituation

Neugründungen von Einrichtungen sind eher selten. In den meisten Fällen wird es um Aktualisierungen oder Umorientierungen von Konzeptionen gehen. Darum ist zunächst eine dezidierte *Bestandsaufnahme* zu machen, die dann zur Ausgangssituation für die konzeptionelle Arbeit wird.

Die Arbeitshilfe ist ähnlich strukturiert wie die Analyse der institutionellen Arbeitsaufträge (s. Kap. 5.2), sie hat jedoch eine andere *Funktion*. Hier geht es nicht um die Auslotung von Handlungsspielräumen, sondern um die Vorbereitung der Konstruktion eines „institutionellen" → Wirkungszusammenhanges. Der Fokus richtet sich auf die Arbeit mit bestimmten *Zielgruppen* sowie deren Bedürfnisse, Interessen und Anliegen. Struktur, Angebote und Ressourcen der Einrichtung sollen so arrangiert werden, dass eine fachlich verantwortbare und auch „wirkungsvolle" Arbeit möglich wird. Die Analyse der Ausgangssituation erfolgt unter folgenden Gesichtspunkten: „Was finden wir vor?", „Wie erfüllen wir derzeit unsere Aufgaben?", „Was fehlt?", „Was sollte sich ändern?", „Was *können* wir nicht ändern?" Sie lenkt bereits den gemeinsamen Blick auf besondere Punkte der Arbeit, die neu konzipiert werden müssen, da möglicherweise die Zielgruppe gewechselt hat oder etwa neue politische oder institutionelle Arbeitsaufträge bestehen (s. Kap. 4.2.1). Diese Funktion erfüllt die Spalte „Änderungsbedarf".

Elemente der Arbeitshilfe

Eine Fachkraft (Leitung) sollte die Moderation des Prozesses übernehmen. Sie trägt die Verantwortung dafür, dass Informationen arbeitsteilig gesammelt und gebündelt werden. Sie moderiert die Aushandlungsrunden und sorgt für die Aufbereitung der Materialsammlungen im Hinblick auf den nächsten Arbeitsschritt. Die Teammitglieder sollten Informationen über die institutionellen Rahmenbedingungen einholen, rechtliche und Verwaltungsvorgaben prüfen, das sozialräumliche Umfeld ihrer Einrichtung unter die Lupe nehmen, sich über die Bedürfnisse ihrer Zielgruppen informieren sowie ihre personellen und materiellen Ressourcen einschätzen. Hierbei können sie sich in einem „Ideenspeicher" bereits den möglichen Änderungsbedarf notieren. Es empfiehlt sich, alle Informationen, die für die Erstellung der Konzeption wichtig sind, übersichtlich zusammenzustellen. Hierbei kann eine große, als Diagramm gestaltete Wandzeitung helfen, die im Büro aufgehängt wird: In der Vertikalen werden Strukturelemente eingetragen, die die Arbeit in der Einrichtung bestimmen (Institution, Umfeld, Zielgruppen, Ziele, Leistungen, Ressourcen und Personal). Die Spalten in der Horizontalen werden mit „Analyse der Ausgangssituation" und „Änderungsbedarf" überschrieben. Es ist auch angeraten, vorab zu notieren, von welcher Person dieser Änderungsbedarf geäußert wurde. Die auf diese Weise zusammenzutragenden Informationen können sehr umfangreich werden. Aus Platzgründen wurde daher bei der Vorstellung der Arbeitshilfe auf beispielhaftes Material verzichtet. Die „Kästchen" enthalten stattdessen Hinweise dazu, welche *Art* von Informationen hier zusammengetragen werden sollten (am Beispiel der offenen

Bearbeitungsform

Arbeitshilfe 13: Analyse der Ausgangssituation

	Welche Informationen beschreiben den Bestand der Einrichtung?	Welches Material könnte zu diesem Zweck ausgewertet bzw. angefertigt werden?
Institution Träger Jugendamt	– *Charakterisierung der Einrichtung* – *Stichworte zum Leitbild (und der praktischen Ideologie) der Einrichtung* – *rechtliche Grundlagen* – *kommunalpolitische Vorgaben zur Ausgestaltung der Arbeit*	– *Kurzbeschreibung dessen, was die Einrichtung auszeichnet* – *Auswertung der entsprechenden Dokumente* – *Kinder- und Jugendhilfegesetz (Verweis auf die geltenden gesetzlichen Bestimmungen)* – *Ratsbeschlüsse, Förderrichtlinien, besondere Weisungen und Aufträge*
Umfeld sozialräumliches Umfeld andere Einrichtungen und soziale Dienste	– *Beschreibung des Wohnumfeldes, der Verkehrslage usw.* – *Einzugsgebiet der Einrichtung, informelle Treffpunkte* – *Jugendgruppen und Szenen* – *andere soziale Einrichtungen und kommerzielle Angebote für Kinder bzw. Jugendliche*	*Karte herstellen mit wichtigen Informationen und Fotos:* – *Nutzungsbarrieren markieren (große Straßen, unterschiedliche Wohnmilieus usw.)* – *Treffpunkte und Territorien verschiedener Kinder- und Jugendcliquen einzeichnen* – *ergänzende, kooperierende und konkurrierende Angebote und Einrichtungen einzeichnen*
Zielgruppen	*Beschreibung der verschiedenen Zielgruppen (Alter, Nationalität, Stärken und Probleme)*	– *Lebensweltstudien* – *Einzel- oder Cliquenporträts (Deinet 1999)*
Ziele	– *explizite Ziele* – *implizite Ziele und Anliegen (praktische Ideologie), an denen sich das Team derzeit ausrichtet*	– *Ziele der derzeit gültigen Konzeption, evtl. Bezug auf ein Konzept für die Jugendarbeit* – *Ziele und Anliegen, die Team-mitglieder im Gespräch angeben*
Leistungen	– *direkte pädagogische Angebote und Arrangements für Kinder und Jugendliche* – *Angebote im sozialräumlichen Umfeld* – *Managementaufgaben (Verwaltungs-arbeit bzw. Teamarbeit)* – *externe Kooperationen* – *Aufgaben auf der kommunalen Planungsebene (Jugendhilfe-ausschuss, Mitarbeit in Planungsgruppen)*	– *Angebotsübersicht* – *Übersicht über Auslastung der Einrichtung, Quantifizierung der Zeitanteile pro Angebot oder Leistung, Teilnehmerzahlen usw.* – *Aufgabenübersicht und Zeitbedarf* – *Übersicht über die Kooperations-beziehungen der Einrichtung (evtl. dargestellt als Netzwerk)*

Fortsetzung Arbeitshilfe 13

Ressourcen	– Raumangebot – Ausstattung (Geräte usw.) – Material – finanzielle Mittel	– Übersicht über Raumangebot, Ausstattung und besonderes Material (Auflistung) – Haushaltsplan
Personal	– Qualifikation, besondere Fähigkeiten bzw. Arbeitsstile der Mitarbeiterinnen – Teamstruktur – Aufgabenverteilung	– Profile der Mitarbeiterinnen (Selbstdarstellung) – Hierarchie bzw. Kooperationsstruktur – Organigramm, Dienstpläne (Wer macht was, mit wem, zu welcher Zeit?)

Kinder- und Jugendarbeit), welches *Material* hierzu ausgewertet werden könnte und welche *Methoden* sich für die Sammlung anbieten (s. Kopiervorlagen auf der Homepage des Verlages: www.reinhardt-verlag.de).

7.3   Erwartungssammlung

Die erste Erkundung der vorliegenden Fakten (Bestandsaufnahme) bildet die Basis für weiter gehende Fragen, die zur Ermittlung des Bedarfs zu stellen sind: Aus dem Abgleich von „Bestand" und „Bedarf" gewinnt man konzeptionelle Ziele. Einrichtungen – nicht zuletzt solche der Kinder- und Jugendarbeit – stehen im Blickfeld vieler Interessen und Erwartungen, die zunächst angemessen erfasst werden müssen.

Die folgende Arbeitshilfe ist auf die Ermittlung dieser Erwartungen ausgerichtet. Hierbei rücken zunächst Angebote und institutionelle Ressourcen in den Hintergrund. Es geht um die Erwartungen der *Aushandlungspartner*, also derjenigen, die ein Interesse an den Leistungen der Einrichtung haben. Systematisch sind die *politische* Seite (Leistungsfinanziers), die *ausführende* Seite (Mitarbeiter) und die *nutzende* Seite (Adressatinnen) sowie Interessen aus dem sozialräumlichen und institutionellen *Umfeld* zu unterscheiden.

Elemente der Arbeitshilfe

Es folgt eine Recherche, die die Teammitglieder dazu auffordert, „auszuschwärmen", mit den Beteiligten zu sprechen oder sie auf eine andere fantasievolle Weise zu animieren, ihre Erwartungen gegenüber dem Team und der Einrichtung zu äußern. Hier ist es unangebracht, zu spekulieren oder sich in der Kompetenz des Perspektivenwechsels zu üben, da es kaum möglich ist, sich Erwartungen anderer angemessen zu erschließen, ohne mit ihnen in Kontakt zu treten (→ subjektive Wirklichkeitskonstruktion). Für die Sammlung von Erwartungen gibt es inzwischen eine Vielzahl von Verfahren, die parallel im pädagogischen Alltag eingesetzt werden können und somit auch partizipative und aktivierende Wirkungen haben (Methoden zur Lebensweltanalyse in Spiegel 1997a und Deinet 1999). Wo sich die *indirekte*

Bearbeitungsform

Arbeitshilfe 14: Erwartungssammlung

	Welche Erwartungen haben die Beteiligten an unsere Arbeit?	Was könnte man tun, um angemessene Informationen über die Erwartungen zu sammeln?
Institution Träger Jugendamt	*Welche Erwartungen werden vom Träger, vom Jugendamt und vom Jugendhilfeausschuss <u>ausdrücklich</u> geäußert?* *Welche Erwartungen sind aus der Analyse der Unterlagen des Trägers, des Jugendamtes oder des Jugendhilfe-ausschusses <u>abzuleiten</u>?*	*– Gespräche mit Vertretern des Trägers und zuständigen Fachkräften im Jugendamt, evtl. als „runder Tisch" mit möglichst vielen Beteiligten* *– Analyse der schriftlichen Auflagen, gesetzlichen Vorschriften, Dienstanweisungen usw.*
Umfeld sozialräumliches Umfeld andere Einrichtungen und soziale Dienste	*Welche Erwartungen werden <u>mündlich</u> aus dem sozialräumlichen Umfeld an die Einrichtung herangetragen?* *Welche Erwartungen sind aus der <u>Analyse</u> des sozialen Umfeldes abzuleiten (Bedürfnisse, Gefährdungen, Probleme, Konflikte)?* *Welche Erwartungen äußern andere soziale Dienste und Einrichtungen?*	*– Analyse von Zeitungsmeldungen und Beschwerden* *– Gespräche mit Nachbarn und prägnanten Personen (Hausmeister, Kiosk usw.)* *– Berücksichtigung des Materials der Jugendhilfeplanung zur Infrastruktur des Stadtteils und der entsprechenden Vorgaben* *– Informationen aus der Zusammen-arbeit mit anderen Einrichtungen und Diensten (aus der Netzwerkarbeit, evtl. ausdrückliche Befragung)*
Zielgruppen getrennt nach verschiedenen relevanten Zielgruppen (auch bisherigen Nicht-nutzern)	*Welche Bedürfnisse, Interessen und Probleme <u>äußern</u> die Kinder und Jugendlichen, die die Einrichtung besuchen?* *Welcher Bedarf ist aus der <u>Analyse</u> der Lebenswelt und den Lebenslagen der Zielgruppen abzuleiten?* *Welche Vorstellungen äußern Kinder und Jugendliche, die die Einrichtung <u>nicht</u> besuchen?*	*– möglichst keine Fragebogenaktion, besser Cliqueninterviews, Wochenend-seminare mit Jugendlichen, Porträts bzw. Lebensweltstudien einzelner, „typischer" Kinder und Jugendlicher, Videostreifzüge durch den Stadtteil, Autofotografie usw.* *– Auswertung des Materials sowie der Daten der Jugendhilfeplanung*
Personal getrennt nach haupt- und ehrenamtlichen Mitarbeitern	*Welche Erwartungen bzw. Zielvorstellungen haben die Mitarbeiter?*	*– Teamwochenende mit Austausch über die individuellen Anliegen und Ziele der Mitarbeiter und deren biografisch begründete Geschichte* *– Beurteilung der derzeitigen konzeptio-nellen Ziele und deren tatsächliche Geltung für den pädagogischen Alltag* *– Übereinstimmungen und Differenzen zwischen individuellen Anliegen und konzeptionellen Zielen*

Erschließung mancher Erwartungen nicht vermeiden lässt, sollte man bei der Dokumentation zwischen Originalaussagen und Interpretationen unterscheiden. Die Ergebnisse der Recherche werden wiederum gut lesbar auf einer Wandzeitung eingetragen. Wenn diese Wandzeitung nicht im Teambüro, sondern gut sichtbar an einem „Verkehrsknotenpunkt" der Einrichtung aufgehängt wird, werden sich wahrscheinlich auch die Nutzerinnen direkt an der Erwartungssammlung beteiligen. Da auch hier erwartungsgemäß lange Listen entstehen, wird wiederum aus Platzgründen auf Beispiele verzichtet und die leere Spalte dazu genutzt, Ideen zur Erwartungssammlung einzufügen.

7.4 Bildung konzeptioneller Ziele

Professionelle „brauchen" Ziele für die Konstruktion eines → Wirkungszusammenhanges; sie hegen also durchaus strategische Interessen. Alle anderen Beteiligten verfolgen bei der Nutzung einer Einrichtung eher keine strategisch begründeten Ziele, sie möchten nurmehr ihre Anliegen realisieren. Daher wird sich die zustande gekommene Liste als ein Sammelsurium von Bedürfnissen, Wünschen, kritischen Äußerungen, Vorgaben, Vorschriften, Ideen und Meinungen präsentieren: Die einen sind – eher positiv – auf gewünschte Ereignisse bezogen („Partizipation von Jugendlichen"), die anderen mehr auf die Vermeidung unerwünschter Ereignisse („weniger Alkoholkonsum", „weniger Ausländer im Jugendzentrum") fokussiert; einige richten sich kurzfristig auf das offenkundige Problem („Jugendliche von der Straße holen"), die anderen auf eine, aus Kinder- und Jugendlichensicht, sehr ferne Zukunft („aus den Jugendlichen gute Bürger machen"); einige richten sich auf das, was Kinder und Jugendliche „werden" sollen („lieb und nett"), andere mehr auf die Nutzungsmöglichkeiten der Einrichtung („Öffnung des Hauses sofort nach der Schule und am Wochenende"); einige haben offensichtlich höchste Priorität (Veränderung des Jugendzentrums als „Störfaktor"), andere erscheinen eher nebensächlich („mehr Möglichkeiten zur Eigenverantwortlichkeit"); einige sind sehr allgemein formuliert („wirtschaftliches Arbeiten durch Ausrichtung an Effizienz"), andere anschaulich und konkret („Einrichtung von Kuschelecken"). Es ist folglich zu überlegen, *welche Ziele* sich aus solchen Statements ableiten lassen. Erst dann kann man sich in die Aushandlungsrunde über Konsensziele (s. Kap. 4.2.3) begeben, sich für eine begründete Auswahl konzeptioneller Ziele entscheiden und eine so genannte Zielpyramide bilden.

Erwartungen und Ziele

Die Arbeitshilfe regt dazu an, die gesammelten Erwartungen (unter Zuhilfenahme erfahrungsgeleiteten und wissenschaftlichen Erklärungs- und Begründungswissens) einer Interpretation zu unterziehen, um daraus mögliche Ziele zu bilden. Aufzählungen wie die oben genannte verlangen von den Fachkräften eine hohe Deutungskompetenz, demzufolge kann es äußerst schwierig werden, Zielformulierungen zu finden, die sich auch in dieser neuen Form noch auf die Erwartungen der Beteiligten beziehen. Die

Elemente der Arbeitshilfe

Verlockung ist groß, Ziele aus der Fachdiskussion in dieses Vakuum zu platzieren. Die fachliche Sicht ist jedoch nur *eine* Perspektive unter mehreren, und es hilft im Konfliktfall wenig, wenn man in manche Aussagen (im Jugendzentrum soll es „keine Schlägereien" oder „keine Ausländer" geben) fachlich begründete Ziele hineindeutet („Einübung von Strategien konstruktiver Konfliktlösung" oder „Einübung interkultureller Kompetenzen"). Das Team muss demnach aufpassen, dass es sich während dieser Arbeit nicht zu sehr vom ursprünglichen Ziel entfernt. Die Arbeitshilfe ist so konzipiert, dass die *Herkunft* der Erwartungen (explizit geäußert oder aus Aussagen und anderen Zusammenhängen erschlossen) sowie der „Umwandlungsprozess" von Erwartungen zu Zielen *transparent* bleibt. Im Zweifelsfalle sind die Interpretationen noch einmal zu korrigieren. Außerdem enthält die Arbeitshilfe eine Extrazeile für die Sammlung von Standards und Ideen aus der *Fachdiskussion*, denn diese soll ausdrücklich hinzugezogen werden. Auf diese Weise erhält man – wie bei den beiden anderen Arbeitshilfenreihen – eine Synopse „möglicher", hypothetisch gewonnener Zielvorstellungen relevanter Beteiligter, die die Grundlage des Aushandelns bilden können. Die zweite Hälfte der Arbeitshilfe sollte bereits geläufig sein: Sie enthält das in den Kapiteln 5.4 und 6.4 vorgestellte Muster der Unterscheidung in Konsense und Dissense sowie in → Wirkungsziele und → Handlungsziele. Bereits an dieser Stelle soll angemerkt werden, dass alle Handlungsziele Arbeitsziele sind, auf die die Fachkräfte hinarbeiten: Die Fachkräfte sind im Rahmen ihrer Einrichtung für deren Umsetzung verantwortlich. Bei der Konzeptionsentwicklung kommen → Teilziele nicht mehr vor, denn hier wird in keinem Fall ein kontinuierlicher Entwicklungsprozess für einzelne Adressatinnen geplant, der eine Aufteilung in zeitlich überschaubare Etappen rechtfertigen würde.

Bearbeitungsform   Zur Interpretation der Erwartungen und zur Aushandlung von Konsenszielen sollte sich das Team eine Klausurtagung gönnen. Da die Fachkräfte für die Umsetzung der konzeptionellen Ziele verantwortlich sind, kann die Aushandlung überwiegend *stellvertretend* für die verschiedenen Interessengruppen geschehen. Das Team sollte jedoch darauf achten, dass die *Erwartungen* in den Zielformulierungen enthalten bleiben (bzw. begründet zurückgewiesen und als Dissense festgehalten werden). Eine gute Möglichkeit ist die Durchführung des stellvertretenden Aushandelns in einem Rollenspiel. Es fördert die Perspektivenübernahme und ermöglicht den „Stellvertreterinnen", sich besser in die spezifischen Hintergründe von Erwartungen einzufühlen. An dieser Stelle sollten sich die Teammitglieder auch mit fachlichen Positionen und veröffentlichten Konzepten auseinander setzen, um die verschiedenen Erwartungen zu kontrastieren und die Konzeption auch inhaltlich anzureichern (s. Kap. 2.2.5). Im Einzelfall muss der Konsens nicht unbedingt *aktiv* geschlossen werden. Da nicht alle Ziele für alle Beteiligten gleich durchsetzungsfähig sind, genügt es mitunter auch, wenn bestimmte Ziele den Perspektiven Einzelner nicht widersprechen, oder diese nicht tangieren. Somit kann ein Team die Liste auch noch ergänzen, beispielsweise um *fachliche Standards*, die bisher keinem Beteiligten eingefallen sind. Die Anteile zwischen Zielen aus der Erwartungssammlung und Zielen fachlicher Herkunft sollten

Arbeitshilfe 15: Bildung konzeptioneller Ziele

Erwartungen und abzuleitende Ziele			
	explizite Aussagen und Vorschriften	**erschlossene Erwartungen**	**abzuleitende Ziele** (Wirkungs- und Handlungsziele)
Institution Träger Jugendamt	– *kundenorientiert arbeiten* – *an Problemlagen anknüpfen* – *mobile Jugendarbeit leisten* – *effiziente Kommunikationsstrukturen aufbauen* – *Zusammenarbeit mit Schulen verstärken*	– *Jugendliche von der Straße holen* – *Wirtschaftlichkeit (großes Angebot, geringe Kosten)* – *Sauberkeit* – *allzeit bereit; immer da sein; nie „nein" sagen*	– *Jugendliche von der Straße holen* – *Hilfe bei der Problembewältigung* – *Verminderung von Ärger und Konflikten im Stadtteil* – *Freizeitangebote für wenig Geld* – *Zusammenarbeit und Austausch*
Umfeld sozialräumliches Umfeld andere Einrichtungen und soziale Dienste	– *weniger Alkoholkonsum im Jugendzentrum* – *weniger Gewalt* – *weniger Ausländer* – *Netzwerkarbeit*	– *aus den Jugendlichen gute Bürger machen* – *keine Ausländer*	– *Erziehung zu guten BürgerInnen* – *Verhinderung von Gewalt und Alkoholkonsum* – *Zusammenarbeit und Austausch*
Zielgruppen getrennt nach verschiedenen relevanten Zielgruppen (auch bisherigen Nichtnutzern)	– *sofort nach der Schule und am Wochenende öffnen* – *mehr Sport- und Spielangebote* – *Kuschelecken* – *Disco-Angebote und Konzerte*	– *Hilfe bei Problemen und Stress in Schule, Ausbildung und mit Eltern* – *Räume, in denen Jugendliche nicht den Normen entsprechen müssen*	– *Atmosphäre für Experimente mit Regeln und Beziehungen* – *Hilfe bei der Problembewältigung* – *bedürfnisorientierte Freizeitgestaltung*
Personal getrennt nach haupt- und ehrenamtlichen Mitarbeitern	– *volles Haus* – *Jugendliche sollen Spaß haben* – *eigene Räume, Zeiten für Jugendliche* – *Möglichkeiten für Eigenverantwortlichkeit*	– *kein Stress* – *gute Rückmeldungen* – *überschaubare Arbeitsbedingungen*	– *Identifikation der Jugendlichen mit der Einrichtung* – *eigenverantwortliche Nutzung von Räumen* – *bedürfnisorientierte Freizeitgestaltung*
Fachdiskussion Konzept a) Konzept b)	– *lebensweltorientiertes Handeln* – *integrative Arbeit* – *Partizipation und Freiwilligkeit*		– *interkulturelle Kompetenz* – *Partizipation der Jugendlichen an Planung und Alltag*

Fortsetzung Arbeitshilfe 15

stellvertretende Aushandlung der Konsensziele		
	Wirkungsziele Was wollen wir langfristig bei den Adressatinnen bewirken?	**Handlungsziele** Arrangements, die das Erreichen der Wirkungsziele fördern: Institution, Umfeld, Einrichtung
Konsensziele weitgehende Übereinstimmung der Beteiligten bzw. fehlender Dissens	*– Hilfe für Kinder und Jugendliche bei der Problembewältigung* *– interkulturelle Kompetenz*	*– bedürfnisorientierte Freizeitgestaltung (nicht konsensfähig sind evtl. die Kosten)* *– Gestaltung einer Atmosphäre für Experimente mit Regeln, Beziehungen und Verantwortung (sofern nichts nach außen dringt)* *– Zusammenarbeit und Austausch* *– Jugendliche von der Straße holen (gleichzusetzen mit Identifikation mit der Einrichtung?)*
Dissense Erwartungen und Ziele, für die es keinen Konsens gibt	*– Erziehung zu guten Bürgern (evtl. konsensfähig, wenn geklärt wird, was diese Formulierung meint)*	*– Verminderung von Ärger und Konflikten im Stadtteil* *– Verhinderung von Gewaltausübung und Alkoholkonsum*

angemessen gewichtet sein, und Dissense dürfen nicht ignoriert werden, da man in Konfliktsituationen oftmals wieder mit diesen konfrontiert wird. Die beispielhaften Eintragungen in der folgenden Arbeitshilfe stammen aus einer Einrichtung der Kinder- und Jugendarbeit, wobei die Ziele noch nicht operabel formuliert sind.

Auswahl der konzeptionellen Ziele

Das Ergebnis dieses Arbeitsschrittes wird aus einer kürzeren Auflistung von Wirkungszielen und einer längeren Liste von Handlungszielen bestehen. Damit ist allerdings noch nicht entschieden, dass alle diese Ziele in den Rang von konzeptionellen Zielen gehoben werden. Das Team ist hier gefordert, in Abstimmung mit dem Träger und im Hinblick auf die Zielgruppen eine Auswahl zu treffen, wobei auch Kriterien wie Wichtigkeit und Dringlichkeit eine Rolle spielen. Es gilt überdies zu überlegen, welche der abgeleiteten Ziele (die sich auch gegenseitig ausschließen können) bei der Entscheidung für konzeptionelle Ziele berücksichtigt werden *müssen*, welche man berücksichtigen *will*, welche man begründet *zurückweist* und welche fachlichen Standards *zusätzlich* einfließen sollen.

operable Zielformulierung

Wenn die Ziele ausgewählt wurden, empfiehlt sich die Arbeit mit der Checkliste zur Formulierung operabler Ziele (s. Kap. 6.5), da für die weitere Konkretisierung (Operationalisierung) angemessen beschriebene Ziele unabdingbar sind. Bei der Anwendung ist allerdings zu beachten, dass der dort verwendete Begriff „Teilziele" hier durch den Begriff „Handlungsziele" zu ersetzen ist.

Die ausgewählten konzeptionellen Ziele müssen nun in einem weiteren **Zielpyramide** Arbeitsschritt als → Wirkungsziele bzw. → Handlungsziele differenziert und zueinander in Beziehung gesetzt werden. Wie oben dargelegt, sind *Wirkungsziele* langfristig anzustrebende Zustände (im konzeptionellen Zusammenhang zumeist Handlungskompetenzen), die auf die *Adressatinnen* – als Hauptpersonen des pädagogischen Bemühens – zu beziehen sind. Das Set der *Handlungsziele*, die sich Fachkräfte setzen, um Unterstützungsarrangements zur Förderung der Wirkungsziele zu konstruieren, kann sich im Gegensatz dazu auf verschiedene Ansatzpunkte richten: Man kann das sozialräumliche Umfeld beeinflussen (mehr Toleranz für die Experimente der Jugendlichen), den Träger (bestimmte Reaktionen auf Aktivitäten von Kindern), die eigene Einrichtung (räumliche oder atmosphärische Gestaltung) und auch direkte Aktivitäten mit den Adressatinnen. Das Ergebnis dieses Arbeitsschrittes ist eine so genannte *Zielpyramide*. Eine solche Pyramide ist mitunter sehr breit, da die Förderung eines Wirkungsziels viele Handlungsziele erfordern kann. In Kapitel 4.2. wurde die Notwendigkeit begründet, nicht nur die *eigene* Einrichtung zu fokussieren, sondern die begleitende und unterstützende Arbeit auf die anderen Handlungsfelder (Institution, Sozialraum, Kooperationspartner oder etwa Kommunalpolitik) auszudehnen. Eine Konzeption sollte sich auf maximal fünf Wirkungsziele beschränken und deren Umsetzung nicht unbedingt gleichzeitig planen. Die Umsetzung zu vieler Ziele scheitert oftmals nicht zuletzt aus Zeitmangel. Die folgende Arbeitshilfe zeigt das Muster einer Zielpyramide, die auch Handlungsfelder außerhalb der Einrichtung systematisch mit einbezieht. Die Beispiele zeigen, wie interpretierbar die Forderung nach einer „operablen" Formulierung ist (dies muss man m. E. wissen, um das Umformulieren nicht zwanghaft zu betreiben). Letztlich kommt es darauf an, dass die Kollegen sich darauf einigen, was sie mit den Begriffen meinen, und dass diese für sie und die Betroffenen verständlich und nachvollziehbar sind.

7.5   Operationalisierung konzeptioneller Ziele

Handlungsziele bilden Zustände oder Arrangements ab, die in der Zukunft liegen und an deren Bereitstellung das Team täglich arbeiten muss. Dazu setzen die Fachkräfte ihr methodisches Handwerkszeug ein: ihre geplanten und durchdachten → Interventionen, die aus strategischen und aus reflektierten beruflichen Haltungen bestehen. Zusätzlich brauchen sie Ressourcen (Räume, Material, Arbeitszeit, Geld und ausgebildetes Personal). Der konzeptionelle, institutionelle → Wirkungszusammenhang als Verbindung zwischen der Ausgangssituation, den aus der Bedarfsermittlung gewonnenen Zielen sowie den Angeboten und Arrangements wird nun vervollständigt. Das Team muss überlegen, wie es die Handlungsziele in „Wege" umsetzen kann. Hierfür bietet sich wiederum die Technik der → Operationalisierung an (s. Kap. 4.2.4 sowie die Arbeitshilfen in den Kap. 5.5 und 6.6).

Arbeitshilfe 16: Zielpyramide

Wirkungsziel
Was wollen wir langfristig bei den Nutzerinnen bewirken?
Jugendliche sind fähig, sich und ihr Verhalten kritisch zu reflektieren und ihr Handeln danach auszurichten

Handlungsziele	
Zielgruppen in der Einrichtung	*Wir thematisieren die Lebensumstände der Jugendlichen (Herkunft, Schule, Geschlechterrolle, Familie).* *Wir sind als Menschen erfahrbar mit eigenen Stärken und Schwächen.* *Wir bieten uns als kritische Gesprächspartner an und mischen uns in Gruppenprozesse ein.* *Wir schaffen Rückzugsmöglichkeiten für einzelne Besucher.*
sozialräumliches Umfeld	*Wir organisieren gemeinsame Aktionen bzw. Angebote für Besucherinnen und Anwohner mit dem Ziel, die gegenseitigen Erwartungen besser kennen zu lernen.* *Wir arbeiten darauf hin, dass die Jugendlichen bei Konflikten direkt von den Anwohnern angesprochen werden.*
andere Einrichtungen und soziale Dienste	*Wir organisieren einen regelmäßigen fachlichen Austausch der beteiligten Institutionen im Umgang mit der gleichen Zielgruppe.*
Träger	*Wir arbeiten darauf hin, dass der Träger die Entscheidungen der hauptamtlichen Mitarbeiter akzeptiert (Hausverbote), dass er die Rolle eines kritischen Beobachters einnimmt und seine Beobachtungen in den gemeinsamen Austausch einbringt.* *Wir gehen kritisch mit dem Träger um.*
Jugendamt	*Wir arbeiten darauf hin, dass das Jugendamt unseren kritischen Umgang mit dem Träger aktiv unterstützt, uns Arbeitshilfen zur Verfügung stellt und uns in Konfliktfällen berät.*

Elemente der Arbeitshilfen

Bei der Konzeptionsentwicklung ist eine „dreidimensionale" Operationalisierung hilfreich: Die *ergebnisbezogene Operationalisierung* konkretisiert im ersten Arbeitsschritt die Handlungsziele: Man sucht → Indikatoren für den gewünschten Zustand (Handlungsziel), um sich vorzustellen, woran zu erkennen ist, dass das Arrangement (Rückzugsmöglichkeiten für einzelne Besucherinnen oder als Mensch erfahrbar sein) realisiert ist. Mit der *prozessbezogenen Operationalisierung* werden im zweiten Arbeitsschritt Handlungen (→ Interventionen) und Haltungen (→ Arbeitsprinzipien und → Handlungsregeln) für die Teammitglieder entworfen, von denen diese annehmen, dass sie zur Realisierung der Handlungsziele beitragen. Der Beitrag der Adressatinnen kann wiederum *nicht* vorausgeplant werden. Es folgt der dritte Arbeitsschritt der *strukturbezogenen Operationalisierung*, der dazu dient, die Rahmenbedingungen und Ressourcen der Einrichtung zu überprüfen, um die Planung zu „erden".

Die Vorgehensweise bleibt die gleiche: Teamklausur, gemeinsamer Ent- **Bearbeitungsform** wurf von Indikatoren und Handlungsschritten sowie Angeboten und Arrangements. Dies ist eine kleinteilige und zeitraubende Arbeit, doch Fachkräften, die das Prinzip verinnerlicht haben, bereitet diese Arbeit erfahrungsgemäß Freude. Bei diesem Schritt kann man auch problemlos ehrenamtliche Mitarbeiterinnen beteiligen, da es hier „konkret" wird. In diesem Stadium kommt der pädagogische Alltag in den Blick: Es wird kreativ „gebastelt" und „gefachsimpelt" („Wieso machen wir das überhaupt?", „Wir könnten doch auch …", „Das müssen wir noch einmal neu überdenken."). Mitunter fällt es jedoch auch schwer, fachlich fundierte Ideen zu entwickeln, die über bisherige Alltagsroutinen hinausgehen. In solchen Fällen ist die reichhaltige Fachliteratur zu Rate zu ziehen, die mit ihrer Fülle veröffentlichter Konzepte und Berichte über modellhafte Projekte eine Vielzahl von Ideen für diese Arbeit liefert (zur Kinder- und Jugendarbeit s. Deinet/Sturzenhecker 1996/2001). Wenn die Vorgehensweise der Operationalisierung allen geläufig ist, kann das Team die Arbeit verteilen: Eine Fachkraft bereitet einen Vorschlag für die Teamsitzung vor und die Kollegen ergänzen und variieren

Arbeitshilfe 17: ergebnisbezogene Operationalisierung

Wirkungsziel Was wollen wir langfristig bei den Nutzerinnen bewirken?	*Die Kinder und Jugendlichen lernen, sich in Konflikten konstruktiv zu verhalten.*
Handlungsziele Worauf arbeiten wir mittelfristig hin?	*Wir erarbeiten mit den Jugendlichen gemeinsam einen Regelkatalog. Wir arbeiten darauf hin, dass die Jugendlichen die Verantwortung für die Durchsetzung des Regelkataloges übernehmen.*
Indikatoren Woran kann man erkennen, dass das Handlungsziel realisiert wurde?	*Die Jugendlichen kommen regelmäßig zu den Gesprächsrunden. Sie hinterfragen ungeliebte Regeln. Sie machen selbst Vorschläge für Themen und Regeln. Sie regen Regeländerungen an. Sie erörtern das Für und Wider „harter" und „weicher" Sanktionen. Sie akzeptieren auch Regeln, die ihnen selbst unangenehm sind. Sie verändern ihr Verhalten im Sinne des Kataloges (räumen auf, fragen nach der Toleranz für laute Musik). Sie sprechen mit Jugendlichen aus der „feindlichen" Clique. Sie trinken „nur" Bier. Sie sprechen über die Regeln. Sie begründen ihren Sinn gegenüber anderen. Sie weisen ihre Freunde auf ihr „regelwidriges" Verhalten hin. Sie akzeptieren die Durchsetzung von Regeln durch andere ohne größeren Protest.*

Arbeitshilfe 18: prozessbezogene Operationalisierung

Handlungsziel Worauf arbeiten wir mittel- fristig hin?	*Wir erarbeiten mit den Jugendlichen gemeinsam einen Regelkatalog.*
Handlungsschritte Was müssen wir tun, um das Handlungsziel zu erreichen?; An welchen unserer *Handlungen* kann man das erkennen?	*Wir sprechen die Jugendlichen an und laden sie ausdrücklich ein.* *Wir ergründen in Gesprächen mit ihnen ihre Werthaltungen, ihre Ordnungsvorstellungen, ihre Art, Verhandlungen zu führen usw.* *Wir konkretisieren mit ihnen ihre Vorstellungen von Regeln.* *Wir ermöglichen ihnen einen Freiraum zur experimentellen Überprüfung ihrer Vorstellungen.* *Wir sagen deutlich und begründet, wo unsere Grenzen der Akzeptanz ihres Verhaltens liegen.* *Wir „streiten" mit den Jugendlichen über die Regeln.*
Arbeitsprinzipien bzw. Handlungsregeln Wie müssen wir das tun?; An welchen unserer *Haltungen* kann man das erkennen?	*– Beziehungen entwickeln* *– verstehen* *– akzeptieren* *– Konflikte führen*

die Liste. Eine externe Moderation kann diesen Prozess sehr befruchten, da diese registriert, wenn ein Team lediglich die *unreflektierten* Routinen in den neuen Kategorien reformuliert. Im Folgenden werden die drei Arbeitshilfen nacheinander vorgestellt. Im angeführten Beispiel werden zum Wirkungsziel zunächst zwei Handlungsziele produziert, in der darauf folgenden Übersicht wird hingegen nur noch mit einem Handlungsziel weitergearbeitet.

7.6   Von der Operationalisierung zur Konzeption

Die Beispiele lassen schon erahnen, dass bei der Operationalisierung von Handlungszielen eine Vielzahl von Arbeitsaufträgen produziert wird. Die Fülle ist mitunter beeindruckend und es wird bald deutlich, dass nicht alle realisierbar sind. Als Konsequenz daraus sind wiederum Entscheidungen hinsichtlich der Auswahl von Wirkungszielen und Handlungszielen zu treffen und die Ergebnisse der Operationalisierungen in ein „Programm" für die Einrichtung umzuwandeln. Den Abschluss bildet der Entwurf einer ansprechenden schriftlichen Form. Im Folgenden werden diese Arbeitsschritte nacheinander dargestellt.

Auswahl der Wirkungs- und Handlungsziele
Da Konzeptionen eine Form mittelfristiger Planung bilden, ist nun zu entscheiden, welche Wirkungs- und Handlungsziele das Team in der kommenden Zeit verfolgen möchte und kann (Arbeitstag und Wochenarbeitszeit

Arbeitshilfe 19: strukturbezogene Operationalisierung

Handlungsziel Worauf arbeiten wir mittelfristig hin?	*Wir erarbeiten mit den Jugendlichen gemeinsam einen Regelkatalog.*
Räume Welche Räume brauchen wir und wie müssen sie beschaffen sein, um die Handlungsschritte und Arbeitsprinzipien zu realisieren?	*– variable Räumlichkeiten (anstatt Funktionsräume mit festgelegter Nutzung)* *– Räume, die wir den Jugendlichen zur eigenen Nutzung überlassen*
Material Welches Material brauchen wir, um die Handlungsschritte und Arbeitsprinzipien zu realisieren?	*– Wandzeitungen und Stifte zur Veröffentlichung der Gesprächsergebnisse, der Konsense und Dissense*
Zeit Welche Zeit (Arbeitsstunden, an welchen Tagen) müssen wir einplanen?	*– zeitliche Freiräume für die Möglichkeiten zum Experimentieren (60 Minuten täglich pro Bezugsperson)* *– zweimal 30 Minuten Besprechungszeit pro Woche*
finanzielle Mittel Was kostet uns die Umsetzung dieser Handlungsschritte und Arbeitsprinzipien (Sachkosten)?	*– Materialkosten für Raumgestaltung* *– Kosten für Reparaturen*
Personal Welche fachlichen Kompetenzen brauchen wir?	*– Fähigkeit zum Aufbau von Beziehungen* *– relativierte eigene Vorstellungen über die Gestaltung von Planungsrunden* *– Lust am „Streiten"*

sind begrenzt; den Zeit- und Ressourcenbedarf zeigt bestenfalls die strukturbezogene Operationalisierung). Das Team muss Prioritäten setzen und sich in Abstimmung mit dem Träger (gegebenenfalls der Politik) darüber verständigen, worin die spezifischen Leistungen *dieser* Einrichtung bestehen sollen. Man könnte beispielsweise auch darüber verhandeln, was es kosten würde, wenn das Problem Y, das derzeit für Gesprächsstoff im Rat sorgt, den Mitarbeitern als zusätzlicher Arbeitsauftrag übergeben würde. Der Blick auf die anfänglich erhobene Ausgangssituation und den dort festgestellten Änderungsbedarf sowie die neu formulierte Zielpyramide helfen bei diesen Entscheidungen. Das Ergebnis ist wiederum auf einer Wandzeitung zusammenzufassen: *mit* möglichen Arrangements und Handlungsschritten, Arbeitsprinzipien und notwendigen Ressourcen, jedoch *ohne* Ergebnisindikatoren (s. Arbeitshilfe 19, ohne Beispiel herunterladbar von der Homepage des Verlages: www.reinhardt-verlag.de). Auf diese Weise erhält man jeweils *einen* konstruierten Wirkungszusammenhang pro Wirkungsziel. Mit dieser Übersicht ist die Materialsammlung für eine Konzeption vollständig.

Umsetzung der Ziele in ein Programm

Im nächsten Schritt sind die momentane Organisation der pädagogischen Arbeit, die derzeitigen Angebote sowie deren zeitliche Struktur einer Revision zu unterziehen. Daraus ergeben sich folgende Fragestellungen:

- Welche derzeitigen pädagogischen „Bausteine" (Angebote) dienen welchen Zielen?
- Stimmt die aktuelle Angebotsstruktur mit den neu erarbeiteten Angeboten und Arrangements überein oder müsste es ganz andere (oder überhaupt keine) Angebote geben?
- Sind die alltäglichen Abläufe im Hinblick auf die Ziele durchdacht und entsprechend strukturiert?
- Wie sieht der Einsatzplan für die Mitarbeiter aus? Sind die richtigen Kolleginnen zu den richtigen Zeiten anwesend?
- Wie viel unverplante und disponible Freiräume haben die Fachkräfte? Haben sie „Zeit zur richtigen Zeit"?
- Verfügen die Fachkräfte über die notwendigen Kompetenzen, um die Arbeit so zu gestalten, wie es die Ergebnisse der Operationalisierung nahe legen?
- Welche Rahmenbedingungen und Ressourcen unterstützen oder verhindern die Pläne?
- Müssen Verhandlungen mit dem Träger oder dem Jugendamt über Räume oder die Finanzierung geführt werden?
- Sollen Angebote und Arbeitsabläufe umgestellt werden und mit welcher Radikalität?
- Sind zunächst kleine, überschaubare Bereiche umzustrukturieren oder soll ein großer Schnitt gemacht werden?

Erstellung einer Schriftfassung

Antworten auf diese Fragen sollten zur Umstellung der Programmstruktur, zu räumlichen Änderungen oder etwa zu Plänen für Aktionen im Umfeld führen. Die gewonnenen Informationen müssen nun in eine nachvollziehbare Form gebracht werden. Es gibt keine Konzeption, die für *alle* Adressatinnen und für jeden Zweck brauchbar ist. Aus diesem Grunde sind verschiedene Versionen durchaus sinnvoll: *Leistungsfinanzierer* (Träger, Jugendamt) benötigen hauptsächlich eine Übersicht über institutionelle Rahmenbedingungen, Zielgruppen, Wirkungs- und Handlungsziele sowie die darauf bezogenen Angebote und methodischen Arrangements (einschließlich deren Kosten); das *Team* benötigt konkrete Information über verabredete Handlungsschritte oder etwa Arbeitsprinzipien, um in stärkerer Übereinstimmung handeln zu können; die *Nutzerinnen* (Kinder, Jugendliche) möchten vor allem wissen, welches Programm bzw. welchen „Service" die Einrichtung bietet und welche Beiträge von ihnen erwartet werden. Die endgültige Form der Konzeption kann unterschiedlich ausfallen und auch individuell gestaltet werden. Einige Teams werden nicht darauf verzichten, ihre Erkenntnisse und auch den Prozess der Erarbeitung in ein umfangreiches Werk einzubringen, einschließlich der Beschreibung der erhobenen Erwartungen, Bedürfnisse, Probleme und Betrachtungen zu Lebenswelt und Lebenslagen von Kindern und Jugendlichen. Andere werden kurz und knapp skizzieren, was geleistet wird. Entscheidend ist hierbei, dass die schriftliche Fassung der Konzeption auf die Bedürfnisse jener Personen abgestimmt ist, die sie lesen und verstehen sollen. Die Verfasserin plädiert für ein schlankes, übersichtliches Werk, das sich auf wenige Gliederungspunkte beschränkt (s. Arbeitshilfe 21, ohne Beispiel herunterladbar von der Homepage des Verlages: www.reinhardt-verlag.de; Hinweise zur Erstellung eines Qualitätshandbuches in Spiegel 2000b).

Jede Konzeptionsentwicklung ist ein „Unikat": Sie muss von *jedem* Team konkret vor Ort und unter Berücksichtigung der Erwartungen der Beteiligten sowie der personellen, materiellen und politischen Rahmenbedingungen erarbeitet werden. Allgemeine Aussagen zu Zielen und fachlichen Standards des jeweiligen Arbeitsfeldes sind als Orientierung ausgesprochen hilfreich und auch notwendig, sie ersetzen jedoch *nicht* die konkrete Aushandlung vor Ort. Konzeptionelle Ziele sind Ergebnisse aktueller Aushandlungen und keine „Werke für die Ewigkeit". Es ist immer wieder zu prüfen, inwieweit sie noch aktuell sind und von den Beteiligten akzeptiert werden.

abschließende Bemerkungen

Der Gewinn der *Arbeit mit Zielen* liegt in erster Linie darin, dass sich Teammitglieder von neuem auf eine „theoretische" Arbeit einstellen. Sie „theoretisieren" insofern, als sie versuchen, ihr Handeln begrifflich zu fassen und sich gegenseitig zu vermitteln, welche Bedeutungen sie Zielformulierungen wie „Übernahme von Verantwortung" oder „faire und offene Konfliktaustragung" zuschreiben. Ein erster Schritt der Konzeptionsentwicklung besteht folglich darin, eine gemeinsame Sprache zu finden. Eine Konzeptionsentwicklung sollte letztlich nicht dazu führen, *alle* Prozesse in der Einrichtung zielorientiert und im Sinne von unveränderbaren Handlungsanweisungen durchzustrukturieren und festzuschreiben. Die Verfasserin plädiert für den Mut zur Collage (Kap. 4.1.2). Wenn es gelungen ist, die Zielpyramide (Wirkungsziele und darauf bezogene Handlungsziele) zu erarbeiten, kann man durchaus mit dem Entwurf von Schlüsselsituationen (in Kap. 5.5 als „Mini-Konzeptionen" bezeichnet) experimentieren und allmählich die Collage umgestalten. Entscheidend sind Erkenntnisse darüber, „wie alles mit allem zusammenhängt" sowie die Möglichkeit der Konstruktion hypothetischer Plausibilitäten. Die Systematisierung kann helfen, die institutionell bereitgehaltenen Lösungen und Antworten zu reflektieren, die „Ausschau halten" nach Problemen oder Fragen, die man mit ihrer Hilfe bearbeiten kann (Sturzenhecker 2002). Sie ermöglicht es somit, die pädagogische Arbeit auf eine neue Art und Weise zu durchdenken und zu beschreiben sowie diese auch gegenüber Dritten zu legitimieren.

8 Arbeitshilfen für die Selbstevaluation

Die vierte Arbeitshilfenreihe ist dahin gehend konzipiert, ein Projekt der Selbstevaluation zu planen, durchzuführen und auszuwerten. Derartige Projekt eignen sich für Teams, die ihre eigene Arbeit gründlicher und hinsichtlich einer speziellen Fragestellung unter die Lupe nehmen möchten. Im Unterschied zu den in den Kapiteln 5 und 6 vorgestellten einfachen Evaluationsbögen sind hier umfänglichere Arbeiten erforderlich (s. Kap. 4.2.5). Der Aufwand ist einer Konzeptionsentwicklung vergleichbar, und daher ist eine Selbstevaluation eher auf der Managementebene anzusiedeln.

Nach einigen einführenden Überlegungen zur Durchführung einer Selbstevaluation werden die Arbeitsschritte in die folgenden fünf Etappen unterteilt: *Erarbeitung einer Fragestellung* für die Selbstevaluation, *Gewinnung von Indikatoren* für die kriteriengeleitete Bewertung der Praxis, *Vorbereitung der Untersuchung, Konstruktion des Erhebungsbogens* sowie *Auswertung und Präsentation der Daten.* Anders als in den anderen Arbeitshilfenreihen bewegen wir uns überwiegend im Handlungsbereich der „Evaluation".

8.1 Einführung: Selbstevaluation

Die methodische Vorgehensweise der Selbstevaluation als kriteriengeleitete Auswertung ist im beruflichen Alltag der Sozialen Arbeit noch nicht etabliert. Ein derartiges Projekt ist nicht „nebenbei" zu erledigen, es lohnt sich jedoch in vielerlei Hinsicht, sich diese in Kapitel 4.2.5 skizzierte Methodik anzueignen (ausführlich in Spiegel 1997b). Die Einführung konzentriert sich zunächst auf den bereits propagierten Nutzen der Selbstevaluation und enthält einführende Hinweise zu den Arbeitshilfen und deren Einsatz. Diese werden in der Reihenfolge der Arbeitsschritte für die Selbstevaluation und am Beispiel einer Fragestellung aus dem Bereich der stationären Erziehungshilfe vorgestellt.

Selbstevaluation als Nachweis der Realisierung von Planung

Wenn man ein Projekt der Selbstevaluation durchführen möchte, sollte man sich an der *wissenschaftlichen Vorgehensweise* orientieren und überdies Methoden der empirischen Sozialforschung einsetzen. Trotz Ähnlichkeiten in Vorgehensweise und Methodenanwendung ist die Selbstevaluation nicht primär auf eine Vermehrung des wissenschaftlichen Erklärungswissens bedacht, sondern dient vielmehr der Qualifizierung und Optimierung der *praktischen Arbeit*: In den vorangehenden Kapiteln wurden verschiedene *Planungshilfen* für methodisches Handeln in hypothetisch konstruierten

Wirkungszusammenhängen beschrieben, die folgerichtig bei Absprachen und Vorsätzen enden (müssen). Das Handeln in Situationen folgt einer eigenen Dynamik und kann nicht im Einzelnen vorausgeplant werden. Dennoch ist beides aufeinander angewiesen, und es sollte möglich sein, dies im Rückblick über kürzere und längere Zeiträume zu bewerten. Es stellt sich die Frage, ob die Konstruktionen angemessen waren und *ob*, *wie* und *mit welchen Folgen* die Planung umgesetzt wurde. Nur durch derartige „Kontrollen" und eine kriteriengeleitete Bewertung der Resultate wird berufliches Handeln professionell: man kann die eigenen Anteile an der → Koproduktion als „gute" oder „schlechte" Arbeit sichtbar machen, sie begründen und rechtfertigen sowie gegebenenfalls ändern. Erfahrungen zeigen, dass eine noch so gute Planung nicht per se in der Absicht erfolgt, diese auch zu *realisieren*. Fachkräfte nehmen ihre eigenen Vorsätze bisweilen erst dann ernst, wenn auch tatsächlich eine „Kontrolle" in Form einer (Selbst-) Evaluation in Aussicht steht. Bei der Vorstellung der Arbeitshilfenreihe steht diese Variante der Selbstkontrolle und der Erfassung der Wirkungen des eigenen Handelns im Fokus der Beobachtungen, da sie unmittelbar auf die Gestaltung der praktischen Arbeit wirkt (weitere Anmerkungen zu Vorteilen und Grenzen der Selbstevaluation finden sich am Kapitelende).

Die Arbeitshilfen sind ähnlich aufgebaut wie die in den vorangehenden Kapiteln. Die ersten Versionen wurden durch Arbeiten von Heiner (1988) inspiriert und über zehn Jahre in verschiedenen Fortbildungen weiterentwickelt. Die hier dargestellte Schrittfolge entstand in Zusammenhang mit dem so genannten QQS-Projekt (Spiegel 2000b) und wurde für die Veröffentlichung in Heil et al. (2002) differenziert (Spiegel 2002a). Für das vorliegende Buch wurden sie inhaltlich und begrifflich mit den anderen Arbeitshilfen abgestimmt. Kopiervorlagen finden Sie auf der Homepage des Verlages: www.reinhardt-verlag.de. **Arbeitshilfen**

Für die beispielhafte Darstellung der Arbeitshilfen wurde die dokumentierte Selbstevaluation eines Teams der Jugendhilfe Schweicheln ausgewählt. Sie entstand im Rahmen des Fortbildungsprojektes „Selbstevaluation als Methode der Qualitätsentwicklung in der Erziehungshilfe" (ECKART 2000) und wurde zugunsten einer besseren Nachvollziehbarkeit teilweise modifiziert. **Beispiel**

Diese Arbeitshilfen sollten durchgängig im Team bearbeitet werden. Für den Prozess einer Selbstevaluation sind etwa sechs Monate einzukalkulieren. Eine Kollegin sollte die Moderation des Prozesses übernehmen und dafür Sorge tragen, dass das schrittweise produzierte Material aufbereitet wird und dem Team zur Verfügung steht. Die Moderatorin sollte die Ausführung der Arbeitsschritte zeitlich festsetzen und für Entscheidungs- und Reflexionsphasen einige Klausurtage anberaumen. Zumindest beim ersten Projekt ist zusätzlich eine externe Begleitung des Teams sinnvoll; diese sollte der Moderatorin helfen, das Vorhaben immer wieder zu justieren und den Prozess Stand zu reflektieren. Bei der Vielzahl der Arbeitsschritte besteht ansonsten die Gefahr, den Überblick zu verlieren. Die Moderatorin muss für sich selbst etwa vier Stunden Arbeitszeit pro Woche reservieren, und sie **praktischer Umgang mit den Arbeitshilfen** sollte auch schon zu Beginn des Projektes überlegen, welche Person sie bei der *Datenauswertung* hinzuziehen kann, da dies zusätzlich Zeit beansprucht und ein gewisses Know-how voraussetzt. Wenn das Team bereits Übung im Evaluieren hat, kann es einige Arbeitsschritte (etwa die Eingrenzung und Präzisierung der Fragestellung) deutlich verkürzen. Wenn die Teammitglieder gelernt haben, *konzeptionell* (im Sinne der bisher vorgestellten Arbeitshilfenreihen) zu arbeiten und die Fertigkeit der → Operationalisierung beherrschen, wird sich die Erarbeitung von → Indikatoren routiniert gestalten. Die Konstruktion eines solchen Bogens kann auch schneller vonstatten gehen, wenn sich das Team mittels Fachliteratur informiert hat oder die Erhebungsbögen für die Datensammlung mit anderen Teams *austauscht*, da vorliegende Entwürfe für die eigenen Zwecke abgewandelt oder ergänzt werden können.

Diese Arbeitshilfen können auch im Studium eingesetzt werden. In diesem Falle ist angeraten, nicht – wie bei der Konzeptionsentwicklung – mit fiktivem Material zu arbeiten, sondern die individuellen Vorhaben und persönlichen Themen der Studierenden in den Mittelpunkt zu stellen. Das Verfahren der Selbstevaluation eignet sich gleichfalls zur Bewertung der Umsetzung privater Planungen (z. B. des Studienverlaufs oder etwa der Vereinbarkeit von Beruf, Familie und Studium).

8.2   Erarbeitung der Fragestellung

Wie gewinnt man eine angemessene und überschaubare Fragestellung für die Untersuchung? Eine Selbstevaluation muss angemessen vorbereitet werden. Ganz zu Anfang sollte es gelingen, die Fragestellung der Untersuchung derart präzise zu formulieren, dass sie tatsächlich zu bearbeiten ist. Ein Team muss also festlegen, welchen (begrenzbaren) Bereich der Einrichtung es untersuchen möchte. Die Fragestellung selbst wird in verschiedenen Schritten erarbeitet, die nacheinander beschrieben werden. Am Ende dieses Teilkapitels wird die Arbeitshilfe zur Erarbeitung der Fragestellung vorgestellt, die alle Schritte integriert und mit beispielhaften Eintragungen versehen ist.

Untersuchungsfeld festlegen

Die Vorbereitung der Selbstevaluation beginnt mit der Abgrenzung eines Teilbereichs des Arbeitszusammenhangs, zu dem das Team einen guten Zugang hat. Der Eigenart der Selbstevaluation entsprechend sollte man sich auf das eigene Handeln (bzw. das Handeln des Teams) konzentrieren; würde man das Handeln *anderer* Personen untersuchen, wäre es eine *Fremdevaluation*. Hierzu ist allerdings anzumerken, dass man zur Bewertung dieses Handelns (und seiner Folgen) häufig *auch* den Kontext und die Aktionen und Reaktionen der Adressatinnen untersuchen muss. Entscheidend ist jedoch, dass der Fokus der Untersuchung nicht hauptsächlich auf den Adressatinnen liegt. Die *Erschließungsfrage* für diese Eingrenzung lautet: „Welchen Teil unseres Arbeitszusammenhanges wollen wir untersuchen?"

Themenbereich eingrenzen

Wenn das Untersuchungsfeld feststeht, muss der *Themenbereich* eingegrenzt werden. Dies kann durch die Sichtung der Situation geschehen. Üblicherweise widmet man sich einer Fragestellung, die aus einer gewissen Unzufriedenheit entsteht: Etwas „läuft" nicht so, wie man möchte, und man weiß nicht, weshalb. Man möchte es besser machen und braucht Informationen darüber, wo Ansatzpunkte für eine Optimierung liegen könnten und was zu tun wäre. Daher lautet die *Erschließungsfrage*: „Was macht uns unzufrieden?" bzw. „Worüber wollen wir mehr wissen?"

Aus der Formulierung der Unzufriedenheit und dem Wunsch nach Informationen über den Themenbereich wird nun mittels der *Erschließungsfrage* „Was wollen wir untersuchen?" der *Untersuchungsgegenstand* herauskristallisiert. Gleichzeitig wird das Team darüber nachdenken, welchem *Zweck* diese Aktion dienen soll. Soll es um das „Bessermachen" gehen? Möchte das Team gegenüber Dritten legitimieren, was es auf welche Weise tut (oder weshalb etwas nicht möglich ist)? Möchte es ausprobieren, ob der konstruierte → Wirkungszusammenhang angemessen ist, ob folglich die hypothetisch erarbeiteten Einschätzungen der Probleme, der darauf bezogenen Ziele und die geplanten „Wege" zum Ziel sinnvoll sind? Die *Erschließungsfrage* für diesen Arbeitsschritt lautet: „Wofür möchten wir die Ergebnisse der Evaluation nutzen?"

Zweck der Evaluation eruieren

Bei der Selbstevaluation verfügt man bereits über vielfältige Erfahrungen mit dem Untersuchungsgegenstand, und es haben sich überdies Einschätzungen (Vorannahmen, Hypothesen) bestimmter Zusammenhänge gebildet. Diese → subjektiven Wirklichkeitskonstruktionen haben bereits die Auswahl des Themas und des Untersuchungsgegenstandes (mit-) bestimmt. Diese sollten nun notiert und im weiteren Verlauf der Untersuchung überprüft werden. Dieser Arbeitsschritt ist bei einer Selbstevaluation wesentlich, da die Hypothesen andernfalls unbemerkt die Auswahl der Untersuchungsfragestellung und die Bildung der → Indikatoren beeinflussen: Man findet heraus, was man erwartet. Offen gelegte und reflektierte Hypothesen führen im Gegensatz dazu zu einer bewussten Suche nach Indikatoren, die diese Vorannahmen auch widerlegen können. Folgende *Erschließungsfragen* sind denkbar: „Was trägt vermutlich zur problematischen Situation bei?" und „Welche Zusammenhänge sehen wir?" An dieser Stelle sollte das Team umfassend werden und die persönlichen Vorannahmen *aller* Personen notieren sowie nach weiteren Hypothesen suchen. Diese müssen untereinander nicht stimmig sein, denn sie sollen dazu beitragen, festgefahrene Deutungsmuster zu lösen und neue Suchrichtungen aufzuzeigen.

Hypothesen bilden

Wenn genügend Hypothesen zusammengetragen wurden, sollten die Teammitglieder in einer ausführlichen Diskussion und im Hinblick auf die Zusammenhänge, die sie selbst beeinflussen können, überlegen, welche Vorannahmen sie für so plausibel und angemessen halten, dass sich ein näheres Hinschauen „lohnt". Die *Erschließungsfrage* lautet: „Welchen Hypothesen wollen wir nachgehen?" Die ausgewählten Hypothesen bilden den Ausgangspunkt für Überlegungen, was konkret untersucht werden soll und welche Fragestellung sich daraus ergibt. Diese Fragestellung beginnt mit der Formulierung „Wir wollen untersuchen (herausfinden), ..." Bereits zu diesem Zeitpunkt sollte überlegt werden, ob die anvisierte Untersuchungsfra-

Fragestellung der Untersuchung

Arbeitshilfe 20: Eingrenzung und Präzisierung der Fragestellung

Beschreibung des Untersuchungsfeldes Welchen Teil unseres Arbeitszusammenhanges wollen wir untersuchen?	*Innerhalb der Evangelischen Jugendhilfe Schweicheln (ca. 220 stationäre Plätze) das Angebot ausgelagerte Heimplätze (36 Plätze): Unterbringung von Kindern und Jugendlichen in qualifizierten Pädagogenfamilien (Verknüpfung von Leistungen der Heimerziehung mit den positiven Chancen der Privatsphäre einer Familie). Die Selbstevaluation wird in einem Familiensystem durchgeführt: zwei pädagogische Mitarbeiter (Ehepaar), vier aufgenommene und drei eigene Kinder; beraterische und praktische Unterstützung durch einen Koordinator der Jugendhilfe Schweicheln.*
Beschreibung der Ausgangssituation und Eingrenzung des Themenbereiches Was macht uns unzufrieden?; Worüber möchten wir mehr wissen?	*Die Belastung für das aufnehmende Familiensystem ist häufig groß; Konflikte im Alltag können zeitweise die familiäre Atmosphäre negativ beeinflussen.* *In der Leistungsbeschreibung sind folgende Ziele formuliert:* *– Erwachsene, Kinder und Jugendliche wohnen in einer Atmosphäre gegenseitiger Wertschätzung zusammen;* *– entwicklungsfördernde Auseinandersetzungen aus Interesse an der Person* *Passt das eigentlich zusammen?*
Untersuchungsgegenstand und Zweck der Evaluation Was wollen wir untersuchen?; Wofür wollen wir die Ergebnisse der Evaluation nutzen?	*Wir wollen untersuchen,* *– ob unser professionelles Verhalten in Konflikten zur Erreichung der Ziele aus der Leistungsbeschreibung beiträgt;* *– wie nah wir am Ziel der gegenseitigen Wertschätzung sind;* *– was bei der Zielerreichung hilft und was nicht;* *– wie die Kinder, Jugendlichen und Erwachsenen die familiäre Atmosphäre beurteilen.* *Wir wollen dies wissen, um Zusammenhänge besser zu verstehen und einschätzen zu können, wie der Stand bei der Umsetzung der beiden o. g. Ziele der Leistungsbeschreibung ist.*
Hypothesen zu möglichen Zusammenhängen Was trägt vermutlich zur problematischen Situation bei?; Welche Zusammenhänge sehen wir?	*– Konfliktgestaltung und Wohnatmosphäre hängen voneinander ab.* *– Es gibt positive Entwicklungen bei den Kindern, die wir wegen vieler Konflikte nicht wahrnehmen.* *– Wertschätzung des jeweils anderen ermöglicht eine gute Konfliktlösung.* *– Wenn wir den Hintergrund eines Konflikts verstehen, ist Wertschätzung besser möglich.* *– Wir stellen Bedürfnisse der leiblichen Kinder eher zurück, was Konflikte zwischen beiden „Gruppen schürt.*
Untersuchungsfragestellung Welchen Hypothesen wollen wir nachgehen?	*Wir wollen Folgendes untersuchen:* *– Wir wollen der Hypothese vom Zusammenhang zwischen Wertschätzung und Konfliktlösung nachgehen.* *– Wir wollen untersuchen, ob wir an den wesentlichen Stellen und auf eine förderliche Art in Konflikte eingreifen.* *– Wir wollen untersuchen, wie sich unser Eingreifen auf die familiäre Atmosphäre auswirkt.*

Fortsetzung Arbeitshilfe 20

Prüffragen für die kollegiale Zwischenreflexion	Wir finden unsere Kombination stimmig. Alle verstehen, was gemeint ist.
Liegt der Fokus der Untersuchung auf den Handlungen der Teammitglieder? Lässt die Fragestellung eine kriteriengeleitete Bewertung zu? Ist die Kombination von Ausgangssituation, Untersuchungsgegenstand, Zweck, Hypothesen und Fragestellung stimmig? Sind die ausgewählten Hypothesen plausibel? Gäbe es noch andere Hypothesen, die den Fokus der Untersuchung verändern könnten? Sind die Untersuchungsfragestellungen für alle Kollegen verständlich formuliert?	*Wir haben uns entschieden, unser Eingreifen in Konflikte zu untersuchen, denn eine Untersuchung der „extrafunktionalen" Nebenwirkungen unseres Handelns (der durch uns unbewusst geförderten Konflikte zwischen leiblichen und aufgenommenen Kindern) würde den Fokus auf die Beziehung zwischen den Kindern lenken. Außerdem sind solche unterstellten Zusammenhänge sehr schwer nachzuweisen.* *Unsere Formulierung lässt eine kriteriengeleitete Bewertung zu, wenn wir die Indikatoren aus den in der Leistungsbeschreibung dokumentierten Zielen bilden.*

gestellung in einem angemessenen Zeitraum und mit den verfügbaren Ressourcen realisierbar ist.

Die bisher beschriebenen Arbeitsschritte dienen der Vorarbeit zur Konstruktion einer Untersuchung. Diese Schritte wurden in der obigen Arbeitshilfe zusammengefasst und durch ein Beispiel (ausgelagerte Heimplätze; Schweicheln) illustriert. Das Team sollte sich nun Zeit nehmen, die bisher erarbeiteten Punkte hinsichtlich ihrer Stimmigkeit und Realisierbarkeit zu überprüfen. Ein anderes Team oder eine Evaluationsberaterin können die kollegiale Zwischenreflexion bereichern, da Außenstehende mitunter Ungereimtheiten – oder Chancen – entdecken, die Mitglieder eines auf die praktische Ideologie der Institution eingeschworenen Teams nicht (mehr) wahrnehmen. Folgende *Prüffragen* sollten gestellt werden:

Zwischenreflexion durchführen

- „Liegt der Fokus der Untersuchung auf den Handlungen der Teammitglieder?"
- „Lässt die Fragestellung eine kriteriengeleitete Bewertung zu?"
- „Ist die Kombination von Ausgangssituation, Untersuchungsgegenstand, Zweck, Hypothesen und Untersuchungsfragestellung stimmig?"
- „Sind die ausgewählten Hypothesen plausibel?"
- „Gibt es noch andere Hypothesen, die den Fokus der Untersuchung verändern könnten?"
- „Ist die Fragestellung der Untersuchung für alle Kollegen verständlich formuliert?"

Wenn an dieser Stelle keine Reflexionsschleife eingeführt wird, legt sich das Team möglicherweise auf eine Untersuchungsfragestellung fest, die dem Gegenstand unangemessen ist oder nicht den erhofften Erkenntnisgewinn bringt. Erfahrungen zeigen überdies, dass Fachkräfte trotz der Betonung des „Selbst" im Begriff der Selbstevaluation nicht als Erstes auf die Idee kommen, die *eigenen* Handlungen zu untersuchen. Es liegt offensichtlich näher, Unzulänglichkeiten bei Adressaten, Vorgesetzten oder in den Strukturen der Einrichtung zu suchen. Bisweilen wird auch eine Vielzahl von Daten zusammengetragen, obgleich die Beteiligten keine Vorstellung davon haben, worüber diese letztlich Aufschluss geben sollen bzw. können (siehe Arbeitshilfe 20, S. 224).

8.3   Gewinnung von Indikatoren

Kriterien, also Merkmale einer „guten Praxis", stehen in einer engen Verbindung mit Zielen bzw. zielförderlichen Haltungen (Leitlinien). Es sind *Maßstäbe*, die eine Bewertung der praktischen Handlungen und deren Folgen ermöglichen. Die Gewinnung solcher Maßstäbe kann *induktiv* geschehen, beispielsweise durch das Herausfiltern von Daten aus „gelungenen" und „misslungenen" Situationen. Da dies aufwändige Untersuchungsprozeduren zur Folge hat, ist es für ein Team einfacher, die Maßstäbe auf *deduktivem* Wege zu gewinnen: Sie werden aus konzeptionellen Zielen oder Leitlinien der Einrichtung oder aus individuell ausgehandelten Hilfezielen für den Einzelfall abgeleitet und → operationalisiert bis auf die Indikatorenebene.

Folgerichtig legt das Team an dieser Stelle die vorläufige Festlegung der Untersuchungsfragestellung beiseite und beginnt mit dem *zweiten Teil* der Vorarbeit, der Entwicklung von Maßstäben für die Bewertung der Ergebnisse. Diese Prozedur ist aus den Kapiteln 5 bis 7 geläufig: Es geht wiederum um die Erstellung einer „Mikro-Konzeption". In diesem Fall gilt sie für den eingegrenzten Untersuchungsbereich, der häufig mit dem Entwurf einer Schlüsselsituation gleichzusetzen ist (s. Kap. 5.5) und wiederum die Fertigkeit der → Operationalisierung erfordert. Folgende Arbeitsschritte sind zu leisten:

Fragestellung mit Wirkungs- und Handlungszielen verbinden
Wenn eine Einrichtung über eine → Konzeption oder doch zumindest eine → Leistungsbeschreibung verfügt, muss das Team nun nachschauen, welche der dort formulierten → Wirkungsziele und → Handlungsziele für den gewählten Ausschnitt aus dem beruflichen Alltag der Einrichtung (Untersuchungsgegenstand) zutreffend sind. Die *Erschließungsfrage* lautet daher: „Welche Wirkungs- und Handlungsziele passen zur Fragestellung der Untersuchung?" Gibt es bisher *keine* konzeptionelle Vorgabe, muss das Team zunächst einmal Ziele bilden.

Maßstäbe für „gute Praxis" formulieren
Wenn die Zielformulierungen abgeschlossen sind, beginnt wiederum der Prozess der Operationalisierung, also die Konkretisierung der Handlungsziele bis auf die Indikatorenebene. Auf diesem Weg entstehen die Bewertungsmaßstäbe, die später an die → Interventionen und deren Folgen anzulegen sind (im vorliegenden Zusammenhang werden sie mit → Indikatoren gleichgesetzt). Beim wissenschaftlichen Vorgehen würde man zusätzlich

„Kriterien" als relative *Zwischengrößen* zwischen allgemein formulierten Zielen und präzise beschriebenen Indikatoren einsetzen. In diesem Buch wird auf eine Definition dieser Zwischengrößen verzichtet, da eine weitere Stufung des Operationalisierungsprozesses vermieden werden soll. Die nachfolgende Arbeitshilfe zeigt, dass sowohl die *ergebnisbezogenen* als auch die *prozessbezogenen* Indikatoren als Maßstäbe für die anschließende Bewertung der Handlungen dienen können: Es sollte zu einem späteren Zeitpunkt möglich sein, die herausgearbeiteten Handlungen und Haltungen der Fachkräfte sowie das gewünschte Verhalten der Kinder in den untersuchten Situationen wieder zu finden. Demzufolge lautet die *Erschließungsfrage*: „An welchen Indikatoren können wir erkennen, dass wir unser methodisches Handeln ‚gut' gestaltet haben?" Die Suche nach Maßstäben für die Bewertung führt folglich im *deduktiven* Verfahren dazu, „gute Praxis" zu entwerfen, die anschließend umgesetzt und erprobt werden kann. Ein Vorteil dieses Vorgehens ist, dass bei der Operationalisierung bereits „Fehler" des bisherigen Handelns korrigiert und im Weiteren vermieden werden. Vermutlich wird das Team diese Fehler bei der begleitenden Untersuchung nur noch selten „finden". Im Vergleich dazu würde ein *induktives* Verfahren das bisherige Handeln in diesen Situationen zunächst einmal aufzeichnen und die Fehler identifizieren, um sie erst bei der darauf folgenden Planung auszuräumen.

Am Ende dieses Arbeitsganges sollte das Team wiederum auf eine reflexive Distanz zur bisherigen Konstruktion der Untersuchung gehen und die *beiden* Vorarbeiten mithilfe folgender *Prüffragen* zueinander in Beziehung setzen:

Zwischenreflexion durchführen

- „Stehen Untersuchungsgegenstand, Fragestellung, Wirkungsziele, Handlungsziele und Indikatoren in einem nachvollziehbaren, plausiblen Zusammenhang?"
- „Sind die ergebnisbezogenen Indikatoren auf den gewünschten Zustand (z. B. das anzustrebende Verhalten der Kinder) und die prozessbezogenen Indikatoren auf das Handeln der (sich selbst evaluierenden) Fachkräfte bezogen?"
- „Sind die Indikatoren so konkret, dass sie mithilfe einer Untersuchung erfassbar sind?"
- „Verstehen alle Kollegen, was mit den Indikatoren gemeint ist?"

8.4   Vorbereitung der Untersuchung

Die bisherige Vorarbeit dürfte genügen, um zu entscheiden, welche Untersuchungsmethode der Fragestellung und den Indikatoren angemessen sein könnte und das Untersuchungsfeld weiter einzugrenzen. Diese Arbeitsschritte sind aufeinander bezogen und stehen im Mittelpunkt des vorliegenden Teilkapitels.

Das Team sollte nun nach einer geeigneten Methode der Datenerhebung Ausschau halten. Zumeist fixiert man sich in einem frühen Stadium auf eine Art *Fragebogen*, da diese Form in unserer gesellschaftlichen „Kultur" der

Untersuchungsmethoden auswählen

Arbeitshilfe 21: Ziele und Indikatoren für die Selbstevaluation

Untersuchungs-gegenstand Was wollen wir untersuchen? Wofür wollen wir die Ergebnisse der Evaluation nutzen?	*Wir wollen untersuchen,* *– ob unser professionelles Verhalten in Konflikten zur Erreichung der Ziele aus der Leistungsbeschreibung beiträgt;* *– wie nah wir am Ziel der gegenseitigen Wertschätzung sind;* *– was bei der Zielerreichung hilft und was nicht;* *– wie die Kinder, Jugendlichen und Erwachsenen die familiäre Atmosphäre beurteilen.* *Wir wollen dies wissen, um Zusammenhänge besser zu verstehen und um einschätzen zu können, wie der Stand bei der Umsetzung der beiden o. g. Ziele der Leistungsbeschreibung ist.*
Untersuchungs-fragestellung Welchen Hypothesen wollen wir nachgehen? Wir wollen Folgendes untersuchen:	*Wir wollen der Hypothese vom Zusammenhang zwischen Wertschätzung und Konfliktlösung nachgehen.* *Wir wollen untersuchen, ob wir an den wesentlichen Stellen und auf eine förderliche Art in Konflikte eingreifen.* *Wir wollen auch untersuchen, wie sich unser Eingreifen auf die familiäre Atmosphäre auswirkt.*
Wirkungsziel Welche Wirkungsziele passen zur Fragestellung der Untersuchung?	*Die Kinder sind fähig, Konflikte konstruktiv und in gegenseitiger Wertschätzung auszutragen.*

Handlungsziele	**ergebnisbezogene Indikatoren**	**prozessbezogene Indikatoren**	**Arbeitsprinzipien und Handlungsregeln**
Welche Handlungsziele passen zur Fragestellung der Untersuchung? (Arbeitsziele der Fachkräfte)	An welchen wünschens-werten Verhaltenswei-sen der Kinder können wir erkennen, dass wir unser methodisches Handeln „gut" gestaltet haben?	An welchen unserer Handlungen können wir erkennen, dass wir unsere Arbeitsziele „gut" umgesetzt haben?	An welchen unserer Haltungen können wir erkennen, dass wir unsere Arbeitsziele „gut" umgesetzt haben?
Handlungsziel 1 Wir gestalten Interventionen bei Konflikten klar und wertschätzend.	*Einige Konfliktbeteiligte zeigen Verständnis.* *Die Intervention belastet die weitere Beziehung nicht.* *Kein Beteiligter fühlt sich „niedergemacht".* *Einige Beteiligte äußern das Gefühl, es sei etwas geklärt worden.*	*zuhören;* *Ruhe bewahren;* *Kontakt zu möglichst allen Beteiligten herstellen;* *verbalen bzw. nonver-balen Kontakt zu allen Beteiligten halten;* *Kommunikation mit Fragen überprüfen;* *Folgen der Interventio-nen beachten*	*Gerechtigkeit üben;* *Respekt vor allen Beteiligten zeigen;* *Bedürfnisse ernst nehmen;* *Verlierer vermeiden;* *Schutzbedürfnisse ernst nehmen*

Fortsetzung Arbeitshilfe 21

Handlungsziel 2 Wir greifen nicht zu viel und nicht zu wenig in Konflikte ein.	*Konflikte werden auch ohne Erwachsene angemessen gelöst. Kinder rufen Erwachsene zu Hilfe, wenn sie nicht weiterkommen.*	*Konfliktverläufe beobachten; nicht sofort eingreifen; da sein, wenn Gewalt eskaliert; eigene Konfliktlösungsversuche aufgreifen und weiterführen; nicht ohne Prüfung der Situation „Schuldige" abstempeln*	*Kindern grundsätzlich zutrauen, dass sie ihre Konflikte selbst lösen können; Schutzbedürfnisse ernst nehmen; Zuschreibungen vermeiden*
Prüffragen für die kollegiale Zwischenreflexion			
Stehen Untersuchungsgegenstand, Fragestellung, Wirkungsziele, Handlungsziele und Indikatoren in einem nachvollziehbaren, plausiblen Zusammenhang? Sind die ergebnisbezogenen Indikatoren auf den gewünschten Zustand und die prozessbezogenen Indikatoren auf das Handeln der (sich selbst evaluierenden) Fachkräfte bezogen? Sind die Indikatoren so konkret, dass sie mithilfe einer Untersuchung erfassbar sind?; Verstehen alle Kollegen, was mit den Indikatoren gemeint ist?	*Ja, der Zusammenhang ist nachvollziehbar, auch wenn einige Bezüge noch genauer hergestellt werden sollten.* *Die Indikatoren sind richtig aufeinander bezogen.* *Nicht alle Indikatoren sind schon erfassbar. Die Haltungen müssten durchgängig in den Handlungen operationalisiert sein. Die Liste der Indikatoren sollte länger sein.*		

Meinungsumfragen bekannt ist und zunächst alternativlos erscheint. Der Fragebogen ist aber selten die geeignete Methode für die Selbstevaluation: Sind die Fragen zum Ankreuzen, liefert der Fragebogen häufig zu wenig kontextbezogene Informationen über Zusammenhänge und Begründungen. Enthält er hingegen überwiegend offene Fragen, ist die Aussicht, selbst schreiben und formulieren zu müssen, derart abschreckend, dass der Rücklauf gering ist oder die Angaben zu dürftig sind. Auch *Interviews* (mündliche Befragungen) verlaufen selten ergiebig, vor allem, wenn die Gesprächspartnerinnen nicht gewohnt sind, sich selbst darzustellen. *Beobachtungen* stellen hohe Anforderungen an die Wahrnehmung, denn die Beobachter sind häufig selbst zu sehr an einer Situation beteiligt, um das Geschehen unvoreingenommen notieren zu können. Es empfiehlt sich, verschiedene Verfahren (z. B. Beobachtung, Befragung, Erinnerungsprotokolle oder Dokumentenauswertung) zu kombinieren, um *begründete* konzeptionelle Raster zur Erfassung der Wirklichkeit zu erhalten (s. Kap. 2.2.2). Eine derartige Vorstrukturierung korrigiert die subjektive Wahrnehmung und hilft, Verzerrungen zu begrenzen. Wenn die Möglichkeit besteht, bei der Datensammlung Kollegen (Beobachter) hinzuzuziehen, erhöht dies die Zuverlässigkeit bei der Datenerhebung und -interpretation. Es ist folglich angeraten, gut zu überlegen, *welche* Untersuchungsmethode den besten Erkenntnisgewinn bringt. Jede Methode hat Vor- und Nachteile, die gegeneinander abzuwägen sind (Beywl/Schepp-Winter 2000; König 2000). Die *Erschließungsfrage* lautet hier: „Mit welcher *Untersuchungsmethode* können wir die Indikatoren am besten erfassen?"

Untersuchungsfeld eingrenzen

Parallel steht die Aufgabe an, das *Untersuchungsfeld* weiter einzugrenzen und die *Untersuchungsgegenstände* zu präzisieren. Das Team muss – im Hinblick auf die Verhältnisse vor Ort – wieder eine Reihe von Entscheidungen treffen. Es muss überlegen, *wer* (Adressatinnen, Fachkräfte, andere Beteiligte) oder *was* (Dokumente, Abläufe), mit welchen *Merkmalen* (Geschlecht, Alter, Nationalität), in welcher *Anzahl,* in welchem *Zeitraum* (vor, nach, während einer Intervention) und an welchem *Ort* (Einrichtung, zu Hause, Café) untersucht werden soll. Bei jeder Entscheidung sind Alternativen abzuwägen. Als *Erschließungsfrage* gilt dementsprechend: „Wen oder was, mit welchen Merkmalen, in welcher Anzahl, in welchem Zeitraum, an welchem Ort wollen wir untersuchen?"

parallele Bearbeitung von Untersuchungsfeld und -methoden

Die Eingrenzung des Untersuchungsfeldes und die Auswahl der Untersuchungsmethode sind voneinander abhängig. Nicht jede interessante Untersuchungsmethode lässt sich realisieren, da Adressatinnen oder Kollegen sich unter Umständen nicht darauf einlassen oder sie der Fragestellung nicht angemessen ist. Aus diesen Gründen muss das Team die Entscheidung für die Untersuchungsmethoden parallel zur weiteren Eingrenzung des Untersuchungsfeldes treffen sowie Angemessenheit und Realisierbarkeit der Alternativen prüfen. Spätestens bei dieser Konkretisierung des Evaluationsvorhabens wird deutlich, dass eine Selbstevaluation wesentlich von der Stimmung im Team abhängt. Insbesondere wenn die Handlungen der Teammitglieder untersucht werden sollen, ist abzuschätzen, auf welche Dokumentationsform sich die Kollegen einlassen können. Die Aussicht, in der Arbeit beobachtet zu werden, verursacht ausnahmslos beklemmende Gefühle. Eine *Selbstbeobachtung* mildert dies zwar ab, dennoch sollen am Ende die Ergebnisse verglichen werden. Wenn im Team keine vertrauensvolle Atmosphäre herrscht, sind derartige Evaluationsprojekte kaum durchzuführen.

8.5   Konstruktion des Erhebungsbogens

Wenn das Team Klarheit darüber gewonnen hat, mit welchen Methoden und unter welchen Bedingungen es die zuvor präzisierte Fragestellung untersuchen möchte, muss es entscheiden, welche Daten tatsächlich notwendig sind. Erst danach sollte die Konstruktion des Erhebungsbogens beginnen. Im Folgenden werden die hierfür erforderlichen Arbeitsschritte beschrieben.

Arbeitshilfe 22: Untersuchungsmethoden und Untersuchungsfeld

Untersuchungsmethode	Vorteile	Nachteile
Ideen im Hinblick auf Fragestellung und Indikatoren	Was lässt sich auf diese Weise gut erkennen und gut erheben?	Was lässt sich auf diese Weise nicht erkennen? Was belastet die Erhebungs- oder Auswertungssituation?
Alternative 1 Erinnerungsprotokoll Mitarbeiter/in; PC-Fragebogen für die Kinder	*Jede/r kann die Eintragungen selbst vornehmen, denn die Eltern agieren meist allein in einer Konfliktsituation. Kinder haben Spaß am PC (spielerisches Ausfüllen).*	*Diese Methode erfordert ein „ehrliches" Ausfüllen; eine Kontrolle durch den jeweils anderen ist nicht möglich. Den Kindern stehen nur zwei PCs zur Verfügung; die Eintragungen müssen also organisiert werden.*
Alternative 2 Aufzeichnung von Konfliktabläufen mit der Video-Kamera; anschließende Auswertung des Bandes durch den jeweils anderen Elternteil aufgrund von vorher gemeinsam ausgearbeiteten Kategorien	*Diese Methode würde die Intersubjektivität sichern; ein Elternteil würde Verhaltensweisen „sehen", die dem anderen nicht auffallen.*	*Man müsste überall „Überwachungskameras" anbringen, da nicht bekannt ist, wo und wann sich Konflikte ereignen. Die Kinder könnten sich „gekünstelt" verhalten. Die Auswertung ist zeitlich sehr aufwändig.*

Untersuchungsfeld und Untersuchungs-gegenstand	Alternativen	Vorteile	Nachteile
		Was lässt sich auf diese Weise gut erkennen und gut erheben?	Was lässt sich nicht erkennen? Was belastet die Erhebungs- oder Auswertungssituation?
Wer oder was soll untersucht werden?	*das Verhalten der Eltern in Konflikten*	*geringerer Aufwand, Konzentration auf die Umsetzung der erarbeiteten Indikatoren (Standards)*	*wenig Aufschlüsse über die „Wirkungen" der Interventionen*
	das Verhalten der Eltern in Konflikten sowie die Einschätzung der Kinder zum Ablauf des Konfliktmanagements	*Man erfährt zusätzlich etwas über die Folgen des pädagogischen Verhaltens für die Kinder.*	*höherer Aufwand; man muss zwei Erhebungs-instrumente entwickeln, die aufeinander abgestimmt sind.*

Fortsetzung Arbeitshilfe 22

Merkmal	jeder Konflikt, der passiert	Man kann Unterschiede herausarbeiten: Wann gelingt die Steuerung besser, wann nicht? Welche Konflikte lösen die Kinder schon selbst?	hoher Aufwand; vielleicht wenig Vergleichbarkeit
	nur eskalierende Situationen, die schwer zu steuern sind	Es ist eine bessere Vergleichbarkeit der Interventionen in ähnlichen Situationen gegeben.	Man muss „vorsortieren", welche Konflikte protokolliert werden, und dieses auch den Kindern verdeutlichen. Dieses könnte sie überfordern.
Anzahl	alle Mitarbeiter (beide Eltern) und alle Kinder beim jeweils subjektiv bedeutsamsten Konflikt pro Tag	guter Überblick, reichhaltiges Datenmaterial	nicht alle protokollieren den gleichen Konflikt; mangelnde Vergleichbarkeit. Es ist unklar, ob die Kinder mitmachen.
	nur die Mutter	Die Mutter ist motivierter, weil sie häufiger da und stärker belastet ist.	Verzerrung der Situationen: der Vater ist auch stark beteiligt
Ort	überall, wo Konflikte passieren	keine	keine
	keine Alternative (wäre nur nötig, wenn man sich für eine Videoaufzeichnung entschieden hätte)	keine	keine
Zeitraum	über sechs Wochen täglich (sofern Konflikte vorkommen)	guter Überblick über einen längeren Zeitraum	hoher Aufwand der Auswertung
	Es werden etwa zehn Konflikte gesammelt. Wenn sie vorhanden sind, ist Schluss der Aufzeichnungen.	Begrenzung des auszuwertenden Materials	Es ist schwerer, einen Trend zu erkennen („Nehmen die Konflikte vielleicht im Laufe der Zeit ab?").
Ergebnis der Abwägung	a) Erinnerungsprotokoll Mitarbeiter/in: Über sechs Wochen füllt täglich jeweils ein Elternteil am Abend ein strukturiertes Erinnerungsprotokoll zu den Konflikten des Tages (und zum eigenen Verhalten dabei) aus. b) PC-Fragebogen Kinder: Jedes Kind füllt am Abend einen kindgerecht gestalteten PC-Fragebogen zu den Konflikten des Tages und zur erlebten Atmosphäre in der Familie aus.		

Zumeist werden nicht alle bei der Operationalisierung entstandenen In- **relevante** dikatoren zur Überprüfung der Fragestellung benötigt. Das Team muss folg- **Indikatoren** lich entscheiden, *welche Indikatoren* im Rahmen dieser Untersuchung Gel- **auswählen** tung erlangen und in *welcher Form* diese als Maßstäbe des Handeln dienen. Wie oben bereits erwähnt wurde, gelingt es selten, Indikatoren konkret zu formulieren. Das ist für methodisches Handeln akzeptabel, da es zumeist um Handlungsleitlinien geht. Für eine Evaluation müssen die Indikatoren hingegen erfassbar (messbar) sein. Die erste *Erschließungsfrage* lautet folglich: „Welche der Indikatoren dienen als Bewertungsmaßstäbe?" Die Ergebnisse der Auswahl werden in die erste Spalte der nachfolgenden Arbeitshilfe eingetragen.

Die Überführung der Indikatoren in einen Erhebungsbogen fällt leichter, **Erhebungsfragen** wenn diese in *Fragen* umformuliert werden, deren Beantwortung Auskunft **entwickeln** über das Ausmaß der Umsetzung der abgesprochenen Handlungsschritte und Haltungen sowie über die Folgen der Interventionen bei den Adressatinnen geben kann. Bei dieser Umformulierung ändern sich bisweilen noch einmal die Vorstellungen über das, was in Erfahrung gebracht werden soll (möglicherweise wandelt sich auch die Einschätzung der „Wichtigkeit" des einzelnen Indikators). Gegebenenfalls verwirft das Team an dieser Stelle bereits getroffenen Entscheidungen und konstruiert neue bzw. zusätzliche Erhebungsfragen, die sich besser für die Untersuchung eignen und eine bessere Datenqualität gewährleisten. Mitunter ergeben sich auch aus einem Indikator mehrere Erhebungsfragen. Die hier angebrachte *Erschließungsfrage* lautet: „Welche Erhebungsfragen wollen wir stellen, um die Indikatoren zu erfassen?"

Erhebungsfragen allein bilden noch *keinen* Maßstab. Wenn das Team be- **Erfolgsspanne** urteilen möchte, ob es „gut" oder „schlecht" arbeitet, muss es nun die Er- **festlegen** folgsspanne festlegen. Es ist einfach, in der Planung eine Vielzahl idealer Vorstellungen zu formulieren. Für eine Selbstevaluation ist es hingegen entscheidend, das *Anspruchsniveau* der Kolleginnen offen zu legen. Die eine Kollegin ist bereits zufrieden, wenn der Tag friedlich und harmonisch verläuft und das andere Teammitglied findet seine Arbeit nur erfolgreich, wenn ihm gelungen ist, das Konfliktlösungspotenzial der Kinder zu verbessern und betrachtet demzufolge Konflikte als „Übungssituationen". Welcher Anspruch angemessen ist, kann nur eine Teamdiskussion ergeben. Abstrakt formuliert könnte die *Erschließungsfrage* lauten: „Welche Ausprägung sollten die Indikatoren haben, damit wir behaupten können, dies dokumentiere ‚gute' Arbeit? Weniger abstrakt lautet die Frage: „Wann wären wir zufrieden?" oder „Wann könnten wir von ‚guter' Arbeit sprechen?" Die Festlegung des Anspruchsniveaus kann durch Angabe von Zahlen (*eine* geglückte Vermittlung von Wertschätzung, jeder *zehnte* Konflikt wird als gelöst betrachtet) geschehen, aber auch eine qualitative Beschreibung. Die Beschreibung der *Ausprägung* der Indikatoren empfiehlt sich, um der vielfach unterstellen Meinung entgegenzuwirken, man „lüge sich" bei der Selbstevaluation „etwas in die Tasche". Legt man jedoch die Maßstäbe für erfolgreiche Arbeit *vor* der Erhebung fest, sind die Ergebnisse später ohne Schwierigkei-

Arbeitshilfe 23: Erhebungsfragen und Erfolgsspannen

Indikatoren	Fragen für die Erhebung	Erfolgsspannen
Welche der Indikatoren sollen bei der Auswertung als Bewertungsmaßstäbe dienen?	Welche Erhebungsfragen wollen wir stellen, um die Indikatoren zu erfassen?	Wann wären wir zufrieden?, Wann könnten wir von „guter Arbeit" sprechen?
Es ist etwas geklärt worden.	*Wie oft wird die Konfliktlösung als eine gemeinsame Lösung bewertet?* *Wer hat geklärt?* *Wem ist was klar?*	*jeder zehnte Konflikt wird als gemeinsam gelöst bewertet*
Kein Beteiligter fühlt sich „niedergemacht".	*Wie oft gelingt es uns, Wertschätzungssignale in den Konflikt einzubauen?* *Wie fühlen sich die Beteiligten nach dem Konflikt?* *Welche Verhaltensweisen beim Mitarbeiter lösen welche Handlungen aus?*	*je Konflikt mindestens ein Signal der Wertschätzung* *wenn bei der Tagesauswertung der Beteiligten die Bewertungen überwiegend positiv sind*
Wir beobachten Konfliktverläufe und greifen nur ein, wenn Gewalt eskaliert.	*Wie oft greifen wir in Konflikte ein und wie oft nicht?* *In welche Konflikte greifen wir ein?*	*wenn es uns gelingt, uns bei „unkritischen" Konflikten zu über 50% zurückzuhalten.*

ten einstufbar. Es ist allerdings nicht erforderlich, für *jede* Erhebungsfrage (zwanghaft) eine Erfolgsspanne zu beschreiben. Nahezu jedes Team „schmuggelt" in dieser Phase auch Fragen in die Untersuchung, die sich *nicht* zwingend aus der Untersuchungsfragestellung ergeben, da es die Gelegenheit nutzen möchte, interessante Zusatzinformationen zu gewinnen.

Die folgende Arbeitshilfe für die Erarbeitung von Erhebungsfragen und Erfolgsspannen erhält aus Gründen der Übersichtlichkeit nur einige Beispiele für Indikatoren; im Erhebungsbogen auf S. 236ff finden sich weitere Indikatoren und Fragen.

Erhebungsbogen entwickeln

Wenn die Indikatoren so präzise wie möglich beschrieben und in Frageform gebracht sind, ist es ein kleiner Schritt zur Konstruktion des Erhebungsbogens. Das Team muss nun überlegen, wie es die Erhebungsfragen in Fragen für den festgelegten Erhebungsbogen (z. B. Protokollbogen für die Selbst- oder Fremdbeobachtung, Fragebogen oder Fragenleitfaden für das (Gruppen-) Interview) überführen kann. Demnach lautet die *Erschließungsfrage*: „Welche der Fragen für die Erhebung werden in welchen Formulierungen in welchen Erhebungsbogen überführt?"

Spätestens an dieser Stelle muss entschieden werden, wie weit die Datensammlung *standardisiert* werden soll. Eine umfassende Standardisierung (z. B. durch Vorgabe von anzukreuzenden Kategorien) spart zwar einerseits Zeit beim Ausfüllen und bei der Auswertung, doch eine Einordnung von Ereignissen oder Handlungen in Kategorien kann andererseits zu Unsicherheiten führen. Man muss unter Umständen so viele Kategorien vorhalten, dass das Suchen der richtigen Kategorie länger dauert als ein einfaches Eintragen mit eigenen Worten. Eigene Formulierungen müssen im Gegensatz dazu bei der *Auswertung* kategorisiert und interpretiert werden. *Gegen* eine hohe Standardisierung spricht außerdem, dass wichtige Informationen über Inhalte und Absprachen nicht erfasst werden können. Der „Königsweg" ist eine Mischung von standardisierten und offenen Fragen, wobei das Verhältnis beider nicht zuletzt im Hinblick auf die benötigte Datenmenge zu bestimmen ist: Sind viele Erhebungsbögen auszufüllen, sollte man stärker standardisieren, möchte man lediglich eine überschaubare Anzahl von Schlüsselsituationen auswerten, kann man sich mehr offene Eintragungen „leisten".

Die Erhebungsfragen müssen im Weiteren äußerst sorgfältig ausgearbeitet werden, damit man letzten Endes tatsächlich die für die Auswertung benötigten Daten erhält. In manchen Fällen (nicht im angeführten Beispiel) kann der Erhebungsbogen auch als Planungs- und Protokollbogen für die weitere Arbeit benutzt werden. Im Folgenden wird der Erhebungsbogen (für Eltern und Kinder; unkommentiert und unverändert) vorgestellt, den das Beispielteam der Jugendhilfe Schweicheln entwickelt hat.

Für die Konstruktion eines Erhebungsbogens gibt es keine gesonderte Arbeitshilfe, denn die Elemente können sehr vielfältig sein. Andererseits kann sich die Arbeit am Erhebungsbogen leicht verselbstständigen. Es ergibt sich in den meisten Fällen noch die eine oder andere Frage, die man schon immer einmal stellen wollte und da noch Platz auf dem Bogen ist, wird diese rasch eingefügt. Infolgedessen ist an dieser Stelle des Arbeitsprozesses noch einmal eine kollegiale Zwischenreflexion durchzuführen, die der „Entrümpelung" der Auflistung dient. Folgende *Prüffragen* bieten sich hierfür an:

Zwischenreflexion durchführen

- „Beziehen sich die Fragen im Erhebungsbogen auf die Untersuchungsfragestellung und die Erhebungsfragen?"
- „Sind die Fragen im Hinblick auf Untersuchungsmethode, Untersuchungsfeld und Untersuchungsgegenstand stimmig?"
- „Sind die Fragen nachvollziehbar und verständlich?
- „Erheben die Fragen tatsächlich die erwünschten Informationen? Gibt es Informationsüberschuss?"
- „Stehen Aufwand für Erhebung und Auswertung in einem angemessenen Verhältnis zum veranschlagten Zweck der Untersuchung?"

Nicht involvierte Kollegen oder eine Evaluationsberaterin sehen die Abweichungen im Übrigen besser und können das Team auf Auslassungen bzw. eine zu große Datenfülle hinweisen. Auch die Formulierung der Erhebungs-

Abb. 1: Erhebungsbogen für die Mitarbeiter

Erinnerungsprotokoll Mitarbeiter/in

Tag: _____   Mitarbeiterin: _____

A. Konflikte

1. Gesamtzahl der heutigen Konflikte   ☐
Dabei habe ich wie oft   gleich ☐   später ☐   nicht ☐   eingegriffen?

2.	Welches wesentliche Thema hatten die maximal drei wichtigsten Konflikte? (Stichwort)	Wer war an dem Konflikt beteiligt? Namneskürzel: No = Nora, Je = Jens, Sa = Sandra, Ma = Martin, Ag = Agnes, Co = Cora, Fr = Frank, In = Ingo, Jü = Jürgen, And. = Andere	Ging es nach meiner Einschätzung um Macht? (1: ja bis 4: nein)
a		☐ No. ☐ Je. ☐ Sa. ☐ Ma. ☐ Ag. ☐ Co. ☐ Fr. ☐ In. ☐ Jü. ☐ And.	1 2 3 4
b		☐ No. ☐ Je. ☐ Sa. ☐ Ma. ☐ Ag. ☐ Co. ☐ Fr. ☐ In. ☐ Jü. ☐ And.	1 2 3 4
c		☐ No. ☐ Je. ☐ Sa. ☐ Ma. ☐ Ag. ☐ Co. ☐ Fr. ☐ In. ☐ Jü. ☐ And.	1 2 3 4

Kommentar:

B. Kommunikationsverhalten im Konflikt

3.	Konnte ich den sachlichen Hintergrund des Konflikts verstehen? (1: ja bis 4: nein)	Konnte ich die Emotionen der anderen im Konflikt verstehen? (1: ja bis 4: nein)	Habe ich in den Konflikt eingegriffen? (gleich beteiligt ja nein)	Bin ich mit meinem Eingreifen bzw. Nichteingreifen zufrieden? (ja unklar nein)
a	1 2 3 4	1 2 3 4	☐ ☐ ☐	☐ ☐ ☐
b	1 2 3 4	1 2 3 4	☐ ☐ ☐	☐ ☐ ☐
c	1 2 3 4	1 2 3 4	☐ ☐ ☐	☐ ☐ ☐

4.	Habe ich meine Gefühle verbal äußern können? (ja nein)	Wenn ja, sind meine Gefühlsäußerungen angekommen? (1: ja bis 4: nein)	Habe ich im Konflikt zu allen Beteiligten Kontakt halten können? (1: ja bis 4: nein)	Konnte ich gegenüber allen Beteiligten „Wertschätzungssignale" ausdrücken? (1: ja bis 4: nein)
a	☐ ☐	1 2 3 4	1 2 3 4	1 2 3 4
b	☐ ☐	1 2 3 4	1 2 3 4	1 2 3 4
c	☐ ☐	1 2 3 4	1 2 3 4	1 2 3 4

Kommentar:

5.	Konnte ich die unterschiedlichen Bedürfnisse der Konfliktbeteiligten aufnehmen? (1: ja bis 4: nein)	Von wem konnte ich das nicht aufnehmen? (Namenskürzel)	Von wem konnte ich das aufnehmen? (Namenskürzel)
a	1 2 3 4	☐ No. ☐ Je. ☐ Sa. ☐ Ma. ☐ Ag. ☐ Co. ☐ Fr. ☐ In. ☐ Jü. ☐ And.	☐ No. ☐ Je. ☐ Sa. ☐ Ma. ☐ Ag. ☐ Co. ☐ Fr. ☐ In. ☐ Jü. ☐ And.
b	1 2 3 4	☐ No. ☐ Je. ☐ Sa. ☐ Ma. ☐ Ag. ☐ Co. ☐ Fr. ☐ In. ☐ Jü. ☐ And.	☐ No. ☐ Je. ☐ Sa. ☐ Ma. ☐ Ag. ☐ Co. ☐ Fr. ☐ In. ☐ Jü. ☐ And.
c	1 2 3 4	☐ No. ☐ Je. ☐ Sa. ☐ Ma. ☐ Ag. ☐ Co. ☐ Fr. ☐ In. ☐ Jü. ☐ And.	☐ No. ☐ Je. ☐ Sa. ☐ Ma. ☐ Ag. ☐ Co. ☐ Fr. ☐ In. ☐ Jü. ☐ And.

Kommentar:

Fortsetzung Abbildung 1

C. Lösungen

6	Namen der heutigen Konfliktbeteiligten	beteiligt	Grad der Beteiligung an den Lösungen (1: wenig bis 4: viel)				Beiträge im Konflikt eher (1: konstruktiv bis 4: destruktiv)				Hat derjenige bzw. diejenige eher gewonnen oder verloren? (gewonnen unklar verloren)		
	No.	☐	1	2	3	4	1	2	3	4	☐	☐	☐
	Je.	☐	1	2	3	4	1	2	3	4	☐	☐	☐
	Sa.	☐	1	2	3	4	1	2	3	4	☐	☐	☐
	Ma.	☐	1	2	3	4	1	2	3	4	☐	☐	☐
	Ag.	☐	1	2	3	4	1	2	3	4	☐	☐	☐
	Co.	☐	1	2	3	4	1	2	3	4	☐	☐	☐
	Fr.	☐	1	2	3	4	1	2	3	4	☐	☐	☐
	In.	☐	1	2	3	4	1	2	3	4	☐	☐	☐
	Jü.	☐	1	2	3	4	1	2	3	4	☐	☐	☐
	And.	☐	1	2	3	4	1	2	3	4	☐	☐	☐

7.	Wie beurteile ich die jeweilige Konfliktlösung? (1: gut bis 4: schlecht)				Ist dies eine Lösung von (mir einigen allen)		
a	1	2	3	4	☐	☐	☐
b	1	2	3	4	☐	☐	☐
c	1	2	3	4	☐	☐	☐

Kommentar:

D. Allgemeines

8.	Wie habe ich die Konfliktbeteiligten wahrgenommen?												Gab es Belastungen von außen?		
	vor dem Konflikt (1: angespannt bis 4: entspannt)				nach dem Konflikt (1: angespannt bis 4: entspannt)				insgesamt am Tag (1: angespannt bis 4: entspannt)				(ja unklar nein)		
No.	1	2	3	4	1	2	3	4	1	2	3	4	☐	☐	☐
Je.	1	2	3	4	1	2	3	4	1	2	3	4	☐	☐	☐
Sa.	1	2	3	4	1	2	3	4	1	2	3	4	☐	☐	☐
Ma.	1	2	3	4	1	2	3	4	1	2	3	4	☐	☐	☐
Ag.	1	2	3	4	1	2	3	4	1	2	3	4	☐	☐	☐
Co.	1	2	3	4	1	2	3	4	1	2	3	4	☐	☐	☐
Fr.	1	2	3	4	1	2	3	4	1	2	3	4	☐	☐	☐
In.	1	2	3	4	1	2	3	4	1	2	3	4	☐	☐	☐
Jü.	1	2	3	4	1	2	3	4	1	2	3	4	☐	☐	☐
And.	1	2	3	4	1	2	3	4	1	2	3	4	☐	☐	☐

9.	Wie sind jetzt meine Gefühle zu den Beteiligten? (1: positiv bis 4: negativ)				Kommentar:
No.	1	2	3	4	
Je.	1	2	3	4	
Sa.	1	2	3	4	
Ma.	1	2	3	4	
Ag.	1	2	3	4	
Co.	1	2	3	4	
Fr.	1	2	3	4	
In.	1	2	3	4	
Jü.	1	2	3	4	
And.	1	2	3	4	

10. Welche Hilfen brauche ich?

Abb. 2: Erhebungsbogen für Kinder

Für die Aussagen von lachend bis weinend werden Smilies benutzt.

Tag: _____   Wer? _____

1. Wie geht es mir heute?   ☺   ☹
                                                  1   2   3   4

2. Wie war der Tag so?   1   2   3   4

3. Mit wem habe ich mich heute gut verstanden?   ☐ No ☐ Je ☐ Sa ☐ Ma ☐ Fr ☐ Ag ☐ Co ☐ In ☐ Jü

4. Wer hat mich heute wohl als nett empfunden?   ☐ No ☐ Je ☐ Sa ☐ Ma ☐ Fr ☐ Ag ☐ Co ☐ In ☐ Jü

5. Wie geht es den anderen?   Will ich das so?   Habe ich die anderen heute verstanden?

	☺			☹	ja bis nein				ja bis nein			
No	1	2	3	4	1	2	3	4	1	2	3	4
Je	1	2	3	4	1	2	3	4	1	2	3	4
Sa	1	2	3	4	1	2	3	4	1	2	3	4
Ma	1	2	3	4	1	2	3	4	1	2	3	4
Ag	1	2	3	4	1	2	3	4	1	2	3	4
Co	1	2	3	4	1	2	3	4	1	2	3	4
In	1	2	3	4	1	2	3	4	1	2	3	4
Jü	1	2	3	4	1	2	3	4	1	2	3	4

6. Gab es heute viel Streit?   ☐ ja ☐ nein

7. Wer war heute der Bestimmer?   ☐ No ☐ Je ☐ Sa ☐ Ma ☐ Fr ☐ Ag ☐ Co ☐ In ☐ Jü

8. Was war der heftigste Streit heute?   _____

9. Wie heftig war der Streit?   sehr 1   2   3   4   nicht heftig

10. Wer hat gestritten?   Wer hat sich in den Streit eingemischt?   War das Einmischen eher gut oder schlecht?

	Wer hat gestritten?	Wer hat sich in den Streit eingemischt?	War das Einmischen eher gut oder schlecht?			
No	☐	☐	1	2	3	4
Je	☐	☐	1	2	3	4
Sa	☐	☐	1	2	3	4
Ma	☐	☐	1	2	3	4
Ag	☐	☐	1	2	3	4
Co	☐	☐	1	2	3	4
Fr	☐	☐	1	2	3	4
In	☐	☐	1	2	3	4
Jü	☐	☐	1	2	3	4

11. Habe ich diesen Streit verloren?   ☐ ja ☐ nein

12. Möchte ich noch einmal mit jemandem darüber reden?   ☐ ja ☐ nein

13. Muss ich mich noch bei jemandem entschuldigen?   ☐ ja ☐ nein

14. Habe ich noch auf jemanden Wut?   ☐ ja ☐ nein

15. Hätte ich mehr Hilfe bei diesem Streit gebraucht?   ☐ ja ☐ nein

16. Wer hätte mir helfen sollen?   ☐ No ☐ Je ☐ Sa ☐ Ma ☐ Fr ☐ Ag ☐ Co ☐ In ☐ Jü

17. Kommt der Streit wohl morgen wieder?   ja   1   2   3   4   nein

18. Kann ich heute wohl gut einschlafen?   ja   1   2   3   4   nein

fragen rückt erneut ins Blickfeld. Das Team sollte in Anbetracht der kollegialen Rückmeldungen noch einmal überdenken, ob es sich strikt an die zuvor formulierte Untersuchungsfragestellung hält oder diese noch einmal erweitert bzw. überarbeitet.

Mängel in der Konstruktion werden bisweilen erst als solche erkannt, **Erhebungsbogen** wenn der entworfene Erhebungsbogen einem Probelauf (Pretest) unterzo- **testen** gen wird. Wenn man ihn bei ausgewählten „Ernstfällen" ausprobiert, bemerkt man beispielsweise, ob Fragen missverständlich formuliert sind oder ob Kollegen ungewünschte Informationen eintragen. Das geschieht häufig, wenn ein Mitarbeiter allein den Erhebungsbogen entworfen hat oder die Kollegen nicht an Entscheidungen zur Auswahl von Daten beteiligt waren. Oftmals fehlen auch Spalten oder Fragen und andere sind wiederum überflüssig. *Erschließungsfragen* sind:

- ▓ „Sind die Fragen nachvollziehbar und verständlich? Verstehen alle Kolleginnen das Gleiche unter den Fragen?"
- ▓ „Erbringen die Eintragungen die Informationen, die gewünscht werden?" „Ist der Aufwand beim Ausfüllen des Erhebungsbogens leistbar?"

Wenn kollegiale Zwischenreflexion und Probelauf ergeben haben, dass die **Erhebung** Fragen des Erhebungsbogens angemessen, nachvollziehbar und verständlich **durchführen** sind sowie das Wesentliche erheben, beginnt die eigentliche Datensammlung. Jedes Teammitglied sammelt innerhalb der abgesprochenen Zeit die vereinbarte Menge an Daten, ohne sich weiter um deren Auswertung zu kümmern. Wenn die Erhebung über einen längeren Zeitraum andauert, sollte man jedoch zwischenzeitlich Teamgespräche über den Verlauf der Datensammlung anberaumen. Wie die Erfahrung zeigt, beginnen manche Kollegen erst kurz vor Schluss des vereinbarten Zeitraumes mit der Erledigung ihrer Arbeitsaufträge und bräuchten zwischendurch einen Ansporn. Mitunter beeinträchtigen unvorhersehbare und unbeeinflussbare Ereignisse (Widerfahrnisse) den Verlauf einer Selbstevaluation, beispielsweise können Kündigungen oder Krankheiten der Teammitglieder, Teamkonflikte, das Fernbleiben der Adressatinnen (bis hin zum kompletten Austausch der Zielgruppe), Konflikte zwischen Fachkräften und Adressatinnen oder Weisungen der Leitung, die den Aufwand einer Selbstevaluation unterschätzt oder schon wieder neue Arbeitsaufträge ausgibt, gute Vorsätze und Untersuchungsarbeit „aus der Bahn" bringen. Damit ist nicht gemeint, dass eine Selbstevaluation nur in störungsfreier Atmosphäre durchgeführt werden kann (die gibt es im beruflichen Alltag nicht); bisweilen helfen derartige Erhebungen dabei, ein unübersichtliches Terrain zu strukturieren oder Teamkonflikte besser zu orten. Die *Erschließungsfragen* für diesen Arbeitsschritt lauten:

- ▓ „Können die Kolleginnen die Daten ohne nennenswerte Störungen erfassen?"
- ▓ „Was wäre zu verändern, um die Untersuchung trotz auftretender Störungen durchführen zu können?"
- ▓ „Welche Unterstützung benötigen die Kollegen, die Schwierigkeiten haben, ihren Teil der Datenerhebung zu leisten?"

8.6 Auswertung und Präsentation der Daten

Die Aus- und Bewertung der Bögen erfolgt zweckmäßig in einer Klausursitzung der Teammitglieder. Folgende Arbeitsschritte sind empfehlenswert:

Daten und Ergebnisse zusammenstellen

Wenn die Zeit der Erhebung abgelaufen ist und die Bögen ausgefüllt vorliegen, folgt die Auswertung der Daten. Ergebnisse *darzustellen* bedeutet, alle gesammelten Daten *übersichtlich* anzuordnen. Für diesen Arbeitsschritt gibt es kaum Empfehlungen die sich im Rahmen dieser Darstellung für eine Verallgemeinerung eignen (Hinweise in König 2000). Oft eignen sich allerdings schon die Erhebungsbögen als Gliederungshilfe für die Darstellung der Ergebnisse: Man schreibt die Ergebnisse aller Erhebungen nach der Gliederung der Erhebungsfragen zusammen. Auf diese Weise entstehen Strichlisten, beispielsweise als *Themenlisten* und *Häufigkeiten* der Nennungen. Themen kann man wiederum in *Kategorien* gruppieren, die sich an den Untersuchungsfragen orientieren oder nach positiven und negativen Aussagen bzw. Herkunft der Nennungen sortiert werden können. Gute Übersichten erhält man auch, indem man beispielsweise Strichlisten und Kategorien in *Tabellen* fasst, *Verlaufs- und Entwicklungskurven* fertigt oder etwa *Kreis- bzw. Säulendiagramme* zeichnet. *Form* der Darstellung und Qualität der Daten sollten aufeinander abgestimmt sein. Kleine Datenmengen sollten beispielsweise nicht in Prozentangaben umgerechnet oder mit Diagrammen oder Darstellungsformen „aufpeppt" werden, die eher zur Bearbeitung größerer Datenmengen geeignet sind. Da es durchaus möglich ist, dass man zunächst einmal ratlos vor der Aufgabe der Zusammenstellung und Ordnung der Daten steht, ist zu diesem Zeitpunkt der Selbstevaluation eine neuerliche Austausch- und Beratungsphase mit Kolleginnen bzw. einem Evaluationsberater nützlich. Hierbei können Ideen zur Darstellung und Auszählung ausgetauscht sowie erste Eindrücke und Vorschläge für die Interpretation der Daten gesammelt werden. Das Ergebnis dieses Arbeitsschrittes sollte eine Übersicht (in Form einer großen Wandzeitung) sein, die alle für die Bearbeitung der Untersuchungsfragestellung benötigten Ergebnisse „auf einen Blick" präsentiert. *Erschließungsfragen* für diesen Arbeitsschritt lauten: „Ist die gewählte Form der Ergebnisdarstellung geeignet, die gesammelten Daten in übersichtlicher Form zusammenzufassen?" und „Erlaubt sie eine Zuordnung zu den Untersuchungsfragestellungen?"

Daten interpretieren und bewerten

Der Ergebnisdarstellung folgt die Suche nach Erkenntnissen. Eine *Erkenntnis* entsteht, wenn die gesammelten Ergebnisse mit anderen (vorab gebildeten Hypothesen, bisherigen Erfahrungen oder Ergebnissen anderer Teams bzw. Einrichtungen) verglichen und hierdurch Unterschiede festgestellt werden. Das Team wird diese Unterschiede interpretieren und das Ergebnis mithilfe der zuvor festgelegten Maßstäbe (einschließlich der Erfolgsspanne) und im Hinblick auf die Untersuchungsfragestellung bewerten. Die *Erschließungsfragen* bewegen sich in dieser Schrittfolge:

Arbeitshilfe 24: Vorschlag für die Ergebnispräsentation

Untersuchungsgegenstand Was haben wir untersucht? Wofür wollen wir die Ergebnisse der Evaluation nutzen?	
Untersuchungsfragestellungen Wir haben Untersuchung an folgender Frage orientiert:	
Hypothesen Wir sind folgenden Vermutungen zu den Ursachen des Problems nachgegangen:	
Erkenntnisse Im Unterschied zu unseren Hypothesen (oder zu unseren bisherigen Erfahrungen) . . .	
Interpretation Was bedeutet das? Wie können wir die Ergebnisse erklären – mit Blick auf unseren Untersuchungskontext, auf unsere bisherigen Erfahrungen, fachliche Standards und Forschungsergebnisse?	
Bewertung Wie stehen wir da – mit Blick auf unsere Hypothesen, unsere Maßstäbe, unsere Erfolgsspanne?	
Konsequenzen Was schließen wir daraus? Was nehmen wir uns vor?	

- *Erkenntnisse*: „Im Unterschied zu unserer Hypothese (oder unseren bisherigen Erfahrungen) ist es ganz anders bzw. trifft es nur teilweise zu."
- *Interpretation*: „Was bedeutet das? Wie können wir die Ergebnisse erklären – im Hinblick auf unseren Untersuchungskontext, bisherige Erfahrungen, fachliche Standards bzw. Forschungsergebnisse?"
- *Bewertung*: „Wie stehen wir da – im Hinblick auf unsere Hypothesen, Maßstäbe und Erfolgsspanne?"
- *Konsequenzen*: „Was schließen wir daraus? Was nehmen wir uns vor?"

Die Arbeitshilfe 24 listet diese Fragen (ohne Beispiel) auf.

Diskussion der Ergebnisse

An dieser Stelle des Arbeitsprozesses empfiehlt sich eine letzte kollegiale Diskussion der Ergebnisse. Das sich selbst evaluierende Team sollte hierfür seine Erkenntnisse zusammengefasst auf einer Wandzeitung präsentieren. Das Team diskutiert über die dargestellten Ergebnisse hinsichtlich ihrer Nachvollziehbarkeit sowie der Güte und Plausibilität der Interpretation. Außenstehende können Empfehlungen aussprechen, dem Team Tipps und Ideen für die Weiterarbeit geben und auf mögliche Probleme und so genannte blinde Flecken der Wahrnehmung hinweisen. Eine solche Form der kollegialen Beratung könnte auch ein Modell für Lernpartnerschaften zwischen kooperierenden Einrichtungen bzw. Sozialen Diensten werden.

Bericht über die Selbstevaluation veröffentlichen

Im Laufe einer Selbstevaluation wird viel Papier produziert, sodass man leicht den Überblick verlieren kann. Es empfiehlt sich, die wichtigsten Informationen über den Fortgang der Selbstevaluation und deren Ergebnisse in einem übersichtlich gegliederten, kurz gefassten Bericht zusammenzustellen. Diese Maßnahme hilft nicht nur bei der Veröffentlichung, sondern auch beim „Hausgebrauch", denn ein unübersichtlich angelegter Ordner

Arbeitshilfe 25: Gliederungsvorschlag für einen Evaluationsbericht

1. Darstellung des Untersuchungsfeldes innerhalb der Einrichtung	
2. Beschreibung der Ausgangssituation und Eingrenzung des Themenbereiches	
3. Untersuchungsgegenstand und Zweck der Untersuchung	
4. Hypothesen zu möglichen „Ursachen" des Problems und/oder Untersuchungsergebnissen	
5. Untersuchungsfragestellungen	
6. Ziele (Wirkungs- und Handlungsziele) und Indikatoren der praktischen Arbeit	
7. Darstellung der Bewertungsmaßstäbe bzw. der Erfolgsspanne	
8. Untersuchungsfeld und eingegrenzter Untersuchungsgegenstand	
9. Untersuchungsmethoden	
10. Vorstellung des Erhebungsbogens	
11. Darstellung der Ergebnisse (Erkenntnisse)	
12. Interpretation und Bewertung der Ergebnisse	
13. Konsequenzen für die weitere Arbeit	
14. Bemerkungen zur Durchführung des Projektes	

wird eher selten benutzt. Ein Vorschlag für eine Gliederung (ebenfalls ohne Beispiel) findet sich in der Arbeitshilfe 25 (Vorschlag für die Erstellung eines Qualitätshandbuches in Spiegel 2000b). Eine Arbeitsanleitung für einen adressatengerechten Bericht entwickelten außerdem Beywl und Schepp-Winter (2000).

Die Erschließungsfrage zur Erstellung des Berichts lautet: „Welche Informationen über das Selbstevaluationsprojekt müssen wir mindestens zusammenstellen, um den Verlauf der Datengewinnung, -interpretation und -bewertung nachvollziehbar und transparent darzustellen?"

Auf die komplette Darstellung der Ergebnisse des vorgestellten Beispielprojektes (Jugendhilfe Schweicheln) wird im Rahmen des vorliegenden Buches verzichtet; die Verfasserin verweist auf die Originaldarstellung (in ECKART 2000) sowie weitere veröffentlichte Projektberichte in Heil et al. (2002) und Spiegel (2000b). Abschließend werden jedoch noch einige Beobachtungen und Einschätzungen aus deren Ergebnisdarstellung angeführt. Die Fachkräfte der Jugendhilfe Schweicheln halten Folgendes fest (ECKART 2000, 32ff): **Beispielevaluation**

> „Die Fragen haben alle zum Nachdenken angeregt (Was passiert hier eigentlich? Was habe ich damit zu tun?), also zum Nachdenken über das eigene Verhalten und dessen Wirkung auf die Beziehungen im sozialen System Familie sowie zur Wahrnehmung des eigenen Anteils an der aktuellen Familienatmosphäre. Im zweiten Untersuchungszeitraum wurde eine höhere Bereitschaft zuzuhören festgestellt. Sich über Konflikte Gedanken machen war ‚das Thema' und ging einfacher. Die Mitarbeiter/innen greifen viel bewusster/reflektierter in Konflikte ein. Durch die Untersuchung wurden auch die Kinder wertgeschätzt, die nicht an einem Konflikt beteiligt waren. Jeder musste sich mit sich selber auseinandersetzen und konnte dies nicht – wie im akuten Konflikt – auf andere schieben. Auch die Auswertungen des Mitarbeiterbogens stützen diese Beobachtungen, da beim zweiten Zeitraum eine verminderte Konflikthäufigkeit und gleichzeitig positivere Bewertungen der Kommunikation in den Konflikten (bei sämtlichen Fragen dieses Komplexes) durch die Mitarbeiter festzustellen sind. Diese Untersuchung und die Untersuchungsinstrumente haben direkt auf die pädagogische Arbeit (positiv) gewirkt. Dies ist für uns das wichtigste Ergebnis."

Abschließend erlaubt sich die Verfasserin noch einige Anmerkungen zum Nutzen dieses Verfahrens für das methodische Handeln: Die Qualifizierung beginnt bereits bei der Konstruktion einer Untersuchung, da die vorab erfolgte Handlungsplanung hinsichtlich ihrer Angemessenheit geprüft wird. Wenn sich bereits in diesem Stadium „Fehler" zeigen, kann man die Planung sofort ändern und muss nicht erst warten, bis diese Fehler mittels Selbstevaluation festgestellt werden. Man erhält detaillierte Informationen über Abläufe (Handeln und dessen Folgen) sowie über Zusammenhänge von Prozessen und Wirkungen. Überdies erhält man schneller Rückmeldungen über die Angemessenheit der beruflichen Strategien. **Nutzen der Selbstevaluation für methodisches Handeln**

Fachkräfte befassen sich bei solchen Untersuchungen auf eine „neue" Art mit ihren Koproduzenten: Sie erkunden beispielsweise deren Motive und Bedürfnisse oder holen ihre Rückmeldungen zur Beurteilung der „Hilfen" ein. Sie profitieren gleichfalls, da durch Selbstbeobachtung und Selbstreflexion der Einsatz ihrer „Person als Werkzeug" gefördert wird. Sie nehmen eine forschende, experimentierende Haltung sich selbst gegenüber ein und trainieren somit professionelle Distanz. Auch das Team kann hierbei nur gewinnen, da die häufig auf Organisation begrenzte Diskussion wieder um fachliche Diskurse bereichert wird. Darüber hinaus üben die Fachkräfte Grundoperationen methodischen Handelns ein, wie beispielsweise die Operationalisierung oder die Dokumentation (s. Kap. 3.2.2). Überdies verringert sich durch den Einsatz sozialwissenschaftlicher Forschungsmethoden und die Orientierung der Selbstevaluation an der wissenschaftlichen Vorgehensweise die Distanz zur „Wissenschaft": Man erfährt auf sinnliche Weise, wie Forschung im Prinzip „funktioniert", da man sie gewissermaßen selbst praktiziert. Dies eröffnet neue Zugänge zu wissenschaftlichem Wissen.

Bei dieser Form der Selbstevaluation (mit dem Ziel der Optimierung der fachlichen Arbeit) stehen wissenschaftliche Gütekriterien (Validität, Reliabiliät, Repräsentativität und Verallgemeinerbarkeit) nicht im Vordergrund. Es geht in erster Linie darum, subjektive Konstruktionen und Deutungsmuster durch begründete Erfahrungen (Empirie) zu ersetzen: Plausibilität, Nachvollziehbarkeit, Relevanz, Effizienz und Flexibilität sind die entscheidenden Kriterien. Die selbstevaluative Arbeit fördert explizit Diskussionen über die Beziehung zwischen der ausgeübten Praxis und dem Fachwissen. Diejenigen, die sich selbst evaluieren, „theoretisieren" auf Grundlage der Analyse ihrer systematisch gesammelten Daten immer auch über ihr erfahrungsbezogenes Beobachtungs- und Beschreibungswissen, ihr Erklärungs- und Begründungswissen, über ihre fachlichen Leitlinien und Ziele, ihre Wertestandards sowie über ihr Handlungs- und Interventionswissen.

Grenzen der Selbstevaluation

Bei allem Lob des Vorgehens möchte die Verfasserin auch Grenzen dieses Verfahrens aufzeigen, denn es ist nicht für alle Evaluationsvorhaben geeignet. Die Selbstevaluation bezieht sich auf ein vorab definiertes Projekt mit einem vorgegebenen Ende sowie eine abgegrenzte und interessengeleitete Fragestellung. Es kann geschehen, dass diese Begrenzung ein Bild der Einrichtung vermittelt, das nicht der Wirklichkeitswahrnehmung anderer Personen entspricht (es entsteht z. B. der Eindruck, dieses Thema sei dominant, obgleich es möglicherweise einen mittleren Stellenwert hat). Selbstevaluationen sind Fallstudien und führen nicht zu verallgemeinerbaren Ergebnissen: Wenn drei Einrichtungsteams dieselbe Evaluationsfrage untersuchen (z. B. „Wie gestalten wir in unserer Einrichtung partizipative Prozesse?"), werden sie völlig verschiedene Untersuchungsergebnisse erzielen, da nur die Frage dieselbe ist, Strukturen, Konzeption, Team und Zielgruppen sich jedoch derart unterscheiden können, dass Vergleiche kaum möglich sind.

Ein weiterer kritischer Punkt ist die fehlende Distanz der Untersuchenden zu ihrem Forschungsgegenstand, da dies zur Ausblendung von kritischen Fragen und zur Konzentration auf einen eher nebensächlichen Bezugspunkt führen kann. Überdies ist zu konstatieren, dass die Selbstevaluation zwar (konflikthafte) Kommunikationsstrukturen in der Einrichtung herausarbeiten, diese jedoch nicht weiterbearbeiten kann. In diesem Fall sind andere Methoden, wie Supervision, Organisationsentwicklung oder etwa Coaching, angemessener.

Alle Arbeitshilfen stellen lediglich Leitlinien für die Arbeit vor Ort dar, denn jede Selbstevaluation ist ein Unikat: Auch wenn sich Fragestellungen zunächst gleichen und sich die Vorgehensweise an die der wissenschaftlichen Forschung anlehnt, wird jedes Erhebungsinstrument im Hinblick auf die besonderen Verhältnisse der Einrichtung, das Team, die Zielgruppen, die Ressourcen sowie andere Rahmenbedingungen individuell und „passgenau" konstruiert. Auf diese Weise entstehen ganz spezielle Untersuchungsfragestellungen, die vor Ort bearbeitet werden müssen und nicht ohne Modifizierung auf andere Einrichtungen übertragen werden können. Eine Begleitung, zunächst durch eine Evaluationsberaterin, später in Form einer kollegialen Lernpartnerschaft, ist hierbei ausgesprochen hilfreich.

Einsatz der Arbeitshilfen

III Anhang

Glossar

Aktionssystem: Eine lebenswelt- und ressourcenorientierte Soziale Arbeit konzentriert sich nicht nur auf die direkte Intervention und Arbeit mit Einzelnen. Sie widmet sich dem Aufbau, der Pflege und Unterstützung von Aktionssystemen und sozialen Netzen, die die Adressatinnen bei der (Wieder-) Erlangung ihrer Kompetenzen zur Gestaltung und Bewältigung ihres Alltags unterstützen. Aktionssysteme binden verschiedene Berufsgruppen sowie Laien fallbezogen und interinstitutionell zusammen und müssen ständig „gepflegt" werden, um zu funktionieren und sich nicht gegenseitig zu behindern. Die Zusammenstellung und Pflege von Aktionssystemen gehört zu den wichtigsten Aufgaben von Fachkräften.

Analyse der Rahmenbedingungen: Soziale Arbeit findet in einem gesellschaftspolitischen Zusammenhang, in Institutionen sowie innerhalb eines spezifischen Sozialraumes statt. Alle drei Bereiche strukturieren die Möglichkeiten der Zusammenarbeit von Fachkraft und Adressatin in einer Weise vor, die im beruflichen Alltag selten explizit reflektiert wird: Im Bereich „Gesellschaft/Politik" sind es sozialpolitische Funktionen des Arbeitsfeldes, gesetzliche Grundlagen, aktuelle sozialpolitische Trends und gesellschaftliche Zuschreibungsprozesse. Im institutionellen Bereich kommen die so genannte praktische Ideologie (Klatetzki 1998), der Kommunikationsstil der Kollegen sowie Machtprozesse in den Fokus. Sozialräumliches und institutionelles Umfeld sollten ebenfalls hinsichtlich ihrer Einflussfaktoren untersucht werden.

Arbeitshilfe: Arbeitshilfen für methodisches Handeln sind arbeitsfeldübergreifend konzipierte Analyse-, Planungs- und Reflexionshilfen. Es sind Checklisten, deren wiederkehrende Fragen auf Charakteristika der beruflichen Handlungsstruktur, die wissenschaftliche Vorgehensweise und den institutionell gestützten Einsatz der „Person als Werkzeug" abgestimmt sind. Sie sollen gewährleisten, dass die wesentlichen Strukturelemente, die das berufliche Handeln konstituieren, zusammengebracht werden. Inhalte werden hierbei nicht vorgegeben.

Arbeitsprinzip: Arbeitsprinzipien enthalten grundlegende und umfassende Aussagen über das Selbstverständnis und die zentralen Orientierungen einzelner Fachkräfte bzw. Organisationen. Es sind fachlich bzw. normativ begründete Handlungsmaximen (Ressourcenorientierung, Hilfe zur Selbsthilfe), die teilweise arbeitsfeldübergreifend, teilweise arbeitsfeld- oder problemspezifisch formuliert sind, ohne eine konkrete Situation im Blick zu haben. Die Aussagen sind teilweise als Handlungsimperativ („Tue dieses, unterlasse jenes!") oder als Motto („Wir arbeiten partizipativ.") gefasst. Arbeitsprinzipien vermitteln Fachkräften in abstrakter Form, jenseits aktueller Konzeptionsänderungen und institutioneller Anforderungen, eine gewisse berufliche Identität, ohne konkret festzulegen, wie in spezifischen Situationen zu handeln ist. Wenn Arbeitsprinzipien als Leitlinien für berufliches Alltagshandeln dienen sollen, müssen sie in → Handlungsregeln konkretisiert werden, da sie individuell auf unterschiedliche Weise interpretiert werden können.

Begründung und Rechtfertigung: Professionelles Handeln teilt mit der Wissenschaft den Begründungszwang und mit der Praxis den Handlungszwang. *Begründungen* erfolgen mit dem Hinweis auf wissenschaftliches Erklärungswissen, Erfahrungsdaten und ausgehandelte Ziele. Für alle Beteiligten muss nachvollziehbar sein, auf welche Hypothesen und Prognosen sich die Wahl der methodischen Vorgehensweise stützt. Die Konstruktion von Wirkungszusammenhängen muss darüber hinaus gerechtfertigt werden. *Rechtfertigungen* beziehen sich auf den Sinn von ausgehandelten oder gesetzten Zielen sowie konstruierten Interventionen. Da beides wertgeleitet erfolgt, muss man sich (und anderen) darüber Rechenschaft ablegen, welche Motive bzw. Anliegen man selbst verfolgt, auf welche Wertorientierungen man sich bezieht (und in welchem Verhältnis diese zu den Motiven und Wertorientierungen der Adressatinnen stehen). Anhand der Begründungen und Rechtfertigungen sind „gute" und „schlechte" Praxis zu unterscheiden.

Berichtswesen: Der Begriff des Berichtswesens bezeichnet eine kontinuierliche Dokumentation über Aufbau, Wirkungen (Effektivität) und Wirtschaftlichkeit (Effizienz) Sozialer Arbeit. Das Berichtswesen verknüpft fachliche Arbeit mit betriebswirtschaftlichen Anforderungen. Es sammelt und bündelt hauptsächlich *outputbezogene* Daten über die Arbeit in systematischer und übersichtlicher Form. Die Daten beziehen sich auf das Leistungsspektrum einer Organisationseinheit und erfassen die *strukturellen* Gegebenheiten (Aussagen und Zahlen, die sich in Kosten übersetzen lassen. Die so gesammelten Daten (Kennzahlen), erlauben Einschätzungen hinsichtlich Effizienz und Effektivität des Kosteneinsatzes. Sie werden zumeist jährlich zusammengestellt, sind steuerungsrelevant und geben Auskunft über die Weiterentwicklung einer Organisationseinheit. Daten zum Outcome, also zu *Wirkungen* der Leistungen, können mithilfe eines standardisierten Berichtswesens kaum abgebildet werden; sie erfordern andere Formen der Erfassung (z. B. durch Projekte der Selbstevaluation).

berufliche Ethik: Eine berufliche Ethik ist eine Sammlung von Verhaltensleitlinien, denen sich Angehörige einer → Profession verpflichten und über deren Einhaltung diese wacht. Halten sich Mitglieder nicht an die Standards, werden sie von den Standesvertretern aus der Organisation ausgeschlossen und teilweise auch mit Sanktionen belegt. Jede *Profession* hat einen solchen Ethik-Code entwickelt (z. B. der hippokratische Eid der Ärzte). Ein Kodex berufethischer Verhaltensstandards könnte für die Soziale Arbeit eine besondere Bedeutung erlangen, denn sozialberufliches Handeln ist zu einem hohen Anteil wertgeleitetes Handeln. Hierdurch eröffnet sich ein weites Feld für persönliche Willkür oder doch Beliebigkeit im Umgang mit Adressatinnen. In Deutschland wächst der Organisationsgrad der Berufsangehörigen nur langsam; der Deutsche Berufsverband für Sozialarbeit, Heilpädagogik (DBSH) diskutiert seit Jahren über berufsethische Standards; diese sind jedoch nicht sehr bekannt und haben keine Verbindlichkeit für die Soziale Arbeit. Mitglieder können sich in ein so genanntes Berufsregister eintragen und damit dokumentieren, dass sie diese Standards respektieren.

Bezugsdisziplin: Bezugsdisziplinen sind wissenschaftliche → Disziplinen, deren Wissensbestände (Theorien und Konzepte) für die Soziale Arbeit von Belang sind. Das Fächerspektrum des Studiums zeigt die Vielfalt dieser Disziplinen. Es ist umstritten, ob und welche dieser Disziplinen als „Leitdisziplin" der Sozialen Arbeit dienen könnte. Zu Beginn des letzten Jahrhunderts galt die Volkswirtschaft (als Herkunftswissenschaft von Alice Salomon) als Leitdisziplin des neuen Berufes. In der Weimarer Zeit gab es den ersten Wechsel zur allgemeinen Pädagogik, im Nationalsozialismus den Exkurs zu Medizin und Biologie und nach dem Zweiten Weltkrieg galten Psychologie, Sozialwissenschaften und wiederum Erziehungswissenschaft als wichtige Bezugsdisziplinen. Dieser mehrfache Wechsel hat die Klärung der Wissensbasis und auch das Bemühen um eine Integration der beiden Traditionen der Sozialarbeit und der Sozialpädagogik (einschließlich der Suche nach einer einheitlichen Berufsbezeichnung) erschwert. Lehrende der Studiengänge „Soziale Arbeit" sind häufig in ihrer so genannten Herkunftsdisziplin „einsozialisiert": Sie *blicken* aus dieser Richtung auf die Soziale Arbeit, was die Bestrebungen zur Etablierung einer eigenständigen Disziplin – einer → Sozialarbeitswissenschaft – zumindest teilweise erschwert.

Disziplin und Profession: Eine Disziplin ist einerseits das in lehrbare Form gebrachte *Wissen*, andererseits ein *Sozialsystem*, also eine Kommunikationsgemeinschaft von Wissenschaftlern, die dem gemeinsamen *Gegenstand* verpflichtet sind, der die Disziplin konstituiert (z. B. Bewältigung der Lebensaufgaben oder Soziale Probleme). Als Referenzpunkt der Disziplin gelten die Kriterien „Wahrheit" und „Richtigkeit". Professionen sind *keine* Wissenssysteme, sondern *Handlungssysteme*; sie beziehen sich zwar auf disziplinäres Wissen, stehen jedoch unter Handlungszwang. Ihr Referenzkriterium ist die „Wirksamkeit" (Stichweh 1984). Vertreter der → Sozialarbeitswissenschaft fordern, die Soziale Arbeit sowohl als Profession als auch als Wissenschaft zu entwickeln, da wissenschaftliche Ausbildung und eine eigenständige Disziplin Voraussetzungen der professionellen und wissenschaftlichen Anerkennung der Profession sind. Dies hat wiederum Auswirkungen auf den beruflichen Status und dessen finanzielle Einstufung.

doppeltes Mandat: Soziale Arbeit ist gesellschaftlich definierte Hilfe, die durch und in Institutionen organisiert wird. Daraus folgt, dass die Soziale Arbeit niemals nur „parteilich", im Sinne ihrer Adressaten agieren bzw. naiv mit dem Kundinnenbegriff operieren kann, sondern einem so genannten doppelten Mandat unterliegt (Böhnisch/Lösch 1973/1989). Obwohl der Staat durch seine Institutionen Ziele und Zwecke der Sozialen Arbeit weitgehend festlegt, verfügen Fachkräfte der Sozialen Arbeit über eine hohe „technische Autonomie", die sich aus den Charakteristika der beruflichen Handlungsstruktur ergibt (White 2000). Diese Autonomie gewährt Fachkräften Handlungsspielräume, die sie für ihre fachliche Arbeit nutzen können, ohne deren gesellschaftlich-institutionellen Zusammenhang negieren zu können.

Effektivität: Der Begriff der Effektivität bezieht sich auf die Zielangemessenheit, den Zielerreichungsgrad sowie auf den Wirkungsgrad Sozialer Arbeit (man kann ein gesetztes Ziel *erreichen*; dies bedeutet jedoch noch nicht, dass auch die erhofften *Wirkungen* eintreten). Effektivität bezieht sich auf die Frage: „Machen wir die *richtigen* Dinge, damit wir die angestrebten Ziele auch erreichen?" Diese Frage kann nur beantwortet werden, wenn geklärt ist, dass diese Ziele *richtig* und dem Bedarf angemessen sind. Bei der Frage nach der „Richtigkeit" sollte auch geprüft werden, ob die → Interventionen und Arrangements fachlich sinnvoll und begründet sowie berufsethisch gerechtfertigt sind.

Effizienz: Effizienz bezeichnet die Wirtschaftlichkeit einer Organisation, also das Verhältnis von Aufwand und Erfolg. Hierzu wird der Grad der Zielerreichung, unter Umständen der Wirkungsgrad oder Nutzen einer Leistung, zur Höhe der dafür eingesetzten Mittel in Bezug gesetzt. Dies ist nur möglich, wenn geklärt ist, *dass* die richtigen Dinge getan werden. Erst dann kann sich die Frage anschließen, ob diese auch *richtig* und damit wirtschaftlich getan werden. Beispiele für Effizienzprüfungen sind Vergleiche zwischen Einrichtungen oder ganzen Sozialräumen (Benchmarking, Vergleichsringe), die Informationen darüber ergeben sollen, ob und aus welchen Gründen etwa Einrichtung A die gleichen oder bessere Wirkungen mit weniger Mitteln erreicht als Einrichtung B. Da es schwierig und aufwändig ist, *Wirkungen* nachzuweisen, und zugleich schwer möglich, diese auf bestimmte Leistungen zurückzuführen (→ Technologiedefizit), werden häufig die faktisch entstehenden Kosten für erbrachte Leistungen (*Output*) verglichen, ohne diese in einen Zusammenhang mit den Wirkungen (*Outcome*) zu setzen.

Entscheidungssituation: Methodisches Handeln bezieht sich einerseits auf Planungsüberlegungen zur *Vorbereitung* von strategischem Handeln in Situationen, andererseits auf die Reflexion *abgelaufener* Situationen und Prozesse. Die Arbeit mit Entscheidungssituationen, also mit (auf Minuten) begrenzten dynamischen Ereignissen, in denen ein Entscheidungs- und Handlungszwang vorlag, ermöglicht es, planerische und reflexive methodische Kompetenzen *einzuüben*. Die Reflexion erfordert

möglichst authentisch beschriebene Situationsschilderungen, die wie folgt aufgebaut sein sollten: Nach einer einleitenden Skizze des Situationskontextes sollte man (möglichst in wörtlicher Rede) die Handlungsabfolge und die Interaktionen (Reaktionen), einschließlich der erlebten eigenen Gefühle und der wahrgenommenen Gefühle der anderen Beteiligten, protokollieren.

Evaluation: Eine Evaluation besteht aus einer systematischen Sammlung, Analyse und Bewertung von Daten über Ereignisse und Prozesse. Die Bewertung geschieht im Hinblick auf *Angemessenheit*, *Wirksamkeit* oder *Wirtschaftlichkeit* eines Prozesses, Projektes oder einer ganzen Einrichtung. Sie erfolgt *kriteriengeleitet*, also im Hinblick auf intendierte Ziele oder mithilfe fachlich legitimierter Maßstäbe (Qualitätskriterien oder -standards). Der Zweck einer Evaluation besteht darin, Informationen für die Optimierung der beruflichen Arbeit zu gewinnen. Im Bereich des methodischen Handelns geschieht Evaluation überwiegend als → Selbstevaluation.

Fallgeschichte: Als Fallgeschichten werden chronologisch geordnete Informationen über den Verlauf der Entwicklung einer oder mehrerer Personen in ihrem familiären sowie im institutionellen Kontext bezeichnet. Sie sind überwiegend in Akten dokumentiert und enthalten zumeist Berichte über erfolgte professionelle Interventionen und deren Folgen. Akten und Fallberichte bilden jedoch nicht die „Wirklichkeit" ab. Es sind komplexe Konstruktionen, die meist unter strategischen Gesichtspunkten („abnehmerorientiert") angefertigt werden. Der Leserin bleibt häufig unklar, wer welche Informationen mit welcher Absicht zusammengestellt hat. Daher müssen „Wahrheitsgehalt" und Aussagekraft von Fallgeschichten kritisch geprüft werden (→ subjektive Wirklichkeitskonstruktion). Fallgeschichten dienen wie → Entscheidungssituationen als Übungsmaterial für methodisches Handeln.

Fallverstehen: Professionelles Fallverstehen grenzt sich vom alltäglichen Verstehen durch wissenschaftlich fundierte Verfahren der Wissensgewinnung und -auswertung ab. Das Vorgehen bildet eine Synthese von Phänomenologie (Entdeckung des originär Vorfindbaren mit möglichst unvoreingenommenem Blick) und Hermeneutik (Auslegen von Gedanken und Texten, Erschließen von Sinnzusammenhängen). Diese beiden Ansätze sollen beim Bemühen um Verstehen, Suchen und Bewusstmachen von subjektiven Sinnzusammenhängen und beim

Rekonstruieren des Falls helfen. Das Fallverstehen erfolgt zumeist in zwei Stufen: Zunächst führt man mit der Adressatin ein narratives Interview, welches in schriftlicher Form aufgezeichnet wird. Schritte der Auswertung sind (nach Kraimer 1997) Bestimmung des Falls, Interpretation der objektiven Daten, Interpretation der ersten Sequenz bzw. Sinneinheit, Formulierung einer Fallhypothese, weitere Analyse zur Überprüfung der Kernaussage sowie Überprüfung und gegebenenfalls Modifizierung der Kernaussage. In der Fachdiskussion wurden verschiedene Versionen des so genannten Fallverstehens entwickelt.

Gegenstand Sozialer Arbeit: Als Gegenstand bezeichnet man das Erkenntnisobjekt einer wissenschaftlichen Disziplin, auf das alle theoretischen und praktischen Bemühungen gerichtet sind. Eine Gegenstandsbestimmung hat den Charakter einer Formel (z. B. „das Soziale" für die Soziologie oder die „Bildsamkeit" für die Erziehungswissenschaft). Die Formel markiert das spezifische Erkenntnisobjekt der Wissenschaft in Abgrenzung zu anderen Wissenschaften und verpflichtet die Mitglieder der wissenschaftlichen Disziplin auf den Erkenntnisgegenstand.

Handlung: Handlungen umfassen mehr als ein beobachtbares *Verhalten*, denn das, was man als (eigene oder fremde) Handlung interpretiert, beruht auf Bewertungsprozessen, die Emotionen auslösen und hierdurch eine emotionale Handlungsbereitschaft erzeugen, die bestimmte Handlungen nahe legt. Die Handelnden selbst und diejenigen, die das Handeln beobachten, *interpretieren* im Hinblick auf ihre subkulturell geprägte Sinnwelt, welche Funktion und welche Ziele das Handeln hat. Sie entscheiden auch, was sie als zusammenhängende Handlung ansehen und welche Wirkungen diese hat. Handlungen sind folglich immer kontextspezifisch zu interpretieren. Sie sind zumeist in Handlungsketten eingebettet, die auf Motiven und Gründen beruhen und zu Reaktionen und Resultaten führen. Es kann unterschieden werden zwischen *strategischen* (zielgerichteten) Handlungen (→ *Interventionen*), die eher Ergebnis einer reflexiven, methodischen Planung sind, und *reaktiven* Handlungen, die emotionsabhängiger sind.

Handlungsbereich: Handlungsbereiche bilden zusammen mit → Handlungsebenen Strukturelemente des Werkzeugkastens für methodisches Handeln. Folgende fünf Handlungsbereiche methodischen Handelns, in denen man sich immer wieder bewegt und innerhalb derer jeweils ein

breites Spektrum von Arbeitsschritten möglich ist, sind analytisch zu unterscheiden: → Analyse der Rahmenbedingungen, → Situations- oder Problemanalyse, → Zielentwicklung, → Planung sowie → Evaluation. Aufgrund verschiedener Einflussfaktoren fallen die Arbeitsschritte in den Handlungsbereichen auf jeder Handlungsebene unterschiedlich aus, obgleich es viele vergleichbare Elemente gibt.

Handlungsebene: Handlungsebenen bilden zusammen mit → Handlungsbereichen Strukturelemente des Werkzeugkastens für methodisches Handeln. Die Aufgaben methodischen Handelns sind auf drei, miteinander verknüpften Handlungsebenen angesiedelt: Die *Fallebene* bezeichnet Situationen, Aufgaben und Probleme, die in unmittelbarem Kontakt zu den Adressaten entstehen, unabhängig von ihrer Anzahl und Konstellation (Einzelpersonen, Familien, Gruppen, Gruppen, Gemeinwesen). Die *Managementebene* meint mittelbare Arbeitsprozesse (koordinierende, organisatorische und administrative Tätigkeiten), die als Voraussetzung und Folge der unmittelbaren Arbeit gelten (Teamarbeit, Konzeptionsentwicklung, Verfahrensgrundsätze) und die Fallarbeit absichern. Die *kommunale Planungsebene* umfasst Sozialplanungsprozesse im Dialog mit der Sozialpolitik zur Gewährleistung einer angemessenen sozialen Infrastruktur. Ihre Vorgaben beeinflussen mehr oder weniger direkt das methodische Handeln auf den beiden anderen Ebenen. Andererseits intervenieren Fachkräfte aus ihren Handlungsebenen in den kommunalpolitischen Planungsraum.

Handlungsregel: Handlungsregeln sind durchdachte, abgesprochene Richtlinien für praktisches Handeln und fokussieren insbesondere das „Wie", also die Haltung, mit der die Handlungen vorgenommen werden. Sie entstehen aus der theoretischen Reflexion von Handlungsproblemen und Theorien und konkretisieren → Arbeitsprinzipien bis auf die Ebene spezifischer Situationen; der Unterschied zwischen beiden liegt im Grad der Konkretisierung. Sie sollten innerhalb eines Teams entwickelt und möglichst an den konzeptionellen Zielen der Einrichtung orientiert sein. In der Fachdiskussion werden Handlungsregeln teilweise abschätzig und mit Verweis auf das strukturelle Technologiedefizit der Sozialen Arbeit als „Rezepte" bezeichnet, die berufliches Handeln unzulässig normieren. Die Autorin schätzt sie hingegen als Brücke zwischen Theorie und Praxis sowie als reflektierte Handlungsroutinen, die professionelles Handeln qualifizieren können.

Handlungsschritt: Der Begriff Handlungsschritt wird im Handlungsbereich der → Planung verwendet. Handlungsschritte sind spezifische Konstrukte, die im Zusammenwirken der Beteiligten entstehen. Es sind *Verabredungen* mit Adressatinnen und Mitgliedern des Aktionssystems darüber, was wer tun soll, um die ausgehandelten → Teilziele (der Adressatinnen) bzw. die → Handlungsziele (der Fachkräfte und des Aktionssystems) zu realisieren. Es empfiehlt sich, beim Entwurf von Handlungsschritten auf das reichhaltige Reservoir des → Handlungs- und Interventionswissens (z. B. arbeitsfeldspezifische Konzepte) zurückzugreifen und die vorgefundenen Vorschläge situations- oder falladäquat zu modifizieren. Im vorliegenden Buch wird des Öfteren der Begriff → Intervention verwendet und vorwiegend eingesetzt, wenn es um die *individuellen* strategischen Konstruktionen der Fachkräfte geht, die nicht systematisch in Absprachen begründet sind.

Handlungsziel: Handlungsziele beinhalten Ideen zu förderlichen Bedingungen, an deren Bereitstellung die Fachkräfte arbeiten, und die – so die Vorannahme – das Erreichen der → Wirkungsziele wahrscheinlicher machen. Handlungsziele können sich auf eine besondere Raumgestaltung, die Eröffnung eines Rahmens für Entwicklungen und Experimente oder eine zielförderliche Intervention oder Haltung der Fachkräfte und anderer Personen des Aktionssystems innerhalb und außerhalb einer Einrichtung beziehen. Sie beschreiben *Ideen* darüber, welche Bedingungen bzw. Arrangements das Erreichen von Wirkungszielen fördern. Es sind Ideen, die durch Erfahrungen und fachliche Konzepte gestützt werden. Ob die Adressatinnen diese Bedingungen so nutzen, wie es sich die Fachkräfte vorstellen, ist nicht garantiert (→ Technologiedefizit). Handlungsziele sind folglich die Arbeitsziele der *Fachkräfte* und diese sind auch für deren Realisierung zuständig und verantwortlich. Ihre Begründung und Rechtfertigung erfolgt im Team. Für die Förderung *eines* Wirkungszieles sind immer mehrere Handlungsziele erforderlich. Daher gleicht das Verhältnis der Ziele zueinander einer Pyramide. Handlungsziele werden systematisch gegen → Handlungsschritte abgegrenzt (Zielformulierungen sollten keine Handlungsschritte enthalten). Dennoch ist der Übergang fließend: Je konkreter ein Handlungsziel formuliert ist, desto ähnlicher wird es einem Handlungsschritt.

Indikator: Indikatoren konkretisieren Ziele bis auf beobachtbare, erfragbare und einschätzbare Ereignisse. Sie zeigen an, ob eine gewünschte Wirkung eingetreten ist oder ob Handlungsschritte tatsächlich umgesetzt werden. Indikatoren dienen dazu, komplexe Zusammenhänge oder Prozesse in bearbeitbare und beobachtbare Einheiten zu teilen. Sie entstehen in Operationalisierungsprozessen, wobei sich der Grad der Konkretisierung je nach Handlungsebene unterscheidet (bei einer Konzeptionsentwicklung macht es wenig Sinn, sich die gewünschte Realisierung von Handlungszielen detailliert vorzustellen). Am Wichtigsten ist die Bildung gut beschriebener Indikatoren für die Evaluation. Die Indikatorenbildung kann bei allen Arbeitsschritten hilfreich sein, zieht allerdings das Problem nach sich, dass die Komplexität der Wirklichkeit dadurch erheblich reduziert wird. Da Zuordnungen vor dem Hintergrund der subjektiven Wahrnehmung der Beteiligten erfolgen, gibt es zwar keine „richtigen" oder „falschen", aber doch mehr oder weniger nachvollziehbare Indikatoren. Auswahl und Zuordnung der Indikatoren sollten daher begründet und gerechtfertigt werden. Insbesondere bei (hypothetischen) Aussagen über *Wirkungen* sind immer mehrere Indikatoren zu kombinieren und die Ergebnisse der Messungen im Kontext der Erhebung zu interpretieren (kommunikativ zu validieren).

Intervention: Der Begriff Intervention wird für eine geplante methodische Handlung (ausgewiesene Methode, Ritual, Arrangement) verwendet, die strategisch, also im Hinblick auf ein Ziel, eingesetzt wird. Interventionen umschließen zumeist ein Bündel von Verhaltensweisen, welches man individuell und situativ „schnürt" (einschließlich der Variation von Mimik, Gestik und Tonfall). Sie greifen auf das vorliegende „Material" (Handlungs- und Interventionswissen) zurück und verwandeln es vor dem Hintergrund eigener Motive und Erfahrungen sowie unter Berücksichtigung des Handlungskontextes und der jeweiligen Situationsdynamik in individuelle, autonome und durchaus auch spontane Konstruktionen. Im Unterschied dazu wird der Begriff → Handlungsschritt eher dann benutzt, wenn es darum geht, zielorientierte Absprachen zwischen *allen* Beteiligten (auch der Adressatinnen) vorzunehmen.

Kategorien der Wirklichkeitserfassung: Da es nicht möglich ist, Wirklichkeit unabhängig von der Wahrnehmung, Beschreibung oder Erklärung einer Beobachterin darzustellen, können theoretisch begründete und kriteriengeleitete kategoriale Raster hilfreich sein für die mehrperspektivische Erfassung von Wirklichkeit. Sie helfen bei der Überwindung der individuellen Begrenzungen der eigenen Wahrnehmung. Für jedes Arbeitsfeld gibt es mehr oder weniger angemessene konzeptionelle Raster (so genannte diagnostische Instrumentarien; Heiner 2003). Es ist aber auch möglich, selbst *begründete* Kategorien zu entwickeln, die auf den Einzelfall in seinem lebensweltlichen und institutionellen Kontext zugeschnitten sind (s. auch Situations- oder Problemanalyse). Anzumerken ist, dass auch das Arbeiten mit konzeptionellen Rastern *nicht* gewährleistet, dass man objektive „Fakten" erhält. Alles was man beobachtet und beschreibt, ist lediglich eine „Sammlung von Ideen über Fakten" (Staub-Bernasconi 2003), die ebenfalls unangemessen sein kann.

Kompetenz: Menschen sind mit vielfachen Ressourcen ausgestattet. Sie verfügen über Kenntnisse, Erfahrungen, praktische Fertigkeiten, persönliche Fähigkeiten und Vorlieben, die sie in spezifischen Handlungssituationen einsetzen. Die Kompetenz eines Menschen zeichnet sich dadurch aus, auf welche Weise er seine persönlichen Ressourcen situativ mobilisiert bzw. mit den wechselnden Handlungssituationen kombiniert. Der Kompetenzbegriff ist ein *relationaler* Begriff, denn er stellt eine Beziehung her zwischen den aus dem individuellen Gesamtbestand jeweils für erforderlich gehaltenen und ausgewählten Kenntnissen (Wissen), den Fähigkeiten und Fertigkeiten (Können), den Motiven und Interessen (Wollen, Haltungen) sowie den Möglichkeiten (Anforderungen, Restriktionen der Umwelt). Kompetenz bezeichnet folglich die Fähigkeit zur *situationsspezifischen* Konkretisierung und Relationierung zwischen Person und Umwelt und basiert auf einer Vielzahl von Kenntnissen, Werten, Erfahrungen, Fähigkeiten und Handlungsantrieben. Kompetenzen werden durch Wissen *fundiert*, durch Werte *konstituiert*, als Fähigkeiten *disponiert*, durch Erfahrungen *konsolidiert* und aufgrund von Willen *realisiert* (Erpenbeck/Heyse 1999).

Konsensziel: Aufgrund des Charakteristikums der → Koproduktion ist es in der Sozialen Arbeit nicht vertretbar, Ziele einseitig oder lediglich mit Bezug auf die Fachdiskussion zu setzen. Ziele müssen in einem dialogischen Verständigungsprozess mit den Beteiligten *ausgehandelt* werden; mitunter ist es unumgänglich, die Ziele stellvertretend auszuhandeln. *Wirkungsziele* (konzeptionelle Ziele) werden häufiger gesetzt (da sie durch kommunale Planungsebene sowie Institution beeinflusst sind). *Handlungsziele* (Arbeitsziele der Fachkräfte) werden institutionell und vorwiegend stellvertretend, also unter Berücksichtigung der verschiedenen Erwartungen, ausgehandelt. *Teilziele* der Adressatinnen müssen *unabdingbar* zwischen den Personen ausgehandelt werden. Da es nicht immer möglich

ist, in *allen* Punkten einen Konsens zu erzielen, sollte es zur Regel werden, Dissense für eine spätere Bearbeitung zu dokumentieren.

Konzept: Konzepte sind veröffentlichte Entwürfe von Handlungsplänen oder Wirkungszusammenhängen, die hypothetischen Charakter haben. Sie kombinieren Beobachtungs- und Beschreibungswissen („Was ist der Fall?") mit Erklärungs- und Begründungswissen („Warum ist dies so?"), Wertwissen („Welche Zustände bzw. Verhaltensweisen sind wünschenswert?") und Handlungs- und Interventionswissen („Wie kommen wir da hin?"). Einige Konzepte beruhen auf empirischer Basis, da sie in der Praxis, beispielsweise in Modellvorhaben, erprobt und dann verallgemeinert wurden, andere wiederum bleiben auf der Ebene der gedanklichen Entwürfe. Neben den klassischen Konzepten (Methoden) der Sozialen Arbeit (Einzelhilfe, Soziale Gruppenarbeit, Gemeinwesenarbeit) finden sich in der Fachliteratur vielfältige, überwiegend arbeitsfeldspezifische Konzepte, auf die Fachkräfte bei ihrer konzeptionellen Arbeit und beim Entwurf von konzeptionellen oder fallspezifischen → Wirkungszusammenhängen zurückgreifen können. Alle tragen dazu bei, den Blick auf das jeweilige Arbeitsfeld zu erweitern.

Konzeption: Eine Konzeption ist der Entwurf eines „institutionellen" → Wirkungszusammenhanges für die gesamte Arbeit innerhalb einer Einrichtung oder einer Organisationseinheit. Sie ist mehr als eine Kombination verschiedener → Wissensbestände und im Unterschied zum → Konzept integriert sie zusätzlich institutionelles Wissen, (kommunal-) politisches Wissen, Wissen über Zielgruppen und persönliches Erfahrungswissen der Fachkräfte vor Ort. Sie enthält Aussagen darüber, welchen Zielgruppen welche Leistungen mit welchen Zielen und Leitlinien (Arbeitsprinzipien) sowie welchen Arbeits- und Angebotsformen angeboten werden, und wie und mit welchen Aufgaben welche Mitarbeiterinnen zusammenarbeiten. Sie ist ein gedankliches Grundgerüst, mit dem die strukturellen Elemente, die für methodische Arbeit unabdingbar sind, nachvollziehbar zusammengebracht werden. Sie beschreibt somit die Arbeit der Einrichtung und beantwortet die Fragen der Kollegen und auch Außenstehender nach dem Sinn der Arbeit und den zugrunde liegenden Wissensbeständen.

Koproduktion: Personenbezogene soziale Dienstleistungen erfolgen „uno actu": Sie werden gleichzeitig produziert und konsumiert. Fachkräfte der Sozialen Arbeit können ihre Angebote daher nicht vorproduzieren, sondern erbringen ihre Arbeit in Koproduktion. Sie können ihre → Interventionen nicht einseitig planen und umsetzen, sondern müssen sich in einen dialogischen Verständigungsprozess mit ihren Adressatinnen begeben. Fachkräfte sind zuständig und verantwortlich für *ihren* Part an der Koproduktion, ohne dass sie sich ihrer Verantwortung für den Part der Adressaten entziehen können. Sie müssen über den Willen zur Partizipation und Fähigkeiten des dialogischen Verstehens, der dialogischen Verständigung und des dialogischen Verhandelns verfügen (Kunstreich 1998). Sie benötigen hierzu eine berufliche Haltung, die tendenziell die Nachfrage und den Gebrauchswert der Angebote für die Adressatinnen (Nutzerinnen) in den Mittelpunkt stellt (Schaarschuch 2001).

Leistungsbeschreibung: Leistungsbeschreibungen dienen der systematischen Darstellung der Leistungen von Einrichtungen oder Organisationseinheiten. Sie bilden im Wesentlichen die strukturellen Elemente einer Konzeption ab, also Leistungen, die in Kosten umgerechnet werden können (z. B. Angebote, die bezifferbare Arbeitszeit in Anspruch nehmen oder Räume, deren Unterhaltung finanziert werden muss). Leistungsbeschreibungen sind eine Grundlage für Aushandlungsprozesse zwischen öffentlichen und freien Trägern. Es geht hierbei um Modalitäten der Leistungserbringung, um Kostenerstattung und im Weiteren um die Überprüfung von Zielerreichung und Wirksamkeit.

Methode/Methoden der Sozialen Arbeit: Mit dem Begriff der Methode werden traditionell die so genannten klassischen amerikanischen Methoden (Einzelhilfe, Soziale Gruppenarbeit, Gemeinwesenarbeit) bezeichnet, auf die sich die deutsche Ausbildung für die Soziale Arbeit vom Ende der 40er Jahre bis zum Beginn der 70er Jahre weitgehend bezog. Der Begriffsumfang dessen, was damit gemeint ist, bezieht sich auf eine Kombination von gesellschaftlichen Werten oder Zielen, von Inhalten und leitenden Grundsätzen (Arbeitsprinzipien) sowie bestimmten Arbeitsweisen, Verfahren, Techniken oder Fertigkeiten. Damit entspricht er dem Begriffsumfang eines → Konzeptes. Der Konzeptbegriff wird häufig mit dem im *Alltag* gängigen Methodenbegriff verwechselt, der sich auf den „Weg zum Ziel" im engeren Sinne konzentriert. Nach diesem Verständnis wird die Methode gleichgesetzt mit einem Werkzeug, das unabhängig vom Zweck seine Funktion erfüllt. Das Werkzeug „Messer" schneidet unabhängig davon, was man schneiden möchte, und wie dieser Akt bewertet wird (Brot schneiden oder Menschen verletzen). Dieses

„enge" Methodenverständnis ist problematisch, da es aufgrund der Charakteristika der beruflichen Handlungsstruktur keine → Technologien geben kann, die unabhängig von Kontextbedingungen in immer gleichem Maße wirken. Wegen der begrifflichen Verwirrung wird in diesem Buch daher weitgehend auf den Methodenbegriff verzichtet. Er wird einerseits durch den Konzeptbegriff und andererseits durch die Begriffe → Handlungsschritt und → Intervention ersetzt.

methodisches Handeln: Berufliches Handeln in der Sozialen Arbeit wird durch den Einsatz der eigenen „Person als Werkzeug" verwirklicht. Methodisches Handeln bedeutet, die spezifischen Aufgaben und Probleme der Sozialen Arbeit situativ *und* kontextbezogen, eklektisch *und* strukturiert sowie vorläufig *und* kriteriengeleitet zu bearbeiten, wobei die Orientierung an Charakteristika des beruflichen Handlungsfeldes sowie am wissenschaftlichen Vorgehen erfolgen sollte. Der Begriff beschreibt eine besondere Art und Weise von Analyse, Planung und Auswertung beruflichen Handelns, die sich vom laienhaften Alltagshandeln unterscheidet. Professionelle müssen ihre Situations- und Problemanalysen, die Entwicklung von Zielen und die Planung ihrer Interventionen verständigungsorientiert, mehrperspektivisch und revidierbar gestalten. Es wird von ihnen erwartet, dass sie ihre Handlungen transparent und intersubjektiv überprüfbar halten, diese berufsethisch rechtfertigen, unter Zuhilfenahme wissenschaftlicher und erfahrungsbezogener Wissensbestände begründen sowie hinsichtlich ihrer Wirksamkeit bilanzieren.

Operationalisierung: Die Operationalisierung ist ein Arbeitsprozess, in dem abstrakt gefasste Vorstellungen (Begriffe) derart konkretisiert werden, dass sie zum Handeln (zu „Operationen") führen. Den ersten Schritt bildet eine „*ergebnisbezogene* Operationalisierung", in der man (auf Wirkungsziele orientierte) → Teilziele oder → Handlungsziele weiter konkretisiert, sodass sich die Beteiligten gut vorstellen können, wie der gewünschte Zustand oder die angestrebte Handlungskompetenz aussehen könnte. Die Erschließungsfrage für diesen Vorgang lautet: „Woran könnten wir erkennen, dass wir den gewünschten Zustand (oder die Fähigkeit) erreicht haben?" Auf diese Weise erhält man eine anschauliche Basis für die → Planung, die sich in der *prozessbezogenen* Operationalisierung realisiert: Man nimmt diese konkrete Beschreibung, um von dort aus „rückwärts" zu denken. Hier lauten die Erschließungsfragen: „*Was* muss oder kann wer tun, um das Teilziel oder das Handlungsziel zu erreichen?" und: „*Wie* muss er oder sie das tun?" Eine dritte Form, die *strukturbezogene* Operationalisierung, bezieht sich auf strukturelle Gegebenheiten, denn bei jeder Planung muss auch bedacht werden, welcher Räume, Zeiten, personellen, materiellen und finanziellen Ressourcen es bedarf. Wenn es gelingt, die gewünschten Zustände oder Fähigkeiten, die Handlungsschritte sowie die strukturellen Gegebenheiten derart konkret auszuformulieren, dass man sie – falls sie realisiert werden – durch geeignete Beobachtungen, Befragungen oder Einschätzungen wieder erkennen kann, hat man → Indikatoren gewonnen, die zugleich der Evaluation dienlich sind.

Person als Werkzeug: Der Begriff „Person als Werkzeug" bezeichnet den strategischen und reflektierten Einsatz der eigenen beruflichen Persönlichkeit, wie sie als Grundfigur bereits von den Berufsgründerinnen angelegt wurde. Zusammengefasst besteht die professionelle Kunst darin, dass Fachkräfte ihr Können, Wissen und ihre beruflichen Haltungen fall- und kontextbezogen einsetzen. Die Fachkräfte sollen ihre persönlichkeitsbedingten Fähigkeiten kennen und diese fachlich qualifizieren bzw. ergänzen. Problematisch bei diesem Entwurf bleibt, dass sich im Laufe der Professionalisierung des Berufes hohe Anforderungen herausgebildet haben, die die einzelne Fachkraft systematisch überfordern. Dieses „individualisierte" Professionalitätsverständnis (Merten 1996) überdeckt möglicherweise auch, dass Soziale Arbeit per se staatlich initiierte, institutionell getragene Arbeit und daher immer eine Kombination von persönlicher *und* institutioneller Leistung ist. Fachkräfte sollten stärker akzeptieren, dass ihre „Organisation als Interpretations- und Entscheidungssystem" und deren „praktische Ideologie" (Klatetzki 1998) ihr Handeln im besten Fall stützen und absichern kann. Institutionelle „Stützgerüste", wie beispielsweise Konzeptionen, Leistungsbeschreibungen, Verfahrensgrundsätze und Schlüsselprozesse, sollten demzufolge akzeptiert und genutzt werden.

Planung: In Planungsprozessen werden Ziele durch den Entwurf von Arbeitsprinzipien, Handlungsschritten und Handlungsregeln sowie das Arrangement von strukturellen Voraussetzungen (z. B. Räume, Zeiten, Finanzen oder Personal) weiter konkretisiert. Wenn Planung Adressatinnen direkt betrifft (bei der Realisierung von Teilzielen), erfolgt diese dialogisch und koproduktiv; für konzeptionelle Planungen (Wirkungsziele) und die Planung von Handlungszielen sind überwiegend die Fachkräfte (und ihr Team) verantwortlich. Die Technik

der → Operationalisierung kann helfen, einen nachvollziehbaren (hypothetischen) → Wirkungszusammenhang zu entfalten.

Profession: Der Begriff der Professionalisierung bezeichnet den Prozess der Entstehung der „Profession". Eine Profession ist zuständig für Inhalte, die im Laufe der historischen Entwicklung dem Alltagsleben entnommen und mithilfe von Zuständigkeitsregeln wiederum mit diesem verbunden wurden. Für die Soziale Arbeit stellte sich seit den 70er Jahren (mit der Einführung der Hochschulausbildung) die Frage, ob sie lediglich als Beruf oder als Profession zu verstehen sei. Legt man die klassischen berufssoziologischen Kriterien an (systematisierter, wissenschaftlicher Wissensbestand, berufliche Ethik, Beherrschung „anerkannter" Methoden, spezifische Fachsprache, gesellschaftliche Lizenz zur Bearbeitung abgegrenzter Inhalte, Freiberuflichkeit, Selbstkontrolle), so ist die Soziale Arbeit bestenfalls als „Semiprofession" zu bezeichnen. In den 80er Jahren wendete man sich infolgedessen von diesem Professionsmodell ab und begründete eine angemessenere Bestimmung von → Professionalität.

Professionalität: Der Begriff der Professionalität negiert die strukturfunktionalistischen Kriterien der Bestimmung von → Profession und orientiert sich an einem besonderen Umgang mit den beiden Systemen „Profession" und „Disziplin". „Reflexive Professionalität" (Dewe/Otto 2001a) bezeichnet die Einheit von Wissensbasis und Fallverstehen. Professionelles Wissen teilt mit dem *praktischen Handlungswissen* den permanenten Entscheidungsdruck und das Kriterium der „Angemessenheit", mit dem *systematischen Wissenschaftswissen* teilt es den gesteigerten Begründungszwang und das Kriterium der „Wahrheit". Reflexive Professionalität kommt als eigenständiges drittes System hinzu. Es bildet den Bezugspunkt für die Kontrastierung und Relationierung der beiden Wissenstypen, ohne eine zu präferieren. Sie konstituiert eine Handlungsstruktur, in der es möglich wird, die Handlungsprobleme der Alltagspraxis aus der Distanz „stellvertretend" für die alltagspraktisch Handelnden wissenschaftlich reflektiert zu deuten und zu bearbeiten.

Qualität: Qualität ist nach der Definition des Deutschen Institutes für Normung die Gesamtheit von Eigenschaften und Merkmalen eines Produktes oder einer Dienstleistung, die sich auf deren Eignung zur Erfüllung festgesetzter oder vorausgesetzter Erfordernisse beziehen. Der Qualitätsbegriff muss inhaltlich gefüllt werden. Es muss entschieden werden, welches die „Erfordernisse" sind, und es ist evident, dass die Vorstellungen über „gute" Qualität je nach Sichtweise und Gebrauchsinteresse der verschiedenen Beteiligten stark differieren und auch unterschiedlich gewichtet werden. Adressaten interessieren sich erfahrungsgemäß für die Prozessdimension („Was läuft zur Zeit und wie läuft es?"), Kostenträger und Politiker wünschen „Ergebnisse" bzw. Wirkungen bei niedrigen Kosten und Fachkräfte pochen auch darauf, dass die strukturellen Rahmenbedingungen stimmen müssen, damit sie ihre Arbeit qualitativ „gut" verrichten können: Qualität muss folglich *ausgehandelt* werden.

Schlüsselkompetenz: Schlüsselkompetenz ist die Bezeichnung für berufs- und aufgabenunabhängige Kompetenzen, die für qualifizierte Tätigkeiten in allen Arbeitsfeldern benötigt werden. Es sind Kenntnisse, Fähigkeiten und Fertigkeiten, die nicht für die Ausübung von *speziellen*, praktischen Tätigkeiten erforderlich sind, sondern die man benötigt, um zu einem bestimmten Zeitpunkt in Anbetracht bestimmter Anforderungen in Alternativen zu denken und zu handeln, und auch auf unvorhersehbare Änderungen angemessen reagieren zu können. Schlüsselkompetenzen sind *soziale* Kompetenzen im engeren Sinne, wie beispielsweise Neugier, Eigeninitiative, Interesse an neuen Situationen, Kommunikationsfähigkeit, Teamfähigkeit, Konfliktfähigkeit, Flexibilität, Durchsetzungsfähigkeit oder ganzheitliches Denken.

Schlüsselsituation: Fachkräfte agieren in Einzelsituationen, die konflikthaft oder unbefriedigend verlaufen und Anlass für Absprachen geben. Häufig stellt sich heraus, dass solche oder ähnliche Situationen immer wieder auftreten. Wenn dies entscheidende Situationen sind, von deren „Gelingen" vieles abhängt, werden sie als Schlüsselsituationen bezeichnet. Für solche Situationen gilt, dass sie neben ihrer Individualität viele vergleichbare Elemente haben, und man greift beim Handeln unwillkürlich auf eigene Erfahrungen in früheren Situationen zurück, die sich schon aus arbeitsökonomischen Motiven in Routinen niedergeschlagen haben. Vor allem in konfliktgeladenen Situationen zeigen Fachkräfte eher *reaktive* Handlungen als strategische → Interventionen, mittels derer es gelingen könnte, Kreisprozesse zu durchbrechen und neue Situationsdeutungen und -gestaltungen zu eröffnen. Aufgrund dessen sollte man diese Reaktionen und persönlichen Routinen im Team begutachten, fachlich anreichern und als reflektierte Absprachen wieder in den Arbeitsalltag einführen. Damit ist die Hypothese verbunden, dass man nach mehrfacher Reflexion der eigenen Handlungen in Schlüsselsituationen besser in der Lage ist, reaktive durch strategische Handlungen zu ersetzen.

Selbstevaluation: Die Selbstevaluation ist ein Verfahren zur kriteriengeleiteten Bewertung der *eigenen* Arbeit. Selbstevaluation ist „Forschung in eigener Sache" (Heiner 1988), folglich ist methodisch ähnlich vorzugehen wie bei einem Forschungsvorhaben: Man entwickelt – je nach Erkenntnisinteresse – eine oder mehrere spezifische Untersuchungsfragen, formuliert Hypothesen über mögliche Zusammenhänge, entwickelt Kriterien (Maßstäbe) zur Beurteilung der Ergebnisse, beschreibt Indikatoren für die Datenerhebung, entwirft einen Untersuchungsplan, konstruiert im Hinblick auf die Indikatoren einen Erhebungsbogen zur Sammlung der entsprechenden Daten und wertet diese nach der Erhebungsphase systematisch und anhand der zuvor festgelegten Bewertungskriterien aus. Die Datensammlung geschieht mit Hilfe von Interviews, Fragebögen, standardisierten Beobachtungen, Gruppendiskussionen oder anderen Untersuchungsmethoden, die auf die Erfordernisse der Untersuchung zugeschnitten werden. Die Ergebnisse werden im Team interpretiert und (kommunikativ) validiert. Sie geben – je nach Fragestellung – Auskunft darüber, ob konzeptionelle Ziele auch tatsächlich in der Einrichtung in Arrangements und Handlungsschritte umgesetzt werden (konzeptionelle Dimension), wie darauf bezogene Entwicklungen und Prozesse verlaufen sind (Prozessdimension) und wie die Mitarbeiter Arbeitszeit und Ressourcen einsetzen (strukturelle Dimension). Man kann auch nach direkten Wirkungen der Arbeit auf die Adressaten suchen (Ergebnisdimension).

Situations- oder Problemanalyse: Eine Situations- oder Problemanalyse beruht auf einer dialogischen Verständigung mit den Beteiligten darüber, wie die Ausgangslage zu interpretieren ist und wohin man sich bewegen möchte. Sie entsteht aus einer kriteriengeleiteten und mehrperspektivischen Sammlung von Informationen über die Wahrnehmung und Bewertung einer Situation oder eines Problems. Das Verfahren soll zur Klärung dessen beitragen, „was der Fall ist" und Ansatzpunkte für weiteres methodisches Vorgehen aufzeigen. Als Ergebnis einer solchen Analyse erhält man eine „Sammlung von Ideen über Fakten" (Staub-Bernasconi 2003), die unter dem Vorbehalt der Revision steht.

Sozialarbeitswissenschaft: Es gibt bis heute keine Einigkeit darüber, welche der wissenschaftlichen →

Bezugsdisziplinen als Leitwissenschaft der Sozialen Arbeit gelten kann. In Abgrenzung zur eher universitären „Sozialpädagogik", als deren Leitwissenschaft die *Erziehungswissenschaft* gelten kann, arbeiten Wissenschaftlerinnen, die sich in der „Deutschen Gesellschaft für Sozialarbeit" (DGSA) zusammengeschlossen haben, an der Etablierung einer eigenständigen *Sozialarbeitswissenschaft*. Gründe für den Streit über die „Berechtigung" einer eigenständigen Disziplin liegen in den beiden Entwicklungssträngen der Sozialen Arbeit mit jeweils eigenen Theorietraditionen und professionellen Identitäten sowie in hochschulpolitischen und berufsständischen Interessen. Die Zielsetzung der Sozialarbeitswissenschaftler geht dahin, eine integrative Querschnittswissenschaft zu etablieren. Damit ist die Idee verknüpft, vielfältige Wissensbestände aus den Bezugsdisziplinen im Hinblick auf einen → Gegenstand Sozialer Arbeit zu „ordnen", um unter anderem Bezugspunkte für das Studium zu gewinnen. Es soll auch möglich werden, aus dem disziplinären Zusammenhang heraus Aufträge für Forschung und Theoriebildung zu formulieren: *Sozialarbeitswissenschaft als Grundlagenwissenschaft* fungiert als kritisches Korrektiv für die Praxis. Die Aufgabe besteht in der Reflexion und Analyse spezifischer Praxisbedingungen, wobei wissenschaftliche Erkenntnisprinzipien wie Distanz, Handlungsentlastung oder etwa Theoriebildung gewahrt werden. *Sozialarbeitswissenschaft als Handlungstheorie* hat die Aufgabe, für spezifische Arbeitsfelder Kenntnisse, Fähigkeiten und Fertigkeiten näher zu beschreiben, sie zu systematisieren und in curriculare Elemente (verfügbare Wissensbestände) umzuwandeln. *Sozialarbeitswissenschaft als Handlungslehre* befasst sich mit den Fähigkeiten der Fachkräfte, sich auf ihr eigenes Tun zu beziehen und die Wissensbestände der Sozialen Arbeit mit ihrer Praxis zu verbinden (Vahsen 1996).

stellvertretende Deutung: Das Konzept der stellvertretenden Deutung ist ein Ergebnis der Auseinandersetzung der Profession mit dem so genannten Theorie-Praxis-Verhältnis. Anstatt an der wissenschaftsbasierten Kompetenz als solcher festzuhalten, steht nun die *hermeneutische* Kompetenz der professionellen Praktikerinnen im Mittelpunkt. Sie bildet das „Medium", in dem das wissenschaftliche Wissen wirksam werden kann, ohne die Autonomie der Adressaten aufzuheben, denn der Widerspruch zwischen Theorieverstehen und ‚hermeneutischem Fallverstehen' (Oevermann 1979) muss ausgehalten werden. Das Prinzip der stellvertretenden Deutung ist ein Reflexionszusammenhang, der immer mit dem gleichen Verfahren erzeugt wird: Mittels

Fallrekonstruktion und wissenschaftlicher Reflexion wird ein Situations- oder Problemzusammenhang „dekomponiert" und mit anderen, teilweise wissenschaftlichen Wissens- und Urteilsformen, relationiert. Hierbei wird das „Neue", also eine praktikable und lebbare Problembearbeitung oder -lösung gemeinsam hervorgebracht (Dewe/Otto 2001b).

subjektive Wirklichkeitskonstruktion: Nach dem systemischen Paradigma ist es nicht möglich, die Wirklichkeit objektiv, also unabhängig von Wahrnehmung, Beschreibung oder Erklärung einer Beobachterin, darzustellen. Beschreibungen und Erklärungen der Wirklichkeit stehen immer im Bezugsrahmen der von der Beobachterin verwendeten *Theorien* sowie der im für sie relevanten Kontext bedeutsamen *Themen*. Die menschliche Wahrnehmung geschieht „selektiv" und auf der Folie des jeweils erfahrungsgeleiteten und theoretischen Vorverständnisses. Die selektive Wahrnehmung hilft den Individuen, die Komplexität des Handlungsfeldes zu reduzieren und somit ihre subjektive Handlungsfähigkeit zu erhalten. In der beruflichen Sozialen Arbeit kann sie hingegen kontraproduktiv sein, da sie dazu führen kann, die eigene Wahrnehmung absolut zu setzen, und die Perspektiven und Deutungsmuster der Adressaten zu ignorieren.

Technologie: Technologien sind Entwürfe von so genannten Ziel-Mittel-Zusammenhängen. Sie werden auf der Grundlage von erklärenden Theorien konstruiert, die den Anspruch erheben, *kausale* Beziehungen zwischen verschiedenen Ereignissen zu erfassen. Theorien, die Erklärungen für Ursache-Wirkungs-Zusammenhänge bieten, können nach dieser Vorstellung auch dazu benutzt werden, zukünftige Ereignisse oder Entwicklungen *vorauszusagen*. Damit gewinnt man – wie etwa bei der Herstellung von Autos – Möglichkeiten, zu planen, Prozesse kontrolliert auszulösen sowie in ihrer Entwicklung zu steuern und zu kontrollieren. Zu diesem Zweck werden kausale Erkenntnisse über Ursache-Wirkungs-Beziehungen in finale (zielgerichtete) Ziel-Mittel-Entwürfe überführt.

Technologiedefizit: Ein Zusammenhang zwischen Ursache und Wirkung und weiter zwischen methodischer Vorgehensweise und Ziel, der stabil und eindeutig ist (im Sinn von „Methode X bewirkt Ereignis Z"), lässt sich in der Sozialen Arbeit *nicht* herstellen. Alle Komponenten einer Situation wandeln sich aufgrund der strukturellen Komplexität sozialer Prozesse und sind folglich prinzipiell nicht vorhersehbar. Die Soziale Arbeit verfügt somit über ein „Technologiedefizit" (Luhmann/Schorr 1982), das strukturell durch die Komplexität und Unvorhersehbarkeit sozialer Prozesse begründet ist. Infolgedessen ist es auch nicht möglich, pädagogische Prozesse in Gänze zu steuern, zu kontrollieren und Wirkungen exakt vorherzusagen. Pädagogische Planung muss somit in relativierter und revidierbarer Form erfolgen, beispielsweise mittels konstruierter und immer hypothetischer → Wirkungszusammenhänge.

Teilziel: *Wirkungsziele* beziehen sich auf wünschenswerte Zustände für und Kompetenzen von *Adressatinnen*, deren Erreichen durch die Bemühungen der Fachkräfte unterstützt werden soll. Sie geben die grobe Richtung des Unterfangens an und haben diesbezüglich Orientierungsfunktion. Da sich die Planungszeiträume mitunter über Jahre hinziehen, ist es notwendig, für absehbare Zeiträume Teilziele zu bilden. Teilziele sind folglich konkret formulierte und tendenziell erreichbare Etappen auf dem Weg zum Wirkungsziel. Teilziele sind überdies Ziele der *Adressatinnen*, somit sind diese auch für deren Realisierung verantwortlich. Sie bilden den Bezugspunkt für die Konstruktion von → Handlungszielen (Arbeitsziele der Fachkräfte und des Aktionssystems) und rechtfertigen diese.

Theorie: Eine Theorie ist eine analytische *Beschreibung* bzw. *Erklärung* von Zusammenhängen begrenzter Reichweite, die sich auf einen spezifizierten Gegenstand bezieht. Sie kann empirisch gewonnen bzw. postuliert (gesetzt) oder in der Grundlagen- oder anwendungsorientierten Forschung entstanden sein. Wissenschaftlich gewonnene Theorien unterscheiden sich von Alltagstheorien im Wesentlichen durch ihr Zustandekommen, also durch die *methodische Vorgehensweise*, das Bemühen um *Systematisierung* von Erkenntnissen und die *interpersonale Überprüfbarkeit* der Aussagen. Entscheidend für die Theoriebildung ist somit die Art und Weise, wie man zu Erkenntnissen kommt. Theorien können nicht problemlos auf die Analyse und Bearbeitung von Situationen und Problemen übertragen (transferiert) werden, sondern müssen für die praktische Anwendung „umgewandelt" (transformiert) werden. Es ist nicht möglich, einer Situation oder einem Problem im Voraus und „theoretisch" Beschreibungen, (Ursachen-) Erklärungen, Ziele und Verfahren zuzuordnen, es ist vielmehr von Fall zu Fall überlegen, mit welcher Theorie (oder welchen Theoriefragmenten) diese zu relationieren ist. Theorien haben Aufklärungs- und Orientierungsfunktion. Sie stellen konzeptionelle Raster dar, die die Erfassung von Wirklichkeiten strukturieren können. Fach-

kräfte sollten über einen angemessen Fundus an Theorien verfügen und Wege kennen, wie sie sich fallbezogen wissenschaftlich erzeugtes Wissen erschließen können.

Werte: Werte sind ideelle religiöse, philosophische und gesellschaftliche Vorstellungen über Menschenbilder bzw. gesellschaftliche Idealzustände. Es gibt keine universal gültigen Werte oder Wertsysteme, sondern lediglich Setzungen (Postulate), denen man sich anschließen kann. Einige (universelle) Wertsysteme werden gesellschaftlich weitgehend geteilt, andere sind eher partikular oder werden – zumindest von verschiedenen gesellschaftlichen (Berufs-) Gruppen – unterschiedlich gewichtet. *Individuelle* Wertestandards (Sinnkonstruktionen) als „persönliche Mischungen" der unterschiedlichen Wertangebote bilden sich im Laufe einer Biografie. Wertestandards sind in (beruflichen) Haltungen wieder zu finden, und sie beeinflussen auch die Wahrnehmung von Situationen und Problemen. Pädagogisches Handeln ist zu einem hohen Anteil wertgeleitetes Handeln; Fachkräfte sollten reflektieren können, auf welche Werte sie sich beziehen, und wissen, wie sie ihre persönlichen Sinnkonstruktionen mit beruflichen Wertestandards und mit Sinnkonstruktionen der Adressatinnen relationieren können. Sie sollten ihr berufliches Handeln im Hinblick auf normative und fachliche Standards rechtfertigen können.

Wirkungsziel: Wirkungsziele bezeichnen Vorstellungen über wünschenswerte Zustände oder erweiterte Handlungskompetenzen, deren Erreichen durch die → Interventionen und methodischen Arrangements der Fachkräfte unterstützt werden soll. Sie sind prinzipiell auf die Adressatinnen einer Einrichtung bezogen. Wirkungsziele geben die grobe Richtung des Unterfangens an, diesbezüglich haben sie Orientierungsfunktion. Sie bilden den Bezugspunkt für die Formulierung von → Teilzielen (der Adressatinnen) und die Konstruktion von → Handlungszielen (Arbeitszielen der Fachkräfte) und rechtfertigen diese. Planerische und praktische Arbeit beziehen sich überwiegend auf die Realisierung von Teilzielen und Handlungszielen. Daher gleicht das Verhältnis von Wirkungszielen und Handlungszielen (bzw. Teilzielen) einer Pyramide.

Wirkungszusammenhang: Wirkungszusammenhänge sind Ergebnisse einer *relativierten* Form der Planung in der Sozialen Arbeit. Die berechtigte Kritik an der Konstruktion von → Technologien darf nicht zum Verzicht auf Planung führen. Denn *jeder* Handlungsentwurf enthält explizit oder implizit *Ziele* und auch erfahrungsgeleitete Vorstellungen (Hypothesen) darüber, auf welchen Wegen diesen angestrebten Zuständen näher zu kommen ist; hier unterscheiden sich Fachkräfte nicht von ihren Adressaten. Das Planungsproblem lässt sich durch eine bewusste Nutzung dieses Vorganges lösen, indem man das Problem und seine (konstruierte) Erklärung, den gewünschten Zustand (Ziel) sowie die mutmaßlich dazu passenden → Interventionen und ihre abzusehenden Folgen in einen *hypothetischen* Wirkungszusammenhang stellt. Hypothetisch entworfene Wirkungszusammenhänge fördern – im Gegensatz zur Technologie – *nicht* die Illusion, man könne in der Sozialen Arbeit „Ergebnisse" planmäßig produzieren. Sie dienen in erster Linie dazu, die eigenen Konstruktionen transparent und der methodischen und berufsethischen Reflexion zugänglich zu machen.

Wissensbestand: Reflexive Professionalität teilt mit der Wissenschaft den gesteigerten *Begründungszwang;* folglich ist zu erwarten, dass wissenschaftlich ausgebildete Fachkräfte ihre Deutungen und *nachträglich* auch ihr Handeln mit Bezug auf wissenschaftliche Wissensbestände begründen und reflektieren können. Sie müssen über einen gewissen Fundus wissenschaftlich produzierten Wissens verfügen, selbst wenn das Konstrukt des „handlungsleitenden" Wissens zu verwerfen ist. Die folgenden vier Wissensbestände sind zu differenzieren: *Beobachtungs- und Beschreibungswissen* (als kriteriengeleitete kategoriale Raster zur multiper-spektivischen Erfassung von Wirklichkeit), *Begründungs- und Erklärungswissen* (als Hilfe bei Wahrnehmung, Deutung, Erklärung und Begründung einer Situation oder eines Problems), *Wertwissen* (als Möglichkeit, berufliche Handlungen an übergreifenden Sinn- und Wertzusammenhängen auszurichten bzw. gegebene Handlungsalternativen nach Kriterien von gut und schlecht, angemessen und unangemessen oder etwa verantwortbar und unverantwortbar auszuwählen) sowie *Handlungs- und Interventionswissen* (als Reservoir von Konzepten und Methoden zur fall- und kontextbezogenen Konstruktion von Wirkungszusammenhängen). Fachkräfte sollten sich im Studium mit der wissenschaftlichen Vorgehensweise vertraut machen. Sie sollten lernen, sich Theorien zu erschließen und diese bei der Analyse einer Situation oder eines Problems zu nutzen.

Zielentwicklung: Die Zielentwicklung fokussiert einen in die Zukunft gerichteten gewünschten Zustand oder erweiterte Handlungskompetenzen in der Lebenssituation der Adressatinnen, die in einem überschaubaren Zeitraum zu erreichen sind. Der Prozess der Zielentwicklung verläuft über verschiedene Aushandlungsetappen: von der Einschätzung des Problems über die Änderungsperspektive bis zur Einigung auf Konsensziele für die Adressatinnen (Wirkungsziele und Teilziele) und deren operable Formulierung. Fachkräfte formulieren für ihre eigenen Aktivitäten Handlungsziele, für deren Realisierung sie selbst zuständig sind.

Literatur

Ackermann, F., Seeck, D. (1999): Der steinige Weg zur Fachlichkeit. Handlungskompetenz in der Sozialen Arbeit. Georg Olms, Hildesheim/Zürich/New York

Ader, S., Schrapper, C., Thiesmeier, M. (Hrsg.) (2001): Sozialpädagogisches Fallverstehen und sozialpädagogische Diagnostik in Forschung und Praxis. Votum, Münster

Austin, L. N. (1970): Grundprinzipien der Praxisberatung (engl. 1952). In: Caemmerer (Hrsg.), 99–116

Badura, B., Gross, P. (1976): Sozialpolitische Perspektiven. Piper, München

Baecker, D. (1994): Soziale Hilfe als Funktionssystem der Gesellschaft. Zeitschrift für Soziologie 1, 93–110

Barabas, F., Blanke, T., Sachße, C., Stascheit, U. (1975): Zur Theorie der Sozialarbeit: Sozialisation als öffentliche Aufgabe. In: Barabas, F., Blanke, T., Sachße, C., Stascheit, U. (Hrsg.): Jahrbuch der Sozialarbeit 1976. rororo, Reinbek, 374–434

– (1977): Zur Theorie der Sozialarbeit: Sozialisation als gesellschaftliche Praxis. In: Barabas, F.; Blanke, T.; Sachße, C.; Stascheit, U. (Hrsg.): Jahrbuch der Sozialarbeit 1978. rororo, Reinbek, 490–535

Beck, U. (1986): Risikogesellschaft – auf dem Weg in eine andere Moderne. Suhrkamp, Frankfurt a. M.

Belardi, N. (2001): Supervision (Praxisberatung). In: Otto/Thiersch (Hrsg.), 1863–1869

Beugen, M. van (1972): Agogische Intervention. Planung und Strategie (niederl. 1971). 3. Aufl. Lambertus, Freiburg i. Br.

Beywl, W., Schepp-Winter, E. (1999): Zielfindung und Zielklärung – ein Leitfaden. Materialien zur Qualitätssicherung in der Kinder- und Jugendhilfe (QS) 21, BMFSFJ, Bonn *http://www.bmfsfj. de/bibliothek/Kindjugend/index.htm*

– (2000): Zielgeführte Evaluation von Programmen – ein Leitfaden. Materialien zur Qualitätssicherung in der Kinder- und Jugendhilfe (QS) 29, BMFSFJ, Bonn *http://www.bmfsfj.de/bibliothek/ Kindjugend/index.htm*

Blandow, J. (1996): Über Erziehungshilfekarrieren. Stricke und Fallen der postmodernen Jugendhilfe. In: Gintzel/Schone (Hrsg.), 172–188

Blanke, T., Sachße, C. (1977/1998): Theorie der Sozialarbeit; „Theorie der Sozialarbeit – revisited". In: Thole/Galuske/Gängler (Hrsg.), 415–442

Bommes, M., Scherr, A. (1996): Soziale Arbeit als Hilfe zur Exklusionsvermeidung, Inklusionsvermittlung und/oder Exklusionsverwaltung. In: Merten/Sommerfeld/Koditek (Hrsg.), 93–120

Böhnisch, L., Lösch, H. (1973/1998): Das Handlungsverständnis des Sozialarbeiters und seine institutionelle Determination. In: Thole/Galuske/Gängler (Hrsg.), 367–382

–, Schefold, W. (1985): Lebensbewältigung. Soziale und pädagogische Verständigung an den Grenzen der Wohlfahrtsgesellschaft. Juventa, Weinheim/München

Böllert, K. (2000): Dienstleistungsarbeit in der Zivilgesellschaft. In: Müller/Sünker/Olk/Böllert (Hrsg.), 241–252

Brack, R. (1996): Akten als Fundgrube für die Evaluation. Ein differenziertes Aktensystem ermöglicht ein fachlich begründetes Qualitätsmanagement. Blätter der Wohlfahrtspflege 1 und 2, 10–18

Bullinger, H., Nowak, J. (1998): Soziale Netzwerkarbeit. Eine Einführung. Lambertus, Freiburg i. Br.

Bundesministerium für Jugend, Familie, Frauen und Gesundheit (BJFFG) (Hrsg.) (1990): Achter Jugendbericht der Bundesregierung. Bericht über die Bestrebungen und Leistungen der Jugendhilfe. BJFFG, Bonn

Bundesministerium für Familie, Senioren, Frauen und Jugend (BMFSFJ) (Hrsg.) (1994): Neunter Jugendbericht der Bundesregierung. Bericht über die Situation der Kinder und Jugendlichen und die Entwicklung der Jugendhilfe in den neuen Bundesländern. BMFSFJ, Bonn

Caemmerer, D. v. (Hrsg.) (1970): Praxisberatung (Supervision). Ein Quellenband. Lambertus, Freiburg i. Br.

Capra, F. (1996): Lebensnetz. Ein neues Verständnis der lebendigen Welt. Scherz, Bern/München/Wien

Cordes, A. (1997): Die schlüsselqualifizierte, allseits gebildete Persönlichkeit. Anspruch und Wirklichkeit der Vermittlung von Schlüsselqualifikationen und neuen Lernformen in einem Berufsbildungsprojekt für benachteiligte junge Frauen. Neue Praxis 1, 77–84

Dahme, H.-J., Otto, H.-U. (Hrsg.) (2003): Soziale Arbeit für den aktivierenden Sozialstaat. Leske und Budrich, Opladen

Deinet, U. (1999): Sozialräumliche Jugendarbeit. Eine praxisbezogene Anleitung zur Konzeptentwicklung in der Offenen Kinder- und Jugendarbeit. Leske und Budrich, Opladen

–, Sturzenhecker, B. (1996/2001): Konzepte entwickeln. Anregungen und Arbeitshilfen zur Klärung und Legitimation. Juventa, Weinheim/München

Deutscher Berufsverband für Soziale Arbeit e. V. (DBSH) (1999): Berufsethische Prinzipien des Deutschen Berufsverbandes der Sozialarbeiter und Heilpädagogen. In: Schneider (1999), 217–221

Dewe, B. (1992): Das „Professionswissen" von Pädagogen. Ein wissenstheoretischer Rekonstruktionsversuch. In: Dewe/Ferchhoff/Radtke (Hrsg.), 70–91

–, Ferchhoff, W. (1986): Altruismus, Expertentum oder Neue Fachlichkeit? – Strukturprobleme sozialarbeiterischen Handelns. Theorie und Praxis der sozialen Arbeit 4, 148–156

–, –, Peters, F., Stüwe, G. (1987): Professionelle Arbeit kann warten, bis man sie braucht. In: Sozialmagazin, 2, 30–36

–, –, Radtke, F. O. (Hrsg.) (1992): Erziehen als Profession. Zur Logik professionellen Handelns in pädagogischen Feldern. Leske und Budrich, Opladen

–, –, Scherr, A., Stüwe, G. (1996): Sozialpädagogik, Sozialarbeitswissenschaft, Soziale Arbeit? Die Frage nach der disziplinären und professionellen Identität. In: Puhl (Hrsg.), 111–126

–, Otto H. U. (2005a): Profession. In: Otto/Thiersch (2005) (Hrsg.), 1399–1423

–, – (2005b): Wissenschaftstheorie. In: Otto/Thiersch (2005) (Hrsg.), 1966–1979

–, – (2002): Reflexive Sozialpädagogik. Grundstrukturen eines neuen Typs dienstleistungsorientierten Professionshandelns. In: Thole (Hrsg.), 179–198

–, Wohlfahrt, N. (1989): Zu einigen methodologischen Problemen empirischer Sozialarbeitsforschung. In: Neue Praxis 1, 73–88

Ebert, E. (1975): Orientierungsformen von Sozialarbeitern – Inhaltsanalytische Auswertung von Berichten der Jugendgerichtshilfe. Neue Praxis 4, 300–311

ECKART (Evangelischer Fachverband für Erziehungshilfen in Westfalen-Lippe e. V.) (Hrsg.) (2000): Dokumentation des Fortbildungsprojektes: „Selbstevaluation als Methode der Qualitätsentwicklung in der Erziehungshilfe". März bis Juni 2000. ECKART, Münster

Engelhard, M. v. (1982): Die pädagogische Arbeit des Lehrers. Schönigh, Paderborn

Erpenbeck, J., Heyse, V. (1999): Die Kompetenzbiografie. Waxmann, Münster

Fatzer, G. (1990): Rollencoaching als Supervision von Führungskräften. Supervision 17, 42–49

Flößer, G. (1994): Soziale Arbeit jenseits der Bürokratie. Luchterhand, Neuwied/Kriftel/Berlin

–, Otto, H. U. (1992): Sozialmanagement oder Management des Sozialen? KT-Verlag, Bielefeld

Füssenhäuser, C., Thiersch, H. (2005): Theorien der Sozialen Arbeit. In: Otto/Thiersch (Hrsg.), 1876–1900

Galuske, M. (2000): Methoden der Sozialen Arbeit. Eine Einführung. 3. Aufl. Juventa, Weinheim/München

Galuske, M., Müller, C. W. (2002): Handlungsformen in der Sozialen Arbeit. Geschichte und Entwicklung. In: Thole (Hrsg.), 485–508

Gartner, A., Riessman, F. (1978): Der aktive Konsument in der Dienstleistungsgesellschaft. Zur politischen Ökonomie des tertiären Sektors. Suhrkamp, Frankfurt a. M.

Geiser, K. (2000): Problem- und Ressourcenanalyse in der Sozialen Arbeit. Eine Einführung in die systemische Denkfigur und ihre Anwendung. Lambertus, Freiburg i. Br.

–, Brack, R. (1997): Ziele setzen. Unveröffentl. Skript. Schule für Soziale Arbeit, Zürich

Geißler, K., Hege, M. (1988/1991): Konzepte sozialpädagogischen Handelns. Ein Leitfaden für soziale Berufe. 5. Aufl. Beltz, Weinheim/Basel

Gintzel, U., Schone, R. (Hrsg.) (1996): Jahrbuch der Sozialen Arbeit 1997. Votum, Münster

Gildemeister, R. (1983): Als Helfer überleben. Beruf und Identität in der Sozialarbeit/Sozialpädagogik. Luchterhand, Neuwied/Darmstadt

– (1993): Soziologie der Sozialarbeit. In: Korte, H., Schäfers, B. (Hrsg.): Einführung in spezielle Soziologien. Leske und Budrich, Opladen, 57–74

– (1996): Professionalisierung. In: Kreft, D., Mielenz, I. (Hrsg.), 443–445

–, Robert, G. (1997): „Ich gehe da von einem bestimmten Fall aus …". Professionalisierung und Fallbezug in der Sozialen Arbeit. In: Jakob, G., Wensierski, H.-J. v. (Hrsg.) (1997): Rekonstruktive Sozialpädagogik. Juventa, Weinheim/München, 23–38

Grunwald, K. (2005): Organisationsentwicklung/-beratung. In: Otto/Thiersch (Hrsg.), 1312–1329

Hartwig, L., Merchel, J. (Hrsg.) (2000): Parteilichkeit in der Sozialen Arbeit. Waxmann, Münster

Hartwig, L., Weber. M. (2000): Parteilichkeit als Konzept der Mädchen- und Frauenarbeit. In: Hartwig/Merchel (Hrsg.), 25–48

Haupert, B. (1996): Kritische Anmerkungen zum Stellenwert und Gegenstand der Sozialarbeitswissenschaft. In: Puhl (Hrsg.), 41–62

Hauss, G. (2000): Qualifizieren in der Praxisausbildung. Ein Arbeitsinstrument. 3. Aufl. Hochschule für Soziales, Rorschach (Ostschweiz), 1–17

Heil, K., Heiner, M., Urban, P. (Hrsg.) (2002): Evaluation Sozialer Arbeit – eine Arbeitshilfe mit Beispielen. Eigenverlag des Deutschen Vereins, Frankfurt a. M.

Heinemeier, S. (1994): Sozialarbeit: Notnagel oder Sinnquelle? Zwischenergebnisse einer biographischen Studie zur Bedeutung von Studium und Berufsperspektive. In: Schatteburg, U. (Hrsg.): Aushandeln, Entscheiden, Gestalten. Soziale Arbeit, die Wissen schafft. Sozialwiss. Studiengesellschaft, Hannover, 173–216

Heiner, M. (1996a): Ziel- und kriterienbezogenes Qualitätsmanagement in der Sozialen Arbeit. Vom Katalogisieren der Aktivitäten zur Reflexion von Qualitätskriterien. In: Merchel, J., Schrapper, C. (Hrsg.) (1996): Neue Steuerung. Votum, Münster, 210–230

– (1996b) (Hrsg.): Qualitätsentwicklung durch Evaluation. Lambertus, Freiburg i. Br.

– (1996c): Selbstevaluation in der Kinder- und Jugendhilfe. In: BMFSFJ (Hrsg.): QS-Info 1, 4–6

– (1998) (Hrsg.): Experimentierende Evaluation. Ansätze zur Entwicklung lernender Organisationen. Juventa, Weinheim/München

– (2005a): Psychosoziale Diagnostik. In: Otto/Thiersch (2005) (Hrsg.), 253–265

– (2005b): Evaluation. In: Otto/Thiersch (2005) (Hrsg.), 481–495

– (2002): Planung und Durchführung von Evaluationen. Anregungen – Empfehlungen – Warnungen. In: Heil/Heiner/Urban (Hrsg.), 35–58

– (Hrsg.) (2004): Diagnostik und Diagnosen in der Sozialen Arbeit. Ein Überblick. Kohlhammer, Stuttgart/Berlin/Köln

–, Meinhold, M., Spiegel, H. v., Staub-Bernasconi, S.

(1994/1998): Methodisches Handeln in der Sozialen Arbeit. 4. Aufl. Lambertus, Freiburg i. Br.

Hester, M. C. (1970): Der Lern- und Ausbildungsprozess in der Praxisberatung (engl. 1951). In: Caemmerer (Hrsg.), 80–98

Hillebrand, F. (2002): Hilfe als Funktionssystem für Soziale Arbeit. In: Thole (2002) (Hrsg.), 215–226

Holodynski, M., Friedlmeier, W. (1999): Emotionale Entwicklung und Perspektiven ihrer Erforschung. In: Friedlmeier, W., Holodynski, M. (Hrsg.): Emotionale Entwicklung. Spektrum. Akademischer Verlag, Heidelberg/Berlin, 2–22

Honneth, A. (1997): Anerkennung und moralische Verpflichtung. Zeitschrift für philosophische Forschung 51, 25–41

International Federation of Social Workers (IFSW) (1994): Menschenrechte und Soziale Arbeit (Auszüge aus der engl. Originalausgabe). In: Schneider (1999), 167–198

International Federation of Social Workers (IFSW) (2000): Internationale Definition der Profession Sozialer Arbeit. Joint International Conference of IASSW und IFSW in Montréal/Québec (CAN): Promoting Equitable Societies in a Global Economy – Social Work in the 21st Century. Übers. v. Staub-Bernasconi. Mitteilungen der Deutschen Gesellschaft für Sozialarbeit 1/2001, 4–5

Jordan, E. (2001): Zwischen Kunst und Fertigkeit – sozialpädagogisches Können auf dem Prüfstand. Zentralblatt für Jugendrecht 2/2001, 48–53

–, Schone R. (Hrsg.) (1998): Handbuch Jugendhilfeplanung. Grundlagen, Bausteine, Materialien. Votum, Münster

Jost, W. (2003): Berufsregister für Soziale Arbeit (BSA) nimmt Zertifizierung der Qualität in der Sozialen Arbeit auf. Forum SOZIAL 3/2003, 28–29

Jugendamt des Stadtverbandes Saarbrücken (1996): Materialien zur Jugendhilfeplanung (unveröff. Reader)

Kade, S. (1989): Handlungswissen – Erwerbsform und Verwendungsweisen. In: Nuissl, E., Siebert, H., Weinberg, J. (Hrsg.): Literatur- und Forschungsreport Weiterbildung 24, 58–72

Keil, S., Bollermann, G., Nieke, W. (Hrsg.) (1981): Studienreform und Handlungskompetenz im außerschulischen Erziehungs- und Sozialwesen. Luchterhand, Neuwied/Darmstadt

Kernig, G., Krömer, F., Lembeck, H.-J., Lerche, W. (2001): Mühe allein genügt nicht – Qualifikation und Qualifizierung von Fachkräften in den Hilfen zur Erziehung. Nachrichtendienst des Deutschen Vereins 7, 214–218

Klatetzki, T. (1998): Qualitäten der Organisation. In: Merchel, J. (Hrsg.): Qualität in der Jugendhilfe. Votum, Münster, 61–77

– (1999): Die Organisation ist in den Köpfen. Kognitive Karten als Gestaltungsinstrument für Sozialeinrichtungen. Unveröffentl. Vortragsmanuskript.

Klüsche, W. (1990): Professionelle Helfer. Anforderungen und Selbstdeutungen. Wissenschaftlicher Verlag des Instituts für Beratung und Supervision, Aachen

– (1999): Ein Stück weitergedacht ... Beiträge zur Theorie- und Wissenschaftsentwicklung der Sozialen Arbeit. Lambertus, Freiburg i. Br.

Knüppel, H., Wilhelm, J. (1987): Die Entwicklung selbstreflexiver Kompetenz in sozialwissenschaftlichen Studiengängen. Deutscher Studienverlag, Weinheim

Kommunale Gemeinschaftsstelle für Verwaltungsvereinfachung (KGSt) (Hrsg.) (1993): Das neue Steuerungsmodell. Begründung, Konturen, Umsetzung. Bericht 5, Köln

Kommunale Gemeinschaftsstelle für Verwaltungsvereinfachung (KGSt) (Hrsg.) (1994): Outputorientierte Steuerung der Jugendhilfe. Bericht 9, Köln

König, J. (2000): Einführung in die Selbstevaluation. Ein Leitfaden zur Bewertung der Praxis Sozialer Arbeit. Lambertus, Freiburg i. Br.

Kraimer, K. (Hrsg.) (1997): Fallrekonstruktionsmethode. Suhrkamp, Frankfurt a. M.

Kreft, D., Mielenz, I. (Hrsg.) (1996): Wörterbuch Soziale Arbeit. 4. Aufl. Beltz, Weinheim/München

Kröger, R. (Hrsg.) (1999): Leistung, Entgelt und Qualitätsentwicklung in der Jugendhilfe. Arbeitshilfen mit Musterbeispielen zur praktischen Umsetzung der §§ 78a–g SGB VIII. Luchterhand, Neuwied/Kriftel/Berlin

Kühn, D. (1999): Reform der öffentlichen Verwaltung. Das Neue Steuerungsmodell in der kommunalen Sozialverwaltung. Fortis, Köln

– (2006): Exkurs: Soziale Arbeit als Beruf: Geschichtliche Entwicklung. In: Biermann, B., Bock-Rosenthal, E., Doehlemann, M., Grohall, K., Kühn, D. (Hrsg.): Soziologie. Studienbuch für soziale Berufe. 5. Aufl. Ernst Reinhardt, München/Basel

Kuhrau, D. (2004): »Habe ich da etwas falsch gemacht?« Ethische Konflikte in der Praxis der Sozialen Arbeit. Ein Ethik-Lehrbuch. Waxmann, Münster

Kunstreich, T. (1997, 1998): Grundkurs Soziale Arbeit. Sieben Blicke auf Geschichte und Gegenwart Sozialer Arbeit. Bde. 1 und 2. Agentur des Rauhen Hauses, Hamburg

– (2003): Neo-Diagnostik – Modernisierung klinischer Professionalität? – Ein Exposé für ein Methodenheft der Widersprüche. Widersprüche 88, 7–10

–, Langhanky, M., Lindenberg, M., May, M. (2004): Dialog statt Diagnose. In: Heiner (Hrsg.)

–, Müller, B., Heiner, M., Meinhold, M. (2004) Diagnose und/oder Dialog? Ein Briefwechsel. In: Widersprüche 88, 11ff

Lau, T., Wolff, S. (1982): Wer bestimmt hier eigentlich, wer kompetent ist? Eine Kritik an Modellen kompetenter Sozialarbeit. In: Müller/Otto/Peter/Sünker (Hrsg.), 261–302

Lillig, S., Helming, E., Blüml, H., Schattner, H. (2002): Bereitschaftspflege – Familiäre Bereitschaftsbetreuung. Empirische Ergebnisse und praktische Empfehlungen. Schriftenreihe des Bundesministeriums für Familie, Senioren, Frauen und Jugend. Kohlhammer, Stuttgart

Luhmann, N. (1995): Inklusion und Exklusion. In: Luhmann, N. (Hrsg.): Soziologische Aufklärung 6: Die Soziologie und der Mensch. Leske und Budrich, Opladen, 237–264

–, Schorr, K. E. (1982): Das Technologiedefizit der Erziehung und die Pädagogik. In: Luhmann, N., Schorr K. E. (Hrsg.): Zwischen Technologie und Selbstreferenz. Fragen an die Pädagogik. Suhrkamp, Frankfurt a. M., 11–40

Martin, E. (1989): Didaktik der sozialpädagogischen Arbeit. Eine Einführung in Probleme und Möglichkeiten. Juventa, Weinheim/München

Meinhold, M. (1998): Ein Rahmenmodell zum methodischen Handeln. In: Heiner/Meinhold/Spiegel/Staub-Bernasconi, 220–253

Merchel, J. (1998): Hilfeplanung bei den Hilfen zur Erziehung. § 36 SGB VIII. Borberg, Stuttgart/München/Hannover/Berlin/Weimar/Dresden

– (2000): Parteilichkeit: Ein problematisches Prinzip für professionelles Handeln in der Sozialen Arbeit. In: Hartwig/Merchel (Hrsg.), 49–68

– (2001a): Qualitätsmanagement. Ein Lehr- und Arbeitsbuch. Votum, Münster

– (2001b): Sozialmanagement. Eine Einführung in Hintergründe, Anforderungen und Gestaltungsperspektiven des Managements in Einrichtungen der Sozialen Arbeit. Votum, Münster

– (2003): Trägerstrukturen in der Sozialen Arbeit. Eine Einführung. Juventa, Weinheim/München

Merten, R. (1996): Wissenschaftstheoretische Dimensionen der Diskussion um „Sozialarbeitswissenschaft". In: Merten/Sommerfeld/Koditek (Hrsg.), 55–92

– (2001) (Hrsg): Hat Soziale Arbeit ein Politisches Mandat? Positionen zu einem strittigen Thema. Leske und Budrich, Opladen

–, Sommerfeld, P., Koditek, T. (Hrsg.) (1996): Sozialarbeitswissenschaft – Kontroversen und Perspektiven. Luchterhand, Neuwied/Kriftel/Berlin

Mörsberger, T., Restemeier, J. (Hrsg.) (1997): Helfen mit Risiko. Zur Pflichtenstellung des Jugendamtes bei Kindesvernachlässigung. Luchterhand, Neuwied/Kriftel/Berlin

Mühlum, A. (1996): Sozialarbeit und Sozialpädagogik. Ein Vergleich. Eigenverlag des Deutschen Vereins. Frankfurt a. M.

Müller, B. (1991): Die Last der großen Hoffnungen. Methodisches Handeln und Selbstkontrolle in sozialen Berufen. 2. Aufl. Juventa, Weinheim/München

– (1993): Sozialpädagogisches Können. Ein Lehrbuch zur multiperspektivischen Fallarbeit. Lambertus, Freiburg i. Br.

– (1998): Siedler oder Trapper? Professionelles Handeln im pädagogischen Alltag der Offenen Jugendarbeit. In: Deinet, U., Sturzenhecker, B. (Hrsg.): Handbuch Offene Jugendarbeit. 2. Aufl. Votum, Münster, 73–83

– (2002): Professionalisierung. In: Thole (Hrsg.), 725–744

Müller, C. W. (1982/1988): Wie Helfen ein Beruf wurde. Eine Methodengeschichte der Sozialarbeit (1883–1945). Bd. 1. 2. Aufl. Beltz, Weinheim/Basel

Müller, S., Otto, H. U., Peter, H., Sünker, H. (Hrsg.) (1982): Handlungskompetenz in der Sozialarbeit/Sozialpädagogik I. AJZ–Druck und Verlag, Bielefeld

–, Sünker, H., Olk, T., Böllert, K. (Hrsg.) (2000): Soziale Arbeit: gesellschaftliche Bedingungen und professionelle Perspektiven. Ernst Reinhardt, München/Basel

Münchmeier, R. (1996): Ethik. In: Kreft/Mielenz (Hrsg.), 244–247

Nieke, W. (1981): Das Konzept der professionellen Handlungskompetenz als Versuch der Bestimmung von Studienzielen. In: Keil/Bollermann/Nieke (Hrsg.), 15–45

Niemeyer, C. (1996): Robert stört. Sozialpädagogische Kasuistik eines Kindes, das Schwierigkeiten macht, weil es welche hat. In: Gintzel/Schone (Hrsg.), 151–171

Oerter, R., Montada (1995): Entwicklungspsychologie. 3. Aufl. Beltz, Weinheim/München

Oevermann, U. (1979): Probleme der Professionalisierung in der berufsmäßigen Anwendung sozialwissenschaftlicher Kompetenz. Typoskript. Frankfurt a. M.

Offe, C. (1987): Das Wachstum der Dienstleistungsarbeit. Vier soziologische Erklärungsansätze. In: Olk/Otto (Hrsg.) (1987/1989), 171–187

Olk, T. (1986) Abschied vom Experten. Sozialarbeit auf dem Weg zu einer alternativen Professionalität. Juventa, Weinheim/München

–, Otto, H. U. (Hrsg.) (1987/1989): Soziale Dienste im Wandel. Bd. 1 (1987). Soziale Dienste im Wandel. Entwürfe sozialpädagogischen Handelns. Bd. 2 (1989), Luchterhand, Neuwied/Frankfurt a. M.

– (1989): Perspektiven professioneller Kompetenz. Zum Problem der Vermittlung wissenschaftlichen und alltagsweltlichen Wissens in Modellen sozialpädagogischer Handlungskompetenz. In: Olk/Otto (Hrsg.) (1989), 9–32

Ortmann, F. (1996): Neue Steuerungsformen der Sozialverwaltung und Soziale Arbeit. Nachrichtendienst des Deutschen Vereins für öffentliche und private Fürsorge 2, 62–67

Otto, H. U. (1971): Zum Verhältnis von systematisiertem Wissen und praktischem Handeln in der Sozialarbeit. In: Otto, H. U., Utermann, K. (Hrsg.): Sozialarbeit als Beruf. Auf dem Weg zur Professionalisierung? Juventa. Weinheim/München, 87–98

– (1991): Sozialarbeit zwischen Routine und Innovation. Professionelles Handeln in Sozialadministrationen. de Gruyter, Berlin/New York

–, Peter, H., Sünker, H. (Hrsg.) (1982): Handlungskompetenz in der Sozialarbeit/Sozialpädagogik I. AJZ–Druck und Verlag, Bielefeld

Otto, H. U., Thiersch, H. (Hrsg.) (2005): Handbuch Sozialarbeit/Sozialpädagogik. 3. Aufl. Ernst Reinhardt, München/Basel

Peter, H. (1982): Handlungskompetenz in der „klassischen" Methodenliteratur der Sozialarbeit und Perspektiven für eine Neuorientierung. In: Müller/Otto/Peter/Sünker (Hrsg.), 5–32

Peters, F. (Hrsg.) (1999): Diagnosen – Gutachten – hermeneutisches Fallverstehen. Rekonstruktive Verfahren zur Qualifizierung individueller Hilfeplanung. IGFH Eigenverlag, Frankfurt a. M.

Petersen, K. (1999): Neuorientierung im Jugendamt. Dienstleistungshandeln als professionelles Konzept Sozialer Arbeit. Luchterhand, Neuwied/Kriftel/Berlin

Pincus, A., Minahan, A. (1980): Ein Praxismodell der Sozialarbeit. In: Specht, H., Vickery, A. (Hrsg.): Methodenintegration in der Sozialarbeit. Lambertus, Freiburg i. Br., 96–148

Projektgruppe Hilfeplanverfahren, Rehse, S. (2000): Das Hilfeplanverfahren für Hilfen zur Erziehung – JUMBo im Amt für Soziale Arbeit, Wiesbaden. Magistrat der Landeshauptstadt Wiesbaden. Amt für Soziale Arbeit, Abteilung Grundsatz. Wiesbaden

Proksch, R. (1998): Kooperative Vermittlung (Mediation) in streitigen Familiensachen. Kohlhammer, Stuttgart/Berlin/Köln

Puhl, R. (Hrsg.) (1996): Sozialarbeitswissenschaft. Neue Chancen für theoriegeleitete Soziale Arbeit. Juventa, Weinheim/München

Richmond, M. (1917): Social Diagnosis. New York

Ritscher, W. (2002): Systemische Modelle für die Soziale Arbeit. Ein integratives Lehrbuch für Theorie und Praxis. Carl-Auer-Systeme Verlag, Heidelberg

Rothman, J., Erlich, J. L., Joseph G. T. (1979): Innovation und Veränderung in Organisationen und Gemeinwesen. Ein Handbuch für Planungsprozesse (engl. 1976). Lambertus, Freiburg i. Br.

Röhrs, H. (Hrsg.) (1968): Die Sozialpädagogik und ihre Theorie. Akad. Verlagsgesellschaft, Frankfurt a. M.

Sahle, R. (1997): Zur Gegenstandsbestimmung einer Sozialarbeitswissenschaft. Rundbrief der Deutschen Gesellschaft für Soziale Arbeit, 4–10

Salomon, A. (1926): Soziale Diagnose. Berlin

Schaarschuch, A. (2000): Gesellschaftliche Perspektiven sozialer Dienstleistung. In: Müller/Sünker/Olk/Böllert (Hrsg.), 168–175

– (2001): Soziale Dienstleistung. Luchterhand, Neuwied/Kriftel/Berlin

–, Flößer, G., Otto, H. U. (2005): Dienstleistung. In: Otto/Thiersch (Hrsg.), 266–274

Schellberg, K.-U., Meyer, K. (1998): Erwartungen der Praxis an Fachkräfte. Sozialmagazin 2, 25–30

Schilling, J. (1982): Didaktik der Sozialpädagogik/Jugendarbeit – Entwurf eines didaktischen Lehr-Lern-Kreis-Modells 1. Jugendwohl 4, 137–144

– (2008): Didaktik/Methodik Sozialer Arbeit. Grundlagen und Konzepte. 5. Aufl. Ernst Reinhardt, München/Basel

Schmidbauer, W. (1977): Die hilflosen Helfer. Über die seelische Problematik der helfenden Berufe. Rowohlt, Reinbek/Hamburg

Schneider, J. (1999): Gut und Böse – Falsch und Richtig. Zu Ethik und Moral der sozialen Berufe. Fachhochschulverlag. Frankfurt a. M.

Schrapper, C. (Hrsg.) (1998): Qualität und Kosten im ASD. Konzepte zur Planung und Steuerung der Hilfen zur Erziehung durch kommunale soziale Dienste. Votum, Münster

Schütze, F. (1992): Sozialarbeit als „bescheidene" Profession. In: Dewe/Ferchhoff/Radtke (Hrsg.), 132–170

Schuler, H., Barthelme, D. (1995): Soziale Kompetenzen als berufliche Anforderung. In: Seyfried, B., bibb (Hrsg.): „Stolperstein Sozialkompetenz": Was macht es so schwierig, sie zu erfassen, zu fördern und zu beurteilen? W. Bertelsmann, Bielefeld, 77–116

Schwabe, M. (2004) Zielformulierung, Moderation und Aushandlung – Methoden zur Qualifizierung und Strukturierung der Hilfeplanung und des Hilfeplangesprächs. IGFH-Eigenverlag, Frankfurt a. M.

Sommerfeld, P. (1996): Soziale Arbeit – Grundlagen und Perspektiven einer eigenständigen wissenschaftlichen Disziplin. In: Merten/Sommerfeld/Koditek (Hrsg.), 21–54

Spiegel, H. v. (1993): Aus Erfahrung lernen. Qualifizierung durch Selbstevaluation. Votum, Münster

– (1997a): Offene Arbeit mit Kindern – (k)ein Kinderspiel. Votum, Münster

– (1997b): Perspektiven der Selbstevaluation. In: BMFSFJ (Hrsg.): QS-Info 11, 32–44

– (1994/1998): Arbeitshilfen für das methodische Handeln. In: Heiner/Meinhold/Spiegel/Staub-Bernasconi (Hrsg.), 254–323

– (2000a): Das Konzept der Parteilichkeit und methodisches Handeln in der Sozialen Arbeit. In: Hartwig/Merchel (Hrsg.), 203–220

– (Hrsg.) (2000b): Jugendarbeit mit Erfolg. Arbeitshilfen und Erfahrungen zu Qualitätsentwicklung und Selbstevaluation. Votum, Münster

– (2000c): Methodische Hilfen für die Gestaltung und Evaluation des Prozesses der Zielfindung und Zielformulierung im Hilfeplanverfahren. Expertise. Deutsches Jugendinstitut München. DJI-Arbeitspapier 5, 158, 1–36

– (2002a): Leitfaden für Selbstevaluationsprojekte in 18 Arbeitsschritten. In: Heil/Heiner/Urban (Hrsg.), 59–91

– (2002b): Methodisches Handeln und professionelle Handlungskompetenz im Spannungsfeld von Fallarbeit und Management. In: Thole (Hrsg.), 589–602

Staub-Bernasconi, S. (1986): Soziale Arbeit als eine besondere Art des Umgangs mit Menschen, Dingen und Ideen. Sozialarbeit 10. Schweizerischer Berufsverband diplomierter Sozialarbeiter und Erzieher, 2–71

– (1994/1998a): Soziale Probleme, Soziale Berufe, Soziale Praxis. In: Heiner/Meinhold/Spiegel/Staub-Bernasconi (1994/1998) (Hrsg.), 11–137

– (1998b): Soziale Arbeit als Menschenrechtsprofession. In: Wöhrle, A. (Hrsg.) (1998): Profession

und Wissenschaft Sozialer Arbeit. Centaurus, Pfaffenweiler
– (2002): Soziale Arbeit und soziale Probleme. In: Thole (Hrsg.), 245–258
– (2003): Diagnostizieren tun wir alle – nur nennen wir es anders. Widersprüche 88, 33–40
Stichweh, R. (1984): Zur Entstehung des modernen Systems wissenschaftlicher Disziplinen. In: Stichweh, R. (Hrsg.): Zur Entstehung des modernen Systems wissenschaftlicher Disziplinen. Suhrkamp, Frankfurt a. M., 7–93
Stimmer, F. (2000): Grundlagen des Methodischen Handelns in der Sozialen Arbeit. Kohlhammer, Stuttgart/Berlin/Köln
Sturzenhecker, B. (2002): Planung in der „organisierten Anarchie" Offener Jugendarbeit. deutsche jugend 6, 265–270

Thiersch, H. (1992): Lebensweltorientierte Soziale Arbeit. Aufgaben der Praxis im sozialen Wandel. Juventa, Weinheim/München
– (1996a): Theorie der Sozialarbeit/Sozialpädagogik. In: Kreft/Mielenz (1996) (Hrsg.), 618–623
– (1996b): Sozialarbeitswissenschaft: Neue Herausforderung oder Altbekanntes? In: Merten/Sommerfeld/Koditek (Hrsg.), 1–20
–, Grunwald, K., Köngeter, S. (2002): Lebensweltorientierte Soziale Arbeit. In: Thole (Hrsg.), 161–178
Thimm, K. (2002): Schlüsselprozess Fallverstehen. Theoretische Reflexion und Leitfaden für die Arbeit in Einrichtungen. Evangelische Jugendhilfe 3, 175–189
Thole, W. (Hrsg.) (2002): Grundriss Soziale Arbeit. Ein einführendes Handbuch. Leske und Budrich, Opladen
– (2002): Soziale Arbeit als Profession und Disziplin. Das sozialpädagogische Projekt in Praxis, Theorie, Forschung und Ausbildung – Versuche einer Standortbestimmung. In: Thole (Hrsg.), 13–59

–, Cloos, P. (2000): Soziale Arbeit als professionelle Dienstleistung. Zur „Transformation des beruflichen Handelns" zwischen Ökonomie und eigenständiger Fachkultur. In: Müller/Sünker/Olk/Böllert (Hrsg.), 547–568
–, Galuske, M., Gängler, H. (Hrsg.) (1998): KlassikerInnen der Sozialen Arbeit. Sozialpädagogische Texte aus zwei Jahrhunderten – ein Lesebuch. Luchterhand, Neuwied/Kriftel/Berlin
–, Küster-Schapfl, E.-U. (1997): Sozialpädagogische Profis. Beruflicher Habitus, Wissen und Können von PädagogInnen in der außerschulischen Kinder- und Jugendarbeit. Leske und Budrich, Opladen
Tuggener, H. (1971): Social Work. Versuch einer Darstellung und Deutung im Hinblick auf das Verhältnis von Sozialarbeit und Sozialpädagogik. Beltz, Weinheim/Berlin/Basel

Uhlendorff, U. (2002): Sozialpädagogisch-hermeneutische Diagnosen in der Jugendhilfe. In: Thole (Hrsg.), 577–588

Vahsen, F. (1996): Sozialarbeit auf dem Weg zur Sozialarbeitswissenschaft? Einige Anmerkungen zur Debatte. In: Puhl (Hrsg.), 9–24

Walter, H. L., Peller, J. E. (1996): Lösungsorientierte Kurztherapie. 3. Aufl. Verlag Modernes Lernen, Dortmund
Wendt, W. R. (1997): Case Management im Sozial- und Gesundheitswesen. Eine Einführung. Lambertus, Freiburg i. Br.
White, V. (2000): Profession und Management. Über Zwecke, Ziele und Mittel in der Sozialen Arbeit. Widersprüche 77, 9–28
Wolff, J. (1984): Routine und Gefühle im Entscheidungshandeln von Sozialarbeitern: Vernachlässigte Themen der Professionalisierung. Neue Praxis 1, 26–42

Sachregister

Aushandlung 33, 44, 99, 135, 165ff, 188ff, 191, 209ff
Aktionssysteme 100, 103, 130f, 141, 249
Analyse der Rahmenbedingungen 125ff, 154ff, 183ff, 205ff, 249
Anerkennung 70ff, 110, 170, 176, 189, 192
Arbeitsbeziehung 99, 132, 140, 184
Arbeitshilfen 122, 124f, 154, 249
Arbeitsprinzipien 76, 122, 169, 170, 174, 216, 228, 249
–, Beispiele für 76

Begründungszwang 57, 67, 68, 78, 131, 140, 249, 256, 260
Beobachtungs- und Beschreibungswissen 62ff, 73, 97, 104, 113, 122, 162ff, 244, 260
Berichtswesen 102, 120, 250
berufliche Ethik 49, 70, 71ff, 78, 107, 113, 250
berufliche Haltungen 41, 45, 68, 69, 75f, 85, 97, 106f, 109ff, 111, 213, 226, 228, 252, 253, 255, 259
Bezugsdisziplinen 23, 66, 79, 105, 111, 250

Deutungsmuster 29, 39, 47, 62, 102, 104, 129, 132, 223, 244, 258
dialogische Verständigung 43f, 45ff, 52, 66, 99, 118, 123, 131, 146, 184, 254, 255
Disziplin und Profession 23, 34, 48, 53ff, 111, 131, 250
Doppeltes Mandat 37f, 46, 101, 250

Effektivität 32, 102, 120, 250, 251
Effizienz 32, 102, 120, 209, 143, 250, 251
Entscheidungssituationen 152, 163, 170, 175, 176, 178, 251
Erfolgsspanne 233, 234, 240, 241
Erhebungsbogen 230ff
Erklärungs- und Begründungswissen 65ff, 73, 97, 105, 113, 122, 244, 254
Etikettierungen bzw. Zuschreibungen 104, 110, 114, 128f, 132, 183f, 189, 229, 249
Evaluation 108, 120, 122, 123, 144ff, 175ff, 199ff, 220ff, 251

Fallgeschichte 251
Fallverstehen 51, 56, 85, 102, 113, 123, 132, 251, 256, 258

Fehlerdiskussion 83f, 86ff, 90f, 243
Funktion Sozialer Arbeit 22, 23f, 34, 127

Gegenstand Sozialer Arbeit 23, 34, 128, 252

Handlungen, reaktive und strategische 74, 153, 176, 252, 257
Handlungsbereiche 120, 121ff, 125, 126ff, 158, 160, 252
Handlungsebenen 95ff, 112, 120ff, 125, 147, 156, 168, 252
Handlungs- und Interventionswissen 59, 72ff, 76ff, 97, 107, 113, 119, 142, 204, 244, 253, 254
Handlungsregeln 125, 140, 146, 168, 169, 170, 174, 214, 216, 228, 249, 252, 256
Handlungsregulation 38, 40, 46, 56, 177
Handlungsschritte 121f, 138, 140, 142f, 169, 170, 174, 191, 194, 196f, 216, 253, 255, 256, 257
Handlungsspielräume 37, 46, 92, 94, 130, 156, 251
Handlungsziele 138f, 141, 145, 166, 167, 170, 173, 210ff, 214ff, 226ff, 252ff, 259, 268
Hilfeplanung 123, 125, 155, 179ff, 184, 196

Indikatoren 124, 142, 145, 168ff, 196f, 199ff, 214f, 226ff, 232f, 253, 256, 257
Individualisierung und Pluralisierung 21, 29, 31, 71, 111
Institutionen 20, 22, 36, 50, 69, 80ff, 91ff, 94, 100, 103f, 111, 118, 119, 124f, 125, 128ff, 134, 145, 154ff, 164, 183ff, 203, 205ff, 249, 254, 256
Interventionen 33, 44, 72ff, 87f, 107, 118, 124, 142, 153, 171ff, 175ff, 228, 253, 254, 257

Kategorien der Wirklichkeitserfassung 60, 64, 78, 104, 132, 229, 253, 258
Kompetenzen 34, 47, 80f, 82, 83f, 95ff, 112ff, 123, 187, 218, 254, 257
Konsensziele 120, 124, 138, 165ff, 188ff, 190f, 196f, 210ff, 254, 256, 260
Kontext 39ff, 50, 74, 91, 104, 107, 113, 120, 124, 130f, 160, 183ff, 252, 255, 258
Konzepte 73ff, 76f, 93, 107, 122, 126, 215, 250, 253, 254, 255, 260
Konzeptionen 76, 89, 93, 94, 102, 104, 111, 119, 124, 167ff, 170f, 202ff, 254, 255

kollegiale Beratung 103, 129, 163

Koproduktion 32f, 43ff, 58, 100, 111, 118, 123, 132, 134f, 144, 168, 175, 221, 254

Kriterien 63ff, 78, 101, 104, 118, 122, 124, 143, 151, 175f, 194, 220, 225, 227, 251, 253, 255, 256, 257

Lebenswelt 29ff, 33, 37, 50, 69, 78, 84, 95, 118, 133, 206, 207, 218

Leistungsbeschreibungen 93, 94, 103, 144, 224, 226, 255, 256

Methoden der Sozialen Arbeit 54, 72f, 77, 81, 116, 254, 255

Motive 40f, 68, 83, 100, 106, 109, 118, 133, 153, 164, 173, 176, 189, 252, 253

Operationalisierung 120, 124, 142f, 168f, 196ff, 213ff, 226, 255

Partizipation 31, 33, 33, 45, 47, 52, 69, 93, 211, 255

Perspektivenwechsel 31, 163ff, 207

Person als Werkzeug 84, 93f, 100, 119, 124f, 125, 244, 249, 255, 256

Planung 43, 46, 120, 121, 124, 139ff, 171ff, 197ff, 213ff, 256, 260

praktische Ideologie 92, 95, 107, 128, 206, 225, 249, 254

Profession 31ff, 48ff, 53ff, 71ff, 85ff, 93, 110, 134, 250, 256, 258

Professionalisierung 31, 49ff, 80, 90, 256

Professionalität 51, 57, 90ff, 129, 140, 256

Qualität 90, 102ff, 113, 143, 203, 219, 257

Rechtfertigung 68, 73, 107, 118, 123, 249, 253

Relationierung der Praxis mit Theorien 56f, 82, 85, 118, 133, 177, 190, 254, 256

Ressourcen 31, 64, 102, 105, 111, 128ff, 142, 155ff, 174, 186f, 207, 213, 217ff

Schlüsselsituationen 124, 153, 167ff, 170ff, 219, 257

Selbstevaluation 102, 144ff, 220ff, 243f, 257

selektive Wahrnehmung 39, 61, 78, 163, 258

Situations- oder Problemanalyse 124, 131ff, 151, 162ff, 184ff, 202, 207ff, 257

Sozialarbeitswissenschaft 23, 34, 35, 54, 58, 111, 250, 257

stellvertretende Deutung 57, 102, 118, 162, 258

Technologien, Technologiedefizit 36, 42f, 46, 55, 106, 136, 144, 252, 253, 258, 260

Theorien 19, 24ff, 35, 42, 59ff, 65, 66, 69, 78f, 86f, 101, 105, 133, 164, 176, 189, 250, 258ff

Werkzeugkasten 119f, 125

Wertestandards 68, 71, 85, 97, 109f, 111, 114, 118, 123, 135, 184, 187, 244, 259

Wertwissen 67ff, 70f, 97, 106, 113, 120, 242, 260

Wirklichkeitskonstruktion 38f, 46, 60f, 104, 110, 133, 144, 160, 183, 207, 223, 251, 258

Wirkungszusammenhänge 42f, 73, 78, 118, 218, 221, 249, 254, 259, 260

wissenschaftliche Vorgehensweise 59, 62, 117, 125, 220, 244

Wissensbestände 59, 66f, 74, 78, 83f, 97, 101, 105, 113, 118, 120, 122, 123, 129, 203, 250, 258, 260

Ziele 134ff, 138f, 165ff, 191ff, 209ff, 210, 213, 219, 226, 260

Maja Heiner

Soziale Arbeit als Beruf

Fälle – Felder – Fähigkeiten
2., durchges. Aufl. 2010.
599 Seiten. 18 Abb. 25 Tab.
(978-3-497-01897-0) kt

In der Sozialen Arbeit beschäftigt man sich mit Kindern, Erwachsenen oder alten Menschen, regelt Konflikte oder vermittelt Dienstleistungen. Man kann sich als SeelsorgerIn oder ManagerIn, als TrainerIn, SozialtherapeutIn oder als AnwältIn der Benachteiligten verstehen. Was aber macht diesen Beruf wirklich aus?
In diesem Buch wird ein handlungstheoretisch fundiertes Profil des Berufes entwickelt. Dargestellt werden:

- Ziele und Rahmenbedingungen des Berufes
- Arbeitsfelder und Tätigkeitsgruppen
- Fallbeispiele erfahrener Fachkräfte
- Kernkompetenzen.

ℝ/ reinhardt
www.reinhardt-verlag.de

Bruno W. Nikles

Institutionen und Organisationen der Sozialen Arbeit

Bruno W. Nikles
Institutionen und
Organisationen
der Sozialen Arbeit

Reinhardt UTB

Eine Einführung
2008. 148 Seiten. 44 Abb.
UTB-S (978-3-8252-3058-6) kt

Kompakt und griffig beschreibt der Autor den institutionellen
Rahmen der Sozialen Arbeit in Deutschland. Ausgehend
von den unterschiedlichen Ebenen bei Bund, Ländern und
Kommunen sowie den Einrichtungen und Diensten in den
verschiedenen Arbeitsfeldern (Sozial-, Jugend-, Gesundheits-
hilfe u. a. m.) werden Organisation und Tätigkeitsfelder erklärt. Eine nützliche Orientierungshilfe, die Studierenden den
Zugang zu Trägern und Tätigkeitsfeldern erschließt.

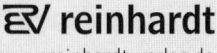

www.reinhardt-verlag.de

Karsten Speck
Schulsozialarbeit

Karsten Speck
Schulsozialarbeit
Eine Einführung
2. Auflage

Reinhardt UTB

Eine Einführung
2. überarb. Aufl. 2009.
187 Seiten. 14 Tab.
UTB-S (978-3-8252-2929-0) kt

Die Schulsozialarbeit hat in den letzten Jahren an Bedeutung gewonnen. Besonders um die sozialen Kompetenzen zu fördern, bei Konflikten und gewalttätigen Auseinandersetzungen vermittelnd einzugreifen oder präventiv tätig zu werden, sind spezialisierte Fachkräfte der Sozialen Arbeit gefragt.

Was aber macht Schulsozialarbeit aus? Welche Ansätze haben sich in der Praxis bewährt? Welche Schlüsselkompetenzen sind für das Arbeitsfeld unerlässlich? Karsten Speck klärt über zentrale Begriffe auf, skizziert den Rahmen für das Arbeitsfeld – von rechtlichen Fragen über Finanzierung, Träger, Handlungsprinzipien und Wirkungen der Schulsozialarbeit bis hin zu notwenigen Standards und Fragen der Qualitätsentwicklung.

ℝ⁄ reinhardt
www.reinhardt-verlag.de